あいまいな喪失と
トラウマからの回復

家族とコミュニティのレジリエンス

ポーリン・ボス 著
中島聡美・石井千賀子 監訳

LOSS, TRAUMA, AND RESILIENCE :
Therapeutic Work with Ambiguous Loss
by Pauline Boss

誠信書房

LOSS, TRAUMA, AND RESILIENCE :
Therapeutic Work with Ambiguous Loss
by Pauline Boss
Copyright © 2006 by Pauline Boss
All rights reserved
Printed in the United States of America
First Edition

Japanese translation rights arranged with
W. W. Norton & Company, Inc.
through Japan UNI Agency, Inc., Tokyo

日本版への序文

　私は1970年代半ばから、大切な人を身体的にあるいは心理的に失った時に体験するトラウマとストレスをどのように和らげることができるかについて、調査研究に基づいた理論を構築し、臨床的適応に関して研究してまいりました。私がこのような研究課題を取り上げたのは、トラウマとなるような喪失をなんとか生き延び、その後強さを発揮する家族もいる一方で、同じ状況のもとで粉々に崩れる家族もいるのはどうしてなのだろうか、という疑問を持ったからでした。家族の身体あるいは心が喪われ、埋葬する遺体や、精神を奪い去ってしまう病いの治療法がない時には、レジリエンス（resilience：回復力）が目指すゴールとなるのです。

　本書は、悲惨な状況や日常生活における多様なあいまいな喪失の治療や援助に携わる専門家に向けた包括的なガイドとして書かれました。2011年3月11日に大地震、津波、放射線汚染に見舞われた福島をはじめとする東北地域でのあいまいな喪失、あるいは離婚、認知症など、より一般的なあいまいな喪失、そのどちらの場合も、終結のない複雑な喪失と理解し、本書ではこれにどのように対応するかという指針を示しています。

　1997年に、家族療法家である鈴木浩二氏によって日本で初めて私の理論が紹介された時には「曖昧模糊とした喪失」と訳されました（鈴木、1997）。更に、2000年には東京でワークショップをする機会をいただき、その折、日本で重んじられてきた家族と地域の文化に変化が見られました。地域社会の支え合いが薄れていき、家族がライフサイクルのどの段階においてもストレスを感じる状況のなかにあって、家族の要求に応えて、家族療法の普及のために尽力されてきた方々とお会いすることができました。

　現在、家族療法を更に広げる新たな動きが日本において起こっています。

2012年には、3.11の複合災害に対する支援を行っている災害グリーフサポート（Japan Disaster Grief Support；JDGS）に招かれて再来日しました。この災害で愛する人を喪い、地域社会、そして土地までも失うという広範に及ぶ喪失と悲嘆のなかで、家族全体に目を向けた家族療法家のスキルが求められたのです。問題は個人または家族の精神のなかにあるのではなく、個人と家族が打ちのめされるようなその文脈にあったのです。家族全員と関わることで効果をあげる必要がありました。東北で行ったあいまいな喪失に関するワークショップと講演をした際に、私は出席した専門家の方々が感じておられる痛みと悲嘆に深く心を動かされました。家族を喪失された市民の方々のみならず、専門家や教師の方々が同じような痛みを感じておられたのです。ある教師の方が家族が行方不明という状況のなかで、親が行方不明の生徒のケアをしている様子を述べられました。それはどんなに困難な、そして勇気のいることであったかと思います。このことを私は一生忘れることはないでしょう。

　本書は9.11[*1]テロの後ニューヨークで書かれ、3.11東日本大震災の後、日本語に翻訳されましたが、被災者の支援だけでなく、一般的な家族のストレスやトラブルの対応にも役立つと考えます。また、本書は臨床家の指針だけではなく、スーパーヴァイザー、トレーナー、教師が、さまざまな喪失――たとえば離婚、養子、里親、死産、不妊、認知症、嗜癖問題、精神障害、自閉症――などで、愛する人を肉体的にまた心理的に喪失したという状況におかれた人々と関わる時に有用であると考えます。たしかに、本書は家族（成人、子ども、高齢者）を念頭に書かれ翻訳されています。しかし、個人を対象とする仕事に就いていても、その個人の家族や地域という文脈を意識して仕事をすることができます。

　本書（第4章～第9章）で紹介している六つの指針は、読者の皆さんの活動内容に柔軟に広く応用することができます。皆さんの仕事が治療的あるいは予防的に関わることであっても、ストレスがあり、傷ついた人を援助するのに、研究に基づいた六つの指針を示しました。①意味を見つける、②支配感を調節する、③アイデンティティーを再構築する、④両価的な感情を正常と見なす、⑤新しい愛着の形を見つける、⑥新たな希望を見出す。

日本版への序文

　私たちが援助する人たちは、私たちと同じようには世の中を見ていないかもしれません。そのため、その人たちがストレスやトラウマの原因と考えていることと、その意味によく耳を傾ける必要があります。その人の言うことを聞いて私たちは驚くかもしれません。レジリエンスは驚くような方法で姿を現します。レジリエンスを探しましょう！　レジリエンスにつながるようなヒントが見えたら、その上に更に重ねていけることを見つけましょう！家族と地域社会のゴールは解決の見えない喪失を経験していても、強くあれということです。宗旨や地域（地方/都会）の違いだけではなく、性別や世代による信条や価値観の違いに注意を向ける必要があります。家族の役割、ルール、しきたりに注意を向けることにより、家族のレジリエンスが――弱められるのではなく――強められるようにしなければいけません。

　変化するということは実は喪失と結びついています。レジリエンスには柔軟性、適応力、そして心を開くことが求められますが、まず私たち自身が専門家として、他者を援助する前に、あいまいなことに対する耐性を高める必要があります。エピローグはセラピストの皆さんのために書かれています。

　私は家族療法家であり、社会科学の研究者ですが、本書に書かれたアイデアは人々と家族のストレスを和らげようとする方々――家族療法家だけでなく、精神科医、臨床心理士、ソーシャルワーカー、看護師、スクールカウンセラー、教師、大学教員、宗教界のリーダーなど――向けに書かれています。私たちが個人、カップル、家族を対象に仕事をしていても、または地域社会や学校という環境において仕事をしても、あいまいな喪失というアプローチはそれぞれの文脈に適応できるように考慮されています。

　あいまいな喪失の原因を外在化することで、すでに重荷を負わされてきた個人や家族は援助的な介入をより受け入れやすくなります。このような包括的な援助を目指す時には、私たちが居心地の良いオフィスを出て、その人々がいるところ――地域社会、学校、または宗教関連の施設――へ出向いて、時には複数の家族の援助をすることになります。

　自然災害であれ人災であれ、災害の後、家族と地域が回復力と強さを取り戻すには、家族を単位として考える家族療法は必須のものです。愛する人をトラウマとなるような形で失った後であっても、医学的また精神科的な治療

iii

を必要とする人はほんの少数です。大多数の人たちは、も̇し̇も̇家族とコミュニティレベルの援助が提供されるなら、彼らに元々備わっている力とレジリエンスを取り戻すことができるのです。このようなシステム的な仕事を行うよう訓練を受けてきた家族療法家だけでなく、専門家の皆さんも組織的に活動することができるのです。

　本書の日本語訳に関わってくださった伊藤、小笠原、白井、新明、瀬藤、辻井、正木の諸先生、また監訳の労をとられた石井、中島両先生に感謝いたします。この方々のおかげで、太平洋を越えて読者の皆さんと心を通わせ、皆さんがこの新たな試みを行う手伝いができました。あいまいな喪失という答えの見つからない状況のなかで、皆さんがレジリエンスを見つけていかれることを願ってやみません。

ミネソタ大学名誉教授
ポーリン・ボス
ミネソタ州セントポール市
個人開業家族療法家

訳注

*1　2001年9月11日にアメリカ合衆国で4機の航空機がアラブ系の組織にハイジャックされ墜落した事件である。2機はニューヨークの世界貿易センタービルに相次いで突入し、その後、世界貿易センタービルは崩壊した。他の2機はワシントンD.C.のアメリカ国防総省とペンシルバニア州シャンクスビルに墜落した。この事件で航空機の乗客乗員と、貿易センタービルにいた人々、国防総省の職員、救済に行った救急隊員など3025人が亡くなったとされている。この事件は米国民には多大なショックを与えた。また、その後のアフガニスタン紛争およびイラク戦争の引き金となった。

目　　次

日本版への序文　i
巻頭言　ix
序文　xiii

はじめに——喪失とあいまいさ　1
   1　文脈的な視点　2
   2　あいまいな喪失とトラウマ的なストレス　5
   3　あいまいな喪失のモデル　11
   4　研究の基盤が作られるまでの歴史　14
   5　概念上の基盤——ストレスとレジリエンス　16
   6　トレーニング　19
   7　研究の必要性　30
   8　まとめ　33

第Ⅰ部　あいまいな喪失の理論の構築
第1章　心の家族　36
   1　心の家族を、ストレスやレジリエンスと結びつける　38
   2　心の家族と多様性　41
   3　理論的前提　44
   4　不在と存在というあいまいさ　47
   5　まとめ　49

v

第2章　トラウマとストレス　52
1　治療の展開　53
2　ストレスとトラウマ　57
3　PTSD——注意が必要な点と家族療法との連携性　58
4　緊急事態ストレス・ディブリーフィング
　　——その注意点と家族療法との連携の必要性　61
5　治療と介入　63

第3章　レジリエンスと健康　69
1　定義　69
2　臨床家のための研究の歴史と最近の知見　74
3　レジリエンスに関する注意点　85
4　セラピーにおける治療と予防的介入の原則　87
5　事例研究　102

第Ⅱ部　あいまいな喪失の治療・援助の目標
第4章　意味を見つける　106
1　意味の探求　107
2　意味の現象学　111
3　意味を見出すのに役立つことは何か　121
4　妨げになるものとは？　122
5　意味を見つけるためのセラピーの手法と指針　128
6　まとめ　143

第5章　支配感を調節する　145
1　支配感とは？　147
2　基本となる理論　150
3　支配感を調節するのに役立つことは何か　152

目　次

　　4　妨げになるものとは？　153
　　5　支配感を調節するためのセラピーの治療援助方法と指針　156
　　6　まとめ　169

第6章　アイデンティティーの再構築　171
　　1　アイデンティティーとあいまいな喪失　172
　　2　理論的基盤としての社会構成主義　182
　　3　アイデンティティーの再構築に役立つこと　185
　　4　妨げとなること　186
　　5　アイデンティティーを再構築するための治療援助方法と指針　192
　　6　まとめ　215

第7章　両価的な感情を正常なものと見なす　217
　　1　あいまいさと両価的な感情　218
　　2　両価的な感情を正常なものと見なすことは、どのようにレジリエンスと関連しているか　220
　　3　基本となる理論　222
　　4　両価的な感情を正常なものと見なすのに役立つこと　225
　　5　妨げになること　226
　　6　両価的な感情を正常なものと見なすためのセラピーの技法と指針　227
　　7　まとめ　245

第8章　新しい愛着の形を見つける　247
　　1　愛着とあいまいさ　249
　　2　環境上の問題や文脈を理論的に検討する　255
　　3　新しい愛着の形を見つけるためにどんなことが助けになるか　256
　　4　妨げになること　257

5　愛着を見直すためのセラピーの方法と指針　259
    6　まとめ　271

第9章　希望を見出す　274
    1　希望とあいまいな喪失　277
    2　理論的な基盤　279
    3　希望が役に立つ時　282
    4　希望が妨げになる時　283
    5　新たな希望を見出すためのセラピーの方法と指針　285
    6　まとめ　303

エピローグ――セラピスト自身について　305
    1　出発地点　307
    2　あいまいさや喪失とともに自分自身の安心感を高めること　314
    3　まとめ　323

謝辞　326
注　329
文献　335
監訳者あとがき　353
索引　357

巻頭言

　人生は歓喜と痛みに、何かを得ること（取得）と何かを失うこと（喪失）に満ちています——それは、予測ができない場合もできる場合もあります。新たに取得したものは私たち自身の一部となるまで、ゆっくりと同化していきます。それに対して、喪失に伴って失ってしまった私たちの一部はゆっくりと心の繋がりからほぐれさり、いつの間にかあせていくように消えていき、私たちの意識の隅に追いやられていきます。どんなことでも得ることにより私たちは少し豊かになったように感じます。一方、どんな喪失であっても乏しくなったと感じます。しかし、喜びと悲しみの新陳代謝という終わりのないプロセスを通して、私たちの中核をなすアイデンティティーは、自分自身や周囲の人々に認められる形を保ちながらとどまるだけでなく、その上更に、適応し、変化し、成長し、発展するというレジリエンス[*1]（resilience）の能力を維持します。ただし、ある場合を除いて……つまり、上に挙げたようなプロセスは、新たな取得と喪失が、あいまいさ（ambiguity）という灰色のゾーンのなかにない限りにおいて、起こってくるものなのです。もし、灰色のゾーンでそのような状況が起こった場合には、時間は凍結し、発展は止まってしまいます。

　社会的なあいまいさと個人の両価性は、私たち人間の置かれる状況ではどこでも存在します。あいまいさという状況では、その語源が示すように、私たちは「両方向へ引っ張られて」しまうので、一つの道を見つけるということはできません。両価的（20世紀初頭にオイゲン・ブロイラー〈Eugen Bleuler〉によって造られた造語）な状況に置かれた個人は、二つの相反する、全く響き合わない感情を同時に体験するのです。私たちはあと一年の余命がある時、それを歓迎するでしょうか、あるいは時の流れを悔やんで過ごすでしょうか。

また、子どもが学校に入る時にはそれを祝うでしょうか、あるいはそれまで家族中心で過ごしてきた家庭生活から子どもが失われることを悔やむでしょうか。学校を卒業する時には、それに対して喜びを表すか、あるいは仕事中心の人生の始まりに同情するでしょうか。新婚の二人の門出にあたり、お米や紙吹雪で祝うでしょうか、あるいは水先案内もない危険な中を将来無事に進むことができるように悲観的なアドバイスを彼らに浴びせかけるでしょうか。このように私たちの人生を輝かせるようなすばらしい出来事にも滑稽な出来事にも同じように暗い影があり、またネガティブな出来事にもポジティブな側面があります。私たちは、社会的規範や慣習はもちろんのこと、感情の流れのプロセスを何度も繰り返し奥底に根付かせることで、普通はどう行動すべきかと考え、いつ、どんな感情を持つべきかを自分に指示することさえしています。このような文化的なガイドラインは人生の移行点において「両方向に引っ張られる」ような時にも、私たちを導くのです。繰り返しになりますが、それらのガイドラインが役に立つのは、あくまでもその時の状況が、それまで役立っていた規範やガイドラインすべてが崩壊したり適用できなかったりというほど、極端にあいまいではない場合です。

　それに引き替え、社会的な儀式は価値観をいれる容器であり、厳しい状況をくぐり抜けて行く時に私たちを助けるものです。誕生日、バル・ミツワーあるいはバド・ミツワー*2、最初の聖餐式*3、結婚式、卒業式、受賞記念式、通夜、葬儀——これらの儀式は（人生において取得し、喪失するという）移行点を通過していることを、私たちに、そして私たちの周囲の人々に気づかせてくれます。同時に儀式は、感情を抑制しないで（その文化においてよく知られた形で）表現できる社会的なスペースを創り、個々人の社会的なネットワークを活発に関係づけるのです。それらのネットワークを通して、社会的なサポートを強化し、喜びに共鳴し、痛みを和らげ、希望を分かち合い、摘み取られてしまった夢を悼むことができます。このように儀式は人々を助けるのです。状況のあいまいさによって、儀式を行うことが社会的に不適切と見なされ、感情を露わにすることが疑問視され、儀式を実際に行うことができない場合を除いてはですが。グレーゾーンでそのような状況が起こった場合には、時間は凍結し、発展は止まってしまいます。

巻頭言

　あいまいさというすでに灰色である領域、その領域のなかにあるこのグレーゾーンこそが、ポーリン・ボス氏がパイオニアとして探求してきたテーマなのです。ボス氏はそれまで誰も踏み入れて来なかったあいまいな喪失（ambiguous loss）という領域に三十数年前より分け入り、調査研究を通してその冒険を途切れることなく続けて、その領域の豊かさを深めてきました。至る所をくまなく描写し、様々な形で表れる症状や蔓延する様、異なる文化がこのタイプの喪失と向き合う多様な対処法、そしてあいまいな喪失の周りに広がる泥沼から抜け出す時に通らなければならない迷路、それらを描写しながら深めてきたのです。強い好奇心と、社会心理学、多文化間心理学、家族ダイナミクスという科学的な伝統とを併せ持つことにより、ボス氏は世界各地における臨床経験を幅広く積み重ね、その調査研究のデータの深さにおいてこの分野で抜きん出ているのです。

　そしてボス氏は今『あいまいな喪失とトラウマからの回復——家族とコミュニティのレジリエンス』を私たちに提示しています。これは、彼女の偉大な集大成です。これまでの概念的なガイドライン、調査研究のまとめ、多文化の探究、そして潤沢な臨床体験、その全てを一つに統合し、これまでの彼女の著作や論文の垣根を越えた著作です。喪失と服喪、レジリエンスと健康、多様な文脈という、より幅広い枠組みのなかで、あいまいな喪失を同定するための概念の視点について、この本は述べています。理論と実践にしっかりと裏打ちされて、ボス氏の概念的視点は明確な治療・援助のオリエンテーション、そして臨床現場で鍵となるガイドラインを提示しています。

　『あいまいな喪失とトラウマからの回復——家族とコミュニティのレジリエンス』は、現時点ですでに知られている研究成果を研究者に示すだけでなく、この知見が掲げる新たな問い（このような問いが発せられるのは良い研究の証拠である）にも目を向けさせています。ボス氏は読者に対して多文化間カウンセリングのスタンスとニュアンスのモデルを示すことにより、たとえば、政治的な暴動の被害者へのセラピーという国際的な舞台で、また貧しい人々の窮状に焦点を当てたコミュニティ・レベルの臨床において、更には高齢者とその家族の臨床の場、これらの場面で活躍するすべてのセラピストとカウンセラーの実践を豊かなものにするのです。また、恐怖を感じるほどの世界を

生きるなか、そこで遭遇する多くの受け入れ難いあいまいな喪失に対処している人々を明けても暮れても援助する一般職の人々にも豊かな知見を与えてくれます。最終的に、ボス氏は、あいまいな喪失の視点が持つ人間の優しさに焦点を当てています。そのようにしながら、ボス氏は、私たちが避けることができないあいまいな喪失と直面した時に、新しい明晰さと新しい強さ、そして新しい喜びをもってその旅路から抜け出ることができるようにと、その親切な手と賢い言葉によって私たちを力づけています。

　良き友であり、高い評価を受けている同僚のポーリン・ボス氏に対して、彼女の賢さと明晰さを称えます。また読者の皆さまに対しては、この本を読みながら私が感じたように、専門家としてまた個人的として豊かになったと感じる体験をされるように祈ります。

ジョージ・ワシントン大学精神医学臨床教授
ジョージメーソン大学葛藤の分析と解決のための
ヘルス・ヒューマンサービス・カレッジ研究所研究教授
カルロス・E・スルスキー医学博士

訳注

＊1　レジリエンス：英語では resilience あるいは resiliency。日本語では、回復力や復元力、治癒力などと訳されることがある。もともとの意味はストレスが加わった時に復元する「弾性力」を意味する。心理学的にはストレスにおいて自らが安定した状況に向かっていく本来持っている力の意味で使われる。日本語では適切な表現ができないため、本書では英語のカタカナ表記を用いた。

＊2　ユダヤ教の慣習。男児が13歳、女児が12歳に達した時にそれぞれバル・ミツワー、バド・ミツワーと呼ばれるようになり、成人式のような儀式を行う。

＊3　キリスト教の儀式、聖体拝領の儀式。

序　文

　5年前、終結を拒み通す不明確な喪失であるあいまいな喪失という考えを一般の人々に紹介しました（Boss, 1999）。今回は、その応用について書きました。

　私の理論的前提として、あいまいな喪失は、喪失のなかでも一番ストレスが高い種類だという思いが基本にあります。あいまいな喪失はあいまいさにけりをつけるという決心を拒み続け、その夫婦・家族のなかに誰がいる・いないということに関して長期にわたる混乱をもたらします。死亡の場合には公式の死亡証明書があり、その後の喪の儀式でさようならを言う機会があります。しかし、あいまいな喪失の場合はそのような公の形は存在しません。あいまいさはしつこいほどに認識、対処、意味構築を阻み、悲嘆のプロセスを凍結します（Boss, 1999, 2004a）。

　あいまいな喪失の理論は、戦争、テロ、自然災害、慢性の病気や障害によってトラウマを体験してきた家族を治療してきた専門家たちによる数十年に及ぶ調査研究と実践に基づいています。その考えは数十年にわたって携わってきた夫婦や家族への私の臨床経験と、私自身のあいまいな喪失体験によって研ぎすまされてきました。1970年代の初め、私はサンディエゴにある海軍保健研究所（Naval Health Research Institute）、戦争捕虜研究センター（Center for Prisoner of War Studies）において、ベトナムと東南アジアで戦闘中に行方不明となったパイロットの妻たちへのインタビューを行っていました。1989年にはアルメニア地震の後、アルメニアとアゼルバイジャンで任務を果たして疲弊した心理士たちと面接をしました。1997年には米国中西部のレッド・リバー峡谷上流の洪水直後にセラピストと地域のリーダーたちに面談しました。また、軍所属の家族担当の人事係官、リハビリテーション・カウン

セラー、牧師、健康管理の専門官とも面談して、あいまいな喪失とトラウマについて何度も話し合いました。2001年9月11日の世界貿易センタービル・テロ事件の後には、労働組合のリーダーの要請に応えて、行方不明者の家族への介入法を具体化するために、ニューヨークのセラピストと共に働きました。私はこの種の仕事に就くセラピストのトレーニングを続けています。国際赤十字の招きによってコソボにおいて、民族浄化のため1990年代後半から未だに行方不明である約4千家族の人々の支援をしている専門家とコミュニティのリーダーのトレーニングに携わりました。私が個人開業するオフィスにおいては、1974年以来個人、カップル、家族の援助に当たっていますが、そこで面談する人々の多くは、あいまいな喪失――うつ病のパートナー、アルツハイマー病の親、脳損傷の子ども、嗜癖やその他の慢性精神疾患のある愛する人――を抱えています。私は、これらの仕事に携わりながら、解決のないあいまいな喪失にもかかわらず、どうにか健康に生きている多くの人々に接して、深い尊敬の念を抱きました。その人々が私にレジリエンスとは何かを教えてくれたのです。

　これらの体験全体を通して私に明確になってきたのは以下のことです。あいまいな喪失は関係性の障害であり、個人の障害ではないということです。そのため、個人セラピーではなく家族やコミュニティのレベルに介入することが重要であり、そのほうが抵抗が少なく、より効果的だということです。愛する人がいなくなると、残された家族が一緒にいたいと切望するのは特に驚くことではありません。個別のセラピーには抵抗を示します。個人療法のために家族がばらばらになるのは、あいまいな喪失というトラウマ体験を更に強化することになるでしょう。

　この本を通して専門家の方々が、あいまいな喪失について、その概念、レジリエンスと健康に与える影響、そして介入へのガイドラインを学ぶことを目指しています。しかし、具体的なリストを提示するというよりも、むしろ専門家が個々の要求に合わせて用いることができるようにと、理論的な考えと治療のガイドラインを書きました。このような提示の仕方により、私たちが援助の手をさしのべようとする多様な文化背景を持つ人々の現状に合うような介入が可能になると思います。

序　文

　本書では、家族療法のパイオニアたちによって始められた家族レベルへのアプローチ (Framo, 1972) に、コミュニティ・レベルのアプローチ (Landau & Saul, 2004, Speck & Attneave, 1973) と、社会学、心理学、家族療法の理論とを合流させて用いています。人と人との関係性をシステム的に捉えるアプローチは、大災害による身体的不在、また慢性的に心理的な不在——外傷性頭部損傷、アルツハイマー病、精神疾患、嗜癖——に役に立ちます。それに加えて、移民、移住、離散、更に離婚、養子縁組、施設や里子という形であいまいな喪失を体験している夫婦や家族のレジリエンスを高めるために、家族とコミュニティ・レベルの介入は役立ちます。あいまいな喪失によるトラウマには個人療法は不十分です。家族療法もコミュニティの介入も新しい考えではありませんが、トラウマとレジリエンスの分野では新しいものと見なされています。

　人間関係は、あいまいな喪失によりトラウマ的な傷を受けることがよくあります。しかし、この喪失は他の喪失と異なり、専門家の教科書やトレーニングのコースでも取り上げられ始めたばかりです。熟練したセラピストですら気づかないことがあります。私自身の経験から学んだことですが、あいまいな喪失を体験したことを自分自身が認めるまでは、他の人があいまいな喪失体験をしていることに気づけないのです。私の場合は移住、嗜癖、離婚、そして年老いていく両親でした。家族の歴史には、虐殺、奴隷、ホロコースト、不可解な失踪、アルツハイマー病や精神疾患による、もっと悲惨なあいまいな喪失が含まれているかもしれません。不確実なことだらけの状態、つまり明確化したり、検証したりすることのできないあいまいな喪失はトラウマとなります。しかしコミュニティで他の人々と話をすることにより、意味と希望が見えてくることがあります。ある同僚が自身の体験を振り返った後に「楽なことではないけれども、耐えがたい状況がいつまでも続く可能性はある。事実が分からないということに耐えることができる」と語っていました。

1　本書の読み方

　本書は 3 部に分かれています。第Ⅰ部ではあいまいな喪失の理論の発展について述べられています。第Ⅱ部ではあいまいな喪失というトラウマを治療するに当たって、治療上の目標とガイドラインについて書かれています。エピローグではセラピスト自身が個人的にあるいは仕事上あいまいな喪失を体験している場合の、情報とサポートを述べています。本書を読み進んでいくなかで、自分自身のあいまいな喪失を認めることは必要なことです。

第Ⅰ部──あいまいな喪失の理論の構築

　第Ⅰ部ではあいまいな喪失の理論の発展についてまとめて述べます。第 1 章は心の家族について、第 2 章ではトラウマとストレスについて、第 3 章ではレジリエンスと健康に焦点を当てます。この第Ⅰ部ではストレスに基づいた援助モデルについて、病理よりもレジリエンスと健康を強調しながら紹介します。それはどのようなことでしょうか。ストレスは家族が発達し成熟していく生活のなかで当然起こりうることと考えられます。しかし、時には、普通体験し予想されることに比べて、ストレスや変化があまりにも大きい場合があります。あいまいな喪失は、そのような場合に該当し、生活のなかで避けることができません。あいまいな状況のなかで友人、配偶者、パートナー、同僚、チームメート、親族を失うと、その状況に対処していこうとする個人、カップル、あるいは家族がたどるプロセスは、トラウマ的、かつ麻痺状態になることがあります。そのような状況のなかで、人々のレジリエンスが枯渇してしまい、凍結した悲嘆を体験することがあります（Boss, 1999）。

第Ⅱ部──あいまいな喪失の治療・援助の目標

　本書の第Ⅱ部ではトラウマの治療・援助と予防に関する目標とガイドライ

ンとして、どのようにレジリエンスを取得し維持するかに焦点を当てながら、意味を見つける（第4章）、支配感を調節する（第5章）、アイデンティティーを再構築する（第6章）、両価的な感情を正常と見なす（第7章）、新しい愛着の形を見つける（第8章）、希望を見出す（第9章）という観点から述べています。レジリエンスを引き出すという円環的なプロセスは、この第Ⅱ部の最初の章（第4章）において、意味を見つける作業をすることにより着手し、他の目標に向かって動き出すことができます。レジリエンスのプロセスは体系的で円環的なものですが、感情や行動に葛藤がある時がそうであるように、時にはその両方のプロセスが起こります。このプロセスはクライアントにとってストレスの多いことですが、あいまいな喪失に対して何もしないでいるよりはストレスが少ないのです。要するに本書の第Ⅱ部は、先が見えない喪失であり、問題解決は何も見あたらないという状況にもかかわらず、レジリエンスを見つけようとすることについて述べています。

エピローグ——セラピスト自身

　本書のエピローグではセラピスト自身について考えます。逆説的ですが、終わりは始まりとなります。あいまいな喪失のためのセラピーをどう形作るかについて読み終わった時点で、今あなたは自分自身の作業を始める準備ができました。ということは、他の人の援助をしようとする前に、あなた自身のあいまいな喪失を認め、自分自身についての理解を見出すということです。この作業を通して、あいまいさに対するあなた自身の耐性を高め、専門家としてのあなたのレジリエンスを高めることになります。

　自分自身を振り返る内省（self-reflection）はとても重要です。本書を通して私自身の内省を例として挙げました。この本全体を読みながら、あなたの体験や感じたことを教材とする観点から振り返りながら、内省のプロセスをしていくことをお勧めします。振り返りのプロセスも認知的なプロセスも、結局は交差しあっています。

2　一回りしてまた戻ってくる

　ニューヨークやコソボにおいて、また 2004 年の津波[*1]の被害を受けた人々との仕事を通して、家族とレジリエンスを基礎において喪失とトラウマの治療に当たるという私の考え方は更に固まりました。喪失とトラウマには、個人の治療と病理に焦点を当てるという一般的な考え方の幅を広げて、家族とコミュニティが本来もつ強さを保証し、レジリエンスを更に強めることが重要です。これが本書に通底する論旨です。

　9.11 テロの後ニューヨークでの支援を通して、私は象牙の塔から出て行き、地域社会に入っていきました。それまで持っていた考え方と感じ方は崖っぷちに追いやられたからです。あの恐ろしい日に消えていった人々の家族との経験は、それまで持っていた前提、私自身が果たして正しいのかということを、それまで体験したどんな試練においても体験したことのないほどの厳しさで挑んできました。そこで挑戦しなければならなかったことは、その理論を、あの大災害に適応し、おびただしいほど多様なグループから成る家族を助けるのに適用することでした。最初の 2、3 週間はすこぶる困難をともない、内省のための時間を度々取りました。そのような支援活動を始めたばかりのある日、家族と面談をしていた労働組合ビル 21 階の窓から外を見ました。世界貿易センタービルが崩れたグラウンド・ゼロではまだ煙が立ちこめていました。もっと違った眺めを見たいと探しましたが、心休まる眺めを見つけたのは、その後だいぶ経ってからでした。マンハッタンの先端に近い友人の住む高層ビルの部屋から、午後遅く太陽を浴びながら自由の女神を見た時のことです——それは、ずっと昔父と母方の祖父母がニューヨークに着いた時に迎えてくれた自由の女神でした。その時、私の家族が初めてアメリカ合衆国での生活を始めたその場所に、一回りしてまた戻ってきたことに気づきました。心の奥底から平穏さを感じました。彼らが抱いていた希望と喪失が合流し溶け合っていたのです。そして私が抱いていた希望と喪失も溶け合っていました。そのような気づきを通して、新たな力が出てきたので

す。
　支援していた家族の多くは、私の先祖のように、米国のこの東海岸によりよい生活を望んできたのです。家族から遠く離れてきたために、親やきょうだいとの連絡も途絶えてしまいました。9.11テロの後、彼らの恐怖心は特にひどいものでした。彼らが遠い島や国にいる愛する人々から離れている状況で、レジリエンスと力を再び手にすることができるでしょうか。嬉しいことに、家族とコミュニティに根ざした介入により、多くの人々がそれを再び手にすることができたのです。

訳注
＊1　2004年スマトラ島沖で起きたマグニチュード9.1の地震。巨大津波によってインド洋沿岸諸国で約30万人の死者・行方不明者を出した。

はじめに——喪失とあいまいさ

　存在と不在は絶対的なものではありません[1]。亡くなっていないとしても、私たちが大切に思っている人が行方不明になったり、心のなかで次第にいなくなっていったりすることがあります。監禁や誘拐の場合と同じように、アルツハイマー病の患者や脳外傷や脳梗塞を負った人は、手の届かない存在になってしまいます。存在と不在の間にあるこのあいまいさが、心理的な喪失と身体的な喪失の両方の性質を持つ、特殊な喪失を引き起こすのです。

　喪失とあいまいさという考えを融合することは、昔からずっと、そして今もすぐれた文学の本質です。ベイリー（Bayley, 1999）は、認知症になってしまった彼の最愛の人であるアイリスへの哀歌を書きましたし、アルボン（Albom, 1997）は、死にゆく教授と過ごした火曜日について書いています。ファディマン（Fadiman, 1997）は、強制移住で移り住んだ新しい国で「あなたをとりこにする魂」についての本を書きました。スタイロン（Styron, 1990）は、自分自身のうつ病について書いています。あいまいな喪失がトラウマになりうるという考えが、セラピストの間に知られるようになり、研究によって最初の治療的基盤がつくられたのは、ここ 30 年のことにすぎません（Boss, 1972, 1975, 1977, 1980c, 1986, 1987, 1992, 1993b, 1993c, 1993d, 1999, 2002a, 2002b, 2002c, 2004a, 2004b; Boss et al., 2003; Boss et al., 1988; Boss & Couden, 2002; Boss & Kaplan, 2004）。喪失に伴うあいまいさは、悲嘆に暮れたり、喪失に対処したりすることを妨げる強固な障壁を作り出し、抑うつや人間関係をむしばむ葛藤などの症状を引き起こすという前提があります。本書の執筆にあたり、私は、あいまいな喪失というアイデアと、様々な解釈や介入を可能にしてくれるレジリエンス（resilience）モデルとを結びつけるという研究を発展させました。

　喪失は、いつも死や、肉体の不在だけを意味しているわけではありませ

ん。人間関係とはもっと複雑なものです。多くの人々にとって、心のなかの存在である心の家族（psychological family）は、私たちがストレスを評価したり、レジリエンスを維持したりするうえで、一緒に住んでいる実際の家族と同じくらいに重要なのです。私たちは愛する人が肉体的にいなくなったというだけで、必ずしもその人から切り離されるわけではありませんし、逆に、家庭や日常生活のなかで一緒に過ごしているからと言って、いつもその人と繋がっている訳でもありません。こういったあいまいさというものは、有益にも、有害にもなりうるのです。トラウマ状況やストレス下にある時には、私たちは、レジリエンスを保ち続けるために、しばしば心のなかに存在している愛する人を求めますが、それは物理的に一緒に生活している人に限らないのです。一方、愛する人が存在しているのかいないのか、生きているのか死んでいるのか分からない場合には、あいまいさが著しく、そのようなストレス状態はトラウマとなり、機能が停止した状態を生じさせます。喪失とトラウマ、レジリエンスについてのこのような新しい見方では、心の家族や存在と不在の間のあいまいさに意味を見つけることを、中心的な課題としています。

1 文脈的な視点

　西洋の心理療法家たちは、正常な悲嘆のためには完全な脱愛着（detachment）が必要だと述べていますが、そこにたどりつける人は多くありません。しかし、喪失後に終結がないことが、いつも、家族や個人における脆弱性を示すわけでもないのです。
　何十年経っても喪失を生々しい状態にとどめさせ、そのために喪失を病的なものとしてレッテルを貼らせる力は、個人の自我や精神病理、家族のなかにあるのではなく、むしろその人の外にある文脈にしばしば存在しています。個人や家族が外的な文脈においてあいまいさが生じているような喪失に苛まれている場合には、当然、その状況は未解決の悲嘆の症状の原因となる可能性を潜在的に秘めています。より文脈的な見地から見ると、その病理性

は個人の心理や家族というより、むしろそのクライアントの置かれた状況や環境に起因するものであると言えます。このように、より広い見地から見ることで、クライアントがセラピーを受け入れやすくなり、セラピストは、単純なストレスからトラウマに至るまでの広い範囲の喪失体験を背景に持つクライアントを、よりよく援助することができるのです。

より広い視点を用いることで、私たちはまた、あいまいな喪失というトラウマに対する不適応状態をアセスメント（評価）する際に、文化の多様性に敏感になります。この不適応の状態というものは、そのトラウマ状況に対処し、レジリエンスを維持する方法を作り出せるような健康的な適応状態に対して、治療や変化を必要とするような状態です。私たちは次のような質問を行うことで、あいまいな喪失の受け止め方や感情、行動、関係性、症状をより広くアセスメントすることができます。あなたはどのような喪失を体験しましたか。あなたは何らかのあいまいな喪失を経験したことがありますか。この状況をどのように見ていますか。あなたは何を失ったのですか。あなたにはまだ何がありますか。今あいまいさについてどのように感じていますか。私たちは、問題のある症状に焦点を当てるだけではなく、その症状が、様々な文脈に置かれた個人や夫婦、家族が、あいまいな喪失というストレスのもとで、なんとかよく生きようとする唯一の方法であるという見方をしようとしています。

文脈的な要因がクライアントのコントロールを超えた外部にある場合、私たちが治療・援助上の課題とすることは、個人や夫婦、家族が、変えられることと変えられないこととを区別できるようにすることです。特に、文化、歴史、経済、発達および遺伝などの外的な要因を説明する必要があります（Boss, 2002c）。これらの要因は、ある個人や夫婦、家族、更には地域さえもが、喪失とあいまいさをどのように受け入れ、どのように対処するかということに影響を与えているのです。生まれたのがある文化なのかそれとも別の文化なのか、戦争の時なのか平和な時なのか、豊かさのなかで生まれたのか貧困のなかで生まれたのか、若いのか年老いているのか、遺伝的な強さを持っているのか脆弱さを持っているのか、差別を経験したのかそれとも特権階級だったのか、こういったことのすべてが人間のレジリエンスに影響を与

える可能性があるのです。

　より文脈的な視点でレジリエンスと家族ストレスの関係を見るという研究は比較的新しいものです。この分野におけるパイオニアはレイスとオリベリ (Reiss & Oliveri, 1991) です。彼らは、コミュニティという文脈が、「意味」の重要な源泉であり、更に家族のストレスに対する反応の仕方に重要な影響を与えていることを強調し、文脈的視点を拡大しました。また、コンガーら (Conger et al., 1999) は、不況という文脈におけるカップルのレジリエンスを研究しました。差別からくるストレスの存在にもかかわらずアフリカ系アメリカ人家族に見られるレジリエンスと家族の機能については、マレーら (Murry et al., 2001) が研究しました。ハリエッテ・マッカドゥー (Harriette McAdoo, 1995) もまた、アフリカ系米国人について研究を行いましたが、ストレスの大きさだけに注目せず、中産階級及び労働者階級の母親のみの家庭における家族の援助パターンと宗教性について研究を行っています。文化精神医学者のカーマイヤーら (Kirmayer et al., 2000) は同様の研究を行い、カナダ北部のクリー族における心理的ストレスに対する文化的な防御因子について述べています。更に、様々な文脈が研究されており、慢性疾患へのサポートに具体的に生かされています。たとえば、ウッドら (Wood et al., 2000) は、親の愛着の問題と慢性疾患のある子どもの絶望感に関連があることを明らかにしました。ロレーン・ライト (Lorraine Wright) は、回復と家族の宗教的信念について、仲間とまとめた研究 (Wright et al., 1996) をもとに、看護師業務におけるスピリチュアリティーに焦点を当てて、苦痛とスピリチュアリティーについてエッセイとしてまとめています (Wright, 1997)。もっと宗教的でない視点では、スウェーデンの研究者であるストラングら (Strang & Strang, 2001) が楽観主義など宗教的ではない価値観もまた回復に影響を与えるという考えを支持しています。この研究では、文脈が、家族の喪失やトラウマ、レジリエンスの関係をより複雑にしている可能性があるということが示唆されました。このようなより広い視点は、喪失というトラウマの後、そのあいまいさのために混乱してしまっている様々な人々を助けるうえで知っておく必要があるのです (Boss, 2002c; Boss & Mulligan, 2003)。このことが意味しているのは、それぞれの夫婦や家族のニーズに合わせて介入をしていくために、彼ら

をそれぞれに固有な文脈において見ないといけないということです。

あいまいな喪失の理論はより広い文脈という視点による研究に基づいているので、様々な人々の様々な状況での介入をしていくうえで役に立つものです。ここでは、階級や人種、民族、世代、性別および性的志向に関係なく、未解決の喪失やその結果としての不安、身体症状、関係性の葛藤を見ていくうえで、それが病的なものであるという視点に基づいた見方をできるだけ用いないようにしています。

2　あいまいな喪失とトラウマ的なストレス

あいまいな喪失は本質的にトラウマ的なものなのです。なぜならば、状況をどうにも解決することができないということが、心理的な痛み、混乱、ショック、苦痛そして機能の停止を引き起こすからです。終結がないために、この独特なあいまいな喪失のトラウマは慢性的なものになってしまいます。あいまいな喪失のトラウマを理解するためには、もっと通常の喪失の苦痛について理解することが役に立つでしょう。近代文明のなかでは、喪失は話しにくいことなのです。なぜならば、それは、訓練を受けた専門家にさえもそうであるように、家族に解決することも癒やすこともできないものを思い起こさせるからなのです。ほとんどの人は、自分でコントロールできない状況に身を置いているという感情に長く耐えることはできません。家族のなかの死は、失敗——治療法を見つけることができなかったあるいは、状況を改善することができなかったという失敗——と見なされるかもしれません。人生を支配することに価値を置いている多くの文化にとって、目標とは、勝利することであり負けることではありません。この強固な価値観のために、私たちの文化では、喪失は否定される傾向にあります。悲嘆に暮れることは受け入れられるとしても、私たちは、それを乗り越え、それぞれの仕事へ戻らなければならないのです。通常の喪失においても終結を見つけることは困難ですが、実際に喪失しているということが公に認められていないために、あいまいな喪失において終結を見つけることは不可能なことなのです。

フロイト（Freud, 1917/1957）は、喪失した人に没頭している状態が長期化している状態を複雑性悲嘆（complicated grief）あるいはメランコリー（melancholia）と名付けました。エーリッヒ・リンデマン（Erich Lindemann, 1944）は、ココナッツグローブのナイトクラブ火災の被害者遺族の研究を行い、個人の病理として終結の欠落があることを見つけました。彼は、悲嘆反応は、遺族が自分のグリーフ・ワーク（grief work）をどの程度行っているのかによって決まると述べています。実際、現在も、グリーフワークを完遂できない状態は未解決の悲嘆（unresolved grief）と呼ばれており、解決や終結がないための病的なものとして定義されました。彼らの言うところの未解決の悲嘆には様々な感情が含まれていますが、フロイト（1917/1957）によれば、一般的に、これらの感情は患者が「愛の対象（love object）」をあきらめることを拒否した結果生じる感情であるとされています。また一方、ここでの私たちの疑問は、次のようなことになります。人が、その本質のために解決できないあいまいな喪失に直面した時に、何が起こるのでしょうか。失われた対象をあきらめることを不可能にしている原因が、個人の心理でなく、外的な状況である場合には何が起こるのでしょうか。

　精神分析家であるフェイゲルソン（Feigelson）は、そのような状況についてはっきりと書いています。彼女の夫もまた、精神分析家でしたが、自分のアパートのエレベーターシャフト（訳注：エレベーターが昇降する通路）に転落し、重度の脳外傷を負ってしまいました。フェイゲルソンは、自分の体験を「人格の死」による「不可思議な（uncanny）」喪失と呼びました（Feigelson, 1993, p.331）。彼女は、自分のあいまいな喪失体験から学んだことを用いて、フロイトがほのめかしていた「相対立するものの〈不可思議な〉融合」（同、p.331）という概念を確立しました。彼女はこう記しています。「分からないことは分かっていることと融合して不可思議さな感覚を生じさせる。不可思議さという不安は、私たちが分かっていることと分からないこと両方の境目にあり、はっきりとは認識できないけれども、異様に感じるようなものを含んでいる」（同、p.331）。

　精神分析学的視点から見ると、あいまいな喪失は実際、分かることと分からないこと（肉体的には存在していても、精神的には存在していない状態、あるいはそ

の逆)が結合していることによって生じたトラウマ的な不安を持つ不可思議な状況と言えます。ここにいながらもここにいない誰かと一緒に生活するということを知的に明確に理解することができず、その関係性が不明確であるような状況は、人間にとって不可思議な体験であり、強い不安を引き起こします。そのような状態について、テア(Terr)はその著書のなかで次のように述べています。「私の意図することは、人間の不可思議な体験の原因として抑圧された内的な葛藤を置くことではなく、〈不可思議さ〉に潜む理由として挙げられる短いリストのなかに外的な要因で引き起こされる心理的トラウマを付け加えることである。自我が外的な出来事によって圧倒されている時には、その人の外側にある全てのものは、不気味で薄気味悪く、過剰に支配されたものに見え始める」(1985, pp. 495-496)。このことが、ベトナムや、9.11テロ事件以降、あるいはその他の状況で夫が行方不明になった女性たちが、夫が姿を消した後にも夫と対話していると語る理由かもしれません(Boss 1975, 1999; Boss et al., 2003)。他のセラピストも同様の現象について報告しています(Becvar, 2001; Falicov, 1998)。このようなケースでは、心の家族は、とても現実的な存在であり、しばしば突然の喪失を受け入れていくことを助けています。

しかし、愛する人の体ではなく、心が失われている状況とはどのようなものでしょうか。あいまいな喪失のどちらのタイプもたいてい、トラウマに関連した不安が存在しています。この不安は、「安心していられる普通の日常生活から、よく知っている人が根本的に変わってしまったというような普通ではない奇妙な歪んだ状態に突然変化した場合に感じる」(Feigelson, 1993, p.332)不安です。体はまだ存在しているのに、その人の人格がそこにない状態は、健康でレジリエンスのある家族であっても苦痛なものです。この考えは、患者に愛着を持っている人に対して、システムとして適用されます。なぜなら、そのような状況では、相互的な関係性やはっきりしたアイデンティティーが停止してしまうからです。脳外傷の患者に愛着を持っている人々は、自分の配偶者の記憶や認知の変化を喪失として感じます。フェイゲルソンは次のように述べています。「性格の変化は、最も解決困難な知的な喪失である。深刻な依存性、自己中心性、衛生面についての奇妙な習慣や着衣へ

のこだわりが入り込んでくる。興味や趣味は減退していく。話が無作法になったり粗雑になったりし、ささいなことで他人と軋轢を起こし、自発性の喪失、落ち着きのなさ、イライラ、怒りの発作、パニック、不安、抑うつ、無気力、引きこもり、共感を持って繊細に波長を合わせることがなくなることが、多くの頭部外傷の人に見られ、その人を完全に社会的な落伍者にしてしまう」(1993, pp. 333-334)。このようなケースの場合、配偶者や子ども、家族全体の生活は劇的に変化してしまいます。そして、誰もお悔やみのカードは送りませんし、ユダヤ教の習慣である 7 日間を共に喪に服することもありません。その代わりに、あいまいに始まりあいまいに終わる、孤独で、しばしば誤解される服喪期間となるのです。フェイゲルソンは、次のようなつらい問いを投げかけています。「人を半分失うなどということがあり得るのだろうか。半分は死んでいるのに、半分はまだ生きているのだ。おとぎ話は、空想的世界を前提としており、読者はそこで何が起こっても驚かないだろう。しかし、おとぎ話と違って、この不可思議な話は、観察者の現実に対する信頼を侵害するのだ。人生は、実体を約束しながら、幽霊を送ることによって人を欺くのかもしれない。夕食の食卓にドッペルゲンガー（分身）が座っているのだ」(1993, p. 335)。彼女の言葉を読んで、私は昔の自分自身の体験──別種のドッペルゲンガーが夕食のテーブルに着いていた──を思い出したのです。

　フェイゲルソンや私のように、ほとんどの臨床家は、個人的にいくつかの種類のあいまいな喪失を体験しており、そのような不可思議な喪失を体験したクライアントに必ず出会っています。長期間にわたって引き伸ばされた服喪に由来する症状に対応するうえで、あいまいな喪失のモデルは、喪失やトラウマの治療援助に携わっている私たちの現在のやり方に、新たな視点を付け加えてくれます。悲嘆あるいは喪失を専門的に扱っているかどうかにかかわらず、また、個人や、夫婦、家族、あるいは地域の人と面談しているかどうかにかかわらず、あいまいな喪失に詳しくなることは、より臨床家として有用になるうえで役に立ちます。その理由についてこれから説明していきましょう。

　第一に、誰かがいなくなることは誰の人生にも起こり得ることなのです。

どのような人間関係においても、完全に存在する——あるいは完全に存在していない——ということは稀なことです。私たちは皆、いつか、どこかで、個人的にあるいは仕事のうえで、あいまいな喪失という状況に直面する可能性があるのです。私たちのクライアントだけが直面することではないのです。

　第二に、愛する人の喪失は、どの文化、宗教においても普遍的に、苦痛やトラウマを生み出します。夕方のニュースを見ればこの苦痛が目に入ってきます。しかし、あいまいな喪失は別の次元の苦痛を付け加えるのです。喪失に伴う普遍的な苦痛を感じつつ、更にトラウマとなるあいまいさが付け加えられるのです。通常の喪失においても、また悲惨な喪失もおいても、人々がレジリエンスを見出すのを援助するために、専門家の治療や介入のレパートリーを広げていくには、まずあいまいさに潜在しているトラウマ性を理解することから始まります。

　第三に、それぞれの分野や、それまで受けてきた専門的なトレーニングにかかわらず、セラピストはより広い治療援助の視点を持つことが必要です。あいまいな喪失のモデルは、私たちに個人の症状を無視することなく、様々なレベルでの対人関係で、包括的、文脈的に仕事を行うことを可能にします。私たちは、様々な状況において様々な人々のアセスメントを行ったり、治療や援助をしたりする場合に、それらの人々の相違点と類似性の両方を理解することができます。

　第四に、あいまいな喪失の原因は、たいていは、何らかの外的な力や病気なので、症状の先にあるその力に対抗する強さやレジリエンスを見るモデルを用いることが、セラピストにとって有益です。患者にはなんの落ち度もないのに、あいまいな喪失には終結の可能性がないのです。論理的であることや、解決を拒否する状況——それは多々ありますが——のなかで意味を見つけることは困難ですが、もし私たちが病理だけではなく、レジリエンスを探すならば、意味を見出す可能性はあるのです。

　第五に、災害やトラウマの時には、愛する人の行方が分からなくなっている個人や夫婦、家族、コミュニティの治療・援助の指針として、PTSD（Post-traumatic Stress Disorder：心的外傷後ストレス障害）や古典的な悲嘆治療とは異なるモデルが必要になります。PTSDや悲嘆の治療によく用いられる個人向け

の医療モデルとは明らかに異なるものとして、ランドゥ（Landau, 1981）、ランドゥとソール（Landau & Saul, 2004）、ローランド（Rolland, 1994）、ウォルシュ（Walsh, 1999）の研究があります。皆、家族やコミュニティにもっと根差した治療援助を求めています。私はそれに賛成であり、更に PTSD や災害後の喪失に対する古典的な治療が、重要なトラウマ、つまりあいまいな喪失を見逃していることを付け加えたいと思います（Boss, 2002a, 2002b, 2004a, 2004b）。あいまいな喪失は、トラウマ性のストレスでもありますが、その中心的な課題は、未解決の喪失であり、決して和らぐことのない苦痛をもたらし続けるあいまいさなのです。闇のなかにとらわれていることは拷問です。あいまいな喪失のモデルを用いることで、セラピストは、そのような災害の後の子どもや青少年や成人の治療援助の指針を持てるようになります。

　第六に、このモデルは、クライアントでも、簡単にほかの人に教えることができ、理解しやすいものです。ですから災害のような場合にとても需要があり、専門家の助手や地域のリーダーがそれを使って専門家の補助をすることもできます。この理論は（精神力動的であるにもかかわらず）、心理教育的な側面があり、私たちは、これを使って、予期できないあいまいな喪失の時も、予期できる家族生活の移行期にも同じように多くの人々を援助することができます。

　私たちの臨床での仕事の種類によらず、あいまいな喪失についてのこの考えを念頭に置くことで、愛する人が理解を超えるようなレベルで変わってしまったり、あるいは、完全にいなくなってしまったりした場合に、もっと有効な介入を行うための事例の分析やアセスメントを、より広い形で行えるようになるでしょう。あいまいな喪失という不可思議なものと共存しなくてはならない重圧を背負いながらも、個人や夫婦、家族、地域社会が健康でレジリエンスを保っていられるためには、私たちはどのように援助したらよいのでしょうか。この核心的な質問に答えるために、私はあいまいな喪失の理論をまとめました。——あいまいな喪失とは何か、なぜ重要なのか、どのように介入したらよいのかという点についてです。私がこの仕事を行う専門家を訓練する時には、健康とレジリエンスに焦点を当てるとともに、ストレスを文脈として見ることを教えています。

3 あいまいな喪失のモデル

　私たちは、まず誰が家族と見なされているかということを定めるところから治療・援助を始めます。このように、私たちは、意識してクライアントの心の家族を治療室に存在させるようにします。もし家族のメンバーが身体的に不在であるが心理的には存在している場合、あるいは、身体的には存在しているが心理的には存在していない場合には、私たちはその状況を一つのあいまいな喪失――あいまいさによる最もストレスの多い喪失――とラベルづけをします。不安の源泉が外的なものであると知ることで、人々は、自分たちのなかに病理性があるのではなく、その状況に病理性があることを認識するので、レジリエンスを動員できるようになります。

　あいまいな喪失には二つのタイプが存在します。心理的には存在しているのに身体的には存在していない場合と、心理的には存在していないのに身体的には存在している場合です（図1参照）。両方のタイプとも、関係性の境界や体系的なプロセスを妨害し、トラウマ化する可能性があります。

　第一のタイプのあいまいな喪失は、愛する人が身体的に失われている状態――肉体が消失している状態です。そのような喪失の悲惨な例としては、行方不明になることや戦争やテロ、民族浄化、虐殺、地震や津波などの自然災害の際に体が発見できない状態があります。このような場合には、愛している人はその体がないかもしれませんが、心理的には存在し続けています。なぜならば、その人が生きているのか死んでいるのかが分からないからです。死が確認できないために、家族は、行方不明になっているその人をあきらめるべきなのか、戻ってくるまで扉を開けたままで待っているべきなのかが分からなくなってしまいます。家族のプロセスは凍結してしまい、その境界が不明確になります。人々は失われた人のことで頭がいっぱいになり、他のことをほとんど考えられなくなってしまいます。その結果、家族はもはや通常の役割やお互いの関係における機能を果たさなくなってしまいます。もっと日常的に見られるあいまいな喪失の例としては、離婚による親の不在や、養

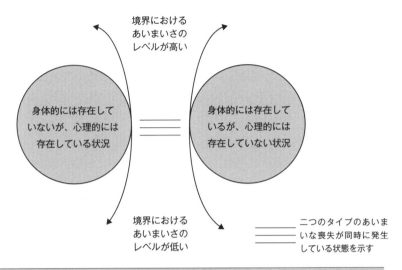

悲惨な予期されない状況	
・戦争（行方不明の兵士） ・自然災害（行方不明者） ・誘拐、人質、テロ ・監禁 ・脱走、不可解な失踪 ・身体が見つからない状況（殺人、飛行機事故など）	・アルツハイマー病やその他の認知症 ・慢性の精神障害 ・依存症（アルコール、薬物、ギャンブルなど） ・うつ病 ・頭部外傷、脳外傷 ・昏睡、意識不明
より一般的な状況	
・移民、移住 ・子どもを養子に出すこと、子どもが養子に出されること ・離婚・再婚で親が子どもと別れること、離婚・再婚で子どもが実親と別れること ・転勤 ・軍で派遣されること ・青年が家を離れて自立すること ・高齢の配偶者がケア施設へ入所すること	・ホームシック（移民／移住により） ・子どもが養子となること ・再婚により義理の子どもを得ること，親の再婚により子どもが義理の親を得ること ・ワーカホリック ・コンピューター・ゲームやインターネット、テレビへの過剰な熱中

図1　破局的で予期しないタイプのあいまいな喪失の状況（様々なレベルの境界のあいまいさを生み出す）(Boss, 2004b)

子家庭における生物学的な親の不在、赤ちゃんの喪失や死産などが挙げられます。

　二つ目のタイプのあいまいな喪失は、人々が心理的に不在になること、すなわち情緒、認知のレベルで失われてしまうことです。このタイプのあいまいな喪失の例としては、アルツハイマー病、その他の認知症、脳外傷、エイズ（後天性免疫不全症候群）、自閉症、うつ病、薬物やアルコールなどへの嗜癖、その他慢性の身体疾患や精神疾患で記憶がなくなったり感情の表出がなくなったりしている状態が挙げられます。もっと日常的に見られる例としては、ワーカホリックになっていたり、移民の場合ではしばしばホームシックになったりしている場合があるでしょう。このタイプのあいまいな喪失では、関係性や情緒的な過程が凍結した状態になります。日に日にその人の機能や役割が果たせなくなっていくのです。役割や立場が混乱してくるのです。人々はどのように振る舞ったらよいのか、何をしたらよいのか分からなくなることがよく起こります。

　この両方のタイプのあいまいな喪失が、一つの家族や夫婦に重なり合って存在しているのを見ることがあります。たとえば9.11テロの後で、私がニューヨークで一緒に働いていた一人の女性は、夫を身体的に失ったうえに母親がアルツハイマー病になってしまっていました。実際に、この女性は、自分は2回見捨てられたと話していました。幼い子どもは、悲惨な出来事や事故や病気で片親を失った時に、残ったもう一人の親がうつ病になったり、失った相手のことばかり考えている状態となることで、両方のタイプのあいまいな喪失を経験することがあります。9.11テロの後で、何人かの思春期の子どもが、片方の親はまだちゃんといるにもかかわらず両方の親を失ったようだと話していました。障害や病気がある伴侶の世話で手一杯になっている家族のなかでも、同様のダイナミズムが発生すると考えています。子どもは、最終的に両親を失ってしまうことになるのですが、誰もそれには気づきません。なぜなら、その子の両親は家にまだいるからです。

13

4　研究の基盤が作られるまでの歴史

　あいまいな喪失という状況が、強い境界のあいまいさを引き起こす可能性を持つことについての最初の研究は、1971 年に始められました。それはベトナムとラオスの戦闘で行方不明になった米国軍兵士の家族を対象とした研究でした（Boss, 1975, 1977, 1980a, 1980c）。その後、私は仲間と共に、子どもが行方不明になった家族（Fravel & Boss, 1992）や思春期の子どもが家出をしてしまった家族（Boss et al., 1987）、故郷から引き離された移民の家族（Boss, 1993c, 1996; Gates et al., 2000）について研究してきました。私はまた、別のタイプのあいまいな喪失――ある人が心理的にいなくなっている場合――についても研究を行いました。この領域では、アルツハイマー病や慢性の精神障害あるいは身体疾患によって家族の誰かが心理的にいなくなっている家族に焦点を当てた研究が行われました（Boss, 1993d; Boss et al, 1988; Boss, Caron, et al., 1990; Boss & Couden, 2002; Caron et al., 1999; Garwick et al., 1994; Kaplan & Boss, 1999）。理論が発展していくなかで（Blackburn et al., 1987; Boss, 1992, 1999, 2004b; Boss & Greenberg, 1984; Boss & Kaplan, 2004）、アセスメントについて論文が書かれ（Boss, Greenberg, & Pearce-McCall, 1990; Mortimer et al., 1992）、特定の集団への適応（Boss, 1983a, 1983b, 1993a, 1993d; Weins & Boss, 2006）も行われるようになってきました。その他の研究者たちは、この理論を離婚、嗜癖、自閉症、流産、不妊、死産、里親、養子、投獄、エイズ、脳外傷、移民、文化の喪失などの問題での検証を行いました（Fravel et al., 2000）。このタイプの喪失には、同性愛者など、（その人の）もともとの家族が体験したものである未解決の喪失も含まれます。キャロルら（Carroll et al., 2003）はこれらの研究についてのレビューを発表しています。

　私が 1973 年に初めて行方不明者の家族についての研究を行った時には、あいまいさを取り除くことが治療の目標だと思っていました。私は、すぐにそれが不可能であるということを悟りました。私の研究の目標は、人々がどうやったらあいまいさとともによく生きていけるのかを理解することに変

わったのです。私自身の長きにわたる研究の経過と理論の発展と応用（Boss, 1999, 2004b）[2]については、他の論文で詳しく書いているので、ここでは、臨床家のためにこの研究の経過を振り返るにとどめます。

　1972年に私は、ウィスコンシン - マジソン大学で、カール・ウィタカー（Carl Whitaker）や精神科の研修医と一緒に、教育を受けており、その時に、家族療法クリニックで治療していた家族に共通点があることに気づきました。これらの家族は、両親が揃っていたのですが、父親が家族と疎遠で不在であるように見えたのです。父親はそこにいるのですが、本当の意味ではなかったのです。父親たちは、しきりに、なぜセラピストがセッションに自分を必要とするのか尋ねました。「子どものことは母親の仕事」だったからです。実際、1970年代の初め、父親は子どもの養育に関わることを期待されていませんでした。しかし、子どもたちは父親の不在に気づいていて、そのあいまいさのために苦痛を感じていたのです。臨床の仕事をもとに、私が初めて書いたのは、両親のいる家庭での心理的な父親の不在についてでした。後日、私はこのアイデアを、「そこにいるけれどもいない」あらゆる個人や家族に適応できるように、より一般的なレベルに拡大しました。1975年から、私はこの現象を「あいまいな喪失」と呼ぶようにしたのです。

　このより広い視点を使うことで、心の家族について考えるようになり、更に、人間関係の微妙な構造上・知覚上の変化、そして時間の経過に伴う移り変わりを考えるようになりました。私は、家族成員の出入りと、このような内と外が移り変わるような状態が、いかに本質的なストレスであるのかということも含めて研究しました（Boss, 1980b）。夫婦や家族システムの境界は、あいまいさが存在することで不明瞭になり、誕生や死、分離、派兵、そして再統合の時に境界を維持することがより難しくなります。どの家族でも経験する一般的な移行期の変化や、予期できない変化のなかでは、あいまいさが高じるにもかかわらず、家族がどのようにレジリエンスを維持するのかということを理解するために、私は、家族の存在や不在について、個々人や家族に共有されている受け止め方について研究を行いました。この研究から、たとえば認知症や戦争によるあいまいな喪失の状況の存在から、抑うつや不安症状や家族葛藤を予測できることが分かりました（Boss, 1977, 1980c; Boss, Caron, et al., 1990; Caron et al., 1999; Garwick et al., 1994)。研究に基づいた臨床理論は、凍結した悲嘆や両価性、支配、意味や希望を持つあいまいな喪失と結びついて発展してきました (Boss, 1999, 2004b)。私は行方不明者の家族——それは身体的な場合も、心理的な場合もありますが——の治療を続けるなかで、患者の心のなかにある心の家族を私が意識していることが、治療の成功のうえで極めて重要であることが分かりました。9.11 テロ事件以降、私はこのことをいっそう強く信じるようになりました。

5 概念上の基盤——ストレスとレジリエンス

　あいまいな喪失のモデルの根本は、先に考察した、レジリエンスに重点を置いた文脈的なストレスという視点にあります。このことが何を意味しているかというと、確定できない状況や治る見込みのない病気がある時の治療目標は、クライアントが自らのレジリエンスを高めることによって特有のストレスや不安とともに生きられるようになることだということです。私たちは、あいまいさを取り除くことはできませんが、あいまいさに耐える力を強化することはできます。ですから、私たちの治療目標は、古典的なグリーフ・セラピーで目標としている終結ではありません。また、医療モデルのように未解決の悲嘆を個人の病理と見なすことはありません。
　あいまいさによるストレスに焦点を当てることで、症状の治療を行うだけでなく、個々人の強さを構築する方向へ進むことができます。このように、困難な時期においてクライアントが回復する方法を見つけ、もし適切ならばそれを促します。文脈的なストレスの視点では、その症状の原因が、脆弱で病的あるいは非機能的な家族にあるとは見ないので、クライアントは良い結果に希望を持つことができます。しかし、私は、セラピストが病理性を無視するということは勧めないということをはっきり述べておきたいのです。レジリエンスや、クライアントの強みを優先するモデルであっても、セラピストは個人の病理に気づく必要があります。身体的、精神的症状については治療が必要ですし、特に生命を脅かすような症状がある場合には治療は重要で

す。たとえば、自殺念慮や、他者を殺害する危険や暴力、嗜癖といった問題では、即座に専門家の治療が必要です。個人の病理は、あいまいな喪失の結果というだけでなく、病理が更なるあいまいな喪失の原因となることもあります。

　あいまいな喪失のモデルの概念的な基盤は、家族のストレス理論にあります（Boss, 1987, 2002c; Boss & Mulligan, 2003）。あいまいな喪失は、通常をはるかに超えたストレス因子であり、その人の対処や理解を阻む不可思議な不安と終わりのないストレスをもたらします。それは、悲嘆のプロセスを凍結し、問題の解明を阻みます。そして当然のことながら、人々が喪失を否認するように仕向けます。人々の機能を停止させ、より危機的な状況をもたらすこともあります。社会学的な意味において、境界を維持することや心理学的な意味において終結することには明確であることが必要ですが、それは到底手の届かないことなのです。個人や夫婦、家族に見られる病的な症状は、しばしば、あいまいさという絶え間ないストレスの結果として表われます。これらの症状は必ずしもその人たちの精神的な脆弱性を示すものではありません。文脈とレジリエンスを重視したストレスの視点は、医療的なモデルについては訓練を受けているけれども、それが有効ではない答えのない疑問に直面している臨床家に新たな視点を与えてくれます。

　図2は、二つのタイプのあいまいさが、どのように機能を停止させるかだけでなく、どのようにレジリエンスをもたらすかについても示したものです。図のAの部分は、あいまいな喪失を表しており、ここでは、愛する人が亡くなっているのか生きているのか、あるいは存在しているのか不在なのかということが不明確な喪失の状態と定義しています（Boss, 1999）。家族成員が、あいまいな喪失を個人的にあるいは家族としてどのように受け止めているのかということは、誰が家族の「なか」の人なのか、あるいは「外」の人なのかが分からないという意味の境界のあいまいさに関連しています（Cの部分）。高度の境界のあいまいさは、抑うつや身体症状、家族の葛藤を予測する危険因子となります。

　心の家族と現実の家族の不一致の度合いが高ければ高いほど、家族システムにおける境界のあいまいさが増加します。高度の境界のあいまいさは、個

17

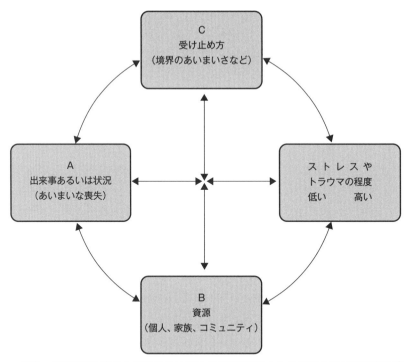

図2　あいまいな喪失と境界のあいまいさが家族のストレスモデルのどこに位置づけられるのかについて（Boss, 2004b）

人のあるいは関係性の健康を脅かす危険因子です。あいまいな喪失からくるストレスを、家族が調整する障壁となるのです。親密な集団において、誰がそのなかの人で、その外の人なのかが分からないということは、人々の機能を停止させ、レジリエンスを損ないます（Boss, 2002c）。これは、社会学的観点から見ると、家族の境界がもはや維持できず、役割が混乱し、家族のなかでの務めがなされていない状態であって、ついに家族は動けなくなってしまいます。心理学的な観点から見ると、あいまいさと情報の不足から、この状況に対する認知が阻止され、決定が保留され、対処行動と悲嘆のプロセスが凍結された状態となってしまいます（Boss, 1993a, 1999; Boss et al, 2003）。ただし、あいまいな喪失のすべてが高度の境界のあいまいさを生むわけではないことには注意してください。

ここで、境界のあいまいさからくるストレスが、客観的にも主観的にも認められることを明らかにしなくてはなりません。たとえば、ある出来事——娘が誘拐されたり、息子が薬物依存に陥ったり——などの出来事は、客観的に見てもストレスが高いということに反対する人はいないでしょう。一方、主観的な要素もまた、ストレスやトラウマ体験の程度を決定づけているのです。これら主観的な要素はその人の文化的背景や心の健康かもしれません。境界性のあいまいさをどのように受け入れるかということは、その人が関わっていたり生活したりしている地域の影響も受けます（Goffman, 1974; Reiss & Oliveri, 1991）。主観的であれ客観的であれ、このような要素はすべて、レジリエンスに影響を与えます。つまりストレスは事実であり、主観的な体験でもありますが、後者の方がその人が脆弱かそれともレジリエンスがあるのかに深く影響を与えるのです。出来事がどの程度の苦痛を与えているのかということは、そのことの受け止め方に大きく関わっています（Boss, 1987, 1992, 2002c）。

　家族成員が身体的あるいは心理的にいない場合にも、ある人々は、セラピストにはそうは見えないのに、自分の家族システムの境界は明確であると思っていることがあります。たとえば、9.11テロの後、母親や父親を失った家族では、しばしば叔母や叔父が親として受け止められていました。家族の境界を拡大するという形で行われるこのような役割交代は、また、両親が精神障害や嗜癖によって機能できない時にもよく見られます。そういったケースでは祖母は、しばしば「母親」になります。文化や民族性は、そのような家族の境界をより柔軟性の高いものとして定義するうえで重要な役割を演じています。たとえば、アフリカ系米国人の家族では、境界の伸縮性があり（McAdoo, 1995）地域共同体的な視点から家庭や家族を見ています（Burton, Winn, Stevenson, & Clark, 2004）。

6　トレーニング

　私たちはどのように理論から実践へ向かうのでしょうか。一般的には、

セラピストは、もし自分が正しく治療・援助を行っていれば、クライアントは悲嘆を乗り越えるだろうし、それも比較的早く回復するだろうというように考える訓練を受けています。健康な人は気持ちの整理をつけるというように訓練を受けています。しかし、喪失後の問題の解決はそれほど絶対的ではありません、特に、愛する人が痕跡なく突然消えてしまった時にはあり得ないことです。埋葬するべき遺体がないという状況では終結は拒否され、個人や家族が症状を示すようになります。セラピストは、もっと広い視野で物事を捉えることと、あいまいな喪失という外的な要因を見る目を持つために訓練教育を受ける必要があります。

　効果的な介入形成のためには、セラピストは家族成員、特に親子の間で心の家族と現実の家族の両方がどの程度一致しているのかについて査定する必要があります。このことは、すべてのカップルや家族にあてはまるようなたった一つの最良の介入があるのではなく、介入というものは、その人を取り巻く親密な関係の集団の心理的、物理的な構造に基づいて合わせるものであるということを意味しています。このことを心にとどめておいたうえで、愛する人の身体的、心理的あるいは両方の不在という状況によって苦しんでいる人に専門家として関わるためのトレーニング課程の中核となることについて、以下に述べます。以下に全体の目的、寄せられた質問、そして結果について示します。そのワークショップの概要を理解していただけると思います。

トレーニングの目的と成果

　このワークショップは、メンタルヘルスに関わるセラピストや、精神科医、聖職者、医療関係者、弁護士、教育者を対象として、この新しく同定されたタイプの喪失のことを伝え、それは終結がなく、家族および地域に根差したアプローチが最も包括的に治療・援助できることを伝えることを全体的な目標としています。

　この目標と、概念的なモデルを念頭に置いて、あいまいな喪失のトレーニングでは、以下のテーマを取り上げています。

- 心の家族。
- あいまいな喪失とは何か、それは通常の喪失とどのように違うのか？
- あいまいな喪失の二つのタイプとは何か、それら二つのタイプが重なり合うことがあるのか？
- それが問題であるのかどうか、またいつ問題となりうるのかが、どのように分かるのか？
- あいまいな喪失の原因や影響はPTSDとどのように違うのか？
- 文化的な価値観や信念は、人々があいまいな喪失に対処するうえでどのような影響を与えるのか？ 信仰や社会階層、人種、性別による違いはあるのか？
- あいまいな喪失に対するレジリエンスを強化するためには、意味を見つけ、人生の支配感を調整し、アイデンティティーを再構築し、両価的な感情を正常と見なし、新しい愛着の形を見つけ、希望を見出すことが重要だが、どのようなことが目標や指針となるのか？
- セラピスト自身について。

　これらのテーマは、ワークショップに参加する専門家のニーズに合わせて調整することが重要です。たとえば、東京で行われたワークショップではその焦点は、三世代家族におけるあいまいな喪失についてでした。そこでは、高齢者が体験している喪失は、女性が働きに出るようになり、老いた親に対して子どもは義務を果たしていないと強く感じるということが取り上げられました。トロントでは、現在、アルツハイマー病によるあいまいな喪失を経験しており、また第二次世界大戦時に、ホロコーストのトラウマを経験するという、二重に被害体験をしているカップルを治療しているセラピストに焦点が当てられました。米国のダルースのワークショップでは、嗜癖が取り上げられました。ニューヨークのアルバート・アインシュタイン医科大学では精神障害に、テキサスのラボックにあるテキサス工科大学では、移住と移民の問題に焦点が当てられました。ニュージャージーで、私は、グラウンド・ゼロでガレキの除去作業に従事した鉄工作業員や制服組（警察官や消防士など）の男女を治療している牧師のためのワークショップを行いました。もっと最

近ではオーストラリアで、精神あるいは身体の慢性疾患によるあいまいな喪失の治療援助をする専門家や、津波の被災者を治療・援助する専門家に教育・訓練を行いました。

すべてのワークショップが終了した段階では、その目標と概念化が一致した状態になり、以下の二つの成果が現れることを期待しています。第一に、トレーニングを終了した時点で、参加者があいまいな喪失を認識し、その影響を理解し、未解決の悲嘆の症状を呈しているそれぞれのクライアントに介入や治療を行えるようになることです。第二に、参加者が自分自身のあいまいな喪失とその影響と意味を理解することです。逆説的ではありますが、あいまいな喪失を研究する専門家にとって、第二の成果は、たいてい第一の成果より重要です。この二つは、個人的な体験が概念的に体験され、また治療的に体験されるなかで、並行して進展していきます。あいまいな喪失に関しては、専門家としての成果は、専門家個人の成長と切り離すことはできません。

臨床のトレーニングで、包括的なモデルを用いることで、異なった分野の専門家が治療・援助のチームのなかでもっとスムーズに活動できるようになります。カップル療法家や家族療法家、ソーシャルワーカー、精神科医、臨床心理士、トラウマ専門医、看護師、ジャーナリスト、教育者、聖職者のどの人をチームに含めるのかは、その状況やニーズによります。それぞれの人が異なったアプローチやスキルを用いて、共通の目標——より強い家族、より強い個人——にそれぞれ貢献します。多くの専門分野や、多くの言語からなるチームは、管理する上でより複雑になるかもしれませんが、チームで仕事をするということは、今日では、カップルや家族そして専門家にとって多文化や多様性の概念的複雑さを統合するうえで重要なことです。

モデルにおける微妙な意味合い（ニュアンス）

トレーニングについて書く場合は必ず、あいまいな喪失の理論の微妙な意味合いの存在にふれておかなくてはなりません。

第一の点は、あいまいな喪失はその家族や家族成員にとっていつも問題に

なるわけではないということです。問題になっているかどうかはどのようにして分かるのでしょうか。その質問には、構造的な答えと心理学的な答えがあります。子育ての役割がないがしろにされたり、決断が保留されたり、日常のやるべきことができなくなったり、家族成員間に無視や断絶が起こっているような場合には、あいまいな喪失が構造的な問題として見られます。そのような時には、儀式や祝い事は家族生活のうえで接着剤としての意味があるにもかかわらず、行われることがありません。あいまいな喪失が心理学的な問題として見られる場合には、抑うつや消極性をもたらす絶望感、そして罪悪感、不安、機能の停止を引き起こす両価的な感情が見られます。

　実際には、否定的な影響がなく、愛する人を失ったままで生活をなんとかやっている人々もいます（Bonnano, 2004）。今後の研究が必要ではありますが、あいまいな喪失のもたらす結果の大きさは、その人の特性や信念体系——個人、家族、そしておそらく最も重要なのはコミュニティの枠組み——の影響を受けるようです（Reiss & Oliveri, 1991）。昔の人はよく「近所の人がどう思うだろう」と言いますが、これは、喪失が個人や家族に肯定的な影響を与えているのか、あるいは否定的な影響を与えているのかを決めるうえで役立ちます。コミュニティが喪失を不道徳な行為や何らかの欠陥の結果として考えるならば、遺族は罪悪感をより強く感じ、レジリエンスが弱められてしまいます。たとえば、9.11テロの遺族のなかには、彼らの愛する人は、激突の瞬間にツインタワーにいるように運命づけられていたと考えた人がいました。またある人々は、そのようなことが起こったのは自分たちに責任があると考えました。アルツハイマー病や脳外傷の患者の家族の場合にも、同じように様々な受け止め方があるのを見てきました。愛する人が喪失したのは神やアッラーの罰だと見なす人々もいますが、もっと神への愛を示すための試練だと見なす人々もいます。

　神を信じている多くの人々は、自分たちを日常生活のなかで見守ってくれている神の御心を信じ続けています。信仰を持つ人々のなかには、その出来事を運命づけられたものとは見なさず、神やアッラーが現在のあいまいさのなかで自分たちを導いてくれると深く信じている人もいます。この人々の属するコミュニティもそう信じている場合、人々は情報が不足していたり、あ

いまいさが持続しているにもかかわらず、前に進むことが可能になります。このようなことに加えて、ある性格傾向が、あいまいさへの耐性を増すようです。これらの因子は抵抗ではなく、あいまいな喪失に直面した際のレジリエンスの最も重要な予測因子であり、心のなかの二つの対立する考えをどうやって保持するかを学習する個人の能力です。あいまいさとともに健康に生きることは、人々が相反する考えを持ちながら生きるということを意味します。ある行方不明の兵士の両親はこう言いました。「息子は死んでしまいました。でもまだ生きているかもしれないし、いつか帰ってくるかもしれないのです」。脳外傷を負った女性の娘はこう言いました。「母はまだここにいます。でも、母はもういないのです」。これらは心を苦しめるような現実です。けれども、様々な理由から、人々はこの不可思議な緊張状態とともに生きていくことができるのです。

　二つ目は、あいまいさを外的な原因として名付けることが自責感を減少させるということです。トラウマ的なあるいは苦痛を伴う喪失の後、人々は、しばしば自分自身を責めます。「もし私がこれをしていたら、あるいはあれをしていさえすれば、彼女は今でも生きていただろう」というような考えを反芻します。私たちの治療・援助の課題は家族療法家のマイケル・ホワイトとデヴィッド・エプストン（Michael White & David Epston, 1990）が推奨しているように、責める対象を外在化することです。認知症や脳外傷、出生異常、精神疾患その他のあいまいな喪失は、家族やその成員にとっては夢の喪失であり衝撃であることを意味しますが、その状況は誰が悪いわけでもないのです。このことは当たり前だと思われるかもしれませんが、9.11テロの後、多くの家族成員は、自分自身に対する罪悪感や恥、怒りによって機能が停止してしまいました。それは「彼と一緒に過ごしていた最後の晩に喧嘩してしまった」「留守をしていて電話に出ることができず、彼は私の留守電の声しか聞けなかった」などの形で見られました。問題を外在化した後の次のステップは、決定的な答えがないことへの耐性を、クライアントと私たちセラピストの双方が高めることです。先に述べたように、私は病理の存在を見逃すことはしません。ただ、病理を通常の人間の予測をはるかに超えた状況という文脈のなかに移行させることを望んでいます。注意を必要とするような

個人の症状が見られるとしても、病理の根源——長引く混乱状態で人々を疲れ果てさせているあいまいさ——は人間の外の文脈に存在するものなのです。

　三番目は、私たちセラピストや一般的な精神療法の文化に関するものです。多くの専門家は現実にいる人を不在と見なし、いない人を存在していると見なすことは非合理的、病的であるとさえ信じています。愛する人が認知症になってしまった家族についての研究や、9.11テロで直接に影響を受けた家族にセラピーを行った経験は、私に、終結が神話にすぎないことを改めて教えてくれました。この神話は、喪失の後には終結するのが正しいと考えている多くの人々によって、残念ながらいまだに宣伝されているものなのです。私たちは、もともと受けてきた教育にかかわらず、自分自身の喪失についての見方を転換し、心の家族を考えるようにならなくてはなりません。ある研究者は既に実践しており、グリーフ・セラピーにおけるオープン・システムという考え方に変わっていっています（Rando, 1993; True & Kaplan, 1993; White, 1995）。

　おそらく、私たちが終結について言い過ぎなほどに語るのは、苦痛に耐えられないからです。私たちは、苦痛は悪いものであり、排除されるべきものと見なしています。しかし、喪失、特にあいまいな喪失が発生した場合には、しばしば苦痛は役に立つのです（Cousins, 1979; Frankl, 1963）。苦痛は変化をもたらしますが、あいまいな喪失という文脈のなかでは、それはより大きな試練となってくる可能性があります。喪失の苦痛は機能を停止させる一方、変化のきっかけを提供することもあります。私の経験では、人々は少しでも変化のチャンスがあれば、難なく変化する方を選択します。

　私たちは、終結というあまりにも便利な概念をもう一度見直さなくてはなりません。家族成員が心のなかに存在していたり、体が行方不明になっていたりするような場合には、終結することは不可能なことです。死亡や生存の証拠がないので、家族の境界が開かれたままになるのは当然のことです。終結を見出せず、喪失を解決できないことは、このような状況では正常なことなのです。状況は様々でも、家族成員の行方が分からない場合には、終結を期待したり要求したりするべきではありません。死が明らかな場合であっても、終結は、決して本当の意味で可能ではないのです。最も一般的に見られ

る状況において愛する人を失った人に聞いてみてごらんなさい。私たちが終結を渇望するのは、答えを知ること、問題を解決すること、前進することを重んじる文化の副産物にすぎません。私たちは、この点についてもっと自分たちの考えを和らげる必要があります。

　終結という神話は、どのように終結をもたらすかという規範と対になっています。残念なことに、家族が喪失を悼むやり方が批判されたり、実際に非難されたりするようなことがあるのです。この批判は、家族が「正常」に戻るまでにかかる期間について、そして家族の嘆き悲しみ方が「適切」あるいは「不適切」かという点についてなされます。後者に関しては、2002 年に行われたポール・ウェルストン上院議員の追悼式[*1] のことが思い出されます。この追悼式は政治的であるということでひどく非難されました。実際は、式全体のごくわずかの部分だけが政治的だったにすぎませんでした。しかし、どの政治討論番組でも、この家族の悼み方を部外者が飽くことなく批判したものばかりを報道しました。式の一部が政治的であったことに驚く人などいたでしょうか。結局のところ、ウェルストン家は政治家の一族でした。それは、彼らの家族の文化だったのです。父親の仕事を継続するために、2 人の息子と彼らの友人の追悼の仕方は、政治的なものになったのです。ミネソタ州の多くの人にとって、上院議員の死への悲嘆はまだ終わっていませんが、私は、その理由の一部は、彼らの悲嘆が儀式に対する非難や辱めによって妨害され、泥を塗られたためだと思っています。コミュニティが癒やされるためには、その地域のコミュニティ・レベルの行事が必要だと思っていました。ある時、ツインシティにあるすべての劇場とコンサートホールでウェルストン上院議員に捧げるパフォーマンスが行われました。彼が亡くなった飛行機事故の一年後に自発的に行われました。そのような夜を上院議員と妻は楽しんでいたことでしょう。

　私たちはセラピストとして、追悼が通常ではないやり方で表現されたり、悲嘆の期間が長かったりする場合に、それに耐える力を高めるようにコミュニティを導く機会を持っているのですが、（その際に）次のパラドックスを理解することが役に立つでしょう。部外者が批判的であればあるほど、人々は退いてしまい、自分たちのやり方で追悼を続ける権利を守ろうとするように

なるということです。もし追悼を独特の方法で行うことが非健康的で生命の脅威を与えるようなことになる場合には、臨床的な介入が必要となります。専門家は、個人、夫婦、家族、地域が自分たちに合ったやり方で悼むことを認め、もし非健康的であれば、それを調整するようにします。

　最後に教育・訓練のための第四のニュアンスについてお話しします。故人を讃えて埋葬するということは人間にとって普遍的に必要とされていることです。特に、それが私たちの愛し尊敬する人であればなおさらのことです。ソフォクレスの著述にある、きょうだいを埋葬するために叔父であるクレオン王に逆らったアンティゴネーから、もっと最近では、人気のないコソボの戦闘地域を子どもの遺体を求めてさまよう母親の報道や、何十年も前に乗っていた飛行機が墜落した父親の体を求めていまだに南東アジアを探している子どもまで、これらの叙事詩のなかには、愛する人の遺体を取り戻すためにいかなる努力も惜しまない人々が描き出されてきました。埋葬するべき体がない場合には決して終結は起こりません。せいぜいできるのは、人々が遺体に代わるもので、ある程度の解決を見出すことです。ある家族は、故人を象徴するものとして故人が好きだったギターを埋葬しました。このことは、想像上の解決であり、残された家族にとっておそらく満足できるものだったと思います。しかし、多くの家族では、行方不明である場合に、追悼の儀式をどのようにするか、あるいはそもそも行うかどうかについても意見の一致を見ないでしょう。体がないために、人々は何をするべきか、どんな儀式を行ったらよいのか、何を言ったらよいのか分からなくなってしまうのです。

　良いこととしてお伝えできるのは、行方不明者が決して見つからないにもかかわらず、多くの人は何らかの解決へ向かうことができるし、現にそうしているということです。セラピストである私たちは耐えなくてはなりません。私たちは、喪失があいまいである場合には、決して終結へ押しやろうとしてはいけないのです。愛する人を見つけて埋葬したいという人間の欲求は、親しい人間関係における認知的プロセスと情緒的プロセスの交わり──愛着と脱愛着の驚くべき円環的つながり──を表わしています。私たちはこのあまりに苦痛で複雑なプロセスを専門家として援助するにあたって、忍耐と、それに対する十分な気づきが求められます。

それにもかかわらず、愛する人が姿を消したり、あるいは影がうすくなっていったりするということは絶えず起こり続けています。フェリーが沈み、飛行機が墜落し、地震が何千もの人々を呑み込み、子どもが誘拐され、兵士たちは戦闘で行方が分からなくなっているのです。次の場合はそれほどドラマティックでないかもしれませんが、しかしトラウマにはなります。愛する人が昏睡に陥ったり、アルツハイマー病で失われたり、嗜癖のために不在になることがあるのです。そして家族成員は、愛する人の残したものを見つけるために、あるいは失われた心と再びつながるために、いかなる労力も厭わないのです。そのような家族の治療を行うなかで見出された、こうした家族の不屈さには様々な理由があります。

　第一の理由は文化的なことです。米国の文化では、高く評価され期待される目標とは、直すこと（fix）、治すこと（cure）、勝利すること、解決することです。喪失とともに生きることは勧められません。むしろ、人はそこから早く回復しなくてはならないのです。ベッカー（Becker, 1973）が言うように、死が私たちの文化で否定されるものであるならば、あいまいな喪失はもっと認められないでしょう。私たちは皆、明らかではない喪失に対する一般の人々や専門家の我慢のなさを打ち砕くために、もっとコミュニティとして努力していく必要があります。

　第二に、人間が明らかにしたいという欲求を持つ理由は、認知や合理性に関連しています。埋葬するべき遺体がないために、人々は身体的、心理的な喪失の両方に混乱を感じるのです。なじみのない状況のために認知が阻止されてしまいます。家族は、その状況に対処し、悼むことを始められません。決断もできないのです。人は、世界は公正であり、理解しうるもので、管理することができるという前提を持っていますが、それは、愛する人の状況が恐ろしく不可思議な状態になってしまったことで打ち砕かれてしまいます。

　人々が、喪失が明らかとなることを切実に求める第三の理由は、死の明確な証拠がなければ、家族を支える儀式が何も存在しないからです。身体的あるいは心理的に行方が分からない人の家族は、自分自身でなんとかしなくてはなりません。9.11テロの後、家族が空の棺や楽器、ボウリングの球、故人の写真などを埋葬することを教会関係者が認めた場合もありましたが、大多

数は、家族のなかでどうしたらよいか考えたのでした。彼らが自分たちで決めなくてよければ、それに越したことはありませんでした。脳外傷や、認知症、精神障害、あるいは嗜癖による情緒的、認知的な喪失を経験している家族がそうであるように、同じ経験をした仲間とのピア・サポート・グループや複数の家族から成るグループはとても役に立ちます。

　数多くの行方不明者の家族は、遺体はないけれども、何らかの儀式を自分たちで行う決断をしたと話していましたが、そのような通常とは異なった儀式をするという決断にあたっては、たいていは権威ある人々——聖職者、市長、セラピスト、看護師、内科医や地域の長老——の支持が後押しをしてくれていました。家族が尊敬している人が、助けになる選択肢や忍耐、シンボルを申し出ました。グラウンド・ゼロの灰を入れた骨壺は、多くの家族が行方不明の家族の葬儀に用いましたが、これは一つの例でしょう。しかし、受け止め方が異なっていたために、この仮の葬儀が複雑なものになってしまった例があります。ある若い男性はこう言いました。「私は、兄の体の一部がこの灰のなかにあるんだと信じることにしました」。しかし、この男性の行方不明の兄の妻は、そう信じることはできませんでした。彼らの遺体に対する受け止め方が異なっていたことで、葛藤が起こりましたが、家族の打ち合わせでお互いが同意できないことについて話し合い、それが正常だということを理解するなかで、葛藤は次第に縮小していきました。

　人々が喪失を明らかにする必要がある第四の理由は、失われた人との愛着によるものです。悲嘆に暮れる最終的な目標は脱愛着でした。フロイト（Freud, 1917/1957）とボウルビィ（Bowlby, 1980）によれば、脱愛着は、生きている人と新しい関係を形作るために、故人との間に持っていた情緒的な絆を手放すことを意味しています。親密な関係性の終わりを証明する遺体がないことは、人々が新しい関係に進むことを困難にします。行方不明になっている大人あるいは子どもが、愛しい人なのか、単なる顔見知りなのかということは、喪失を知り、その人のいない人生を生きることでその絆から解き放たれる時まで、どれほどその人を思い続けるのかということを決定しているかもしれません。このことは、彼らを忘れるということを意味しているのではありません。

7　研究の必要性

　私は臨床と研究チームで、様々な状況で様々な集団において、あいまいな喪失のトラウマ的な影響を乗り越える方法を次第に明らかにしてきましたが、更なる研究が必要です。本書を出版することで検証されることが増えることを期待しています。結局のところ、理論の発展の道には終わりがありませんが、科学と臨床の共同研究として行われるのが最もよい方法です。私は『「さよなら」のない別れ　別れのない「さよなら」——あいまいな喪失』(Boss, 1999) のなかで、1975年から1999年までの仕事の概要について書きました。これは、この理論が他の人々によって検証されるように、理論の普及に向けての最初のステップでした。本書は第二のステップとなります。ここでは、あいまいな喪失の理論をどのように応用するかについて詳しく述べています。しかし、研究と臨床で検証を続けてほしいという呼びかけの要点はそのままです。

　私が見るところ、研究の必要な部分は三つあります。第一に、あいまいな喪失の長期の影響と、レジリエンスがどのように保たれるのかについては更なる研究が必要です。臨床事例の研究から、行方不明というあいまいな喪失の後の家族の大きな変化が文化を越えて非常に似かよっているということが提唱されています (Sluzki, 1990)。9.11テロの後の家族と同様に、行方不明者（スペイン語で desaparecidos）のいるアルゼンチンの家族は、家族の境界と役割の混乱、事実の否定、見つかるという希望をあきらめることに対する罪悪感を示していました (Boss et al., 2003)。1970年代に東南アジアで撃墜され行方不明になったパイロットの子どもたちは、30年以上経った今でも未解決の悲嘆の症状を呈しています。その家族は、自分たちの状況については沈黙しているように言われていましたが、そのことが、彼らの悲嘆のプロセスが凍結してしまっている理由を説明しているでしょう。キャシイ・キャンベルとアリス・デミ (Cathy Campbell & Alice Demi, 2000) の2人の研究者は、行方不明の空軍パイロットの子孫が、いまだに、失われた父親についての頻繁な侵

入的な考えに頭が占められていることを見出しました。彼らの多くは、情緒的に行き詰まっていましたが、なかには前進する方法を見出していた人たちもいました。キャンベルは、彼女自身の父親が行方不明だったのですが、このテーマについて研究し、母の死後このことについて書くことを通して慰めを見出していました。

　心理的に不在な人がいる家族のレジリエンスについても、更に研究が必要です。嗜癖やアルツハイマー病、頭部外傷についての現在の研究は、ほとんどが長期の悪影響に焦点を当てたものです。たとえば、認知症患者の介護者の健康が損なわれていることが報告されています。アルツハイマー病協会は、アルツハイマー病患者の介護をしている配偶者は、同じ年代の集団よりも 63％ も高い率で死亡していることを報告しています（Schultz & Beach, 1999）。セラピストや家族が知る必要があるのは、成功した話であり、それによって、私たちは共に、もっと楽天的に、健康である配偶者のレジリエンスや予防に向けた介入を開発していくことができます。

　第二に、両方のタイプのあいまいな喪失が同時に起こっているような状況についての研究が必要です。しばしば家族成員が離婚や養子によって失われる状況と、嗜癖や慢性疾患が結びついているような二重のあいまいさがある状況を見てきました。両親のどちらかが身体的にあるいは心理的に失われた後、子どもたちが不本意な形でネグレクトされることを予防するための研究がなおいっそう必要なのです。

　第三に、あいまいな喪失への反応の違いだけでなく、その共通点を同定するために、異文化間の研究が更に必要です。異文化でのあいまいな喪失に対しては、多様性が強調され、それぞれの反応や対処戦略が記されていますが、私たちは、あいまいな喪失のようなよくあるストレス要因については共通する反応を同定するべきです。私たちの臨床からの直感では、あいまいな喪失が起こった後に、それについての受容を共有させる介入がなかったり、そのことを話さないルールがあったりすると、どの文化においても、有害な形の家族の秘密が発展していくと感じています（Boss et al., 2003; Imber-Black, 1993）。

　状況や文化を越えて、人が行方不明であるというあいまいさは、悲嘆を阻

止し、両価性や罪悪感、合理性の葛藤の種をまき、家族の境界やプロセスを不明瞭にします。まるでタイミングを見計らったかのように、行方不明者の家族は、これからどうするのかについて議論し、行方不明者の状態の受け止め方について意見がぶつかり、家族の儀式や日常活動をやめてしまい、しばしば、行方不明者のことで頭がいっぱいになり、今いる人——特に子どもや青少年——が無視されることが起こります。喪失についてのこの新しい理論はまだ不十分かもしれませんが、ありがたいことに、過去の研究によって、近年、臨床家のチームは早くからレジリエンスに更に注意を払うようになってきました。セラピストたちは、すぐ治療・援助が必要な症状を無視しているわけではなく、あいまいな喪失という、より広い視野を用いて、人々が未解決の喪失とともに生きるためのレジリエンスを取り戻せるよう、よりいっそう助けられるようになっています。

　9.11テロ以降、私は、苦境の時に家族が強くいられるための手助けを私たちが本当に行えるのだとしたら、この理論は臨床の仕事を導くうえで役に立つものであると、これまで以上に強く確信しました。研究に基づいた理論なしには、私たちは、緊急かつ不確実な状況の時に殊更に試される家族の複雑なプロセスや絆を理解することはできません。あいまいな喪失の理論が指針となることで、私たちは、9.11テロの後、行方不明者の家族が体験している特有で悲惨なストレスをより容易に認識し、理解することができました。あいまいな喪失のモデルは、私たちが、行方不明者の家族を、まず、個々の家族の会合で、次いで、コミュニティの会合という複数の家族集団で、セラピーを行ううえで役に立ちました。指針となる理論なしには、私たちは、こんなに体系的に仕事をすることはできなかったでしょう。この経験と認知症あるいは脳外傷によってストレスを受けている家族の研究から、セラピストには更なる理論が必要であり、特別な技術はもっと少なくてもよいと確信しました。あいまいな喪失のモデルは、どのように治療を行うかについての唯一の正しい方法を提供するのではなく、その代わりに、破局的なことが起こった場合だけでなく、通常の臨床場面で、特定の臨床的な課題の指針を立てるためのより広い枠組みを提供してくれるものなのです。

8　まとめ

　あいまいな喪失は、最もストレスに満ちた喪失です。なぜならば、その到底理解できないという状態が、健康やレジリエンスを脅かすからです。人々が、人為的なテロや自然災害によって、あるいは、病気や事故による破壊から行方不明になってしまった時、明確に解決できないということによって生じる不安が人々の機能を停止させてしまうのです。しかし、私は楽天的でいられます。なぜなら、人々はあいまいな喪失と一緒によく生きることが可能であり、現にそうしているからなのです。

訳注
*1　ポール・ウェルストン（Paul Wellstone）上院議員は、ミネソタ州の上院議員で、2002年に飛行機の墜落事故で死亡した。その際、同乗していた妻と娘も死亡した。

第Ⅰ部
あいまいな喪失の理論の構築

第1章
心の家族

　2000年の夏、両親の家を整理しました。父はその10年前に亡くなっており、すでに母は、こぢんまりとした住まいに移っていましたが、実家はそのままに残されていました。父の洋服ダンスを整理していると、ふと、父の財布が目にとまりました。そのなかには、運転免許証、社会保障証、医療保険証、ライオンズクラブの会員証、更に、思いもかけないものがありました。財布の奥深くの隠れたポケットに小さく畳み込まれて古ぼけた、父の故郷、スイスのバーガンドフの写真があったのです。父が堅信礼[*1]を受けた教会、兄弟と遊んだとよく聞かされた切り立った崖のあたり、そして、その下には、父が育った家が写っていました。父は、この幸せな場所と家族全員と別れて、1929年に米国にやってきたのです。その父は、自分の母親が亡くなる直前の1950年までそこに戻ることはありませんでした。その古びた写真の裏を見た時、それが実は、財布のなかに収(おさ)まるように切り取られた絵葉書だということが分かりました。上品な旧ドイツ式の筆記体で、「ポール・グロッセンバーチャー様、ブルックリン市、ウィスコンシン州、アメリカ合衆国」と書かれており、差出人は、父の長兄となっていました。この住所は1931年のものでした。父は、明らかに自分の故郷と家族のシンボルであるこの写真を、1990年に亡くなるまで、59年もの間、財布のなかに入れて持ち歩いていたのでした。私はいつも、移民としてやってきた父が持つ、故郷への、そして、もう一つの家族への切なる思いを感じてきました。この財布の奥深くに密かに収められた父の宝物を見て、心の家族——父の心のなかにあり、懐かしく切ない思いを抱いていた家族——が、亡くなるその日まで、父と共にいたということに改めて気づかされました。

　30年間臨床家として、また研究者として、様々な形のあいまいな喪失を体

験した家族と会ってきて、父のような例は珍しいものではないと思うようになりました。あいまいな喪失は、あちこちで目にするものなのです。移住を体験した人々だけが体験するのではなく、家族の成長にともなって家庭生活が変化し移行する体験においても、また、予期しない大惨事によってトラウマや喪失を体験する時にも、あいまいな喪失は必ずと言っていいほど存在しています。9.11 テロの後、ニューヨークの被害者家族の援助をしましたが、それは、以前に、戦争や紛争で行方不明となった兵士の家族援助をした時の援助体験から得たものと相通じるものがありました。そのことを通して私は、トラウマとなるような様々な喪失に苦しむ人々を援助するにはどうしたらよいかについて、より深く学ぶ方向へと歩み出すことになったのです。

　人々があいまいな喪失に対処することを援助するには、まずその人の心の家族（psychological family）について知る必要があります。私の父を理解するには、父の二つの家族――一つは一緒に住んでいた家族、もう一つは父の心のなかの家族――を知る必要がありました。9.11 テロの後ニューヨークのマンハッタン南端に住む人々を理解するには、人は、死亡したという証拠がない限り行方不明の人を生きていると思い続けるということを知る必要があります。更に、行方不明者の家族の多くは他の国に親族がおり、そのように悲惨な出来事が起こった時には、その人たちに会いたいと切実に思っていたのです。しかし、9.11 テロ後に提供された治療・援助法は主に伝統的なグリーフ・セラピーと PTSD（Posttraumatic Stress Disorder：心的外傷後ストレス障害）の治療でした。何千という家族が、愛する人が行方不明であるという独特の喪失を経験していたのに、あいまいな喪失のための治療援助は存在していなかったのです。

　心の家族というものは、人間の心のなかに本質的に存在しているものです。それは、人間の経験の基本的な特徴とも言える喪失を補うものなのです。心の家族とはただ懐かしい人々の寄せ集めではありません。それは生き生きと心の通ったつながりであり、喪失やトラウマのなかにいる人々がその時を生きていくことを助けてくれるものです。愛する人から、身体的にも、心理的にも切り離されてしまった人は、自分の心のなかで認識できる故郷や家族とつながることによって、喪失に対処していくことができます。このよ

うな、心理的に構築された家族は、時として、公的に記録されている家族や現在共に住んでいる家族と重なるかもしれませんし、別なものかもしれません。しかし、セラピーの観点から見て、その人が誰を家族と見なしているかは重要なことです。面談をしている対象が個人、夫婦、あるいは家族であっても、つまり誰を援助している時でも、家族をどのように定義し、家族成員には誰がいて誰がいないのか、セラピストとして私たちは、柔軟に見ていく必要があります。家族のなかで誰がいるはずで、誰がいないはずだという固定観念の神話は、「あなたの家族だと思う人には誰々がいますか」と質問した時に崩れてしまうことがあるからです。また、クライアントが何と答えるかは、アセスメントやその後の援助のプロセスを決めるうえで貴重な情報を提供してくれます。クライアントにとって家族とはどんな意味があるのか、また、誰を自分の家族に属していると見なしているかということを、もし私たちが理解していないなら、どんなに経験を積んだセラピストであっても、未解決のままになっている悲嘆の症状の根源を見落としてしまうかもしれません。このことは、特に、明確に死が確認できない場合に言えることです。

1　心の家族を、ストレスやレジリエンスと結びつける

　人々が終結の見られない喪失を体験する時、セラピストは試練を受けることになります。不確かな喪失を体験している状況であっても、その人々が変化し前に進めるように、私たちはどのように援助していけるでしょうか。あいまいな喪失とともに続くトラウマと生きていけるように、どのような助けを差し出せるでしょうか。明らかなものが何もないなかで、明らかなものを見出せるように、どのように援助することができるでしょうか。心の家族を認識し、確かめることが、これらの問いに応える第一のステップとなるでしょう。第二のステップでは、トラウマ、ストレス、レジリエンスに関する理論に基づく考えによって構成された、概念的なモデルを適用することになります。様々な状況に適用していけるように、セラピストは、「あいまいさ」がどのように喪失を複雑化し、トラウマを長引かせ、レジリエンスを脅かす

かということを理解しておく必要があります。第三のステップは、私たちが、トラウマ、ストレス、レジリエンスに関する概念を結び合わせ、自分たちに過ちがないのに、喪失体験を取り囲むあいまいさとともに生きなければならなくなったクライアントたちを（病的に捉えるのではなく）元気づけるような介入方法を導き出すことです。喪失が解決され得ないものであるなら、セラピーの目標は、人々のレジリエンスを高めることにあります。そうすることによって初めて、愛する人は今どこにいるのか、存在しているのかしていないのか、このような決して答えの得られないストレスとともに、人々は生きてゆけるようになります。

　このような人々にとって、唯一心の目を通してつながりを保っていられる心の家族は、大切なものとなります。しかし、もし、通常の生活ができない状態になると、良くない影響が現れてきます。それが災害であれ、認知症や脳挫傷のような病気が原因であれ同じことが起こります。つまり、いなくなってしまった愛する人にとらわれるあまり、機能が停止してしまうのです。必ず再会できる、必ず回復する、というような希望を持っている時には特にそれが起こると言えます。人が、自分の内面で作り上げた親しい関係にあまりにも寄りかかる時、心理的に感じる現実と、身体的に把握できる現実の間の不調和が起き、その人を前へ進めなくしてしまいます。不調和がストレスを起こし、レジリエンスを弱めてしまいます。心が失われてしまった、あるいは肉体が失われた大切な人から切り離されてしまっただけでなく、目の前にいる友人や隣近所の人々からも切り離されてしまった状態は、あたかも、宙ぶらりんの状態にいるように、対処することも嘆くこともできず、凍りついたように脆い状態に陥っていることを意味します。結果として、レジリエンスが崩れていくのです。

　レジリエンスとは、継続的な、肯定的な適応能力を特長とするものです。それは、私たちの健康な精神が持つ基本的な構成部分であり、生涯を通して必要なものです。あいまいな喪失の場合、このレジリエンスは特に必要となります。このことについては、第3章で更に詳しく述べますが、ここではレジリエンスを「人が逆境に見舞われ、エネルギーを消耗した後にも、それを再び取り戻すことのできる能力」と定義しておきましょう。レジリエンスは

単なる「回復」、つまり以前の状態に戻ることではありません。トラウマやあいまいな喪失によって停止してしまうのではなく、それらがあるにもかかわらず、しっかり生きることによって、成長していく能力を意味します。レジリエンスは、柔軟さをも意味し、脆弱さと反対の状態であると同時に、動きを意味し、麻痺した状態とは対極にあるものです。

　大切な人が身体的に、または心理的に不在になる時、人間のサバイバル能力はしばしば混乱によって凍結してしまいます。そしてその混乱は、あまりにも頻繁に起こるため、いなくなった人が戻ってくるだろう、あるいは回復するだろう、という頑(かたく)なな希望に凝り固まってしまいます。このような固執は、いずれ執着心となり、個人も、夫婦も、家族も、このことばかりを気にかけるようになり、レジリエンスは姿を消していきます。これが、心の家族の否定的な側面です。

　しかし、心の家族には肯定的な側面もあり、それが治療・援助の焦点となります。執着心や凍結を引き起こすかもしれない心のありようは、同時に、変化や前進への動機づけともなり得るからです。たとえば、「お母さんは、あなたに何をしてほしかったのでしょうね」「お兄さんは、あなたにこのこと、あのことをしてほしかったのでしょうか」などとその人に尋ねてみます。一度気がつくと、心の家族の存在は、以前は支えきれないと思われた喪失に向き合っていく気持ちとレジリエンスをもたらすことができるのです。遠くにいる自分の家族を生涯親しく身近に抱き続けていた、移民である私の父親のように、多くの人々は、温かさと支えを提供してくれる心の家族という概念に親しみを抱くことができます。もちろん、それは想像上のものであり、思い起こすことによってのみ得られるものに過ぎないのですが。人の心と感情に住んでいる家族は、困難な時を乗り越えるのを助けてくれます。そのような家族のことを考える時、私たちはもはや一人ぼっちであると感じません。物理的にその家族と離れていようとも、そのことに変わりはありません。臨床家、聖職者、そして医療従事者は、心の家族の存在が、クライアントの前向きな動きと変化への能力――これらは本質的なレジリエンスの徴(しるし)ですが――を、妨げるのではなく、促進する資源であると気づくことでしょう。

2　心の家族と多様性

　大切な人が、いるのかいないのか分からない、ぼんやりした感覚は、その人に多様な影響を及ぼします。その影響は、文化的な信念、宗教的な価値観、そしてあいまいさに対する本人の耐性に応じて変わります。自然を支配すること（Kluckhohn & Strodtbeck, 1961）や、自分の人生を思い通りにすること（Zarit et al., 2003）に価値を置く文化のなかでは、ある人がいるのかいないのか決して知りようもない状態は、ひときわ高いストレスを引き起こし、トラウマ化しやすいものです。つまり、人生に対するコントロールと支配感と環境に対する優位性に価値を置けば置くほど、人々は喪失が明確でなく終結も見られない状態に対してますます苦悩することになってしまいます。

　臨床家が、夫婦や家族の持っている人生への支配感に対する考え方を理解するには、多様な文化や宗教に当てはまる一般的な質問をしてみるとよいでしょう。たとえば、「あなたは、今のあいまいな喪失の状況をどう見ていますか」「何が起こったのか、なぜ起こったのかについて、どのように受けとめていますか」「何をすべきか、どうやって物事を進めたらよいかについて、何か意見はありますか」などです。また、ずっと後になって、おそらく何週間か何カ月か経ってから、このように一人ひとりに聞いてみることもあります。「このような喪失はあなたにとって、どんな意味がありますか」「いなくなった人を、今、どんな風に見ていますか」。答えは千差万別です。しかし経験から、これらの相違は、人々が持っている人生への支配感と、それに相対するあいまいな喪失への耐性のどちらに価値を置くかに帰着することが多いと言えます。もちろん、更に研究が必要な領域ですが、文化的価値観、宗教的精神的な信念、各個人の性格すべてが、人生に対する支配感を調整することと、身体を衰弱させるようなストレスや両価的な感情を体験せずにあいまいさに耐えていくことに、影響を与えていると見ています（Boss, 2002c; Boss & Kaplan, 2004）。

　個人の精神を補強するために、物事がいつも自分の思うようにできるわけ

ではないと知ることは重要です。ライフサイクルのなかで現われては去っていく、大切な人々の去就を常にコントロールできるわけではないことを、私たちは家族のなかで学んでいきます。これらのあいまいな喪失も、人間が予測できるようなもの——たとえば、成長して家を離れていくことや、年を取ることなどを通して体験するものであればよいと願います。しかし、死という人生の出口が、悲劇とトラウマに覆われることもあるのです。戦争によって、テロの攻撃によって、悲惨な病気によって、自然災害によって、この地球上で亡くなった多くの人々のことを思います。心理的な喪失であれ、身体的な喪失であれ、彼らが永久に消え去ってしまったことは、私たち人間が必要としている「確実性」への挑戦となっているのです。

「支配」と「確実性」に価値を置く社会に住む者として、このような価値観から一歩下がって見ることを、インディアン系米国人の同僚から学びました。たとえば、ミネソタ州北部に住むオジブワ（Ojibway）族の女性が、認知症のお年寄りを介護することについて、どんな風に感じているかを分かち合ってくれた時、私は、受け入れるとはどういうことかを学びました。私たちが普段使っている介護の負担（burden）という言葉、そして、もっと当たり障りのないものと思っていたストレスという言葉を私が使った時、彼女は憤慨したのです。なぜなら、オジブワ族は、このような言葉の代わりに、スピリチュアルな受容という言葉の方を好み、その意味するところは、認知症のお年寄りの介護は特別に託されたことであり、同時に、ごく当然の「生命の輪」の実現であると考えるようです。このような信念を持つことによって、介護の責任を引き受けることと、心からそれを受容することのバランスを取ることができるようになるのです。私はこの教えを決して忘れません。

この教えを、9.11テロ後に再確認することができました。その時マンハッタン南端地区で援助した人々の多くは移民や難民の家族であり、人生を支配することが当然だと思う人々ではありませんでした。もちろんそのような人々は、レジリエンスに長けていたけれども、自分たちの力ではコントロールできない外部の状況に打ちのめされてきた人々でもあったのです。彼らは、自分たちが思うようには物事が進まないということを知っていました。仕事をこなし、家族を支え、危害を受けないように暮らすことを願っている

第1章 心の家族

人々だったのです。テロや紛争の絶えない故郷の国や島を逃れ、彼らが米国にやってきたのは、まさに、オジブワ族のように、スピリチュアルな受容とバランスが取れた人生への支配感を持っていることを示しています。

このことは、心の家族とどのように関連しているのでしょうか。大切な人が行方不明になった時、自分の人生に支配感を求める気持ちを明け渡し、レジリエンスというものを持ち備えながら、人生を受け入れていかなければならないのです。こうすることによって、あいまいさに耐え、終結の欠如に耐えることができるようになるからです。いなくなった大切な人を心のなかに存在させ続けること——とらわれではなく——これは、あいまいさとともに、また終結の欠如とともに生きていくことにほかなりません。一つの場所から動けなくなってしまうのではなく、現在の生活と前向きに対峙し、現実に共にある今の家族成員と互いに交わっていく限り、心の家族は、レジリエンスを補強するものになるでしょう。

セラピーの目標として喪失の終結を挙げることは、人間の環境に対する優位性と人生への支配感とコントロール感を目標とすることになります。それは、喪失とあいまいさによる痛みを閉じこめてしまう必要があることを意味します。専門家が「終わりを見つける」「前に進む」という言葉を使うと、多くの人々は憤慨しますが、それは、心の家族としていなくなった人と結びついているからです。人々のこのような抵抗感は十分理解できるものです。

人々が治療や援助に抵抗していると決めつけるよりも、専門家は、この世のすべての人が、自分の運命を支配できるわけではない、ということを認識するべきなのです。多くの人は、レジリエンスを、スピリチュアルな受容を通して学びました。実際、私たち西欧文化以外の文化に属する多くの人は、喪失に終結があるという考えを拒絶しています。彼らは喪失に関して、そのような絶対的な答えを求めようとはしません。何十年にも及ぶ、様々な文化の人々を援助してきた経験から、ごく限られた特権階級の、人生を支配したいと望む人たちだけが、喪失と悲嘆を終結させることに価値を見出している、と思うようになってきました。運命には自分の力は及ばないのだということに慣らされてきた様々な文化圏の人々は、あいまいさが引き起こす痛みを閉め出すことはできないと知っています。彼らは、その痛みと共に生きる

ことを学んできました。私たちは、このような人々から、人生の支配感を希求することと人生を受容することの間に、どのようにバランスを見出せるのかを学ぶことができるのです。

　世界中のほとんどの人々は、終結よりもむしろ、悲嘆と喪失と共に生きなければなりません（Becvar, 2001; Boss, 1999）。もちろん、ある種の人生を支配する技能は、生きていくために鍛えられなければなりませんが、あいまいさは、人生に普通のこととして存在し続けます。このことは特に、あいまいな喪失を体験した人にとっては真実であり、特権階級の人々にとっても、それは変わりません。あいまいな喪失には終結はありませんが、おそらくごく自然の、予測できる喪失においても、終結というのはないのかもしれません。スイス系米国人であり、カルバン派のキリスト教徒である私自身にとっても、人生の支配感を求め、喪失にはっきりとした終結を望む気持ちとの葛藤は大きいと言えます。研究者、そして心理療法士として、答えられない問いが内包するあいまいさと、もっと穏やかに生きていけないものかと、いつも思います。なぜならそれは、人間の人生体験において、避けようのない部分でもあるからです。

3　理論的前提

　本書では、家族のなかで大切な人が肉体的にもはや存在しなくなっても、その人の家族という構造を形作る社会的相互作用は継続していく、ということを理論的前提としています。愛する母親の言葉は、移民となって故国を離れた息子の心に今でも聞こえ、息子はそれを自分の子どもたち、また、孫たちに伝えていきます。ずっと前に亡くなった叔父から聞いた「自分より大きな問題を抱えた相手とは、決してデートをしなさんな」というお気に入りのアドバイスは、次の世代へと言い伝えられていくのです。このような昔話や言い伝えを通して、憧れは受け継がれていき、次の世代が往々にして自分たちの先祖ゆかりの場所を訪ね歩くことにつながります。携帯電話が蔓延する文化では、自分たちにとって大切な人が、必ずしも物理的に一緒に暮らして

いる人々とは限りません。私たちが家族であると思う人々は、血縁関係のある人々の集まりに加え、心のなかに親しく住んでいる人々を含むかもしれません（たとえば、生涯にわたる友人やパートナー、親権のない片親、幼なじみ、同僚、ご近所、血の繋がらない家族同然の人々など）これらすべての人が、セラピーの際に、実際に役割を担う人々なのです。

約70年も前に、家族社会学者であるウィラード・ウォーラー（Willard Waller）はこう書いています。「人間の相互作用は、たとえば、ビリヤードの台上にある玉のように単純なものとは大きく異なっている。人間の相互作用は、それ自身が過去の相互作用の産物であり、文化という媒体のなかで起こるものである。それはまた、コミュニケーションという幾分奇跡的なプロセスによるところも大きい。それは心のなかで起こり、私たちの仲間との交流のすべては、精神的な、想像力豊かなものである」(1938, p.19)。心の家族というこの概念は何十年も前に、ウォーラーと他の社会心理学者たちによって紹介されたものですが（Berger & Luckmann, 1966; Hess& Handel, 1959)、後年、これに続いた「実証性のあるデータ（hard data）」を主張する専門家たちにより、観察可能で数量化できる物理的な（physical）夫婦や家族の構造に、焦点が移行してしまいました。このような傾向により、社会的に構築された現実という概念（偶然にも、精神分析学的でもある概念）は衰退していったのです。それは、つい最近、社会心理学者であるケネス・ガーゲン（Kenneth Gergen, 1994）が社会構成主義という概念を再度、現代のセラピストたちに紹介するまで続いたのです。初期の社会学者の主張する前提は、現代のガーゲンが表しているものと類似しているので、社会的に構築された家族という概念は、社会学と心理学の両方にその根源を持つと言えます。このような学際的基礎は、トラウマとなるようなあいまいな喪失を体験する個人、夫婦、そして家族に対して、それぞれが置かれた文脈（状況）を中心に捉えるべきであるという方向性を指し示しました。

それでは、この心の家族という概念は、あいまいな喪失、トラウマ、そしてレジリエンスというテーマとどのように繋がっているのでしょうか。以下のような理論的前提が、その関連性について、基本的な理解を助けてくれるでしょう。

第Ⅰ部　あいまいな喪失の理論の構築

　まず第一に、身体的に不在になってしまった大切な人々は、多くの場合、心理的には、存在し続けています。このような喪失が、死として客観的に認証されない時は特にそうであると言えます。同様に、身体的にはそこにいるが、心理的には不在であると感じている当人は、しばしばその苦悩を否定され、以前と変わらないように振る舞うよう周りから期待されます。または、当人が属している周りのシステムから早々に追い出され、あたかも死んでいるかいなくなってしまっているかのように扱われてしまいます。つまり、明らかな身体的存在があっても、それは、往々にして人が心のなかで構築する現実感とは違って感じられ、このようなギャップが、家族のなかに緊張感とストレスを引き起こすことになります。

　第二に、心の家族という概念を、病的なもの、幻影を見ているようなものとさえ受け取る人がいるかもしれません。しかし、心の家族をつくり出す心理的な作用は、終結を見ることのできない喪失に対処する時には、理解できる範囲のものであり、むしろ、有益なものとして本書のなかでは提示しています。

　第三に、大切な人の生死があいまいなまま残る時、心のなかにその人をとどめることによって、もっと情報を集めようとしたり、良い結果かそうでない結果に対しても、準備をする時間が与えられたりするという面があります。それは希望も与えてくれます。何よりも、心のなかに相反する二つの考えを同時にとどめておけるよう、その準備を手伝ってくれます。その人は、帰ってくる──いや、たぶん、帰ってこない。その人はもう亡くなっている──いや、もしかしたら、どこかで生きているかもしれない、というように。

　第四に、あいまいな喪失とともに生きるようになることは、終結を見るという考えを重視しなくなります。弁証法的プロセス*² のなかで、人々は身体的に不在の家族成員を、心理的に自分の頭と心に存在させています。心理的に不在な家族成員に対しては、その当人が情緒的に、または、認知的に反応できないとしても、何かをする時にその人を加えてあげたり、触れたり、話しかけたりすることによって、彼らが存在し続けるようにすることができます。

　第五に、人間は、社会的な存在であって、理想的には、自分たちの周りの

人々やコミュニティと相互に交わる存在です。しかし、多くの人々は、そこにいない人が現実には存在し、目の前の人が実は存在しないように感じる体験をしています。大切な人に絶対的な存在感（あるいは、絶対的な不在感）を感じる人は、ほとんどいないと言えるかもしれません。セラピストとして、家族のアセスメント、援助・介入をする際、このように家族についての複雑な感じ方を、よく意識しておく必要があります。

　このような点を前提として、私たちは、社会的な相互作用が、結婚、家族、そして、その他の身体的にも心理的にも重要な人間関係のつながりを形成していくと考えます。このような見地を基にすることで、問題の見られる関係性をもっと容易に、アセスメントできるようになります。不適応を起こしている相互作用を援助することにより、完全に存在しているわけでも不在であるわけでもない人たちと生きていくために必要なレジリエンスを強めることができるのです。程度の違いはあっても、これは、ほとんどの人間関係に当てはまる状態であると言えます。私たちが大切に思う誰かが、身体的にも情緒的にも、完全に存在していることは滅多にありません。人々にトラウマを引き起こすのは、仮借ない、極端な事態や状況であるということを知っておく必要があります。

4　不在と存在というあいまいさ

　喪失を体験した人々は、そして私たち臨床家も、癒やしに至る道筋のなかで、誰が鍵を握る存在かということを知るまでは、癒やしへ向かうことができません。亡くなった愛すべき祖父（祖母）は、ある若者にとっては最も大切な親のような存在かもしれません。ある夫にとっては、他の人々との交わりが損なわれているために、離婚後も長期間、別れた妻が未だにそばにいるように感じられることもあるでしょう。本書のテーマとして最も大事なことは、愛する人が存在しているのか、存在していないのか、死んでいるのか、生きているのか、あいまいなままになっているという事実は、治療・援助の過程で、鍵となる人が誰なのかを、よりいっそう分かりにくくするという事

実にあります。治療・援助の場において十分な情報がないと、クライアントもセラピストもこのような状況と格闘することになります。なぜなら、あいまいさ故に、セラピストもクライアントも不安が高まり、回復への道が損なわれてしまうかもしれないからです。

　目の前に存在していても存在していなくても、深く結びついた人間同士は、お互いの大切な人生経験の一部となります。彼らの身体的関係がどのようなものであっても、心理的には離れてはいません。半世紀以上も前に、ウィラード・ウォーラーもこのように書いています。

　　突き詰めて言うならば、社会というものは、人間の精神と想像力において存在していると言えよう。人間の体験というものは、それが精神に影響を与え、想像力を駆り立てる故に、大きな意味を持つのである。心理学的見地から言えば、刺激というのは、それが反応を引き起こす限りにおいて、刺激となり得る……精神的な影響力をつくり出すものは何でも重要であると言える。[社会学者である] トーマス（W. I. Thomas）が述べたように、「人々が、これは現実のものだ、と定義するなら、その結果として、それらは現実のものになる」のである。他の人々は、私たちの知覚による確実さよりも、想像力の働きのなかでずっと、存在感を持っているのかもしれない。社会的な相互作用は、それゆえ、クーリー（Cooley）の言葉にあるように、究極的には、精神内における個人的な概念の相互作用である、と言えよう。(1938, p. 20)

今日、ケネス・ガーゲン（Gergen, 1994, 2001）は、このような考え方を現実感と人間の関係性に拡大して、現代の学者や臨床家に提供しています。彼の考えは、人間の関係性における現実感は、客観的に数量化が可能であったり、物理的に測定できたりするものを超えたものによって構成されている、という前提に立っています。心の家族というものは、容易に測定することのできない現象の、一つの例であると言えるでしょう。

5　まとめ

　これまで述べてきたように、心の家族とは、その人の心のなかに存在する家族のことです——この家族はどのような人かといえば、特別な祝い事の時にいてほしいと思う人たちであったり、反対に招待しない人であったり、また、ストレスがたまった時に話したいと思う人であったり、話すのを避けようと思う人です。また、うまくいっている時も困難な時もそばにいてほしいと思う人であったり、除外したのにやって来る、招かれざる客のような人であったりします。クライアントはよく、そういう人たちは誰なのか話してくれますが、時には私から「あなたにとって家族とは誰ですか」「そのなかに入っていないのは誰ですか」と聞いてみます。これらに付随して欠かさず聞く質問は「あなたにとって故郷はどこですか」です。このような質問に対して返ってくる答えにはよく驚かされます。このような経験から、私は、誰が家族のなかに含まれていて、誰が含まれていないのかについて、同時に、その答えのなかに、システム的な視点[*3]から見える矛盾があるか、またその矛盾に対する個人の両価的感情があるのかどうかについて、独特の洞察を持つに至りました。誰がそこにいて誰がいないかということを保証したり決定づけたりするような社会的出来事というものは、たとえば人の誕生や死、結婚であったとしても、ほとんど見出すことができなかったのです。

　このことは、本書の中心に位置する問いを引き起こすことになります。セラピストは、通常危険信号だと思われてきた症状（うつや不安、両価的な感情、アイデンティティーの混乱、希望の喪失、死が確定しないことからくる未解決の悲嘆などから起こる固執化）を、それまで受けてきた訓練からどのように見なしているのでしょうか。それらを病的に捉えずに、しかし、明らかな不適応を治療・援助の対象として取り上げ、クライアントの生活に何らかの調和をもたらそうとするには、どのようにしたらよいのでしょうか。あいまいな喪失の影響は、必ずしも個人の精神的病理を示すものではありませんが、それでも、それらは問題を引き起こす可能性があり、臨床家や聖職者、医療に従事する専

門家の理解と確証を必要としています。

　初期の家族学者が、過去に心の家族について記しています（Hess & Handel, 1959）が、一方で、数量的に測れないという理由で、ほとんどの現代の家族研究者はこれを無視してきました。科学的な実証主義において支配的だった理論的前提とは、もし、ある現象が数量的に測れないのであれば、それは存在しない、というものでした。セラピストであっても、心の家族という考えに抵抗を感じるかもしれません。なぜなら、伝統的な臨床訓練や心理学的尺度は、身体的存在と不在（目で確認し、記録することができる）を診断する方向で作成されており、心理的存在や不在（目で確認したり、記録したりできない）を測ることを目的としていません。あいまいな喪失の場合に限って言えば、もっと現象学的な立場を勧めます。そのような見方を持たないならば、（アセスメントをしたり治療や援助をしたりする）セラピストや、（正式な診断に基づいて治療援助の枠組みを決める）診療政策に従事する人たちは、はっきりした場合であれ、あいまいな場合であれ、通常見られるタイプであれ、トラウマ化しやすいものであれ、そのような喪失を経験した個人、夫婦、家族のレジリエンスを、どのように打ち立て修復していくかについて、方向性を見誤ってしまうかもしれません（この点の要約については、Boss, 1999 を参照）。

　多くの場合、セラピストは関係性の物理的な構造を見るよう訓練されており、自分たちがきちんと仕事をしていれば、クライアントは喪失体験を克服し、ある程度すぐに、目の前にいる誰かに愛着を持つようになると考えています。世の中には、健康的な人間は、喪失に終結を見出すという神話が存在しています。親しい愛着の対象を失った後では、そのように、感情的にきっぱりと納得できるようになることは滅多にありません。愛する人が突然、消えてしまった時（たとえばテロの攻撃によって、あるいは自然災害によって）、あるいは物理的に離れ離れになっている時（移民などにより）、または認知症、脳損傷、嗜癖、うつ病や様々な持病により、心理的にいなくなってしまったと感じる時などは、特にそうです。大切な人が、肉体的にも情緒的にもいなくなってしまった時、終結を探し求めるより、あいまいさに耐えられるような臨床的アプローチが重要です。その第一のステップは、心の家族というものがあり得るのだ、と理解することから始まるのです。

訳注

＊1　キリスト教で、幼児洗礼を受けた後に信仰告白して教会の正会員となる儀式。

＊2　弁証法的プロセスとはヘーゲルが提唱した論理に基づく、自己の内にある矛盾をみずからの発展によって無くして、新しく統合された統一に到達する理論。ヘーゲルは、ある命題（テーゼ）とそれに矛盾する反対の命題（アンチテーゼ）がある場合に、どちらかを選ぶのではなく止揚することにより、その中に両者が含まれた、より高い次元の統合状態（ジンテーゼ）に至るとした。このような葛藤を通して統合状態に至るプロセスが、弁証法的プロセスであると言える。ボス氏の提唱している"Aであり、Bでもある"状態はまさに、弁証法的プロセスによって導かれたものである。

＊3　システム的（systemic）な視点：個人の症状に焦点を当てる援助に対して、個人を取り巻く家族や地域社会との関係性などを考慮しつつ援助を行うという視点。

第2章
トラウマとストレス

　本章では、ある特殊なトラウマ（心的外傷）とストレス——愛する人が身体的あるいは心理的に行方不明であるというもの——に限定して議論していきたいと思います。あいまいな喪失とは何かについて、諺にあるように、玉ねぎの皮をむくように外側から少しずつ検討していきます。あいまいな喪失の治療モデルと、より伝統的な方法であるトラウマ介入との違いをはっきりさせるためではありません。あいまいな喪失とは、PTSDを引き起こす特別な出来事でも、緊急事態でもありません。むしろ、終結することのない進行中の状況です。その苦しみは永遠に続くかもしれないのです。

　ストレスとは、現状のシステムへの重圧と定義されます。風圧やひどい交通渋滞で揺れている橋がそうであるように、構造物の支えとそれに対する重圧のバランスが崩れることで崩壊に繋がるのです。もはや、そのシステムは安定した状態ではありません。個人や家族に置き換えると、何かが重圧を引き起こし、それがあまりにも大きいために、良くない変化（崩壊や機能停止）が起こる危険性があることを意味します。しかし、もし需要に見合うだけの支援が得られるなら、私たちはそれを乗り越え、均衡——より正確に言うなら柔軟性のある均衡状態——を回復できるかもしれません。それこそがレジリエンスなのです（Boss, 2002c）。

　一方、トラウマとは、それがあまりにも大きく、予期できないものであるために、それに対して防御したり、対処したり、管理したりすることができないくらいのストレスです。あまりにも突然であるというトラウマの要素は人を圧倒し、また、即座に動けなくしてしまう理由の一つになります。たとえるなら橋の崩壊です。支援はもはや圧力を吸収できません。通常の人間の予測をはるかに超えて、その出来事は人に衝撃を与え、動けなくしてしまう

のです。対処技能は凍りつき、防衛機能が働かなくなるのです。

　他の専門領域では、トラウマは別の意味を持っています。外科の領域では、トラウマは身体的外傷として定義されますが、精神科では情動的なショックとして定義されており、もっと一般的には「重度の精神的あるいは情動的なストレスや身体的受傷に起因する、精神あるいは行動が障害された状態」として定義されます（『メリアム・ウェブスター大学辞典』2003, p.1331 より）。しかし今日では、トラウマとは、情動的生理的反応が結びついた心身両面の状態と見なされています（van der Kolk, 2002; van der Kolk et al., 1996）。定義はいかようであれ、あいまいな喪失によるトラウマは外側に原因があります。障害と病理は、クライアントが関連する文脈の外側に置かれているのであり、たいていの場合、癒やされることがないのです。

　自らの研究から、私はストレスとトラウマが結合していると見なしています。多くの事例において、あいまいさというストレスは、緊急事態と同じように、子どもや大人に身体的、情動的な外傷を与えます。愛する人が行方不明であることは、カップルや家族にとって、傷口から出血しつづけているようなものであり、認知症のように愛する人の心が行方不明になっていることは、関係性の傷が深まっていることでもあります。どちらのタイプにおいても、それが解決不能であることによって、人々は、心にショックを受け動揺し、追い詰められた状態になります。このような理由から、あいまいな喪失はたいていトラウマとなるのです。もしあいまいさというストレス要因を管理できない状態になると、それは固定化し、危機的となり、その結果、トラウマを与えることになるのです。人々にレジリエンスが十分にあれば、あいまいさを、慢性的ではあっても管理可能なストレスであると見なすことがもっと容易にできるでしょう。

1　治療の展開

　（あいまいな喪失に対しては）PTSD や緊急事態ストレスの治療のための古典的、技術的な方法に加えて、私は家族療法とコミュニティ・レベルでの介入

を行うことを勧めます。トラウマとなるあいまいな喪失の後、個人や夫婦、家族のレジリエンスを保つために、介入にはシステム的なアプローチが含まれる必要があります。あいまいな喪失や PTSD、緊急事態は、トラウマとストレスの概念を共に根源にもっていますが、現在の治療技法の偏狭さ——それはしばしば研究資金に影響されているわけですが——が家族療法家との協働を妨げています。

　大規模なトラウマが発生した時には、家族やコミュニティの関係性を扱う技法が推奨されることが増えてきました (Boss et al., 2003; Landau & Saul, 2004; Sluzki, 1990)。被災者自身はもっとレジリエンスに基礎を置いた介入を求めています (Norris et al., 2002)。そこには外部の専門家だけではなく、もっと被災者と親しい人々を含めるべきだと付け加えたいです。本章の目標は、特に愛する人が行方不明になった時、従来型のトラウマ介入と合同家族療法とに共通する基盤を同定することです。そうすることにより、愛する人が行方不明になった時には特に、両者が協働する可能性がより高くなるからです。

　現在多くのセラピストが PTSD 治療のトレーニングが有益であることを認めていますが、PTSD や緊急事態を扱う専門家は、もっと関係性やレジリエンスに基礎を置いたトレーニングから多くの利益を得ることを提案します。危機的で、トラウマとなるような出来事への治療チームには、最低でも家族療法、および子どもと親、祖父母を含むコミュニティ介入のトレーニングを受けた専門家を入れるべきです。しかし、トラウマ治療チームに家族療法家を取り入れることは、診療政策の立案者やトレーニング機関やトレーニングの提供者にとって今でも比較的新しい考えなのです。

　あいまいな喪失というトラウマは、人との繋がりを分断してしまうので、治療は人との繋がりを中心に据えるべきだと言えます。これは、専門家であるセラピストやカウンセラーは、一時的な繋がりしか提供できないわけですが、個人および家族療法の手法は、それを超えて、人との繋がりを提供する必要があるということを意味しています。被災者は、コミュニティの誰か親しい人で、関係が続いていきそうな人と繋がる必要があります。個人療法であっても、家族やコミュニティを考慮した介入を推奨します。私の経験からは、そのような治療には、被災者の周囲の人々との様々な組み合わせ——

第 2 章　トラウマとストレス

パートナー、配偶者、友人、直近の家族、親類、同僚、近所の人、そして宗教的なアドバイスをする人や年長者など——を含めることができます。しかしそこには、常に心の家族が含まれます。クライアント自身が定義した家族やコミュニティのシステムのなかでは、専門家は自分たちが一時的なものであるという認識の上に立つことになります。最終的にクライアントや患者は家に戻り、自分のコミュニティで愛する人と共に人生を送らなければならないのです。多くの人が、レジリエンスに必要な、継続する人との繋がりを得るのは、彼ら自身の家であり隣近所なのです。

　私が最初に、あいまいな喪失がトラウマと結びついていることを学んだのは、1980年代のベトナム戦争の時代です（Boss, 1975, 1980a）。サンディエゴの戦争捕虜研究センターで、任務中に行方不明となった兵士の家族の研究をしていました[1]。1980年代には、第二のタイプのあいまいな喪失、つまり心理的に不在になっている家族を研究しました（Boss et al., 1988; Boss, Caron et al., 1990; Caron et al., 1999; Garwick et al., 1994）。9.11テロ後に、テロリズムや抗争によって愛する人が痕跡もなく身体的に消滅することから引き起こされるあいまいな喪失を研究しました。あの9月の朝、国民が信じられない思いでテレビを見ている間に、3千人もの罪のない人が姿を消しました。そして、その夜、愛する人が家に戻ってこなかった親族や友人は、ショックと無力感に呆然としていたのです。私はフェイゲルソンが述べた「不可思議な喪失」のことを考えました。

　9.11テロ後の数週間、人々は、トラウマを受けた家族が、行方不明の愛する人の存在を嘆き求めることに同情的でした。ニューヨークの道路では、親族が行方不明の愛する人の写真やポスターを抱えて、「彼を見ましたか」「彼女を見ましたか」と尋ねながら歩き回っていました。彼らの喪失は、人の通常の苦しみの範囲を大きく超えていたので、異常な行動につながることもありました。グラウンド・ゼロで、タワーが崩壊した攻撃から一カ月後に、完全な結婚用の正装をした若い新郎新婦を見ました。新婦の白いベールが二人の後ろにたなびいており、彼らは、写真家を後ろに従えて、くすぶる瓦礫（がれき）の方に向かっていきました。私は、瓦礫の下の誰がこの新郎新婦と結婚式を共にする運命だったのだろうかと思いました。それは現実離れした、型破りな

行動でしたが、この悲劇的な文脈では意味があることでした。人々の反応は様々でした。グラウンド・ゼロをひたすら回避した人もいましたし、花や明かりのついたろうそくを置くために毎日巡礼した人もいました。ある人は自殺の衝動に駆られましたし、トラウマがひどかったために入院しなくてはならなかった人もいました。ほとんどの人は一時的に呆然とし混乱しただけで、日常生活を送るのに十分な平静さを取り戻すことができました。しかし、私たちみんなにとって、9.11テロで起きたことは通常の予想を超える出来事であり、世界は公正で道理にかなった場所であるという、誰もが持っていた見方を粉砕したのです。行方不明の兵士の家族や、怪我や認知症のために精神的に不在になった愛する人を持つ家族と同様に、9.11テロの後にも、悲嘆にくれ、回復していくための満足な方法はなかったのです。一般の人々も専門家も認識していませんでしたが、トラウマによる麻痺の状態はしばらく続きました。終結はこのような種類のトラウマ的な喪失には不可能でした。

　ほとんどのPTSDの専門家や悲嘆治療のセラピストたちは、二つのタイプのあいまいな喪失によって引き起こされるトラウマ治療のトレーニングを受けていません。トラウマの根源にあいまいさがあると同定されることは極めて稀です。そのため、目標は、専門家や一般の人々に、あいまいな喪失やトラウマについての話し合いを始めるために必要な、あいまいな喪失についての情報を伝え、最終的に、より幅広い治療や介入へ方針を転換させることにおかれました。

　ここでの狙いは、従来のトラウマ治療のレパートリーに、新しい理論的視点（あいまいな喪失）を追加することです。あいまいな喪失、トラウマ、緊急事態のそれぞれの状態における共通点と相違点を討議し、家族やコミュニティに考慮した、子どもや青年、大人たちが一緒に行う更なる介入の準備をしていきます。

2　ストレスとトラウマ

　あいまいさによるトラウマが継続するなかで、レジリエンスや健康という目標を念頭に置きながら、ストレスやトラウマの分野とあいまいな喪失の考え方との繋がりを明らかにし、それぞれの概念や方法の類似性と相違性を描き出すことは有益です。

ストレスとトラウマはどのようにあいまいな喪失と関連しているのか

　ストレス要因の類型学でも、あいまいな喪失ほど管理困難でトラウマとなるようなものはありません（表1参照）。
　不確かさからくるストレスは人々をすり減らします。人は無力感や、絶望を感じ、抑うつ的になります。両価的な感情が湧いて、不安になります。決定が保留されたり、日常的な課題が無視されていたり、喧嘩や不和が起きている時には、家族の機能は低下します。儀式や祝い事が取りやめになるような時には、レジリエンスは減退します。このような場合には、個人や夫婦、家族は一時的な活動停止を経験します。このことは一つの危機です。なぜなら対処ができず、トラウマになってしまうからです。
　あいまいな喪失がストレス要因になっている時、セラピストは、このストレスとトラウマは、個人を取り巻くあいまいさという文脈から拡がる混乱と無力感が原因であることを思い出さなければなりません。理解しがたく、非論理的で、混乱しており、無意味で、不公平で、個人のコントロールを超えている、そのような状況のもとでは、どのように対処するかという理性的な思考は妨害されます。そして、自分に落ち度がなくても、人はトラウマとストレスを経験します。なぜなら愛する人が存在しているのかいないのかというあたりまえの事が謎におおわれてしまうからです。他のいかなる喪失もこうではありませんし、他のいかなるストレスもここまで手に負えないものではありません。

表1　家族のストレスとトラウマの分類

原因	
内在性 嗜癖、自殺、暴力のように家庭内の誰かによって引き起こされる出来事。	**外在性** 洪水やテロのように家庭の外側の自然や人から引き起こされる出来事。

タイプ	
通常 **徐々に発展する** **予測可能** 人生の過程で起こることが予測される出来事——誕生、思春期、青年期、結婚、加齢、更年期、退職、死。	**悲惨** **状況依存性** **予測不可能** 予見しない状況や出来事——若い人が亡くなること。
明確 事実が入手できる。何が起きて、どういう結果になるかを家族が分かっている。	**あいまい** 不明確なままの状況や出来事、家族成員の状態の真相が不明確なままであること。
意思に基づく 自分が希望し探した出来事や状況——自由な選択に基づく転職、大学入学、希望した妊娠。	**意思に基づかない** 自由に選択していない出来事や状況——解雇、失職、離婚、遺棄。

期間	
急性 短期間だが苦痛な出来事——足の骨折。	**慢性** 長期に続く状況——糖尿病、物質依存、差別や偏見。

濃度	
単独 他のストレスを伴わないで発生する単独の出来事。容易に特定できる。	**累積** 次から次へと累積する出来事や解決のない状況。家族がいくつもの未解決のストレス要因によって消耗している。

[Boss, 2002 より改訂。Saga Publication より許可を得て転載]

3　PTSD——注意が必要な点と家族療法との連携性

　PTSD は、医学的に定義された障害であり、第二次世界大戦や、ホロコースト、ベトナム戦争、イスラエルとパレスチナの戦闘、湾岸戦争、旧ユーゴスラビアでの民族浄化、家庭内外のテロリズム等における観察と研究の結果

から分かってきたものです。PTSD は、通̇常̇で̇は̇な̇い̇、極̇度̇の̇ス̇ト̇レ̇ス̇に̇満̇ち̇た̇出̇来̇事̇ (たとえば強姦、児童虐待、暴行、戦闘、洪水、地震、強制収容所、拷問、交通事故、脳外傷) によって引き起こされた不安障害の一つとして定義されています。PTSD の主要な診断基準は、その体験が、人の通常の苦痛の範囲を超えていることです。この障害は以下の症状によって特徴づけられています。「①外傷的出来事の再体験 (たとえば、侵入的想起)、②麻痺や疎隔感、③過剰な警戒やその他の交感神経系の覚醒の兆候によって示される様々な自律神経系や行動の覚醒を示す指標で、全般化した不安という次元に沿っている」(Goldberger & Breznitz, 1993, p.727；以下も参照のこと。American Psychiatric Association, 2000；Herman, 1992)[*1]。PTSD の医学的診断は、ベトナム帰還兵 (Figley, 1978) と強姦被害者 (Burgess & Holmstrom, 1979) の反応が類似していることが発見されたことから、両者の研究プロジェクトが並行して行われるなかで明らかになってきました。1980 年代に、その障害は『精神障害の診断と統計の手引き』(DSM) のなかで定義され、PTSD という名称が正式に研究と臨床診断のために運用されるようになりました (American Psychiatric Association, 1980)。治療の目標は患者が健康を取り戻すことです。現在、トラウマの分野において、PTSD 治療を進めるのか、それとももっとコミュニティ・レベルの介入を推奨するのかについて論争が起きています。どちらも必要であることは明らかです。危機や災害後に誰もが PTSD を発症するわけではありません (Bonanno, 2004)。災害後には、ほとんどの人は一時的に呆然としても、自分たちの対処スキルやレジリエンスを取り戻すことができるようになります。

PTSD はどのようにあいまいな喪失と関連しているのか

あいまいさによって複雑化した喪失はほとんどのセラピストにとって新たな挑戦ですが、一方、それは多くの人々が体験する状況なのです。実際のところ、あいまいな喪失は、人間の通常の苦痛の範囲を超えた体験としてPTSD 診断に合致します。DSM-Ⅳ-TR (American Psychiatric Association, 2000) においては、PTSD は、第一に精神障害として、第二に個人的な疾患として評価、治療されます。一方、あいまいな喪失は精神の機能障害ではなく関係

性の障害です。ストレス要因によって外的に引き起こされたものです。しかし、個人的または関係性の症状が、抑うつや不安、葛藤、身体化のような形で現れる可能性があります。とはいえ、その原因はあいまいさなのです。それゆえ、治療や介入には、関係論的アプローチや精神力動的アプローチに加えて、ストレス・マネジメントが含まれなければなりません。PTSD では、トラウマとなる出来事はフラッシュバックするかもしれませんが、過ぎ去ります。それとは異なり、あいまいな喪失は継続するトラウマで、その攻撃がやむことはないのです。PTSD とあいまいな喪失は異なった現象ではありますが、どちらも、生涯において人間関係を台無しにしてしまうだけでなく、次の世代にさえも影響を与える結果をもたらすのです (Boss et al., 2003)。

現在、PTSD の診断は、拷問や性暴力、テロリストの攻撃、飛行機事故、学校内での銃乱射事件、地震、ハリケーン、児童虐待、家庭内暴力被害者の治療に適用されています。PTSD の治療はまた、このような被害者を援助する専門職や危機対応緊急事態チームを支援することによって、共感性疲労を避けるためにも用いられています (Figley, 1995)。

いくつかの特別な例外 (Landau & Saul, 2004; Sluzki, 1990) はあるにせよ、ほとんどの PTSD の治療は個人を対象にしており、家族を対象にしてはいません。このようなトラウマの個人治療のなかでは、いずれは家に戻り、家族や親しい人と共に生活したいという患者の要望には取り組まないのです。もちろん、2004 年に起きた南アジアの津波のように、家に戻ることや、再び家族を見つけることができないようなこともあります。その場合では、コミュニティ・レベルのアプローチが使用されるべきです。ウォーターズ (Waters, 2005) は、30 万人近くの成人と子どもが津波に押し流されてしまった被災者を支援するために、西欧と東洋の両方のトラウマ専門家が、家族やコミュニティ・レベルのアプローチを支持していると報告しました。ネパールの心理学者であるブハヴァ・プジャルは次のように述べています。「(アチェの) 社会は、非常に団結や支え合いが強く、お互いを尊重する社会だ。隣人同士がお互いに世話をし合い、孤児は他の家族に育てられている」(Poudyal, p.17)。しかしプジャルは次のようにも述べています。「支援者の集団が、〈人々のレジリエンスや意味を取り去り、(その地域の) 人々にとっては新しい、医学的な

ものである PTSD モデルを押し付ける〉ことを懸念している」(p. 17)。

　ウォーターズが報告していたことだとして、コロンビア大学のニール・ブースビー（Neil Boothby）は、人々が、家に戻り自分たちのコミュニティや生計を共に再建する能力を擁護しています。ブースビーは次のように述べています。「もし一人の漁師が漁をし、家族を養うために一隻のボートを持っているならば、そのことはどんな精神的健康への介入法よりもその人の社会機能を良くする役に立つだろう……つまり人を癒やし、前進することを助けるのは、連帯と相互の助け合いである」（Waters, 2005, p. 18）。

　PTSD 治療の適用は、伝統的に、まず個人に対して、医学的に行われますが、多くの臨床家はそうした治療を家族やコミュニティ・レベルのアプローチに変化させてきました（Boss et al., 2003; Landau & Saul, 2004; Sheinberg & Fraenkel, 2000）。このようなアプローチは、トラウマが関係性の喪失から来ている場合には特に有用なものとなります。

4　緊急事態ストレス・ディブリーフィング[*2][*3]
──その注意点と家族療法との連携の必要性

　緊急事態ストレス・ディブリーフィング（critical incident stress debriefing, CISD）の先駆者たちによれば、トラウマ性のストレスは、緊急事態と同義に用いられており（Everly, 1989）、出来事の直後に現れる場合もあれば、遅れて現れる場合もあります（最新情報は Mitchell & Everly, 1993 参照）。緊急事態ストレスは個人や集団（たとえば、緊急時対応員である消防士、警察官、兵士、戦争やテロリズムおよび自然災害の被害者）が、普段用いている有効な対処戦略が圧倒されるほどの危機的な出来事によって現われる、広い範囲の認知的、身体的、情緒的、行動的な兆候によって特徴づけられます。そのような危機的出来事は恒常性の崩壊を意味します（Everly, 1989; Mitchell & Everly, 1993; Everly & Mitchell, 2003; Mitchell & Everly, 2003）。

　目標は早期介入です。危機や災害の現場やその近辺で行われ、カタルシスや言語化の機会を通して回復を導くという理論的背景を持ったものです

(Everly & Mitchell, 1992)。もともとの手順はミッチェル・モデル (Michell Model, 1983) と言われています。この計画は、最初は6段階でしたが、後に7段階目が追加されました。この7段階とは、導入、事実、思考、反応、症状、教育、再帰還です。赤十字も段階モデルを推奨していますが、4段階となっており、出来事の開示、感情と反応、対処戦略、そして終結です (Armstrong, Lund, McWright, & Tichenor, 1995)。しかし、このような線形モデルは、対処の仕方に見られるパターンや、信念に見られる人間と文化の多様性を考慮に入れていません。このことは後ほど詳しく述べます。

　CISD の原則は理にかなっていましたが、もともとの手順は、歴史的には警察官のような緊急事態で働く人に対する専門的なディブリーフィング[*4]として、デザインされていました (Mitchell, 1983)。今日では、より広く、もっと柔軟に適用できるように改訂されています。たとえばオクラホマ・シティの連邦政府ビル爆破後には、緊急事態での作業にあたった多くの人々が、毎日の勤務後、帰宅前にディブリーフィングを受けました。彼らは実際に、音や臭い、そして閉じ込められた人や行方不明の遺体を探すという英雄的な努力への重圧によるトラウマで、脆弱になっていました。緊急事態チームは、緊急事態での作業者や消防士、カウンセラー、牧師そして爆発の被災者が体験した極度のストレスを正常なものとしました。チームは、負傷した被災者や、亡くなったり、行方不明者がいたりする家族を援助している聖職者や臨床家とその配偶者を支援しました。

　振り返ってみると、オクラホマ・シティでは、人々は人間的な繋がりが最も大きな治療になることを見出し、一つのコミュニティとして団結していた、と研究者たちは述べています。しかし、家族やコミュニティの繋がりは、最初の段階では個々の家族で組織されており、公的な介入の一部にはなっていませんでした (Sprang, 1999)。ほとんどの災害がそうであるように、オクラホマでは、まず個人と職場のグループ・ディブリーフィングによる治療に資金が供給されました。現在もそうですが、米国では、家族療法は危機介入に対しては比較的新しい治療方法です。

第2章　トラウマとストレス

5　治療と介入

　「すべての精神療法の目標は、苦痛を緩和するために人々が変化できるように援助することである。このことは個人療法、集団療法、家族療法においてあてはまるものである」(Nichols & Schwartz, 2004, p.381)。このことは、あいまいな喪失がある場合には、とりわけ当てはまります。あいまいな喪失によるトラウマを扱うために、PTSD治療を参考に取り入れたあいまいではない（治療や介入の）要素として、トラウマの症状についての認知とそれについての治療が挙げられます（これは、二次的心的外傷を受ける可能性のある専門職に対しても留意するべき点です）。しかし、あいまいな喪失とPTSDの主な相違点は明白であり、それはトラウマの元となる出来事が続いているということです。あいまいな喪失は継続しているものなのです。

　緊急事態ストレス・ディブリーフィングから取り入れた側面は、まず、自分の物語を話すことが癒やしになり得るという考え方です。しかし私は、彼らが馴染んでいる設定で、自分の意思で自発的に参加した場合においてのみ、家族やコミュニティのグループに、後述する構造化された方法論よりも、ナラティヴの理論を適用したいと思います。すべての人が話をすることを望んでいるわけではありませんが、聴くことは話すことと同じくらい治癒的であるという前提があります。

　私たちの方法論は、上述したストレスやトラウマ、そしてレジリエンスについての理論と、以下に述べる仮説を基盤にしています。

方法論における仮説

- 第一の仮説は、あいまいな喪失のような関係性の状況については、関係性への介入が必要だということです。その人が属しているシステム（体制）は、夫婦や家族、コミュニティ、同じストレス要因を体験した複数の家族であるかもしれません。セラピストは個人療法を行う場合であっ

ても、このようなシステム的な文脈を考慮に入れることが可能です。
- 医学的、精神医学的な注意が求められる症状は、決して無視できるものではありませんが、病理だけでなく、レジリエンスにも焦点を当てる必要があります。レジリエンスをもとに構築することが、多くの被災者の回復を強化することになります。
- 成人や子ども個人の治療をするだけでは不十分です。個人のみに焦点を当てることは、親子や夫婦の機能をむしばむかもしれませんし、文化に対する感受性を鈍くする可能性があります。ですから、トラウマの治療チームには、家族療法家、コミュニティへの介入を行う専門家、そして被災者の言語を話し、その文化について知っている専門家あるいは助手を含めなくてはなりません。介入は、個人に合せて、また多様性や文化の違いに合せて行うことが必要です。病気や災害によるあいまいな喪失の場合には、コミュニティのなかで、合同家族グループを行う方が、一つ一つの家族をセラピーのために訪問するよりも、レジリエンスの構築には有効かもしれません。
- セラピーは協働的に行われます。癒やしは、トラウマ介入からだけでなく、クライアント自身のレジリエンスから生じます。この過程においては、セラピストは一時的な繋がりを持つだけなので、私たちは、患者やクライアントが生活の場に繋がりを作る準備を手助けしなくてはならないのです。愛する者が行方不明になっている場合に、継続的な人間関係を構築し、個人や家族を支えるのは、コミュニティなのです。
- 最後に、トラウマの治療と介入を提供する専門家は、異文化とうまく付き合えなくてはなりません。なぜならトラウマを障害として理解するやり方は文化によってかなり異なるからです。レイズ（Leys, 2000）によると、トラウマには二つの立場があり、どちらの立場であるかによって変わります。①一つは、症状軽減と再教育を支持する立場です。②もう一つは、トラウマは症状を超えたものであり、現在の関係性の文脈や、その人の原家族から現れる、より深い意味を持つと主張する立場です。

レイズのように、私は症状の軽減だけでなく、意味に関心を持っていま

す。私たちは出会う人々の持っている規範や期待が非常に異なることに注意を払っていますが、そこには、健康や礼儀に関する、共通した規範や期待も存在しています。どちらも重要なわけです。それでは、私たちはどうやってバランスを見出していったらよいのでしょうか。

　クライアントがセラピストとは異なる文化から来た時には、セラピーの階層性をなくして、協働することが必要となります。私は普段より多く耳を傾けるようにします。時折、家族やコミュニティの年長者で、共同セラピストのような役割を持った人、その人たちの文化のニュアンスについて私に教えてくれるような人を連れてきてほしいとクライアントに頼むこともあります。個性を重んじ、自分のことは自分でやるということに価値を置く文化のなかで社会化されているセラピストにとって、このようなやり方に変えていくことは難しいです。災害や危機の時には、終結を探し求めることを基盤とした診断や治療法よりも、家族成員や年長者の知識やサバイバル体験の話を聴くことのほうが効果的かもしれません。ストレスやあいまいさがある時には、自分たちの社会化された様式と文化的前提を脇に置いて、セラピーや援助の対象となった人々の社会化様式や文化を考慮するようにします。

　今日では、PTSD は、単に個人の精神的また身体的な弱さとしてではなく、苦痛に満ちた、トラウマ的な文化的文脈から生じうる状況としても見直されています (Boss, 2002c)。文化精神医学者のローレンス・カーマイヤーら (Laurence Kirmayer et al., 2000) は、症状を診断する際に、文脈からのアプローチを進めることや、トラウマ性の障害を引き起こす文化の影響にもっと焦点を当てた治療を推奨しています。逆説的ですが、PTSD 診断があまりにも医学的になっているということを、私たちは内科医に教えられました。(Kirmayer et al., 2000; Landau & Saul, 2004; Sluzki, 1990)。ストレスや危機、トラウマに関する文化的意味の多様性は多くの研究者が強調しています。彼らは私たちに、症状や適応と同様に、トラウマの意味や表出における文化的差異について注意を促しています (DiNicola, 1997; Kirmayer et al., 2000; Kleinman & Good, 1985; Wilson, 1989)。

してはいけないこと

　PTSDは概念的にも臨床的にもあいまいな喪失とは異なっているので、愛する人が行方不明になった時には、PTSDの診断や治療を行うだけでは不十分です。PTSD研究の早期の臨床家の一部は、彼らの実践を夫婦や家族のレベルに進めました（Figley, 1989; Herman, 1992; Matsakis, 1996）が、多くは、個人を対象とした研究に戻ってしまいました。今日、PTSD治療はまず個人を対象とし、稀に家族セッションやコミュニティ・ワークが含まれるくらいです。トラウマとなる出来事の後には、医学的な個人治療が必要なケースはありますが、その治療では、家に戻って仲間や家族と生活を再開したいという患者のニーズを重点的に扱ってはいません。実際、PTSDの診断や治療に対して最近批判されていることは、それが体系的でも文脈的でもなく、個人の病理に焦点を当てすぎているということです（Kirmayer et al., 2000; Landau & Saul, 2004）。そうした場合、PTSD治療では、真の原因が未解決の悲嘆と機能停止であることや、文脈上の原因（愛する者が姿を消していること）が見落とされているかもしれないのです。

ストレスとトラウマと緊急事態はどのように治療と結びついているのか

　緊急事態が生涯にわたるあいまいな喪失となることがあります。（たとえば）行方不明になってしまった人が見つからないことや事故によって恒久的な脳損傷を被ることなどです。（そのような場合では）喪失の終結がないままに、関係性が保留状態となります。こうした理由から、セラピストが通常用いている個人療法の技法は、あいまいな喪失というトラウマに対して、あまり効果がないのです。子どもたちがトラウマを受けた時には、親と離しておいてはいけません（もちろん親が加害者である場合は別である）。しかし、システムを考慮した面接は複雑でトレーニングが必要です。災害援助チームに家族療法家がいれば大きな力になります。理想的には、災害援助チームが、トラウマを受けたシステム（家族など）の一部に向けて行った援助が、システム全体

に波紋のように広がる、そのような訓練を受けて援助にあたることが望ましいのです。個人あるいは家族合同の面接、どちらの治療を行う場合でも、治療の文脈の一部にクライアントの家族のことを念頭に置く必要があります。

トラウマはPTSDや緊急事態、そしてあいまいな喪失の本質的な核となるものですが、あいまいな喪失は関係性のストレス因子です。それは、精神的な病理でも、個人の問題でもありません。関係性の問題の治療には、関係性を扱う介入が必要なのです。

文化的背景が治療と治療関係に及ぼす影響

米国ほど個人志向が強くない文化圏にいる人々の多くは、家族やコミュニティの支援を通じて彼らが成し遂げてきたことを臨床家が見落とし、彼らを病気だと見なすようなことがあると、治療に抵抗感と不満をもちます。このことは、抵抗の概念を見直さなくてはいけないことを意味しています。私たちにもそういうことはあり得るのです。

ニューヨークの9.11テロの後、私は、そこで働いていた配偶者を失った人々の多くが難民や移民であったこと、そしてその人々は、既に彼らの故郷において、トラウマとなるような喪失から生き抜いてきた人たちだったことを知りました。崩壊した二つのタワーに勤めていた労働者の家族は60の異なる国から来ており、24の異なる言語を話しました。アルバニアやユーゴスラビア、マケドニア、ロシア出身者が多く、少数の人が東アジアの出身でした。ウインドウズ・オン・ザ・ワールド・レストランで働いていた労働者の家族の多くは、カリブ諸島やメキシコ、ドミニカ共和国、中央または南アフリカからの移民であり、スペイン語を話しました。その他はアフリカ系やヨーロッパ系の移民でした。これらの家族の多くはより良い、そして、より安全な生活を求めてニューヨークにやって来たのですが、彼らの夢は砕け散ってしまったのです。また、故郷から引き離されていたために、窮地の時に頼りたい愛する人々が、手の届かない遠方にいることを寂しく思いました。これらの人々の心の家族は、行方不明の人に加えて、彼らと一緒に移住せず、その地にとどまった愛する人を含む形で構成されているのです。私た

ちは家族とコミュニティの失われた繋がりの再構築を助ける介入が必要だと理解しました。私たちは、民族性や人種、社会経済的レベル、国民性や宗教の広い範囲を想定した援助について考えることから始めました。最初に挑まなくてはならなかったのは、彼らの文化を理解することでした。

あいまいな喪失というトラウマに取り組む場合、治療目標として掲げるべきこととして、何が適切なのでしょうか。多様な文化背景を持つ人々がトラウマを受けた時に、どのようにして働きかければよいのでしょうか。本書を通してこれらの疑問に答えていきたいと思います。

訳注

* 1　DSM-5のPTSDの診断基準は以下の四つの症状カテゴリーによって構成されている。①侵入症状、②刺激の持続的回避、③心的外傷の出来事に関連した認知と気分の陰性の変化、④心的外傷の出来事と関連した覚醒度と反応性の著しい変化。
* 2　CISDをこのような緊急事態対応として用いることには現在は慎重な意見が多い。『コクラン・レビュー』(Cochrane Review, 2009)において、CISDはPTSDの予防としてのエビデンスが不十分であることが報告されている。現在では、様々なPTSD治療の指針において、トラウマ体験を詳細に語らせるなど専門的な心理的介入はむしろ行うべきではないとされており、『サイコロジカル・ファーストエイド』(大滝、金2013、荻原他、2013)のような安心や安全の適応や被災者の現実的ニーズへの対応を重視した心理社会的支援が推奨されている。
* 3　CISDについての訳語は以下の本によった。J.T.ミッチェル、G.Sエヴァリー著、高橋祥友訳『緊急事態ストレス・PTSD対応マニュアル――危機介入技法としてのディブリーフィング』金剛出版、2002年。
* 4　大滝涼子・金吉晴「サイコロジカル・ファーストエイド：被災者への心の支援」精神科医療サービス。13：220-221. 2013.／荻原かおり他「日本国内における災害支援団体に向けたサイコロジカル・ファーストエイド研修活動に関する実践報告」『臨床心理学』13（4）. 549-553.

第3章
レジリエンスと健康

　あいまいな喪失によるトラウマの影響から回復し、更に成長するためには、計り知れないほどのレジリエンスが求められます。多くの人々には、より良くなろうとする自然な自己復元能力があります。ただしそれには時間が必要です。セラピストや医療従事者として、私たちは、忍耐力が試されます。もちろん、症状はすぐに治療しなければなりませんが、レジリエンスは時間を必要とするプロセスです。ほとんどのセラピストはまず病理を探すように訓練されてきました。ですから、健康的なレジリエンスを探すという考え方は比較的新しいものなのです。

1　定義

　ここでは、健康を、個人が身体的、情緒的かつ社会的に満たされた状態にあることと定義します。医学的な身体症状がないだけでなく、社会的に孤立していない、対人関係に葛藤がないことも含みます。健康には、関係性の側面もあり、家族や友人などの他者やコミュニティの人たちと、良い関係を楽しむ能力として定義されます (Walsh, 1996, 1998)。予防的健康 (preventive health)[*1] とは、ストレスやトラウマに直面した時にレジリエンスが存在していることです。
　レジリエンスは工学分野の単語に古くからありましたが、臨床の分野では何を意味するのでしょうか。レジリエンスが意味するものについて、様々な研究分野に共通する性質はありますが、レジリエンスがどんな構造なのか、またどうやってレジリエンスを築くのかについての考えは異なっています。

ここでは、人間関係の構図——親子、夫婦、家族、友人のつながりや地域社会に焦点を当てたいと思います。

個人のレジリエンス

　ストレスの観点からは、レジリエンスは、人生のプレッシャーや重圧に対して伸びたり（輪ゴムのように）、または曲がったり（吊り橋のように）する能力と定義できます。たとえば、日常的な煩わしいことからくる通常のストレスはもちろん、人間の一生の入口と出口（誕生と死）の間に生じることが予期できる家族の変遷があります。また、予期せぬ危機や大災害によるストレスやトラウマもあるでしょう。（単なるプレッシャーやストレス、緊張状態ではなく）危機が生じた場合、レジリエンスとは、危機の前と同等もしくはそれ以上の機能レベルまで回復する能力と定義されます[1]。橋のたとえに戻ると、ストレスとは橋に重みがかかっていることを意味し、緊張状態とは橋が揺れてはいるが保たれている状態を意味します。危機とは橋が崩壊していることであり、レジリエンスは、そこにかかるストレスに反応して、橋が曲がりはしても、損傷は受けずにこの重圧を吸収できる力を意味しています（Boss, 2002a）。柔軟性は鍵となる重要なものですが、もっと他にも重要なものはあります。
　あいまいな喪失がある時、個人のレジリエンスは、あいまいさと共に安定して暮らせる能力に依存します。そしてこの安定して暮らす力は、あいまいさに耐える力だけでなく、現在と将来にわたりあいまいさとうまく付き合って生きる力に依存します。また、レジリエンスは、通常の人間の想像を超えるような過度のストレスに直面した際の、精神と身体の健康状態にも左右されます。風と交通渋滞とが同時に吊り橋に打撃を与えるような時には、レジリエンスには、力がぶつかり合う状況で長い間持ちこたえることができることも含まれなくてはなりません。あいまいな喪失のもとでのレジリエンスは、重圧であるにもかかわらずと言うだけでなく、愛する人が存在すると同時に不在でもあることを管理できていることから、成長を意味するのです。このような状況でのレジリエンスとは、家族が存在しているのか、あるいは存在していないのかが完全には明確でないなかで、健康的に生きることができる

ことを意味します。それは、子どもが誘拐に遭ったり、親がアルツハイマー病になったり、戦争で配偶者が行方不明になったり、子どもが事故で脳損傷を受けたりといったことがありながらも、精神的、身体的な健康を維持し成長することです。それは、人生航路の変遷によって生じる避けられないあいまいな出来事、存在しているが不在であるという出来事——たとえば、子どもが成長して家を離れることや、体の弱っている高齢者が施設に入るために家を離れること——のなかでも、豊かに生きることを意味します。これらの出来事のなかには、悲惨さの差はありますが、すべてにある程度のストレスやトラウマ、あいまいさが含まれています。究極のレジリエンスとは、そのような時に、たわんで柔軟になり、健康でいられることから生まれます。そのことは、私たちが気にかけている人が存在しているのかいないのかが完全に分からないからと言って、物事が未完成なままだというわけではないことを意味しています。

　ヘザリントンとブレックマン（Hetherington & Blechman, 1996）は、私と同様に、時間に従って進む変化や動きを示すものとして、レジリエンスという言葉を好んで使いました。子どもや家族についての彼らのレジリエンスの定義は次のようなものでした。この定義は、セラピストにも研究者にも簡明で有用なものです。「レジリエンス、ストレス耐性、あるいは傷つきにくさとは、危機がある状態で、危機がない状態においてと同じかあるいはそれ以上の結果を生み出す働きをする過程を示すものである」（p.14）。人を取り巻く状況はこの過程に影響を与えますが、その一方で、レジリエンスは困難で不確かな状況のもとで、そのなかで人々がより強くなるるつぼのような状況をもたらすのです。

家族のレジリエンス

　個人のレジリエンスは発達心理学や病理学に基盤を置いていますが、家族のレジリエンスは、新しい用語であり、家族のストレス・マネジメントと予防に根差しています。家族療法家であるハーレイとデハーン（Hawley & DeHaan, 1996）はこの二つの研究の流れを概観し、どちらの理論的アプローチ

もレジリエンスを評価するのに必要であると結論づけました。

　ハーレイとデハーンは、家族のレジリエンスを定義するうえで、時間の経過に伴う家族機能の発展と個人の発達についての考えをまとめました。彼らによると、レジリエンスとは「今現在、そして時間の経過のなかで、家族がストレスに直面した時にそれに適応し、成長する時にたどる道筋であり、レジリエンスのある家族は、独自の方法で状況にうまく反応する。その方法は、文脈や、発達段階、リスク要因と防御要因の相互作用、家族が共有している見解などによって異なる」(1996, p.293) と定義されます。しかし、行方不明者のいる家族のセラピーを行う場合は、その定義にもう一つ要素を付け加えなくてはなりません。あいまいな喪失を有する家族が長期間にわたってレジリエンスを保持していくためには、あいまいさに耐え、更に、あいまいさと共に、安定して過ごせなくてはならないのです。実際に、そのような状態のなかに得るものがあると分かるようになる人もいます (Boss, 1999)。答えの出ない問いを抱えながらも葛藤を感じずに安定して生きられるかどうかによって、家族の本当のレジリエンスが試されるのです。

　あいまいな喪失に直面した時、家族はこれをどのように扱ったらよいのでしょうか。よく分からないながらもスピリチュアリティーが役立つという人もいますし、宗教的信念が助けになるという人もいます。また、物事がうまくいくようにするには、家族が楽観的な希望を持てばよいのだと単純に言う人もいます。あるいは、その瞬間の、あるがままの人生を生きるというより哲学的、実存理由から、あいまいさのなかで安定して過ごしている人もいます。私がこれまで関わった何千もの家族から学んだのは、それぞれの家族が、非常に多様な方法でレジリエンスを獲得していますが、どのような方法であっても、同じ結果をもたらすことができるということです。ここでは、私たちは、多様性を受け入れなくてはなりません。

　このことが臨床家に意味しているのは、すべての人が同じ方法でレジリエンスを獲得するわけではないということです。私たちが望むことは、夫婦や家族成員同士がお互いに折り合いがつけられるような視点を持つことです。しかし、これがいつも当てはまるというわけではありません。夫婦や家族の間で世界観や信念があまりにもずれていると、そのことでレジリエンスの進

行が阻害されることがあります。そのずれが、家族や夫婦の対立をもたらすこともあるのです。チームワークの構築は、不明確な時期が続く間、前進し続けるために必要なことであり、このことは私たちがセラピーを行う時の主な課題の一つでもあるのです。

　レジリエンスがある状態でいるために、家族が最初に知るべきなのは、誰がそのなかにいるのか、ということです。心の家族の話題に戻りましょう。どの家族でも、絶対的に存在している、あるいは存在していないと言えることは稀です。ですから、それぞれの家族成員が行方不明の人をどのように受け止めているのかについて話すことが必要です。同様に、誰が家族を構成しているのかについて話し合うことも必要です。あいまいな喪失がある時に家族成員を再構成することは、しばしば葛藤を引き起こします。家族の捉え方が異なっているからです。私はセラピーでは、お互いが一致しない状態が当然なのだと理解してもらうようにしています。たとえば、高齢の親が認知症や、うっ血性心不全や他の疾患のために、徐々にこの世から去り始める時——それは長年かけて続いていく別れのプロセスです——その時には成人になった子どもたちはどこで親が生活したらよいのか、誰が親をケアするべきかについて話し合うのがよいでしょう。長いお別れは人を消耗させるので、通常の家族の境界や役割が緊張状態に置かれることになります。時間の経過のなかで、家族のレジリエンスは、人間の発達や関係性の成熟によって試練を迎えることになります（あるいはそのような過程の欠落から生じることもあるでしょう）。これと同様に、失業や慢性疾患のような予期しない出来事によっても生じます。もし、家族が、長期間にわたってレジリエンスに必要なチームワークを維持しなければならないとしたら、家族成員は誰を家族と見なすのかについて継続して評価をしていかなくてはなりません。心理学的物理的な家族の境界を継続的に調整していく能力は、認知的な対処やストレス・マネジメント、意思決定のうえで必須であり、これらのすべては、生涯にわたるレジリエンスのプロセスに欠くことができないものです。

　学者が家族のレジリエンスという用語を使うようになったのはごく最近です（McCubbin & McCubbin, 1993; Walsh, 1998）。たとえば、家族療法家であるフロマ・ウォルシュ（Froma Walsh）は「個人の堅忍性（Individual hardiness）は、

家族や、より広い社会的文脈のなかでより理解され、はぐくまれるものである」と書いています (1998, p.24)。家族学の研究者は、レジリエンスは家族全体の本質であるという根拠を示しています。しかし私たちは、どんな時に、またどうやって家族全体のレジリエンスが家族個人のレジリエンスの総和を超えるのか、セラピストがどうやったら個人と家族の両方のレジリエンスを支援できるのかについて、より正確に見定めるため、更なる問いかけをしていく必要があります。

2 臨床家のための研究の歴史と最近の知見

　レジリエンスの歴史をひもとくことは、なぜ臨床家が個人のセラピーばかり重んじるようになったのかという疑問に光明を投じるでしょう。まず、いつレジリエンスの考え（用語ではなく）が生まれたのかということから、今日の私たちの臨床的な仕事に情報を与えてくれるであろう現代の考えについて話を進めていきます。特筆すべきことは、個人のレジリエンスは病理学関連の分野から始まったのに対し、家族のレジリエンスの研究は予防に関する分野から現れたということです。

心理学におけるレジリエンス

　1970年代初頭に、心理学者であるノーマン・ガームジィ（Norman Garmezy, 1987）が、困難に直面した時のストレスへの抵抗性と能力（competence）についてのアイデアを開拓しました。彼は統合失調症の母親がいる、精神病理上のリスクを持つ子どもの研究を行っていましたが、ある子どもたちが、成長し、健康を維持しながら学校でうまくやれていることに驚いたのです（1985, 1987）。彼とその研究チームはその後、他のハイリスクの状況の子どもたちを研究しました。彼は、貧困下においてストレスに耐性のある子どもたちがいることを発見しました（Garmezy & Rutter, 1985）。これらの初期の研究の知見から、研究者たちは、もはや環境から自動的にハイリスク集団の病理性を予

想することがなくなり、能力に焦点を当てる方向にシフトしていきました。ガームジィは、リスクがあるにもかかわらず、能力と健康を維持している子どもたちを研究するために、ミネソタ大学で能力研究プロジェクト（Project Competence）を始めました（Garmezy & Masten, 1986; Garmezy et al., 1984）。最近では能力（competence）という用語は、レジリエンスという言葉に置き換えられるようになってきました（Masten, 2001）。レジリエンスに焦点を当てる方向への変化は現在も、資源や補償因子、防御因子、発達課題における能力に重きを置く研究の分野で継続して起こっています（Wright & Masten, 2005）。

　研究に加えて、セラピーのなかで、個人のあいまいな喪失についての物語を聴くことで、レジリエンスとその意味について光を当てることができます。ヘルガ（Helga）の物語が一つの例[2]です。第二次世界大戦中のドイツのドレスデンに幼い女の子がいました。彼女は近所の防空壕で多くの夜を過ごしました。彼女は、母や祖母、叔父や従兄弟と毎夜の爆撃投下に耐えていたのです。ヘルガは、その時怯えていましたが、親戚に自分が守られていたのを覚えていました。祖父は、爆撃中も子どもたちが少しでもよく眠れるようにと、シェルターのなかに子どもたちみんなのための小さなベッドをこしらえました。理想的とは言えない子ども時代の環境にもかかわらず、ヘルガはよく頑張りました。終戦後、彼女は勉強のためにドイツを離れ、外国に行って結婚し、子どもが生まれ、かなり後に離婚しました。中年になった時、息子が行方不明になりました。ヘルガは私に電話をしてきました。彼女は、息子が見つからないままであり、自分が耐えられない状態になってきていると話しました。私たちは情報収集に取り組みましたが、それと同時に、彼女が他の子どもたちや友人との関係を深めるよう促しました。春の雪解け後、川に息子の遺体が浮かびました。その時から、私たちのセラピーセッションは、悲嘆に暮れることと、追悼を計画することに方針を変えました。彼女に、前夫をセラピーに招待し、息子のために一緒にできることについてきちんと話し合うよう勧めました。最初、ヘルガは気が進みませんでしたが、彼をセラピーに招いて、自分たちの亡くなった息子をどのように共に偲び、追悼したらよいのかを話し合いました。彼らは親として、またチームとして行ったのです。何年も会っていなかったので、一緒に行うというのは二人にとって新

鮮な考えでした。子ども時代の戦争体験や離婚のストレス、息子の行方不明とその後の遺体発見という悲劇があったにもかかわらず、ヘルガは健康を保ち、人生を受け入れています。遺された息子と彼女の関係は深まり、コミュニティでは創造性を発揮して貢献を続けています。私にとって、ヘルガはレジリエンスの素晴らしい例です。

　ガームジィならヘルガを能力があると言うでしょうが、今では、私はそのような人をレジリエンスがあると言います。分野を超えて、今やレジリエンスは、対処することや乗り越えること以上の意味を持つことが合意されています。レジリエンスがあるということは、有害な状況のもとでも、力強く生きることを意味しています。言い換えるなら、それは、その人の身体や心の健康を維持することや、喜びと共に生活する精神を持っていることです。これは、あいまいな喪失というトラウマを経験した人には難しい注文ですが、レジリエンスは本当に存在しており、（それについての）科学的研究が次第に注目され始めています。

　現代の心理学者は、人が、その生涯のなかで、貧困やホームレス、離婚、身体疾患などを経験しながらも、どのようにレジリエンスを保持しているのかについて研究してきました（Cowan, 1991; Hauser, 1999; Hauser et al., 1993; Masten, 2001)。発達心理学者たちは、徐々にレジリエンスをプロセスとして理解するようになり、今では、長期にわたる発達を示すものとして、レジリエンスという用語を好んで用いるようになってきました（Hetherington & Blechman, 1996)。たとえば、ハウザー（Hauser, 1999）は、臨床群と非臨床群の青年（現在は成熟した大人である）を対象とした縦断研究を行い、10代の時の精神疾患での入院歴をもって、35年後に健康な成人となっているかどうかは予期できないことを発見しました。結局、多くの人たちには能力があり、後になっても健康であることが分かったのです。ハウザーは、人生早期での施設入所の経験に肯定的な意味を持たせることが、成人期の健康やレジリエンスを生むと報告しています。もしレジリエンスが、臨床家によって育てられたり、心理教育の団体で学べるなら、このような研究は希望を与えることになります。ウォリンら（Wolin & Wolin, 1993）はサバイバーの自尊心（survivor's pride）という用語を用いて、ある人に何か悪いことが起きた場合に、「災い転

じて福となす（turn lemons into lemonade）」という諺にあるような肯定的な意味付けや帰結が可能であることを発見しました（この意味付けについては第4章参照）。

社会学におけるレジリエンス

　社会学でのレジリエンスの先駆者は（ただし、レジリエンスのような用語は用いませんでしたが）、イスラエルのネゲブにあるベン・グリオン大学のアーロン・アントノフスキー（Aaron Antonovsky）でした。医療社会学者であるアントノフスキーは、もし現代の世界の健康問題に効果があるなら、臨床家は、特定の疾患や病気治療するだけでなく、もっと広いアプローチを行うことが必要であると考えました。彼の言うもっと広いアプローチとは、人々が病気に抵抗するための心理学的、社会的、文化的な資源（リソース）を同定することでした。もし患者が、自分たちの世界は理解可能で、管理できると見なしているならば、アントノフスキーが首尾一貫感覚（sense of coherence）と呼んだものを持っているということになります。アントノフスキー（Antonovsky, 1979, 1987）は、研究から、首尾一貫感覚が、患者がどのようにストレスに対処し、健康を保つかを決める主要な因子であることを発見しました。アントノフスキーの研究は、社会学用語である行為主体性（agency）の必要性について、臨床分野での考え方に影響を与えました。行為主体性とは状況や問題を統制する能力を指しますが、私はそこに、クライアントや患者が自分たちはそうできると思う（will）と信じていることを追加したいと思います。行為主体性は、人がより良く生きるために自分で自分を助けることができると思うことに起因する、自己決定や尊厳に関連しているので、臨床家は、行為主体性を妨害するいかなる障壁も取り除くために、自分たちができることを行うべきです。同時に、臨床家たちは、そうできない人にも備えなくてはなりません。疾患や状況によっては、解決策も治癒もないことがあります。そういった場合は、コントロール感や個人の行為主体性を求めようとする人間の欲求を、治療的に和らげる必要があるのです。

　最近、あるクライアントと会い、アントノフスキーの概念を思い返すこと

になりました。その女性は、企業の重役で、高齢の母親を2週間前に亡くしていました。彼女は非常に取り乱しており、「92歳を超えた親の死に心が砕けそうに感じるなんておかしいです。そう思いませんか」と言いました。私は彼女にそれは当然のことだと話しました。「彼女はあなたのお母さんで、あなたは彼女を愛していました。でも今はもう、彼女が逝ってしまったということなのです」。私のするべきことは、彼女の喪失への反応——つまり泣き叫んだり、混乱したりしてしまうことや気力がなくなってしまうこと——を正常化することでした。それは、彼女がもう一度自分の世界を、首尾一貫した管理可能なものと理解できるようにするためです。実は、彼女は自分の悲嘆が正常であることを理解していなかったので、状況に対処したり、管理したりできていませんでした。欠けていたパズル片は、彼女（そして彼女の上司）が、高齢の親を失って悲嘆に暮れることが理にかなったことだと思わなかったことでした。

　いったいどこからそんなばかげた考えが来るのでしょうか。それは、たいてい、人は何でも、たとえそれが親の喪失に対する感情であっても、コントロールできると人々に思わせる世界観から来ているのです。そのような考えは、コントロールすることや生産性ばかりを重要視し、その結果、高齢者とのつながりを低く評価するような文化に由来しているのです。私たちが忘れているのは、別な種類の資源——人間の愛着——です。私たちが年長者を亡くした時には、生産性が絶頂期にある人を失ったからという理由で悲しむのではなく、その人がもう私たちと一緒にいないから悲嘆に暮れるのです。職場が何よりも生産性を評価していると、悲嘆の合併症が生じるようになります。

　この女性のセラピーでの目標は、彼女のレジリエンス、アントノフスキーの用語を使えば、首尾一貫感覚を強化することでした。首尾一貫感覚は、人がつらい結果においても、最終的にはある理解を見出せるということを示す世界観であり、行為主体性を超えたものです。彼女は成熟したビジネスマンでしたが、高齢の母親を失い、更に上司がそれを乗り越えるべきだと考えていることにひどく取り乱していました。彼女は、たとえ92歳の年老いた親であっても、親が亡くなって悲嘆に暮れることは正常なのだと分かり、自分

が何をする必要があるのかを理解しました。彼女には、年老いた母の死を悼むための時間と場所が必要でしたが、職場はそれを許しませんでした。彼女は長期休暇を取る決意をしました。彼女は自発的に悼む時間を取るようにし、夫や、最終的にはきょうだいと、新たな、そして以前より深いつながりを持つようになりました。彼女と最後に会った時に、彼女は自分が親を悼む時間を持つことを意識して認めたことで、今は職場でもっと良い気持ちでいられると話しました。管理者という立場から、彼女は次のように言いました。今、自分は、たとえ有能な管理職であっても、喪失を悼むための時間を取らなくてはならないし、更に、その悲しみに終わりがなくても構わないということが分かった、と。彼女は以前よりももっと首尾一貫した世界観を持つようになりました――それは彼女が、自分の仕事と喪失をいっそう心地よい形で統合できるようになったということなのです。

家族研究と家族療法におけるレジリエンス

　病理的なアプローチに対して強さ（strength）からのアプローチについての家族研究における先駆者は、家族のストレスと対処についての研究者でした。ルーベン・ヒル（Rueben Hill, 1949）は家族ストレス研究の父としてとてもよく知られています。ヒル（1949）は、当時、家族研究の分野の駆け出しの社会学者でしたが、第二次世界大戦時の家族分離の研究を行い、そのなかで、柔軟性（flexibility）と適応力（adaptability）が、家族が健康でいるための鍵であることを発見しました。後に、ベトナム戦争後に、ヒルは戦争捕虜研究センターの相談役となり、そこで家族ストレスの第二世代の研究者を指導しました（Boss, 1975, 1977, 1980c, 1987, 2002c; Boss & Greenberg, 1984; Figley, 1989; McCubbin, 1979）。先にも書きましたが、フィグリィ（Figley, 1985）は後に、家族研究から個人の心理学的アプローチに移っていきました。マッカビンら（McCubbin & McCubbin, 1993）は、医療現場での家族のレジリエンスを研究し、家族研究を継続しました。私自身は、家族研究を続け、元々ヒルが強調していたことを、苦痛とトラウマを受けた家族に対して家族介入法を導く理論へと発展させました。

家族と個人という分析の単位は異なりますが、家族を直接に研究している私たちは、心理学と家族研究の両方の所見に注意を払わなければなりません。私はハーレイとデハーン（Hawley & DeHaan）に賛同しています。彼らは、このように述べています。「特に重要なのは、レジリエンスに対して発達的な変化が与える影響と、家族を対象とした分析で潜在的なリスク要因の同定である。家族科学（family science）は、発達の影響を探し、病理の前駆体を同定することにおいて、豊かな伝統がある」（1996, p. 295）。個人的側面とシステム的側面からの研究の両方が必要です。結局のところ、個人は孤立して生きているわけではないのです。個人は、私たちのセラピーを受ける前から、そしてその後にも存在しているセラピー外での人間関係を持っています。個人と関係性の問題の両方に焦点を当てる必要性があるので、心理学と家族療法の相互理解が、臨床業務の妥当性と有効性を強化するうえで不可欠です。

家族レジリエンスと呼ばれる現象の存在は、現在かなり支持されていますが、今後の研究に向けてまだ疑問が残っています。臨床家は観察によって、家族のレジリエンスが、個人が健康を保つうえで、いつ、どのように役に立つのかについて、新しい仮説を生み出すことに寄与することができます。また、家族やコミュニティ、文化が、どのような時に、個人のレジリエンスや健康の障害になりうるかについて貴重な考えを持っていることもあるでしょう。研究者にはこれらの考えが必要です。しかし現在のところ、研究のなかでは、レジリエンスは個人と家族の両方の現象であると提唱されています。こうした理由から、私は、個人およびその家族に注意を払うようにしてきました。これは、子どもたちのセラピーでは必須ですが、成人でもそのようにしています。ロナルド・レーガン元大統領の家族は、元大統領がアルツハイマー病のために衰えていく間、レーガン夫人を支えるため協力し合いました。そのように、全体が個々の部分の総和よりも大きくなる力があるのです。これは私の推測にすぎませんが、あいまいな喪失が続く間、家族がレーガン夫人に提供していたものは、彼女がレジリエンスと健康を維持するのに必要な温かい支えと援助だったのではないかと思います。

私たちの仕事においては、個人や夫婦、家族のいずれの相談・治療でも、レジリエンスの理論が広く知られるようになってきています。私たちが学ん

できたのは、レーガン家のような多くの家族が、容赦なくその精神を奪っていくような疾患や障害があるなかでレジリエンスを維持するために、家族は耐えるだけでなく、お互いに支え合う時に強くなるのだということです。

臨床家のための最新の研究知見

　ボナーノ（Bonanno, 2004）は喪失やトラウマ、人間のレジリエンスへの幅広い知見を持った論文で、レジリエンスの実証研究を概観し、三つの重要なポイントを挙げています。

　1．レジリエンスは回復以上のものである
　　レジリエンスを持っているので、通常の機能が実際に崩壊してしまうということは決してありません。人はどんなことが起こっても、安定した均衡を維持する能力を持っています。ボナーノはレジリエンスを以下のように定義しています。「親しい人の死や、暴力的であったり生命を脅かしたりするような状況などの、孤立と高度の破壊性を秘めた出来事に曝される通常ではない環境において、心理的、身体的な機能を、比較的安定した、健康的なレベルに維持することを可能にする成人の持つ能力」（2004, p.20）。ボナーノは更に以下のことを強調しました（1998年にウォルシュ〈Walsh〉が既に述べていたことですが）。それは、レジリエンスがあるということは、単に精神の病理がないという以上のものだということです。この一連の考え方によれば、レジリエンスは危機後の回復の一部ではありません（Boss, 2002c）。それよりむしろ、レジリエンスの大部分は、再生していく成長や肯定的な感情を伴った連続性のある健康の機能だと言えます（Bonanno et al., 2001）。
　　このような様々な定義が臨床家にとって意味することは、すべての人が、あいまいな喪失の後に、同じ介入を必要としているわけではないということです。レジリエンスのある成人や子どもは何の介入も必要としないかもしれません。実際、私たちの善意がそういった人々の回復を妨げてしまうかもしれません。それよりもセラピーは最も脆弱な人——機

能が停止してしまったり、トラウマを受けたりした人——に対して、反応の慢性化や遅延して表われることを防ぐための予防に焦点を当てるべきです（Bonanno et al., 2001; Boss, 1999; Stroebe & Stroebe, 1991）。認知行動療法は、トラウマ関連の出来事への不安や恐れをクライアントが理解し、対処することを助けるものであり、最も効果があります（Resick, 2001）。

このことから、緊急事態ストレス・ディブリーフィング（CISD）とPTSDの治療に関する議論を改めて考えてみたいと思います。暴力的であったり、生命を脅かしたりするような出来事に曝されたすべての人にディブリーフィングが必要であるという考えは誤っています。CISDの創始者自身がそう言っているのです（Mitchell, 1983）。ミッチェルとエバリー（Mitchell & Everly, 2003）、そしてミラー（Miller, 2002）もまた9.11テロの後、労働者に対して行われた無差別のディブリーフィングのやり方を批判しました。研究者らは、ディブリーフィングは効果があるとは言えず（Rose et al., 1999）、最悪の場合には、本来レジリエンスがある人の自然な回復の過程を妨げることがあると述べています（Bisson et al., 1997; Bonanno, 2004; Mayou et al., 2000）。PTSD連合（PTSD Alliance, 2005）によれば、アメリカ人の70％は一生の間に、トラウマとなるような出来事に曝されますが、そのうちの20％しかPTSDを発症しないのです。大多数の人はレジリエンスを持っているのです。

2．レジリエンスは私たちが考えていたよりももっと一般的なものである

悲嘆に対応するセラピストは伝統的に、喪失後の悲嘆の過小反応と、過剰反応の両方を病理と見なして治療するトレーニングを受けてきました。一方、トラウマの相談・治療を行うセラピストは、反応が軽度か極度かにかかわらず、否定的な反応にのみ焦点を当てるというトレーニングを受けてきました。どちらの場合も、レジリエンスは見過ごされてきました（もちろん例外はあります。たとえば、Landau & Saul, 2004）。ボナーノによると、喪失やトラウマに曝された大多数の人は「慢性的な症状の輪郭を表わすことはない……多くの人々、時には大多数にのぼる人々が、

レジリエンスの軌跡を示唆する健康的な機能を示すものである」(2004, p. 22)。

　病理を焦点化するという古典的なやり方は、恐らくボウルビィ（Bowlby, 1980）の影響であろうと思われます。ボウルビィは喪失後に見られる肯定的な感情表出を防衛的否認と定義しました。ミドルトンら（Middleton et al., 1993）は、自分をグリーフ・セラピストであると見なしているセラピストのうちの65%が、悲嘆の欠如が抑圧や否認によるものであると信じていることを発見しました。オスターワイスら（Osterweis et al., 1984）は、悲嘆の欠如は人格上の病理であると述べています（Bonanno, 2004）。実証研究からは、以下のようなことが明らかにされています。「対人喪失による動揺に対してレジリエンスが示されることは稀ではなく、一般的に見られることである。このようなレジリエンスが存在することは、病理性を示すものではなく、むしろ健康的な適応を示すものと考えられ、レジリエンスがあることで遅延した悲嘆反応が引き起こされるのではない」(Bonanno, 2004, p. 23)。近年の研究は、ヴォルトマンとシルバー（Wortman & Silver, 1989）の主張を支持しています。彼らは、悲嘆の欠如が病的なものであり、その後に必ず遅延悲嘆反応が起こるという仮説には何の根拠もないと述べています。

　ボナーノとケルトナー（Bonanno & Keltner, 1997）は、喪失に対するレジリエンスが肯定的な感情によって強化されるという確固とした前向き研究によるエビデンスが実際に存在するとしています。一方で、彼らが発見したことは、喪失後に健康でいられた人は、死を受け入れる準備があり、公正な世界というものを信じており（Boss, 2002c）、実際的な支援があったということでした。喪失後早期には、嘆き求めることや心の痛み、侵入的思考、反芻が見られますが、それらはレジリエンスのある人においては持続せず、日常生活や感情を妨げることはありません（Bonanno, 2004; Bonanno et al., 2004）。このことから、喪失やトラウマを経験しても否定的な感情を示さない人についてのボウルビィの考えは間違っていたということが分かります。アルツハイマー病の患者の家族において、しばしばこのようなことを見てきました。彼らの喪失のあいまいさが、悲嘆

のプロセスをゆるやかなものにし、家族は患者が亡くなる時には涙を流しつくしていたのです。患者の家族は、今は自分自身に気を配ることができ、自分の身体や感情の健康を再建することができるという安堵の気持ちを表現することさえあるかもしれません。これはレジリエンスであり、病理ではないのです。

3．レジリエンスへの道筋は多数あり、予測できない場合もある

　ある人にとっては、抑圧は機能的な対処方法です（Bonanno et al., 2003）。また、笑いや楽観主義がレジリエンスを作るという人もいます（Bonanno et al., 2003）。更に、自己高揚（self-enhancement、たとえば、傷つきにくくなるための行動や信念）が有益だという人もいます（Bonanno et al., 2002）。ある人にとっては、堅忍性（hardiness）が極度のストレスの衝撃を和らげるものとなります（Kobasa et al., 1982）。更なる研究が必要ではありますが、レジリエンスへの道筋は、発達、遺伝、環境、性別、そしてまだ解明されていないその他のリスク要因や防御要因によって多様であることは明らかです。臨床家は、研究者と自分たちの臨床的な直感を共有することや、トラウマ後のレジリエンスについての仮説を立てることによって、研究者がもっと多くの情報を見出せるよう助けることができます。

レジリエンスの資源としてのコミュニティ

　レジリエンスの共通した性質と、今まで予期されていなかった源泉（リソース）とを重要視するのと並行して、近年、セラピストはレジリエンスを、コミュニティに必然的に含まれている複雑な関係性のプロセスと定義するようになりました（Boss et al., 2003; Landau &Saul, 2004）。コミュニティの資源や価値、つながりが人々を癒やすうえでどのように役に立つのかを決定するためにはもっと研究が必要ではありますが、オクラホマ・シティ連邦政府ビル爆破事件や9.11テロ、南アジアの津波後の最近の臨床報告では、共同体意識（sense of community）が個人や家族の回復を助けるという考えが支持され

ています。もっと初期に、スペックとアトニーヴ（Speck & Attneave, 1973）は、拡大家族集団が集まって行うコミュニティを基盤としたセラピー——それはネ・ッ・ト・ワ・ー・ク・・セ・ラ・ピ・ーと呼ばれるものですが——が個人セラピーよりも効果的であると述べています。アトニーヴがアメリカン・インディアン出身であるという背景が、当時革新的だったこのアプローチに影響したと言えます。個人的にも、専門家としても、彼女は自分のコミュニティや部族が、人々の結婚や家族のトラブルを癒やす助けになると信じていました——これは、ほとんどすべての先住民族が保有する信念です。太古の昔に有効だったことが今でも必ずしも役に立つわけではありませんが、自立や経済的な独立を奨励する現代文明においては、明らかに、セラピーは家族やコミュニティへのアプローチから遠く隔たってしまっているのです。コミュニティ介入（Saul, 2003）や、ランドゥ（Landau）がリ・ン・ク・セ・ラ・ピ・ー（link therapy）と呼んでいる介入（Landau, 1981; Landau & Saul, 2004）の効果を評価する研究が継続して行われています。私たちは、今後、このようなコミュニティ・アプローチの効果が実証的に明らかになるのを待つわけですが、その間も、コミュニティが個人と家族のレジリエンスを構築するうえでの主要な資源であることについて、私は楽観主義を崩さないでいます。

3 レジリエンスに関する注意点

　レジリエンスに基づいたアプローチの利点を認めるだけでなく、その落とし穴にも気をつけていなければなりません。
　第一に、レジリエンスを維持していることが、いつも望ましいというわけではないということです。もし、ある人がいつも服従するよう期待されるような場合は特に問題になります。たとえば有色人種や女性など、支配力や特権、行為主体性が他より乏しい人は、他者の好き勝手な要求に順応してきたのです。このような人々は自分より高次の行為主体性を持つ人に屈服し、波風を起こさずに合わせていくよう期待されています。そのような訳で、レジリエンスを保つことが治療目標として十分とは限らないのです。たとえば虐

第Ⅰ部　あいまいな喪失の理論の構築

待や不法行為の場合には、反撃することや、根本的な変革を主張すること、危機に踏み込むことが、我慢し続けるよりもよい時があります。そのような場合には、順応し続けることを拒否するよう促さなければなりません。このことは、レジリエンスや一見その人の強みに見えるものに対して注意が必要であること示しています。たとえば、人が弾圧のもとでどのように成長できるかに焦点を当てるのではなく、貧困や差別を減らす方法を探すべきなのです。レジリエンスは常に理想的な目標ではないのです（Boss, 2002c）。

　たとえば、私たちが戦時下の子どものレジリエンスを認め、それを支援するということはあるかもしれませんが、それと同時に、子どもや家族のトラウマ的な喪失と暴力を根絶するためにできることを行うべきです。現状を支持して終わるようなレジリエンス・モデルを適用してしまうことに注意しなければなりません。もちろん、私たちがユートピアに到達できるわけではありませんが、世界には常に戦争や貧困があり、これに対してなす術がないと考える必要はありません。私たちは人間のレジリエンスにただ一つだけの答えを与えて満足してはいけないのです。レジリエンスを規定する基準に健康は不可欠なものですが、私たちは、人がそのなかで成長できるような環境や社会の健康も推進していかなければなりません。

　二番目に、レジリエンスに焦点を当てるとしても、私たちは、医療的ケアや精神科での治療を必要とする症状にも注意を払わなくてはならないということがあります。何年も前、私の師であったカール・ウィタカー（Carl Whitaker）は私に、自分は家族のアルコール問題を見た時に、患者の肝臓と、アルコールによる医学的なダメージしか見なかったと話しました。私は彼に、自分に医学的な教育が欠けていることへの懸念を打ち明けました。そして彼は、私たちが共同でセラピーを行ううえで、お互いが有益なものをもたらすことができることを私に理解させようとして、このように言いました。彼は、私が医学教育を受けていないことは家族療法では有利に働くと見ていると話しました。なぜなら、私は内臓の障害にとらわれることなく、家族とその人の全体を見ることができるからだと言うのです。しかし、彼が私に投げかけた信頼は、医学的なことを無視するべきだということではなく、むしろ両方の視点が必要であるということを意味していました。今日では、うつ病のクライ

アントに対して、彼らの症状にホルモンや身体的な原因がある可能性を除外するために、医療機関で助言を得て来るようにと言っています。タバコによる問題は、タバコが原因でしかなく、心理的な問題や対人関係の問題ではないということがあるのです。

　三番目には、レジリエンスを築くセラピーは「強みに基盤を置いたアプローチ」と呼ばれますが、それは解決志向的セラピーとは同義ではありません。あいまいな喪失がある時に、私たちのセラピーの目標が解̇決̇（solutions）を生み出すことであるべきだとは、私には思えません。セラピーの目標は、適応することや、解決に近づくこと、そしてまた暗闇のなか、森を通り抜けて歩く道を見つけることであり、更には、成長することである方が多いのです。レジリエンスを持つということは、答えのない疑問と共に生きることを学ぶことを意味します。解決が見つからないのはセラピーの失敗ではないのです。

　レジリエンスに関するこれらの注意点を念頭に置きましょう。私たちがもし病理や症状の診断にばかり焦点を当ててしまったら、人が前進するための回復力そのものを見逃してしまうことを忘れないようにしなくてはなりません。存在しているのか不在なのかをはっきりさせる解決法がないとしても、個人や夫婦、そして家族は、自分たちに特有の見事な方法でどうにかやっていくのです。こうした状況でレジリエンスを示す兆しが、思いがけないところから表われるので、いまだに驚かされることがあります。

4　セラピーにおける治療と予防的介入の原則

　あいまいな喪失がある場合には、個人や夫婦、家族において安定やレジリエンスを増やすことがセラピーの目標になります。ウォルシュ（Walsh, 1998, 2004）はアセスメントと介入の指針となる家族レジリエンスの枠組みを開発しました。この枠組みでは、家族の機能に関する三つの領域においてレジリエンスを促進させる鍵となるプロセスを取り上げています。

(1) 信念体系（逆境に意味を見出すこと、肯定的なものの見方をすること、超越すること、スピリチュアリティー）
(2) 組織に見られるパターン（柔軟性、つながり、社会的および経済的資源）
(3) コミュニケーションの取り方（明快さ、オープンな感情表出、協働して問題を解決すること）

次に述べる治療原則を体系化するにあたって、ウォルシュの類型を用いました。ここでは、あいまいな喪失が起こった後に家族のレジリエンスを構築し、支援するうえで臨床的にするべきことを列挙しています。全体としての目標は、残された個々の家族成員と、家族全体のリスク要因を減らし、保護的要因を強化することです。このリストの順番は階層にはなっていません。ある表題の下にあるいくつかの項目は、別の表題の下にも置くことができます。

信念体系

人々の持つ信念は、ストレスのもとでの脆弱性やレジリエンスを決定するうえで最も重要なものです。それは夫婦でも家族でも同じことが言えます。

☆事実（fact）に対してバランスの取れた捉え方をする。受け止め方は重要であるが、すべてが重要な訳ではない

実際に、私たちがセラピストとして気をつけなければならない事実があります——たとえば児童虐待、近親姦、暴行、殺人のような、法に反することなどです。もし個人や家族がこれらの行為を正常なものと受け止めていた場合には、それを修正しなくてはいけません。私たちは、対人関係を複雑にする構造についての事実（養子縁組、離婚、再婚）についても、分離や喪失が差しせまった状態の事実（軍隊の派兵、移民、終末期の疾患、破産、失業、精神的または身体的疾患）と同じように気をつけなければなりません。そのような出来事がある場合、セラピストは、その事実をクライアントの受け止め方とあわせて考

慮する必要があります。

☆あなたと異なる宗教観やスピリチュアル観を持つクライアントに対して寛大であること

　健康的な精神生活は、宗教上の信仰があろうとなかろうと、レジリエンスをもたらします。悪性脳腫瘍における緩和医療の研究で、ストラングら（Strang & Strang, 2001）は、アントノフスキーの首尾一貫感覚が、患者が自身の健康が衰えていくことにどのように対処しているのかを説明する因子であることを明らかにしました。更に、これらの研究者たちは、アントノフスキーの概念が有用であることも発見しました。なぜならそれは従来より広く「ストレス／対処モデルの重要な部分（把握可能感と処理可能感）とスピリチュアリティーの重要な部分（意味）を統合している」(p.127) からです。この包括的な考え方は、宗教やスピリチュアリティーについて多様な信念を持っている人々のセラピーを行う時にも有益です。レジリエンスを強化するスピリチュアリティーは一つの絶対的な方法で定義されてはいないのです。

☆原因を再帰属させること。それが適切な場合には非難の対象を外在化し、あるいは自分が責任を取るようにする

　罪悪感や恥、自責感は人を脆弱にし、レジリエンスを阻みます。自責感や恥を軽減するために外的な原因に問題を再帰属させることがセラピーの目標となります。これが適切である状況としては、たとえば精神疾患や、家族が誘拐されたというような場合があります。もちろん例外はあります。ある場合では、その人が責任を取り、出来事によって再び有害なことが起こるのを防ぐために行動を変えることが目標になります。そのような例としては、ネグレクトや、親の不在、薬物やアルコールの乱用などが挙げられます。この場合は、セラピストは問題をクライアントの個人の行動に再帰属しなくてはなりませんし、自分が変わるという確約をクライアントにとりつけなくてはなりません[3]。これは、AA モデル（The Alcoholics Anonymous model）に類似しています。このモデルでは、人々に自分の行動に対して責任を取るように教えています。

☆罪悪感や恥の原因となる出来事を異なる角度から捉え直し、新しい名前をつける

　罪悪感や恥はあいまいな喪失に固有の問題ではなく、拷問や民族浄化などで、被害者の人間性を剥奪する手段としても用いられてきました。たとえばコソボでは、兵士が自分で多くのアルバニア系コソボ人をレイプしただけではなく、コソボ人の息子に母親を、父親に娘をレイプするよう強要しました。レイプのトラウマのうえに近親姦のトラウマが積み重ねられることは、何世代にもわたって凍りついたような罪悪感や恥辱感を生み出し続けることを意味していました。被害者が徐々に、起こったこと（拷問）を捉え直し、それは近親姦ではないという新たな名前をつけない限り、罪悪感や恥辱感は持続したのです。セラピストがこの新たな枠づけを明確に宣言することで、この捉え直しのプロセスは加速します。息子が母親をレイプするよう強要されたある家族にみられたレジリエンスについて、セラピストが話してくれた例を挙げます。自分が強要されたレイプは近親姦ではなく拷問であると新たに名前をつけることで、ようやく母と息子の再統合が進むようになったとセラピストは話しました。権威のある人物（この場合はセラピスト）が母と息子に、また他の家族に対して、このようにはっきりと宣言したことが、家族の罪悪感と恥辱感を取り除くうえで役に立ったのです。

☆力とコントロールについて再考すること

　人生において、自分が、他人より力やコントロールがあると思うことは、安全感と自信があるという感覚を作り出すかもしれません。たとえば、人が、レイプされたり、襲われたりする機会を減らせるように変わることは、レジリエンスを高めます。しかし臨床家はこのアプローチにも注意しなければなりません。なぜなら被害を避けるために最大限に注意したとしても、トラウマとなる喪失を防ぎきれないことがあるからです。トラウマを受けた人のセラピーを行う時には、今後このようなことを避けるために何かできることがあるかもしれないということは言いません[3]。クライアントは、トラウマの傷がまだ生々しい時に、自分を責めることばかりを耳にし、変わる必要があるという助言によって更に傷つけられています。臨床家はトラウマにつ

いて、まずよく聴き、共感し、それがトラウマだということを確かめます。時間が経って、その人のトラウマの影響が少なくなった時に、私たちは将来のトラウマに対して有力化する助けになる手段について話し合います。たとえば、あるクライアントは心臓病を防ぐために、健康に良い習慣を身につけ、エクササイズや瞑想をするかもしれません。また、女性は、護身術を習ったり、駐車場に歩いて行く時に、まっすぐもっと力強く歩く練習をしたりできるでしょう。これは、被害者を責めるのではなく、むしろトラウマを受けた人がもっと有力化されていると感じられるようにすることです。しかし、時々支配感が非現実的である場合には、和らげなくてはなりません（第5章を参照）。

☆楽観主義を勧める

　重荷を感じている時には、楽観主義はセラピストにもクライアントにも有益です。自分が困難な状況を脱し、なんとかやっていけると考えることは、生き延びることやレジリエンスに実際に役立ちます。セリグマンは、人が肯定的な見方をするようになるためにはどのように教えたらよいのかについて詳しく述べています（Seligman, 1991; Seligman & Csikszentmihalyi, 2001; Wallis, 2005）。

☆希望を再構築する

　あいまいな喪失から間もない時期には、喪失が永遠であることを否認することが役立つことがあります。しかし時間が経つにつれ、人は少しずつ新たな希望に移っていかなければなりません。すなわち、それは、新しい希望や夢を見つけなければならないということです。人はこのような状態になるのに少し時間が必要です。そこで、私はまず、たとえ非現実的であっても、現状をもとに戻したいという希望を支持します。9.11テロの後間もない頃は、私たちがセラピーを行った家族成員の大半は、再び愛する人が道を歩いて戻ってくると信じていました。私は、セラピストたちにその家族の希望を邪魔しないよう伝えました。なぜならしばらくの間、彼らが生き続けるためには、そう思うしかなかったからです。彼らが新しい肯定的な希望を見つける

までには(それには時間がかかりますが)、彼らにはもう少し、良い結果が起こるという幻想が必要だったのです。子どもたちも、出来事から間もない時期には、何らかの希望の糸が必要でした。私たちが、一時的な否認に病的な幻覚というレッテルを貼って希望をさえぎっていたら、突然の恐ろしい喪失に対抗するうえで必要なレジリエンスの自然な経過を妨害していたかもしれません。

☆正義を見出すための多様な方法を支援すること

人は、自分には他者からの公平で公正な扱いを受けるだけの価値があると考え、それが得られない場合には、絶望と怒りを感じます。ラーナー(Lerner, 1971)は、状況はしばしば公正ではないから、状況の公正さというものを評価しないようにと述べました。むしろ、私たちは、その状況に適切な感情や行動を持って反応することを学ばなくてはいけません。これが認知的な対処です。この視点から見ると、正しさについての伝統的な定義は、倫理的に正しいと思うことを行うことや、正義を感じられる新たな方法を見出すことほどには、レジリエンスに重要ではないかもしれません。正義を得るための伝統的な方法(裁判所など)がクライアントの役に立たない時には、事の次第にかかわらず、彼らが、健康的で生産的な生活を送るなかで、正義を見出せるように援助します。不正を正すための運動に参加するのもよいでしょう。

☆家族が自尊心を回復するのを援助すること

問題解決や意思決定のスキルを治療的に強化することで、トラウマとなるような喪失の後でも自尊心を回復することができます。私は、人々が大きなトラウマや喪失のなかで生きる方法を見出した時に、人やコミュニティから自尊心がわいて出てくると考えています。しかし、自尊心を回復する最初のステップはささやかであるべきで、それがうまくいけば、小さくても確実なものになります。アーマー(Armour, 2002)は、子どもが殺害された家族の治療研究のなかで、小さな成功について述べています。小さな成功が少しでもあることで、個人や家族は徐々に自尊心や能力を取り戻していくのです。

第 3 章　レジリエンスと健康

2001年にテロ攻撃によって800万人以上の人がトラウマを受けたニューヨーク市のことが頭に浮かびます。ニューヨーク市では、2003年に全市に及ぶ停電がありましたが、その時には暗闇のなかで帰り道を探す際に、近所やコミュニティでの助け合いがあり、意外なことに略奪はなく、犯罪事件もほとんどなかったのです。これはまさに過去の苦痛や喪失から成長したレジリエンスであったと言えます。

☆烙印（スティグマ）や、差別、偏見を減らすこと

　差別や烙印はレジリエンスを侵食します。それらは対処や適応の選択肢を狭めるものであり、常に力の不均衡を反映しています。烙印を押されたり、差別待遇を受けたりしている人は、そうではない他の人と同じ選択肢や、レジリエンスの資源に近づけません。その結果自尊心が侵食され、成功が難しくなります。人々に、おまえたちは二流で汚れている、あるいは、悪い種だと言われることは、何世代にもわたってレジリエンスを弱めることになります。ジェンダー（性別役割）に束縛されることは、女性にとっても男性にとっても問題となります。そのことについてウォルシュ（Walsh, 1998）は、以下のように述べています。

> 　女性は、死別における社会的また感情的な課題を扱う重要な役割を引き受けるように養育されてきた。そこには、悲嘆を表わすことから、終末期の患者や、夫の親族も含む家族の介護までも含まれている。今日、ほとんどの女性は仕事と家族の両方の責任を負っているので、喪失の際には更なる負担がかかることになる。男性は道具的な仕事、典型的には葬式や墓の手配や、金銭的な面や財産の手続きを担当することなどを行うように社会化されてきた。男性は喪失が起こった時やその前後の時期において、感情を抑圧する傾向がある。弱さや人に頼ることをあらわにすることを禁ずる文化的な拘束があるためであり、感情を表出したり、慰めを求めたり、与えたりする能力が阻害されてしまう。こうした文化的な拘束があることが、間違いなく、配偶者を失った男性に自殺や重症の疾患が高い割合で見られる原因だと思われる（p. 197）。

組織に見られるパターン

　人の組織に見られるパターンもまた、脆弱性とレジリエンスを決定するうえで重要な役割を果たします。ここでの最も重要な原則は、トラウマを受けた子どもたちや大人が、組織によって愛する人から分離させられることが、人間のレジリエンスが元々持つ性質の妨げになるということです（Boss et al., 2003; Landau & Saul, 2004; Saul, 2003; Sluzki, 1990; Walsh, 1998）。この最重要原則は、もちろん、トラウマが、家族成員ではない人からの危害によって生じた場合にのみ当てはまります。9.11テロの後に家族や地域社会を基盤としたアプローチが用いられましたが、これらのアプローチでは、トラウマを受けた子どもたちを家族から分離しませんでした。これは個人治療の伝統を打ち破るものでした。他の組織原則もこの最重要原則を念頭に置いて定めています。

　☆クライアントを親しい人に繋げること
　あいまいな喪失によるトラウマを受けた時に孤立してしまうと、健康によくありません。しかし、心理的に拘束されている時に他者と繋がるためには、強力な社会的スキルが必要となります。セラピーのなかでは、しばしばクライアントに、現実の世界と繋がり、自分自身のコミュニティを見つける準備としてのロールプレイを行うことで、このことを教えることができます。このような戦略は行為主体性、ひいてはレジリエンスを育てるうえでも役に立ちます。こういった認知的対処戦略を学ぶ必要があるのです（Seligman, 1991; Turnbull et al., 1993）。このことから、トラウマからの回復にはなぜ認知療法と心理教育的介入が有効なのかが説明できるでしょう。コミュニティや家族の集まりは、トラウマや喪失の後に行われる治療的繋がりの一例です（Boss et al., 2003; Landau & Saul, 2004）。あなたが一人で介護を行っていたり、一人ぼっちの9.11テロの遺族であったりするならば、自分が一人ではないと知ることは強さを再建し維持することに役に立つでしょう。

第3章　レジリエンスと健康

☆コミュニティを築くこと

　他の人と一緒に行う活動や企画に積極的に参加することを、クライアントに勧めてください。レジリエンスに関する考え方における最も直近の進歩は（先住民族の文化の古い考えに由来したものですが）、コミュニティ・レベルでレジリエンスを概念化することです。ニューヨーク大学の国際トラウマ研究プログラムの研究長である心理学者のジャック・サウル（Jack Saul）は、トラウマ後の回復の持続を促進するためにコミュニティの繋がりを育成することについて記しています。彼は、専門家は、深刻なトラウマとなる出来事（このような出来事は常にレジリエンスの試練となります）の後に、コミュニティの能力とレジリエンスを引き出し、繋ぐことによって最もよく精神的健康を育成することができると主張しました（Landau, 1981; Saul, 2003）。痛ましいことに、マンハッタン南部では、子どもたちが9.11テロによる複合的なストレスに直接的に曝されました。精神保健の専門家や助成団体は、たとえばコミュニティの親たちを子どもたちがレジリエンスを再び回復するのを助けることができる資源として注目することはありませんでした。精神保健の専門家や助成団体の連携のなかには入っていなかったのですが、マンハッタンのダウンタウンの親たちはコミュニティ・プロジェクトを組織し、活動を始めました。このコミュニティ・プロジェクトでは、彼らが目撃したものについての即興劇や、演じる人たちと観衆の応答のセッションや、コミュニティの語りの記録、彼らの奥底にある悲嘆や恐怖の感情にどのように対処したらよいのかについて、親に情報を提供するミーティングなどが行われました（Saul, 2003）。

☆治療的な集まりを拡張すること

　クライアントが家族だと思う人は誰でも呼びましょう。ここには生物学的な家族成員と同様に、親密な友人も含まれます。たとえば、慢性の精神疾患、頭部外傷、嗜癖、認知症の人がいる時に、家族の一人が介護者に選ばれてしまうという力動が働くことは稀ではありません。他の家族成員が関わらなくなることも非常によく見られます。介護者と患者にとっては、これは喪失とあいまいさを倍にすることでしかありません。私のアプローチは、一回かそれ以上のセッションを、遠方の人にはスピーカー付きの電話や会議用電

話を用いて、家族全員が参加するようにするというものです。介護者以外のもっと多くの家族成員を含めるために境界線を拡げることで、家族は、チームとしての計画を立るために共同して働くことができ、それぞれが介護における自分の役割を果たすようになります。私の経験から言うと、(このような集まりで分担を決めることに対する)共通した反応に、あまり役に立っていなかった家族として罪悪感を覚えるというものがしばしばありますが、安堵であり、抵抗ではありません。たいてい、このような家族成員は自分たちがいくらかでも貢献できることを喜びます。たとえその貢献が、遠く離れたところで家計簿をつけたり、介護者を安心させるために定期的に訪問したりするといった場合であってもです。時には家にいる介護者の方が抵抗を見せることがあります。ある介護者は自分の健康が悪化していても、他の家族を煩わせないでほしいと私に頼みこんできました。介護者に「ああ、でも、息子や娘はとっても忙しいんです！」と言われたら、もし介護者に何かあったら患者は介護してくれる人を全く失ってしまうわけなので、介護者自身の健康を守るために、今、他の家族を呼びよせなくてはならないと指摘します。

　治療的な集まりには時々公的な政策による擁護が含まれます。家族が慢性の疾患、死、トラウマを受けたことに対する、ケースマネージャーになってしまうのです。管理医療 (managed care)[*2]には制限があるため、家族成員は、次第に家庭で病気の身内をケアせざるを得なくなります。そのため、あいまいな喪失という考えが世話役の人の健康に重要となってくるのです。もし内科医が第二の患者の発生を予防しようとするのなら、介護者にもっと共感しなければなりません。医者はよく介護者のうつ病に言及しますが、介護者のうつ病については、介護の仕事や病気そのものよりも、喪失を取り巻くあいまいさを扱うべきなのかもしれません (Boss et al., 1988; Boss, Caron et al., 1990; Caron et al., 1999; Kaplan & Boss, 1999)。

☆配慮と公正さを併せ持って、システム的な考えを用いること

　パートナーがアルコール依存症であったり、脳損傷を負うというようなシステムに影響を与える体験は、均衡がくずれた状態です。一方のパートナーが病気になると、もう一方のパートナーはそれに適応しようとします。それ

が非機能的なやり方であるにもかかわらずです。過剰に責任を負ってしまう介護者と、過小な責任しか取らない患者という古い理論を用いることは、両方を侮辱することになります。人間のシステムにおけるバランスについての仮説（たとえば過剰な機能・過少な機能）は、1980年代にシステム論の乱用であるとして批判されました。片方に病気がある場合に、もう片方がそれに適応しなければならないということは実際にあります。このようなやり方でバランスを保つことや「相補的なカップルのダンス」は間違っています。なぜなら、パートナーの両方ともが、病気によって振り回されているからです。カップルのそれぞれが違った形で影響を受けるのです。こうなってしまうと、カップルのシステムのなかには三つ存在があり、三つ目というのは病気であると言えるのではないでしょうか。

☆セラピーの終わりに、終結の意味を再検討すること

　レジリエンスや健康の視点で見ると、人生のいたるところで試練が生じます。これらは、個人の病理によるのではなく、むしろ状況的な文脈の結果です。発達に伴って変化や成熟や文脈的な転換が起こるので、クライアントは数カ月または数年先に、セッションをまた行いたいと希望するかもしれません。無理のない範囲で、私はそのような定期的な面接やセラピーを受け入れるようにしています。かかりつけ医のように、私は同じ家族の二世代目または三世代目の人に会うことがあります。その場合は、個人を、より大きな社会システム（そのシステムは同時にその個人にも影響を与える）のなかでの行為者であると考えることと、境界を維持することとが、倫理的にセラピーを継続するために必須となります。

コミュニケーションの取り方

　コミュニケーションの取り方は、個人やシステムのレジリエンスを決定するうえでも重要です。有効なコミュニケーションの取り方を知らなければ、対処や制御のプロセスが破綻し、レジリエンスが脆弱になります。

第Ⅰ部　あいまいな喪失の理論の構築

☆個人的なストレスおよび対人関係におけるストレスを軽減する方法について明確に話すこと

　予測可能な緊張状況を避けること（危険な場所から離れておくこと）や、避けがたいこと（たとえば家族が精神的な病気になること）を受け入れることについて一緒に話し合ってください。クライアントがまだ苦痛な状態にあるならば、ストレスに抵抗し、それを管理する方法（認知的対処）を学び、実践できるように援助しましょう。薬物療法やリラクゼーション技法も役立ちますが、同じように体のエクササイズや、笑うこと、良い健康習慣も助けになります。たくさんの人が、ラインホルド・ニーバー（Reinhold Niebuhr）の、平静の祈り（the Serenity Prayer）が役立つことを知っています。「神よ、変えられないものを冷静に受け入れるための恩寵を我々に与えてください。変えるべきものを変える勇気を与えてください。そして、変えることができないものと、変えることができるものを区別する智恵を私に与えてください」（Sifton, 2003）。ストレス・マネジメントに向けたこのアプローチは嗜癖からの回復には特に有効ですが、喪失やトラウマによるストレスを低下させることを話し合ううえでも役に立つ土台になります。コミュニケーションの基盤に何を使う場合でも、それは、レジリエンスを促進する話し合い（黙考ではなく）の過程です。

☆同情ではなく、共感を持ってコミュニケーションを行うこと

　治療で、保護的で感傷的な同情を示すことは、トラウマを受けたクライアントが自分自身を被害者と見なすことを必要以上に強化するかもしれません。もっと効果的なのは、治療的な共感や応答であり、不運に見舞われたことに対する思いやりです。私たちは、彼らに影響を与える他の人——友人や隣人、親類——が被害的な思考を強化していないことを、観察によって確認しなければなりません。私はこのようなことが、コミュニティに敗者のレッテルを貼られた家族に起きているのを見てきました。また強姦を受けたり、未婚で妊娠したりした人や、性的虐待に関する秘密が暴かれた人を、教会の信徒が避けるのを見ました。あいまいな喪失がある時には、被害者に「時が癒やしてくれる」という善意から出た同情を示すべきではありません。なぜならそうはならないかもしれないからです。終結が、一生来ないかもしれま

せん。しかし私たちは、レジリエンスの一つとして、彼らに被害を受けたことを物語る機会を提供するべきです。私は、しばしばこのような言い方でシンプルに共感を表明します。「あなたがそのような痛みやストレスを持って生きなければならないことを、お気の毒に思います」。セラピーの目標は、被害者を正当だと認め、共感を持ってコミュニケーションを行うことであり、そうすることで、徐々にレジリエンスが回復してきます。

☆怒りについて話すこと——それは常に悪いことではない

怒りは、あいまいな喪失からくるストレスとフラストレーションに対する適切な反応です。もしクライアントが怒りを受け入れ、再び前に向いていく力を見出すために怒りを用いることができるなら、クライアントは、こういった感情を不適切な方法で態度に表すことは少なくなるでしょう。怒りは、必要な変化を生むための肯定的な動機になり得るのです。もちろん専門家は、それがクライアントの感情であっても、自分のものであっても、怒りの感情に対して安定していなければなりません。それは、怒りには肯定的な機能もあるかもしれないということを伝えるためです。

☆反芻（rumination）を止めること

ここでの目標は、トラウマ的であったり、不明確だったりする喪失に関しての強迫的な反芻から気を逸らす方法を教えることです。黙考を続けると、レジリエンスではなく、被害者意識が生まれます。反芻はうつ病の予測因子となり、特に女性にその傾向があります（Beardslee, 2003）。

他の被害者に対して同情することは、そこに前進する動きがなければ、常に生産的であるとは言えません。善意の友人や家族からの同情的な反応は、最終的には有害なものになりかねません。したがって、交流する人を選ぶことが大切です。「なんて悲しいことだ」ということを中心にしたコミュニケーションを、最終的には「何が起こったのだとしても、人生を前に進むには何をすべきか」という方向へ変えていかなくてはなりません。

第Ⅰ部　あいまいな喪失の理論の構築

☆認知的な対処を教えること

　平然としているように伝えることはレジリエンスを保証するものではありません。人々は、どうやって他者に助けを求めるのかというような問題解決的技法を必要としています（Boss, 2002c; Turnbull et al., 1993）。人々に、情報を求めるよう勧めてください。自分の状況についての情報は、その人を有力化するものです。選択肢があることに気づくことは、今も昔もレジリエンスの構築や、行為主体性についての中核的な考えです。たとえば、終末期をどうするかということを決める際にその選択肢を話し合うことは、成人した子どもたちにとって、死にゆく高齢者のベッドの脇で言い争うよりも役立ちます。認知的な対処には、故意に否認することや両価的感情を意識すること、「ポジティブな幻想」や「選択的バイアス」も含まれます（Walsh, 1998, p. 182）。これらの認知的対処の方法は、特に、短期的には有用です。

☆他の人に成功体験を伝えること

　自信とレジリエンスを築くために、クライアントが、自分の成功を友人やコミュニティに伝えるように援助しましょう。成功体験を増やすことも、成功体験を共有する人との対人関係のネットワークを見つけることも、どちらも必要なのです。

☆個人と家族の両方の話に耳を傾けること

　臨床家が親を無視したり、親と連絡を取ろうとしても手際が悪かったり、妨げられてしまったりというような場合には、しばしば家族が自分たちのやり方で物事を良い方向に向かわせようとすることがあります。家族たちが始めた組織の例としては、全米精神障害協会（National Alliance for the Mentally Ill : NAMI）[*3]、ダウンタウンの9.11テロ被害者家族会（the Downtown Families of 9/11）、コソボの行方不明者家族会（the Families of the Missing in Kosovo）などがあります。家族成員、特に両親が、回復のためのチームに最初から含まれていることが望ましいでしょう。レジリエンスを阻むのではなく、むしろ増幅するために、私たちは動揺している親や子どもたちの語りに耳を傾けなくてはいけません。

第3章　レジリエンスと健康

☆断言するような話し方ではなく、弁証法的コミュニケーションを取るように勧めること

　二つの相反する考えを同時に持つということは、人が、行方不明の人が生きているのかそうでないのかを断言できないことを意味しています。行方不明者の家族のセラピーから私が学んだことは、喪失そのものよりも、終結に追いやろうとする社会規範に対してもっと闘わなければならないと、彼らが感じているということです。最近まで、哀悼者は喪失から立ち直るべきであり、それも比較的早急に回復しなくてはならないという社会的通念がありました。2002年に上院議員のポール・ウェルストンが亡くなった後、「彼は亡くなった、それを乗り越えよう！」と書かれたバンパーステッカー[*4]をいくつも見ました。そのようなあからさまな断言的なメッセージは、人間のレジリエンスにとって過酷な障壁になります。人が本当に理解し合うことができない場合には、認知的対処は不可能です。

　今まで挙げてきたこれらの治療的原則は、あいまいな喪失というトラウマの後にレジリエンスを築き、それを支持するための鍵となる概念です。すべての人が考慮するべきこととして、臨床上推奨することは、セラピストとクライアントの間の言語的な相違を最小にすることです。今日では、クライアントとなる人が多様であるため、私たちは第二言語に堪能でなくてはいけませんし、そうなるように努めるべきです。そして、既に多文化の言語能力を持っている専門家に教育をするようにしなくてはなりません。もし、トラウマを受けた人が、セラピストの言葉が理解できなかったら、また逆に、セラピストがクライアントの言うことが理解できなかったら、問題に気づいて、それを緩和するための選択肢が阻害されてしまいます。通訳を使うこともまた問題があります。私たちはレジリエンスを支持できなくなり、同時に私たち自身の多文化間コミュニケーション技術を改善するために何もできないということになってしまいます。

5　事例研究

　人は何がレジリエンスなのかを学ぶよりも前に、何がレジリエンスでないのかを学ばなければならないことがあります。試行錯誤を通じて、私たちは何が役に立って、何が役に立たないのかを学びますが、セラピーでは常に、このプロセスにおいて個人や家族の健康が犠牲になることがあるということに、気をつけていなくてはなりません。

　ペッグと彼女の夫は、1940～50年代にかけて米国の片田舎で成長しました。当時、その地域では、少女たちは高校を卒業するとすぐに結婚するよう期待されていました。19歳の時、彼女は近くにある4年制大学の2年生でしたが、ペッグは故郷からのプレッシャーに負けて、学期の間の休暇中に高校時代の恋人と結婚しました。

　結婚した当初は、夫が飲み過ぎることはありませんでした。彼はソフトボールでピッチャーをすることやスケートが好きでした。彼はびっくりするくらいハンサムでした。ビジネスの世界に入れる大きなチャンスが彼に巡ってきた時、（マティーニが3杯も出るような）豪華な昼食会が、二人に大きな被害をもたらし始めました。一年も経たないうちに、彼は嗜癖の兆候を見せるようになり、この若い夫婦の生活は変化していきました。ペッグが結婚した男性は、もはやそこにはいませんでした。

　ペッグの対処法は、自分の鞄に本を入れておくことでした。そうすれば、夫と出かけた夜の社交の場が騒々しくなった時には、静かな場所を見つけて、夫が家に戻る準備ができるまでそこで本を読むことができたからです。彼女は、自分は完璧な妻であり、最後までレジリエンスがあったと思っていました。つまり、彼女は、この結婚生活が壊れないようにしていたのです。夫が夕食に間に合わない時には、オーブンで彼の夕食を温め続けていました——それは、中学生の息子がついに「お母さん、パパが帰ってこないって分かっているんでしょう？」と言うまで続いたのです。彼女は寝室に行って、すすり泣きました。真実は彼女を傷つけましたが、息子が正しかったのです。

第3章　レジリエンスと健康

　15年以上もの間、ペッグはあまりにも自分を曲げ続けていましたが、彼女は自分がレジリエンスを保っていると思っていたのです。なぜでしょうか。彼女の家族に離婚した人はいませんでした。そして、この地域の人は何人もこのように彼女に言いました。「なんで落ち込んでいるの？　彼はあなたを殴るわけじゃないのでしょう。男の人ってのは大体お酒を飲むものよ」。その地域の文化的文脈では、彼女の夫のしていたことは普通のことだったのです。彼女は嗜癖についての知識がなかったので、無邪気にも、いい妻になるように一生懸命頑張れば、夫は酒をやめるだろうと思っていたのです。

　ついに、ペッグは近くの大学で休息できるところを探しました。彼女は勉強することで、夫の飲酒を埋め合わせたのです。つまり彼が飲むと、彼女は勉強しました。夜遅くまで帰宅しない時には、彼女の怒りと失望が彼女を執筆に向かわせました。読書することは逃避であり続けました。アラノン[*5]のミーティングに参加し始めると、彼女は、自分の対処方法が現状を可能にし、温存させていることを認識しました。参加したアラノン・グループの多くの女性は、宗教的な理由から変化のための選択ができないでいました。ペッグが、自分はそのようなことに縛られているわけではないということに気づくには少し時間がかかりました。気づいてからも、諦めるという考えを受け入れるのは困難でした。

　ようやく、ペッグが離婚を決めるに至ったのは、彼女が健康を害してしまったためでした。背中がちがちに固まってしまい、痛みを感じない状態でした。医師は、通学が原因だと言いましたが、本当のところは、彼女が自分のすることに対して無力感を感じていたからでした。彼女は結婚していたけれども、結婚していない状態でもありました。夫はいましたが、実際にはいなかったのです。整形外科に何回も入院し、何週間も牽引を続けました。今や子どもたちには両親が二人ともいない状態になっていました。彼女は夫にセラピーに行くよう懇願しましたが、彼は飲酒運転で逮捕されて裁判所からセラピーに行くことを要求された時以外は拒否しました。何も変わらなかったのです。

　彼女の地域社会の通念から考えると、ペッグが子どもたちが大学に入学するまで待って経済的に自立したのは恐らく偶然のことではないでしょう。そ

第Ⅰ部　あいまいな喪失の理論の構築

れは、彼女が本当に変化を求めようとする勇気を見出す前のことでした。彼女は5日間のアラノンの家族プログラムの合宿に参加しました。心理教育と対話のプログラムを受講したことが、彼女の重要な転機となりました。

　心理教育的な講義や議論やセラピーで、ペッグは自分が必要としていたことが何であるのかを学びました。彼女が最も葛藤を感じていたのは、夫が繰り返し、彼女が去ったら自殺すると言ったことでした。このような脅しは、15年以上にわたって、結婚している間ずっと続いていたのです。彼女がカウンセラーにどうやって悲劇を起こさないで別れることができるか尋ねた時に、そのカウンセラーは袖をまくりあげて、手首をぐるりと囲んだ傷跡を見せました。ペッグは息を飲みました。彼は、これは妻が自分から去った時にしたことだ、と言いました。そして彼は、彼女が決して忘れられないことを言いました。「あなたは、人を生かしておける力があるとでも思っているのですか」。この強力な言葉は、彼女のレジリエンスについての捉え方を永遠に変えたのです。彼女は夫を救うことはできませんが、その代わり、自分の健康を気遣うべきだったのです。

　その時からペッグは、本当のレジリエンスは単なる禁欲主義や果てしない順応ではないことを理解しました。心身症状は、変化が必要であることを知らせてくれたのです。彼女はレジリエンスがあったのではなく、むしろ頑張れば物事を解決できるという考えに頑固に固執していたのでした。嗜癖によるあいまいな喪失に対処するなかで、ペッグは、レジリエンスとは何かを理解できるようになる前に、何がレジリエンスでないのかを学ばなくてはなりませんでした。この事例についてはエピローグでもっと詳しく述べます。

訳注

* ＊1　ここでの予防的健康（preventive health）とは、病気を起こすような要因に対して抵抗性を持っており、病気の発症を予防できるような健康状態を意味している。
* ＊2　米国の医療制度。日本の出来高払い制度と異なり、アメリカでは人々が保険会社に登録し、保険会社の指定した医療機関を受診する。マネージド・ケアを行う保険会社が医療内容も審査するため、提供できる医療には制限がある。
* ＊3　NAMIは統合失調症、躁うつ病などの当事者やその家族のための米国の組織。
* ＊4　広告やスローガンなどを刷り込んであるステッカーを車のバンパーなどに貼ること。
* ＊5　Al-Anon：アルコール依存の問題を持つ人の家族と友人の自助グループ。

第Ⅱ部
あいまいな喪失の治療・援助の目標

第4章
意味を見つける

　私の研修に参加したセラピストから、「あいまいさに耐える力は、単に神への信仰と同じものではないですか」と尋ねられることがあります。ある人々にとってはそうだと言えます。しかし、私の経験では、あいまいさに耐える力と宗教的信仰心は全く異なるものです。強い宗教的信仰心を持つ人が、あいまいさに耐えられないことはよくあります。また、あまり宗教的信仰心を持たない人が、より強い忍耐力を示すこともあります。なぜかと言うと、それが明らかな喪失であっても、あいまいな喪失であっても、喪失後の意味を探すことは、様々な道をたどる旅のようなものだと見ているからです。臨床の場では、特定の宗教的信仰心にはあまり注意を向けません。むしろ、あいまいさに耐える力に影響する、全般的な信念や価値観に目を向けるようにします。クライアントとセラピストの信念や価値観が一致していても（あるいは一致していなくとも）、そのように取り組むようにしています。

　喪失に意味を見つけることが、すべての人にとって必ずしも重要なわけではありません。しかし、喪失によって人生や生活が脅かされる時には、セラピーでは意味を見つけることに焦点を当てます。クライアントによって、意味を発見する過程は大きく異なっています。ある人は、文化的信念を通して発見します（たとえば、ラテン語の *destino* は運命 destiny を意味し、ドイツ語の *Schicksal* は命運 fate を意味します）。またある人は、生命の本質や輪廻といったスピリチュアルな受容を通して、意味を見出します。その瞬間がすべてであるという、より実存的な生き方が自分を助けてくれるという人生の哲学に意味を見出す人もいます。また、多くの人は、宗教的なスピリチュアリティーを通して意味を見つけます。

　宗教とスピリチュアリティーの双方が健康に関連していることを示す研究

が増えてきています (Hill & Pargament, 2003; Miller & Thoresen, 2003; Powell et al., 2003; Seeman et al., 2003)。しかし、このような関係によるプロセスがどのように作用しているのかは、明らかではありません。宗教的信念と健康が直接的につながっているという仮定をする研究者もいれば、その媒介変数──意味──を仮定する研究者もいます。

セラピーを進めていくうえでは、意味の探求が不可欠になります。なぜなら、あいまいな喪失のように、問題に解決がない場合には、意味付けによってストレスに対処できるかあるいはストレスに圧倒されるか、そしてまた悲しむのかそれとも悲しむことを拒絶するかが決まってくるからです。人が、あいまいな喪失に起因しているのだと意味付けるその意味によって希望があるのかそれとも絶望的なのかということが変わってくるのです。つまり、意味は本質的に希望と結びついており、レジリエンス、健康、生存に深く影響を与えるのです。

1 意味の探求

意味 (meaning) とは何を意味しているのでしょうか。意味があるとは、出来事や状況を理解できるということです。意味があるとは、人が、起こった出来事について論理的で、一貫して、理性的な理由づけを見出せるということです。自分が体験しているものを理解できている時に、人間の体験は意味あるものとなります。意味は個人的なものでもあり、現象学的なものでもあります。

意味なしには、人は何が本当の問題なのかを知ることはできません。知らなくして、認知はありません。認知なくして、物事に対処したり前進したりするための判断は下せません。意味を見つけられない時、人は空虚を感じるようになります。クライアントにセラピーを行う時、私はエリオット (Eliot, 2004) 詩の『うつろな人間たち (The Hollow Men)』にある「形なき輪郭、色なき影、麻痺した力、動きなき挙動」というフレーズをよく思い出します。

あいまいな喪失では、問題はあいまいなものとしてラベルづけされます。

このあいまいさは認知を遮断し、対処過程を麻痺させます。そうなれば、自分が何を体験しているのか、自分が感じている両価的な感情が何なのかが理解できなくなるのは自然なことです。意味なしには、人はロボットのように生気を失い、人生からは彩りが奪われます。社会学者のマックス・ウェーバーはこの現象をアノミー(anomie)と呼び、自殺の増加と関連づけました(Weber et al., 1930)。悲嘆の凍結は、もちろん、うつ病とも関連しています(Boss, 1999)。

神経心理学者のヴィクトール・フランクル (Victor Frankl)[1] は、「人生の意味を見出したいという渇望は、人間に行動を起こさせる原初的な力である」(1963, p.154) と理論化しています。それがいかに陰鬱で恐ろしい場合であろうと、人生に意味を見出すことは、人間の生存に重要です。たとえば、「愛する人と二度と会えない」「人生はもはや意味がない」などのように、将来の目標についての希望が失われた時、身体的にも、感情的にも、そしてスピリチュアルにも、生きる意思が放棄されてしまいます。(Frankl, 1963)。言い換えれば、意味なしには、人間のレジリエンスが失われてしまうのです。

そのため、意味の欠如は健康を脅かすものとなります。現在では、ナチスの収容所でフランクルが目にしたことは、実証研究において支持されています。キエコルト-グラッサーら (Kiecolt-Glaser et al., 1985) やシーマンら (Seeman et al., 2003) は、心、身体、スピリット（精神）が健康と関連するという実証的エビデンスを示しています。更には、パウエルら (Powell et al., 2003) は、宗教的なスピリチュアリティーは死のリスクの低減に繋がると述べています。

本章では、この点に焦点を当てます。あいまいな喪失はトラウマ的なものであり、理解不能なものです。そのなかで、人々が意味を見出すためにどのように援助していくのかが問題となります。この問題についての回答を考えていくうえで、私たちはまずもう一つの種類の意味——家族やコミュニティからもたらされる集合的意味 (collective meaning) ——を理解しなくてはなりません。

第4章　意味を見つける

家族とコミュニティの集合的意味

　意味は、人間関係のなかで見出されるものです。そのため、意味付けにまつわる文脈を考慮し、家族や友人との会話が意味の探求にどのような影響を与えるのかを理解しなければなりません[2]。ここでも、多くの人にとって家族とは、生物学的、法的な実体以上のものである場合があることに留意する必要があります。たとえば、家族とは、同じような喪失やトラウマに苦しむコミュニティの人々であるかもしれません。あるいは、人間関係による支えやスピリチュアルな支えを大切にし、実際に与え合うような友人のネットワークや地域の輪であったりするかもしれません。そうした支持的な文脈においては、未解決の喪失に対する意味を見出しやすくなることがあります。

　バーガーとラックマン（Berger & Luckmann, 1966）によれば、あらゆる意味は社会的相互作用を通して創造され維持されるものです。たとえば、儀式は各文化において社会的に構築されたものです（Imber-Black & Roberts, 1992）。意味は社会的に構築され、言語、象徴、儀式、希望を通して、人間関係のなかで表現されます。そのため、家族や地域としての捉え方（perception）を考慮に入れることで、介入が最も効果的となります。なぜなら、地域において危機的状況がどう意味付けられるかによって、個人や夫婦、家族の意味にも影響が及ぶからです（Reiss & Oliveri, 1991）。意味は個人的にも、関係性のなかでも、行動することあるいはしないことに影響を与えます。

　家族研究のなかでは、レイス（Reiss, 1981）の家族パラダイム、アントノフスキー（Antonovsky, 1979, 1987）の首尾一貫感覚、ボス（Boss, 1977, 1999）の境界のあいまいさなどの概念の中で、関係性における意味が論じられています。パターソンとガーウィック（Patterson & Garwick）は、家族の意味（family meanings）とは、「家族によって集合的に構築された解釈、イメージ、見方である。これは、家族が互いに交流し、時間と空間、人生経験を共有し、語り合い、自分の体験を話すことを通して作られる。その意味は家族が社会的に構築したものであり、相互作用の産物であり、家族のいずれかの個人に属するものではないが、一つの統一体としての家族に属するものである」（1994, p. 288）と定

109

義しています。こうした見解は、家族が物理的な存在以上のものであることを改めて思い起こさせます。家族はそれぞれの関係性についての捉え方や、そこでの体験に基づいた、心理学的な統一体でもあります。そして、こうした関係性についての捉え方や体験によって、私たちは、特定のトラウマ的な出来事や状況に対して意味を形成するのです。加えて、各個人のなかには、家族としての集合的思考の表れである、関係性のなかでのアイデンティティーや世界観、意味が存在しています。これもまた、各個人にとっての意味に影響を与えます。

あいまいな喪失においては、家族のアイデンティティーは混乱を来たします。なぜなら、家族の一人がそのシステムの内にも外にもいないために、家族の世界観が打ち砕かれるからです。特に、確実性を求め、問題を解決しようとする傾向が強い家族であればそうなる可能性があります。こうした理由から、あいまいな喪失は、家族が苦痛な体験から意味を見出すうえで大きな試練となるのです。

個人の内的な強さは、外的に起こる運命的な出来事から人を救います。これと同じように、家族が内に秘める強さは、あいまいな喪失という外的な力から身を守ります。セラピストは、家族全体のやり取りに耳を傾け、システムのなかでの相互作用を観察することで、家族の内的な強みを発見することができます。たとえば、子どもの症状を理解するのに母親面接しか実施しないようなセラピストがいますが、こうした過ちを繰り返さないようにしなければなりません。当人の病いやそのケアについての様々な意味を理解するためには、家族一人ひとりを「家族世界（family world）」の文脈で捉え、それぞれの「会話のなかの声」を聴かなければなりません (Garwick et al., 1994; Pollner & McDonald-Wikler, 1985; Reiss, 1981)。病気や災害によるあいまいな喪失は、家族や地域の文脈のなかでこそ、最もよく理解できるのです。

1990年代の研究者やセラピストは、ヘスとヘンデル (Hess & Handel, 1959) が「家族世界」と呼んだところの、家族の自宅へと徐々に入り込むようになっていきました。今日では、ジェーン・ギリガン (Jane Gilgun, 1994; Gilgun et al., 1992)、ジュディス・ステーシー (Judith Stacey, 1998)、そしてリンダ・バートン (Linda Burton & Jarrett, 2000) が、人間はその生活を営む場所で、そ

の人が愛する人々がいる地域において研究されなければならない、というへスとヘンデルが改めて述べている考えを支持しています。個人や夫婦、家族の「本当の（real）」世界は、面接室や実験室のなかではなく、日々の生活のなかで自然にやり取りする場にあります。もし当人の住む自宅や地域を訪れることができない場合には、少なくとも、私たちはその人の家や地域について尋ね、その人が、広い社会的文脈に存在しているという視点を持つ必要があります。

　専門家もまた、面接室の外の世界からの影響を受けているのです。コソボで、戦争犯罪の専門調査官をしている男性から、第二次世界大戦中に母親が受けた苦しみの経験を基に、自らの職業を選ぶうえでの意味をどのように見出したかという話を聞きました。彼の母親はナチスの収容所においてレイプされ拷問を受けながらも生き延びましたが、20人の家族を失いました。彼の話は聴くに堪えないものでした。しかし、母親の人生における恐ろしい体験から、彼がいかに意味を作り出してきたかを目の当たりにしました。彼が話し終えた時、彼に、母親の体験が自身の職業選択に影響を与えたかを尋ねました。「ええ」と彼は応え、「母親への尊敬の念を示すためにこの仕事をしているんです」と話しました。彼は更に、「そうなんです！　私の家族を誇りとするために、私は現在苦しんでいる被害者を助けようとしているのです」とつけ加えました。レイプや拷問の被害者との大変な仕事は、彼にとっては肯定的な意味があることは明らかでした。というのも、そうすることで母親や喪われた親族に尊敬の念を示していたからです。このような意味を持つことで、彼は、この難しい仕事を行うためのレジリエンスを持つことができていたのです（アブラハムらによる『破壊された村』〈Fred Abrahams et al., 2001〉を参照）。

2　意味の現象学[3]

　私たちが、個人の持つ意味を理解するためには、内と外の両方の文脈を理解しなければなりません。外的文脈は比較的客観的にアセスメントできま

す。しかし、内的な文脈はもっと主観的なものとなります。そのため、クライアントが意味を見出す援助をするためには、主観性を重んじる現象学の視点が必要です。

明らかな解決のない状況では、認知あるいは物事の捉え方が介入の主要な窓口となります。認知は、介入によって何を構築すべきであり、何を新たに枠づけするのか、何を外在化するのか、何を変容するのか、そして、どのような希望を新たに見直していくのかを考慮する窓口となります。そのため、メルロ－ポンティ（Merleau-Ponty）が1964年に「認知の優位性（the primacy of perception）」と呼んだものや、認知過程がどのようにストレスやトラウマの仲介として働くのか（Boss, 1992）を再度強調したいと思います。認知は、客観的なデータだけでなく、主観的経験に影響を受けるので、以降の議論は、現象学的な思考を臨床実践に加える必要性を認識してもらうことを目的としています。このような考え方を理解することは、社会構成主義やナラティヴ・アプローチと一貫するものです。

臨床的観点としての現象学

現象学では、真実を相対的なものと捉えます。そしてまた、すべての物事に対して、いつでも当てはまる真実などはないと捉えます。現象学は、認知についての批判的研究なのです。

何が現実なのかということは、認知に基づくものであり、事実や数値化されたデータに基づくものではありません。そのため、現実性は、それを見る人の目のなかに、そしてその体験された時間のなかにあります。現象学的体験は、しばしば私たちが「実証性のある（hard）データ」と呼ぶものと衝突します。アメリカ中西部の出身者として、私は以下のような例で説明することがあります。

牛は桃色でしょうか。現実主義者は、「いいえ、牛は白黒か茶色です」と言います。しかし、私たちは、牛が桃色になるのを実際に目にすることがあるということを知っています。夕暮れ時、田舎の大地が夕焼けに染まる時、牛はまぎれもなく桃色になるのです。その瞬間その特別な文脈において、牛が

桃色だという描写が真実となります。これが現象学的観点です（Dahl & Boss, 2005）[4]。

　芸術家、音楽家、詩人は現象学的なアプローチを用いて人間同士の関わりあいについての解釈を長い間記録してきました。彼らは常に、真実は相対的なものであると知っていました。臨床家として私たちは、真実は複数あるということに気づいていなくてはなりません。特に、トラウマとなる現象があいまいな喪失である場合に注意を払う必要があります。人が行方不明となり遺体が見つからない時、愛する人が理性を失うような病気にかかったり、明らかな診断のつかない病気になったりした時、私たちはあらゆる声に耳を傾ける必要があります。あいまいさという現象は、物事に対して異なった捉え方を生じさせるのです。

　社会学では、現象学は一世紀前のヨーロッパにおいてエドワード・フッサール（Edward Husserl）が始め、その後、ユダヤ人を撲滅しようとするナチスから逃れるために、ヨーロッパから移住した学者らによって米国へと伝えられたことになっています[5]。その結果、シカゴ大学は現象学の新しい発信基地となりました。そこで生まれた理論には、アーヴィング・ゴッフマン（Erving Goffman, 1959）のドラマツルギー・モデル（dramaturgical model）や、バーガーとラックマン（Berger & Luckmann, 1966）による知の社会学があります。他には、ラベリング理論、現象学的社会学、不条理の社会学、シンボリック相互作用論、エスノメソドロジー（ethnomethodology）があります。これらの観点はそれぞれ異なるものですが、ほとんどが解釈的疑問（interpretive inquiry）を取り上げています。また、意味に影響する文化的・政治的な文脈を重視するアプローチがあります（Dahl & Boss, 2005）。こうした学問的背景は、セラピストにとって何を意味するのでしょうか。たとえば、9.11テロの後、私たちは24の異なる言語を話す60カ国からの移民や難民を対象にセラピーを行いました。それぞれのクライアントの文化的文脈や宗教的信念をすべて知るような方法などありませんでした。私たちは自分たちが話すよりも、まず一人ひとりの話を聞く必要がありました。そうしたなかで、意味はクライアントとの協働作業を通して見出されていったのです。

現象学的な観点に基づくと、セラピストは様々な個人や集団に対してより効果的に介入するために、自分の主観的情報を用いることができます。客観的真実がすべてであると言うような独断的な姿勢を取るのではなく、何が起こったかについての各人の捉え方を明らかにするために耳を傾け、夫婦や家族のなかで意見の食い違いがないかに注意します。心理的、物理的に（大切な人や物を）失っている人について家族は何を考えているだろうか。いなくなった人の状況について、夫婦や家族に見解の不一致はないだろうか。否定的な帰属（罪悪感、非難、恥）として受け止めていないだろうか。捉え方と主観的な意味に焦点を当てることで、介入の窓が開かれるのです。個人や家族が、あいまいな喪失をどのように意味付けているのかを知ることで、私たちは効果的に介入できるようになります。意味づけという観点からは個々の危機や喪失は、どれ一つとして同じものはありません。それぞれの場合に即した解釈が必要とされるのです。苦しんでいる人々や家族の中から無作為に抽出したところで、それぞれ個別に苦しんでいる個人や家族に対する最良の介入法が見つかるわけではないのです。

現象学的なセラピーを行う場合には、セラピストが治療のなかでクライアントより上の立場であるということはなくなります。というのも、クライアント自身もまた、知の源泉であると見なされるためです。この観点を持つことで、セラピストとして、私たちは、自分自身とは異なる文化、宗教、生活スタイルを持つ人に取り組む時により効果的に仕事ができると考えられます。以下に現象学における八つの前提を挙げます。これらの前提は、①自分が知っていると思っていることを、どのようにして知るのか、②「知っているべきと思うもの」は何か、③心理療法過程において自分自身をどこに位置づけるか、という三点についてセラピストの自覚を促すものです。これらの三つのカテゴリーは、ダールとボス（Dahl & Boss, 2005）の著書に紹介されています。本書では、あいまいな喪失に取り組むセラピストのために、この考えを発展させています。

▶自分が知っていると思っていることをどのようにして知るのか

1. 知（knowledge）は社会的に構築される。それゆえ、本来、知は暫定的で不完全なものである

　　真実は相対的なものです。ですから、究極の真実があるというのは幻想です。科学的方法論がこの前提を覆すことはできません。これがセラピストにとって意味するのは、いかに訓練され経験を積んでいようとも、自分には――そして誰にとっても――答えられない問題があるということです。客観的な事実が存在しない時には、家族や地域の成員の多様な捉え方が、意味を社会的に構築するうえで不可欠なのです。

2. 知は関係性のなかで構築される。そのため、同一の集団においても、対象・出来事・状況は各人各様の意味を持つ

　　たとえば、命に関わる病気やテロ攻撃は、「神からの懲罰」として受け止められたり、あるいは「新しい方法で愛を示すために神が与えた試練」などと捉えられたりするかもしれません。こうした対立する見方は、夫婦や家族のなかで、あるいは、一個人のなかでも起こります。

　　セラピーの対象となる個人、夫婦、家族の全体像を把握するために、セラピストは一人ひとりの捉え方や見方を顕在化させなければなりません。これによってセラピーのセッションの構造は複雑となりますが、最終的には、介入作業を容易にしてくれます。そうすることで、個々の事例のなかにある性別、世代、性的志向性、民族、文化の多様性を理解することに繋がります。更に、このやり方は、状況の多面的な見方を顕在化させることにも役立ちます。たとえば、離婚や再婚の場面において、子どもの親権交渉について夫婦の同意を得るのは難しいことです（Rettig & Dahl, 1993）。夫婦に、これまで得た子どもの数を尋ねるだけでも行き違いが生じます。なぜなら、女性は流産、死産、中絶も含めて子どもとして数えるからです。こうした行き違いは、心の家族におけるあいまいな喪失の存在を示唆します。

3．人は、芸術と科学の双方から「知る」ことができる

　重要な知は、物語、歌、芸術から得られることがあります。たとえば、モン族の難民女性は、家族の起源に関わる物語を、刺繡を通して豊かに詳細に表現し、針と糸を用いて、東南アジアからの痛ましい逃避劇を綴っていました。パブロ・ピカソの『悲劇』（海辺の貧しい家族）という絵画では、冷たい青色で両親と子どもが描かれています。この絵では、家族は寒そうに自分の腕で身体を包み、眼差しは下を向き、それぞれが孤立しています。この絵画についてはデイビッド・レイス（David Reiss, 1981）という研究者が「離ればなれの、傷つきやすい家族」と言い表わした現象と同じものが描き出されています。レイスは、小さな円をいくつか描く実証的な描画法を用いてこの距離感を描き出しました。ピカソは、キャンバスのうえに距離感や家族のつながりの欠如を象徴的に描いています。双方の科学者と芸術家は同じ現象を描き出していますが、それはそれぞれの体験、教義、表現法を通して行われています。

　これが臨床家にとって意味するところは、以下のようなものとなります。すなわち、あいまいな喪失というトラウマの後に、音楽や映画、芸術、文学を用いることがセラピーを始めるうえで助けとなることがあるということです。認知的アプローチは、その後の段階で用いられます。様々な家族や地域の現場において、音楽や芸術は、共有されているあいまいな喪失について話し合う刺激になり得ます。自らのトラウマ体験を一度自分から切り離してみることで、トラウマ的な喪失に向き合う過程がより容易に始められることがあります。9.11テロ事件後には、ドヴォルザークの『家路』を聞いたり、子どもが描いた絵を見たりすることは、ある程度の準備ができている人にとっては、悲嘆という自分自身のプロセスを始めるのに役立ちました。芸術と科学から得られる知はどちらも重要です。しかし、私の経験からは、認知的情報よりも、芸術的真実のほうがより深く精神へと切り込むと言えます。しかしながら、どちらも、トラウマや喪失からの回復に必要なのです。

第4章　意味を見つける

▶「知っているべきと思うもの」は何か

4．人間関係や家族の普通の生活や日常生活について知ることが、認識論的に重要である

　　現象学者は、人間関係の機能不全だけでなく、日々の「当たり前な」習慣やライフサイクルでの儀式について強い関心を持っています。つまり、私たちは、認識論や診断学的なデータのみに関心を持つのではなく、それと同じくらい、人間関係が関わる日常の出来事（家族の夕食、デート、家族の再会）や、個々の文化や宗教が持つ儀式（結婚、誕生、死）についても関心を持っています。

　　トラウマや喪失に取り組むセラピストは、夫婦や家族の日々の生活の様子を理解する必要があります。日々の煩わしいことやストレスに、クライアントがどのように対処しているのかを知らなければ、家族のレジリエンスについて理解することはできません。ストレスに満ちたトラウマ的な状況を、家族はいかにして切り抜けているのでしょうか（Boss, 2002c; Boss et al., 2003）。もちろん、セラピストが、臨床群ではない家族を研究することを期待されているわけではないのですが、セラピストは、トラウマや喪失を経験しながらもレジリエンスを示している夫婦や家族について研究している他の人々から多くを学ぶことができます。専門家同士のグループを作って、そうした最新の研究を共有することが強く勧められます。というのも、そうすることが、セラピストとしてのレジリエンスを高めることにも繋がるからです。

5．日々の生活で用いられる言語や意味は、重要である

　　言語学という抽象的な科学よりも、日常生活における「対象」や社会的状況への意味付けに言語がどのような役割を果たしているかに注目した、「家族の対話（family discourse）についての研究」（Gubrium & Holstein, 1993, p.653）が重要です。家族が使っている言葉は、象徴的に豊かな意味や情報を提供します。私たちは家族が話す内容と、それをどのように話しているのかについて、より注意深く耳を傾けなければなりません。

　　夫婦や家族の会話についての質的な分析から、集合的なテーマやパ

ターンを見つけることができます。これは、関係性の力動を扱ううえで役に立ちます (Blumer, 1969; Garwick et al., 1994; Patterson & Garwick, 1994)。夫婦や家族の言葉は、それが自然に語られている文脈で研究されるのが理想です。自宅での家族療法は、自然な環境で観察する機会をもたらします。こうした試みが増加している分野もありますが、セラピストが、自らの面接室を離れ、自然な状況下で夫婦や家族を観察したり、関わったりするのは多くの場合不可能です。しかし少なくとも、何回かのセッションで、クライアントが普段接する人を呼んでくるように促すことができます。たとえば、発達心理学者のリンダ・バートン (Linda Burton, 2001) は、子どもの養育パターンを研究するために、ハイリスクの近所の住民のところで長い時間を過ごし、そうした家族について、専門家は一般化することはできないということを私に教えてくれました。リボー (Liebow, 1967)、ヘンリー (Henry, 1971) とステーシー (Stacey, 1998) も家族が普段生活しているありのままの環境における家族研究をしており、予期しない場所でレジリエンスが表現されたことを報告しています。

　もし私たちが専門的な世界に閉じこもり、自然なコミュニティのなかで人々とつながろうとしないのであれば、クライアントのなかに現われるレジリエンスについて、必要な情報をすべて得ることは不可能となるでしょう。健康とレジリエンスを知るために、家族が生活しているその場所に身を置く必要があるのです。

▶セラピーの過程において自分自身をどこに位置づけるか

 6．私たちが観察していたり、セラピーで扱っている現象から、離れない

　　（平等、自然を支配すること、個人主義等についての）自分自身の感情や信念、価値観、反応は、自分がセラピストとして問いかける質問や、症状や反応の解釈に影響を与えます。自分がどんな人間で、何を信じるかという事柄は、自らの仕事に影響を与えます。

　　主観性は自分自身の一部です。そのため、継続した意識的な自己内省や自分への問いかけの過程が、現象学的な治療作業の一部として必要となります。あいまいな喪失というトラウマを抱える人々に治療援助して

いる間やその後には、内省が不可欠となります。自己内省は自分を深く知りレジリエンスを養うのに役立つだけでなく、効果的で倫理的な治療にとって必要とされる治療過程に不可欠な変化をもたらします。

7．日常の知（everyday knowledge）はセラピストとクライアントにおいて同じく共有され、保持される

　通常の日常の知は、レジリエンスの指標となります。しかし、こうした日常の知は、専門家の間では重視されないことが多いのです。ガブリウムとホルスタイン（Gubrium & Holstein, 1993）によれば、普通の人であろうと著名な人であろうと、研究者であろうと被験者であろうと、セラピストであろうとクライアントであろうと、すべての人は認識論者であると考えられます。これがセラピストにとって意味するところは、私たちはクライアントの物語を聴き、彼らの相互作用を観察し、彼らと自分たちの感情に注目することで、多くを学べるということです。クライアントに問いかけることによってこそ、このプロセスを進めることができます。なぜなら、苦痛の要因がどんなものにあると考えているかを最もよく説明できるのは、私たちセラピストではなく、クライアント自身であるからです。治療関係には力関係が内在していますが、私たちはクライアントが苦しみについて意味を見出せるように協働的な過程に取り組みます。普通の人々が話していることを私たちが否定するようなことはありません。

8．手法にかかわらず、どのようなセラピーにも偏りは内在している

　アルヴィン・グールドナー（Alvin Gouldner）は1960年代の反骨的な社会学者です。彼は、社会科学は価値観から自由にはなりえず、客観性や中立性を前提とした社会科学は、当時の社会状況には一致しないと唱えました。これはポストモダニズムの先駆けとなりました。私は、彼が多様性のなかでの平等が必要であると見ていたと考えています。グールドナーは、自己意識的に自己批判をする内省的科学（reflective science）を提唱しました。そして、私たちが自らの価値観や前提を明らかにして、他

119

者から見て分かるように「旗幟を鮮明にする (raise ourflag)」ことを主張しました (Gouldner, 1970)。私たちが見るところ、1990年代初期、解釈学や批判理論を用いた臨床学者らは、そうした「旗幟を鮮明にして」いました (Goldner, Penn, Sheinberg, & Walker, 1990; Hare-Mustin, 1978; Imber-Black & Roberts, 1992; Walters, Carter, Papp, & Silverstein, 1988; Welter-Enderlin, 1996)。

現代のセラピストにとっては、これは絶対論の時代に立ち戻ることを意味するわけではありません。絶対論の立場から生み出される階層性は、多文化で多民族の社会において私たちの視野を著しく狭めます。セラピーやスーパーヴィジョンにおいて、私は客観性を装ったりはしません。そうではなく、クライアントが私と異なった見解を持っている場合には、私の信じるところを述べるとともに、当人が信じることにも価値を置くようにしています。少なくとも治療の目的に照らせば、セラピストの信念や価値観よりも、クライアントやスーパーヴァイジーに対してセラピストがオープンで率直であることのほうが重要なのです。ただし、場合によっては、セラピーやスーパーヴィジョン関係において、より相性の良い人を紹介することも必要になります。

これら八つの前提をまとめると、現象学的なアプローチではクライアントの状況についての理解（真実は社会的に構築されるものであり、科学的データに加えて自分の反応もそのなかに含まれる）、クライアントについて知るべき内容（機能不全の診断だけでなく日常の知）、そして協働 (flatter hierarchy) を考慮するということになります。セラピストが対応する相手こそが、私たちの情報の源泉となるのです。

上記の三点のすべてが、意味やレジリエンスがもたらされる源泉についての情報を提供してくれます。それゆえに、セラピーの過程は協働的なものとなります。セラピーの対象となる人自身が持つ知は、決して無視されることはありません。そうした当人の知は、彼らの健康やレジリエンスを強めるうえで、私たちの専門的な効果を高めてくれるものなのです。

第4章　意味を見つける

3　意味を見出すのに役立つことは何か

　ヴィクトール・フランクル (Victor Frankl, 1963) は、意味は三つの方法で見出しうると述べています。その三つとは、何らかの行為をなすこと、自然・芸術・宗教・愛といった価値を体験すること、苦痛をいつも避けることはできないという態度を持つこと、です。私自身も、このフランクルの見解を支持しています。行為、価値、態度はあらゆる意味の探求に必要なものです。しかし、この意味を見つける過程で、目的意識が持てるかどうかは、行為に関わっています。というのはレジリエンスは、必然的に活動という意味を持っているからです。セラピストには、あいまいな喪失のなかでクライアントが意味を見出せる方法を持つことが求められます。流派によらず、以下に挙げた技法は臨床上有用な治療レパートリーをもたらします。私は臨床の現場で、これらすべてのアイデアを用いることができるようにしていますが、まず、個々の事例で特に何が役立つか、観察と傾聴を通して判断しています。家族や地域の共通性や相違性を考慮しつつ、あいまいな喪失というトラウマのなかで意味を見つけられるよう、前述した現象学的前提に加えて、以下の技法を用いています。

- 問題に名前をつける
- 弁証法的思考法
- 宗教とスピリチュアリティー
- 許し
- 小さな一歩
- 儀式
- 肯定的な帰属
- 大義や愛のための犠牲
- 苦しみを避けられないものとして捉える
- 希望

121

これらの項目は、「介入のための指針」（132頁）において細かく紹介します。本書で示されている指針は、厳格な決まりというわけではありません。むしろ、あいまいな喪失というトラウマを受けた人と取り組むうえでの、理論的な指針となります。

4　妨げになるものとは？

　トラウマ的な喪失を経験した後に意味を見つけるうえで、どんなことが妨げになるのかを知ることも重要です。セラピストは、介入初期からそれを自覚する必要があります。というのも、それらがセラピーや介入を妨害し邪魔するからです。私の経験では、以下に挙げる障壁があいまいな喪失においてはよく起こります。意味とレジリエンスを見出すには、これらが克服されなければなりません。以下に、克服する方法の例を挙げます。ただし、これらは単なるヒントに過ぎません。臨床現場においては、ここで挙げられた考え方を用いて、障壁に対処するうえでの自分なりのやり方を工夫する必要があります。宗教的な介入と非宗教的な介入はもちろん異なりますが、セラピストは、そうした介入における一般的な概念を組み入れることはできることと思います。

憎しみと復讐

　離婚であろうと戦争であろうと、あいまいな喪失に苦しみ、強い憎しみと復讐の願望を心に抱く人は、肯定的な意味を見出す準備段階にはまだありません。憎しみと復讐心は人を硬化させ、それゆえにレジリエンスが阻害されます。以下に述べるのは、とても激しい憎しみの感情があった例です。しかし、その基本的な考え方は、いがみ合っている夫婦にも適用できるものです。
　戦後のコソボ、プリスティーナ地区では、実行力のない緊張緩和策が講じられるなか、長年敵対してきたセルビア人とアルバニア人が同じ地域に住んでいました。この地において、私にとって、それまでの人生で最大の試練が

ありました。私は、専門家や家長を前に、室内で研修を行っていましたが、憎しみと憤怒が充満しているのを感じていました。二日目に入ってすぐに、議論が始まりました。一人のアルバニア人の女性が立ち上がって言いました。「質問があります。誰も尋ねないでしょうが、私は強い女ですので尋ねます。先生は、正直な感情を分かち合うことから信頼が始まるとおっしゃいました。ですので、伺いたいのです。憎しみはどうすればいいんでしょうか」。これは、セルビア人に娘が17回も銃撃されるのを目の当たりにした母親からの質問でした。彼女の勇気ある質問に対する私の回答は不完全なものでしたが、こう始めました。「憎しみが去っていくことなどないのかもしれません。しかし、その憎しみに対して、何らかのポジティブな感情でバランスを持たせることができるかもしれません。これには大きな力が必要となるでしょう。あなたが、怒りや痛みを忘れることはないでしょう。しかし、そうした感情はあなたの機能を麻痺させてしまいます。そうした状態から解放されて、生きる道を見つけることはできるのです。怒りや痛みといった感情は、あなたの本当の強さを阻害します。心のなかに二つの正反対の考え方を持つよう試みてください」と言って、私は二つの握り拳を持ち上げました。「一つがこの憎しみです。これを今すぐどこかへやろうとは考えておられないと思います」。私はもう一つの握り拳を持ち上げて、「こちらは強さやレジリエンスです。こちらを徐々に成長させ、憎しみの側とバランスが取れるようにはできるのです。強さとは、他の子どもの世話をすること、あなた自身の健康に気をつけること、他の人と繋がること、心的外傷後ストレスへの集団療法に参加することなどを意味します。このレジリエンスの側を徐々に強くしていき、ついには、憎しみの側よりも強くすることができるのです」。私は低い位置にあった握り拳を徐々に持ち上げ、憎しみ側の拳よりも高い位置へと掲げました。言語の制約があったため、言葉で言うよりも、このデモンストレーションを通して、視覚的に言わんとしたことを伝えたのです。

　離婚で争っている夫婦に対してそうするように、以下のように結びの言葉を伝えました。「あなたの本当の強さ、本当のレジリエンスは今、憎しみの陰に隠れています。憎しみを凌駕するもう一つの側面を培うように試みてください。なぜなら、憎しみはただの感情であり、健康な良い人生を浸食して

しまうからです。なにより、憎しみという環境で子どもを育てることは良いことではありません」。しかし、コソボにおいては、私は言い過ぎてしまいました。参加者の反応は、「なぜだめなのですか。自分たちがひどいことをされたのを、どうして子どもに知らせずにいられるのでしょう？」。私は、こうした反応に対して驚くようなことはありませんでした。なぜなら、こうした反応を、いがみ合う夫婦から示された経験が何度もあったからです。しかし、対立が家族同士のものであろうと、宗教的、民族的な集団間のものであろうと、私は次のような自分自身の見解のうえに立っています。憎しみと復讐心のある環境において、子どもを育てるのは良くないということです。

　それにもかかわらず、実際には憎しみは続きます。私はセラピーのなかで比喩を用います。それは、敵を知るために、その敵とともに山に登るという比喩です。一歩一歩始めます。小さな一歩が積み重なっていきます。たとえ小さなものであろうとも、共通する背景を見つけます。ゆっくりと進みます。大丈夫そうだと感じれば、また一歩を進みます。そして、おそらく、挨拶をしたり、食べ物を分かち合ったりできるようになるかもしれません。集団ではなく、一人の人と繋がることにより、憎しみをより容易に弱められることがあります。忘れることはできなくとも許すことはできます。これもまたレジリエンスの一つなのです。

　トラウマに苦しむ人が対立のさなかに置かれている場合、セラピストはその痛みを取り除くことはできません。しかし、私たちは憎しみとレジリエンスのバランスを取れる選択肢と方法を提供できます。敵とどう和解するかについての最良の現代的事例はおそらく、南アフリカ共和国の真実和解委員会 (Truth and Reconciliation Commission) でしょう。この委員会は、被害者家族と加害者にとって画期的な会合を提供する場となります。ここでは、加害者から行方不明となった人がどうなったのかについての真実や、時には、遺体の在処についての情報がもたらされます。こうした情報は、復讐以上に家族が求めているものです (London, 1995)。真実を語ることとひきかえに、加害者はしばしば釈放されます。というのは、被害者の父母が、息子が生きているのか死んでいるのか分からないという、あいまいな状況を解消する情報を得られるからです。被害者家族はどこに遺品があるかを知って慰められます。こ

うした解決は完全なものではありませんが、憎しみと復讐が続くよりもはるかに良い選択肢を提供します。

より一般的なセラピーの場においても、いがみ合う夫婦や、子どもが無視され精神的に引き裂かれている家族に対して、こうした考え方を適用しています。そのような場合においても、真実と和解の方法がうまく働きます。

秘密

家族の間の秘密は、意味を形作ります (Imber-Black, 1993)。しかし、愛する人が行方不明の状態にある場合には、秘密は家族の相互作用や関係性をひどく歪めるものとなります。喪失とトラウマの秘密を保とうとすると、人は柔軟性を失ってしまい、レジリエンスが阻害されます。たとえば、9.11テロから一年経った後も、片方の親が死んだであろうことを子どもに告げていない親が幾人かいました。この時の介入は、そうした親に対して、秘密を明かすことを援助することでした。ある幼い少女は、9.11テロ後に、なんの説明もなしに叔母のことを「お母さん」と呼ぶように言われていたのですが、ついに真実が告げられました。ある十代の子は、父親は他の州で働いていると告げられていたのですが、世界貿易センタービルへの攻撃で父親が殺されたことをようやく知らされました。カルロス・スルツキー (Carlos Sluzki, 1990) は、彼がアルゼンチンでセラピーを行った事例で、同じような隠し事があったことを見つけました。そこで彼は、治療的シンボルを用いました。実際の親を亡くした子どもたちのために親代わりとなって世話をしている叔父と叔母に対して、紙のバッジを作って「名誉お母さん」と「名誉お父さん」とラベルをつけたのです。

秘密を明らかにするということの治療目標は、悲嘆のプロセスを開始させ、その状況についての真実を知ることで、家族がその出来事の意味を再構築できるようにすることであり、そのためには、セラピストは、時間をかけてその出来事の受け止め方と意味を移行させていくことを治療の中心に置くべきなのです。もちろん、この技法は、今はその場にはいない当人が戻ってくる可能性がある時には不適切なものとなります。離婚、投獄、入院、里親、

養子の場合はもちろんですが、遺棄の場合であっても、子どもや青少年に、行方の知れない人の状態があいまいであることを伝え、その子の年齢に応じた意味を見出せるよう援助することを勧めています。

あいまいな喪失の場合、秘密で覆い隠すよりも、子どもや他の親類に対して、今いなくなっているその人の行方や状態が明らかではないことを、単にそのまま説明することを推奨しています。こうした説明は面接室でも自宅でもできます。幼い子どもでも高齢者でも、家族は情報がないことに苦しみます。しかし、後でそれが秘密にされていたことを知るよりも、あいまいさという真実のほうがずっと受け入れやすいのです。子どもは、真実を隠すことを裏切りだと捉えることもあります。そのため私は、親には真実を告げるように促しています。「お母さんがどこにいるか分からないの。お父さんが死んでいるか生きているかも分からないの。なにも分からないという事実を知るのは、ひどく苦しいことよね。それでも、本当ではないことをあなたに伝えたくはないの。でもね、もっと状況が分かるまで、私がちゃんとあなたの面倒を見ていくからね」。しかし、すべての情報が共有される必要はありません。たとえば、拷問、レイプ、子どもへの虐待などの詳細を露にすることは勧めません。もっとも子どもがもっと成長した時に、本人が出来事の全体像を知ることを望むことはあるかもしれません。

暴力的で突然の死

愛する人が暴力的な形で亡くなったり、死や行方不明になったりしたことに遭遇した場合には、意味を見出すことが難しくなります。ソーシャルワークの研究者であるアーマー（Armour）は、殺人被害者の遺族は意味を見出すのに抵抗する一方、そうした家族が、彼らにとって「大切なことに対しては強烈に追及する」ことを報告しています（2002, p. 378）。大切なこととしてよく挙げられるのは正義を求めることです。このことは意味付けのようには見えないかもしれません。しかし、実際にはこれは意味のある行動なのです。ひどい自動車事故で突然の頭部外傷を負った被害者の家族が同じ反応をしたことを目にしたことがあります。事故が飲酒運転で引き起こされたというこ

とは、家族の多くの人にとって、死が無意味なことであったと感じさせてしまうのです。こうしたトラウマ的な喪失は、被害者を愛する人にとっての深刻な試練となります。彼らが合理的な意味にたどりつくことは決してないでしょう。しかし、「自分にとって大切なこと」——それはしばしば、殺されたり、傷を負わされたりした家族の名誉を守ることが多いのですが——を追求する行為は、レジリエンスとなります。「大切なこと」についての意味ある行動をとることで、新たな未来と健康への希望が生まれます。

　最終的には、その人にとって重要な何か他のことを追求していくなかで意味が現われてくることがあります（Armour, 2002）。9.11テロの攻撃で家族が殺された遺族のセラピーで、儀式や芸術表現のような行為を通して意味を見出すことが、抽象的に意味を見つけるように促すよりも効果的であることを発見しました。行為は言葉よりも表現力があります。悲嘆や憤怒の感情が麻痺してしまった際には、こうした行為がより重要になるでしょう。

錯覚からの脱却

　フランクル（Frankl, 1963）は、錯覚からの脱却（disillusionment）として次の三段階を同定しています。第一段階は、結局のところそれほど悪いことではないかもしれないという希望に固執する段階です。第二段階は、心が麻痺してアパシー（無気力）になったり、感情が死んでしまったりしている段階です。第三段階は、「苦しみを終わらせたければ、新しい意味を見つけるしかない」ということを認識する段階です。これと同じ力動が、戦争やもっと頻繁には日常の場で原家族から性的に虐待されたり、殴打されたり、レイプされた人に起こるのを見ることがあります。セラピストは、クライアントがどの段階にいるのかを判断し、そこから意味と希望がある方向へ行けるように援助します。この過程は、メビウスの輪のようなものです。希望のないところには意味はなく、意味がないところには希望はありません（第9章で詳述）。

5 意味を見つけるためのセラピーの手法と指針

　喪失があいまいな場合には、意味を見つけることは特に難しくなります。その場合、クライアントに喪失を理解するよう求めるのは不合理なことです。クライアントがその状況を永遠に納得できないものであると考えるのは、当然なことなのです。これもまた、一つの意味付けです。あいまいな状況が変えられない時、治療的に意味のある変化を起こす窓口となるのは、クライアントの捉え方を変える手助けをすることです。自己批判、罪悪感、復讐の感情から、より肯定的な捉え方へと変わることで、人は意味やレジリエンス、健康を見出しやすくなります。

　セラピストとしての私たちの目標は、あいまいな喪失の痛みを取り去ることではありません。むしろ、人間としての存在をより意味あるものとし、ひいては、希望あるものにすることにあります。人間関係の生活の本質は、停滞した状態に対する適応ではなく、結局は、変化に対する適応なのです。あいまいな喪失の場合には、明確な情報の助けがないまま変化が起こらざるを得ません。そこで、弁証法的 (dialectica) アプローチ、システム的 (systemic) アプローチ、ナラティヴ (narrative)・アプローチが、あいまいな喪失というトラウマに対するあらゆる介入の基礎となります。これらのアプローチは、他のアプローチを排除するわけではありませんが、あいまいな喪失という特有の喪失への介入法を組み立てるうえでは、特別に重要なものです。

ナラティヴ・アプローチ

　心理教育的アプローチは、出来事の受け止め方を変えることを促すために利用できます。しかし究極的には、ナラティヴ（物語）を集団で共有することが、人々が意味を見出すうえで助けとなります。他者と関わり、新しい見方や変容を他者から促されることで、クライアントは柔軟性やレジリエンスを培います。ナラティヴ・アプローチを、アンダーソンとグーリシャン

(Anderson & Goolishian, 1992) は関心を持った質問 (interested inquiry) と呼び、ホワイトとエプストン (White & Epston, 1990) は人生というストーリーの再陳述 (reauthoring lives) と呼び、フリードマンとファンガー (Friedman & Fanger, 1991) はポジティブな可能性 (positive possibilities) と呼び、リプチック (Lipchik, 1993) は変容のために「AでもありBでもある」という考え方のバランスを取れること (balancing the both/and for change) と呼びました。これらのすべてが、あいまいな喪失と関連しています。

　9.11テロの後に、私たちは家族の集いを開きました。そこに集った親、青年、子どもといったどの年代の人たちも、行方不明となった人についての物語を聴いたり語ったりすることが、癒やしの過程を始めるうえで役に立ったと私たちに話しました (Boss, 2004b; Boss et al., 2003)。こうした家族の集まりで用いたナラティヴという伝統的な方法は、西欧の「対話療法 (talk therapy)」のアプローチと民族の伝統的な物語を融合させたものです。私たちチームのセラピストは多様な訓練経験や文化的信念を有していました。こうした多様性と集まった家族の多様性を利用して、私たちはフロイト、メラニー・クライン (Melanie Klein, 1984)、そしてネルソン・マンデラ (Nelson Mandela, 2002) の考えを融合してレジリエンスを促進しました。家族の集いは、大人、十代の若者、子どものそれぞれに、行方不明となった人についての物語を共有するよう求めるところから始まり、家族一人ひとりの異なる見方に耳を傾けるよう促しました。もし家庭において「話すべからず」という破壊的なルールが生まれてしまい、子どもが、周りの人を泣かせてはいけないと思うあまりに、行方不明となった親や親類について話してはならないと考えるようになってしまったとしたら、コミュニティの人たちと一緒の家族の集いで物語を語ることは、そうした行き詰まりを打破してくれます。大人もまた、子どもを泣かせてしまうのではないかと恐れて話をするのが難しくなっていました。しかし、家族の集いのような、助けを得られやすい集団の状況においては、感情を表現するためらいを克服することがやりやすかったのです。十代の若者はまた違った表現の形を好むことが多いものです。たとえば、思春期の三人の女の子――行方不明となった労働者の娘と従姉妹――は、喪失を克服することや勇気についての歌を何曲か歌いました。ユニオンホール[*1]で、

彼女たちはそこにいる親や子どもに捧げる歌を伴奏なしで歌ったのです。その時、歌となった物語が、歌い手と聴き手を癒やしていく光景を私は目にすることができたのです (Boss, 2004b; Boss et al., 2003)。

弁証法的アプローチ

あいまいな喪失に直面している家族と治療的に取り組む際には、「AでもありBでもある (the both/and)」アプローチが不可欠です。たとえば、明らかな情報がない状態では、その人が死んだのかそうでないのか、ここにいるのかそうでないのかについて私たちは言うことはできません。「AでもありBでもある」の思考によって、脳死状態で人工呼吸器に繋がれている愛する人が、亡くなっていると同時に、生きてもいるという事実をより容易に理解できるようになります。あるいは、アルツハイマー病の人が、（物理的には）ここにいながらも、（心理的には）ここにはいない状態であることについても理解できるようになります。こうした状況では、弁証法的な介入が求められるのです。驚くべきことに、そうした痛ましい状況でも自分たちが生きていけることが分かると、家族はこうした考え方をかなり容易に持てるようになります。意味を見つけるうえでこの「AでもありBでもある」のアプローチを推奨しています。というのも、あいまいな喪失に対処するレジリエンスを得るうえで、他の手立てがおそらくないからなのです。

家族と地域社会のシステム的アプローチ

レジリエンスが人生を通して続く過程であるように、意味を見つけることも長年にわたって続く過程です。オクラホマ・シティ爆破事件や9.11テロ、イスラエルで今も続く爆破事件、あるいはイラク戦争以降、トラウマ被害を受けた生存者のトラウマ治療において、生存者の配偶者や子どもも重要な要素であることが専門家に認識されるようになりました。友人や家族もまた援助——予防のための助け——を必要としています。彼らには、トラウマを受けた愛する人とともに生き、その人をケアするためのレジリエンスを培い、

維持するための情報が必要となります。しかし、夫婦や家族を含めたセラピーが提供されることはほとんどありません。9.11テロの後、緊急救援部隊の一人が、家族が行方不明となった子どもたちを前にした時にどう対応したらいいのかと私に質問をしてきたことがありました。誰しもがシステム的なアプローチに基づく介入に向いているわけでないことは明らかです。しかし、これまで何度も強調したように、あいまいな喪失というトラウマへの治療と介入は、夫婦、家族、地域社会を含めなければなりません。困難な時には、家族やその成員が日常の活動を続け、問題解決を助けるというのは、そもそも地域社会というものの前提なのです。地域社会の枠組み（Reiss & Oliveri, 1991）は、家族と個人の出来事の捉え方に影響を与えます。意味が共有されれば、人々はあいまいさや不確かさによるストレスに、より容易に対処できます。コミュニティ・アプローチは、つらい時期に人々が力を維持することを手助けするものなのです。

　9.11テロの後に最も役立ったのは、馴染みのある地域の場――ここではユニオンホール――に複数の家族が集まったことです。それぞれの物語が聞こえるように円になって座り、共通の体験から繋がりが作られることによって、遺族は徐々に繋がり始めました。「あなたもそうだったんですか」と。混乱と憤怒で凍りついていた人は、同じように家族が行方不明になった人とは話がしやすかったのです。最後には、多くの参加者が電話番号を交換し、その日集まりが終わった後も一緒に過ごしました。祖父母に当たる人々が援助を提供していました。複数の家族の集いは、残された親や子どもが家族や地域で生活を送るのを手助けするうえで、非常に効果的な介入であることが証明されたのです。未亡人は、自分や子どもの将来への新しい希望を見出すために、互いに助け合っていました。

治療（セラピー）関係

　意味という概念は、喪失やトラウマのセラピーの中心となります。なぜなら、意味のないところに希望はないからです。希望がなければ、無気力がその空いた空間を埋め尽くします。そのため、セラピーと治療関係は、セラピ

ストとクライアントがより協働的に努力する方向に向かわなくてはなりません。クライアントや患者の捉え方も情報として見なされます。セラピストは、セラピーに持ち込まれた問題をクライアント自身がどう捉えているのかに、耳を傾けなければなりません。症状の診断についてだけでなく、セラピーで感じたことや、トラウマ体験について、個々人が現象学的にどのように解釈しているかについても、アセスメントしなければなりません。

具体的に言うと、以上のことが治療関係にとって意味しているのは、癒やしに繋がる関係性には上下がないということです。つまり、セラピストとして、私たちはより多くの要因——診断的情報に加えて、クライアントの物語——を考慮に入れるようにします。そしてまた、現象学的なアプローチにおいては、一人の見解にとどまらず、発達的、文化的、環境的文脈を考慮します。社会構成主義の観点から言えば、意味は協働して構築され、関係性や捉え方が変われば、意味も再構築されるのです (Gergen, 1994)。あいまいな喪失の場合、安全なところで愛する人々やコミュニティの人々と会話し、象徴的相互作用や、儀式を行い、物語を再構築することを通して、協働して意味を作り出すことが介入の目標となります。

ガーゲン (Gergen, 1994) は、セラピーの目標はナラティヴを超越することだと示唆しています。このナラティヴを超えるということが、セラピストにとって意味するものは何でしょうか。私たちは、家族があいまいな関係性についての真実を再構築するという目標を立てたりはしません。これは不可能です。代わりに、彼らが意味を見出すことや、彼らの将来に新しい希望や夢を再構築するための、意味ある行為を見出すよう援助します。ガーゲンが書いているように、ナラティヴというものは「流動的な状態にとどまる——つまり、関係が潮の満ち引きのように変化することに対して開かれている」(1994, p. 249) ことを構築することなのです。あいまいな喪失において流動的であることは、レジリエンスに不可欠なものです。

介入のための指針

以下の指針のリストは階層性のあるものではありません。しかし、最初の

一歩として、ストレスの源泉に名前をつけることから始めたいと思います。

▶問題に名前をつける

　問題を「あいまいなもの」と名づけることは、対処のプロセスを始める手助けとなります。問題が何かを知ることで、人はもっと前進し、決断し、自分が体験していることを徐々に理解できるようになります。フランクルはこのことを別の言い方でこう述べています。「はっきりとした正確な状態像の輪郭が見えてくると、苦しみは苦しみでなくなる」(1963, p.117)。逆説的なことではありますが、人々を麻痺させるようなストレスに対して正確な名前が与えられると、あいまいな喪失にさまよう人にとって、それは理解とレジリエンスを与えるものとなり、不確実性のなかにありながらも前進できるようになるのです。

　小説家であり詩人のレイ・ブラッドベリは、物事には、解決はできなくとも、そのことの証人となったり、そのことについての儀式を行ったりすることは可能なことがあると書いています。彼は地球や宇宙に関することでこの点について述べていますが、私はここで、あいまいな喪失を念頭に述べています。あいまいな喪失は解決できませんが、それについて証言するだけでなく、式典や埋葬の儀式を通して広く知らしめることができるものでもあります。証人として、セラピスト、聖職者、医療専門家が不可欠となります。あいまいな喪失には、埋葬などの公的な枠組みは存在しません。しかし、専門家は、家族や友人に苦痛を与えている問題に「あいまいな喪失」とラベルづけすることができます。自分が感じている現象に名前が与えられると、人は意味を見つける過程を始められるようになるのです。抱えて生きなければならない答えのない疑問が、少しずつ本人のなかで理解されるようになります。

▶弁証法的思考

　私は認知的アプローチから始めるようにしています。この弁証法的思考 (dialectical thinking) では、二つの相反する考えを同時に心のなかに保持できると考えます。すなわち、「行方不明の人はいなくなっているけれども、依然として存在してもいる」ということです。これに精神力動的アプローチを

加えて、何が取り返しがつかない喪失であり、何を嘆き悲しむのかについてクライアントと話をします。そうしてから、何がまだ存在しているのかについて話をします。それは、行方不明となったその人の考え、仕事、その人の人生の象徴、その人が愛し今でも続けていたいだろうと思われる習慣、あるいはまた、今は他の人に見て取れるその人の身体的な面影など、その人を大事にする（誉め称える）ためなのです。多くの人にとって、これは新しい考え方であり、レジリエンスの試金石となります。

　1974年に、私は東南アジアにおいて、行方不明となったパイロットの家族のセラピーをしていました。その時私は、誰かが絶対的に正しくて誰かが絶対的に間違っているというような、勝者がすべてという競争主義からは意味が生まれることがないと学びました。意味はそうした文脈からは生まれません。天使か悪魔かのどちらかでしか見ないような場合には、「絶対」に囚われてしまい、肯定的な意味の探求は頓挫します。あいまいな喪失についての意味は、成長とレジリエンスを促進させるものです。最終的には同じところ——あいまいさを持ちながらも、肯定的なやり方で生きることを学ぶという——にたどりつくようなそれぞれの受け止め方の合流点から得られるのです。

　9.11テロの後、元々レジリエンスを持っていて、心理療法の恩恵を受けずに、行方不明となった人についての二つの対立する考えを持っていた家族がたくさんいました。たとえば、世界貿易センタービルで働いていた電気工の父親は、「ずいぶん長いこと息子は行方不明のままであり、おそらく死んだに違いないと思います。しかし、息子はいつもそばにいるように感じます」と話しました。テロの6ヵ月後、若い母親は言いました。「子どもたちのために、今は前向きに生きていこうとしています。でも、夫、あるいは遺体を見つけられるのではないかという希望をまだ捨て去ることはできません」。こうした弁証法的思考は、混乱が続いているなかにあっても癒やしのプロセスが始まっているというレジリエンスを示しています。埋葬すべき遺体を得られないことへの感情的なジレンマから抜け出す唯一の方法は、両方の考え方が共に重要だと認識することにあります。「愛する人なしで前を向いて生活していかなくてはなりません。しかし同時に、希望を持つこともできるのです」。ちなみに、上述の父親の息子が発見されることはありませんでした。

第4章　意味を見つける

若い女性の夫については、胴体部分のみが見つかりました。彼女にとっては、事実が明らかになったことが救いをもたらしました。

▶宗教とスピリチュアリティー

　あいまいな喪失というトラウマの後には、神への信仰を通して多くの人が意味を見出します。あいまいさを受け入れ、慰めをもたらすスピリチュアリティーから、意味を見出す人もいます。また、自然や芸術——これらは相反する真実が共存することも多いのですが——を通して意味を見出す人もいます。バッハの音楽を聴くことで、トラウマ的な喪失における意味を見出したという人も多くいます。私にとっては、マーラーの音楽は不在と存在という逆説に意味をもたらしてくれるものとなっています。

　人生においてスピリチュアルな部分に繋がれることは、セラピーにおいて有益なものです (Kersting, 2003)。しかし、自分のものとは違う文化や宗教を持つクライアントと共に、どのように宗教やスピリチュアリティーについて話し合うことができるでしょうか。たとえば、公立病院、学校、あるいは特定の宗派に属さない機関の臨床現場において、セラピストとして倫理的に対応するためにはどうしたらいいでしょうか。私たちが宗教学の講師あるいは、スピリチュアル・カウンセラーとして訓練を受けていない場合には、祈禱師をセッションに呼ぶ、セッションの外で祈る方法を探す手伝いをする、スピリチュアルな旅路へと導く、許しについて話し合う、健康的な精神的・感情的習慣や人間関係を強化するために聖書のなかの一節を用いる、こうしたことを私たちが実践するのは、倫理的なことと言えるでしょうか。

　私は、専門の境界を越えることには慎重な立場を取っています。しかし時には、私は臨床実践においていくつか宗教的アプローチを用いたことがありました。たとえば、とある信仰心の深い二人の兄弟がいました。彼らは、家族の問題で互いを糾弾し合っていました。私は旧約聖書のカインとアベルの物語を振り返りました。この物語が彼らにどのような意味を持つだろうか。彼らはその物語の結末をどう理解するだろうか。この事例では、カインとアベルについて話すことで、彼らの葛藤が適切な形で外在化され、会話は象徴的な水準へと動き、二人の怒りは収まりました。あるいは、他の事例として

は、権力を持つことは女性らしくないと考えている女性がいました。私はこの女性と、デボラやルツといった、女性の力強さの代表例となる聖書の登場人物について話をしました。こうした文脈では、宗教的な物語や、特定の文章を参照することは、有用で適切なこととなりうることがあります。

セラピーにおいてよく出てくるテーマに、喪失への許し（forgiveness）があります。夫婦の信念や価値観に応じて、私は東西のスピリチュアルな物語や寓話を引き合いに出すこともあります。1990年代後半のコソボでは多くの人が愛する人の拉致被害に遭っており、ほとんどの人は報復したいと心に思っていました。当時、私はアルバニア人のイスラム教徒に、彼らの宗教において許しという概念があるかを尋ねました。彼らはあると答えて、それがセラピーの目標になるかもしれないことに非常に驚いていました。彼らは、以前は敵対していた人々と共に平和に生きる意味を理解し始める地点にまで来ていました。

より日常的な訓練やスーパーヴィジョンにおいて、私は不明確な喪失が持ちうる意味や、死についての捉え方について訓練生やスーパーヴァイジーに問いかけるようにしています。訓練生やスーパーヴァイジーにはヒンドゥー教徒、キリスト教徒、ユダヤ人、イスラム教徒、モルモン教徒、一神論者、無神論者がいるので、訓練の研修は豊かで興味深いものとなります。そうした宗教すべてに精通している者はいませんが、みな敬意を持って互いに質問したり、意味を尋ねたりできます。スーパーヴァイザーやセラピストとして、私たちの倫理的な課題は、そうした話し合いの際に安全な環境を提供することにあります。神学は私の専門ではありません。ですから、宗教的な質問を受けた際には、スーパーヴァイジーやクライアントには、自らのコミュニティに戻って宗教的な答えを得るよう促しています。また、訓練を受けていない分野の質問（たとえば、法的、医学的な質問）についても同様にしています。倫理的な見地から、このようにしています。

他の文化や民族の背景を持つクライアントや訓練生と接する専門家は、協働するネットワークに聖職者を含めたり、スピリチュアルな癒やしのためのスウェット・ロッジのような、土着的な介入に通じている地元の治療師やシャーマンを含めたりしたいと考えるかもしれません[6]。

第4章　意味を見つける

　米国では、多くの人が、レジリエンスを支えるうえでスピリチュアリティーや宗教が有用であるとしています (Dingfelder, 2003; Dittmann, 2003; Kersting, 2003)。研究者は更なる検討やより良い測定法を求めてはいますが、宗教的信念やスピリチュアリティーは、一部の人にポジティブな影響を与えているようです。あいまいな喪失についての私の経験では、宗教的信念やスピリチュアルな信念は、答えのない問いに耐える力を強め、それによってレジリエンスが促進されます。しかし、宗教的信念が全く反対の効果しかもたらさない事例も目にしたことがあります。

　セラピストとして私は、スピリチュアリティーや宗教的信念がレジリエンスや健康を促進するという仮説に取り組んでいます。しかしまた、信念の多様性――それこそまさにこれまで私が見てきたものです――に対してオープンな態度を取っています。改宗させたり中傷したりするのは私の仕事ではありません。その状況が彼らにとって何を意味するのかについての彼らの捉え方を聴き、健康とレジリエンスにつながるような、肯定的な解釈を培うのが私の仕事となります。

▶許し

　フランクルは、許しと意味をつなげるための基盤を作りました。第二次世界大戦中、ナチスの収容所において、彼は残虐行為だけでなく優しさも体験したと語っています。自身の経験から、彼は人種、民族、国籍といった概念からではなく、・品・位・の・有・無 (indecency versus decency) という競合する概念から、人間性についての見方を再構築しています。そうすることで、彼は自分を監禁していた人々の多くを許せることに気がついたのです。フランクルはこう説明しています。

　「この地上には二つの人間の種族だけが存するのを学ぶのである。すなわち品位ある善意の人間とそうでない人間との〈種族〉である。そして二つの〈種族〉は、一般的に広がって、あらゆるグループのなかに入り込み潜んでいるのである。もっぱら前者だけ、あるいはもっぱら後者だけからなるグループというのは存しないのである」(1963, p.137)[*2]。

　ある特定の宗教や人種を敵視しているトラウマや喪失の生存者と心理療法

を行う際には、こうした考え方が役に立ちます。特定の集団を悪と捉え復讐するという考えを徐々に再構築することによって、前進するための許しや肯定的な意味が可能となります。私はクライアントに、この過程を、とても小さなステップにして少しずつ始めるよう勧めています。

▶小さな一歩

　喪失は、理解できないものであることが多いものです。殺人被害者の遺族の研究をしているアーマー（Armour, 2002）は、小さな一歩（small good works）を推奨しています。先ほど、コソボにおいて、敵に愛する人が拉致されたのを目にし、その後も行方が分からない状態に置かれた人の痛みについて触れました。このような苦しみにある妻や母親にとっての小さな一歩や、小さなステップとはどのようなものになるでしょうか。ある母親が話してくれました。「この研修に来ることが、私にとっての小さな一歩でした」。次の日、彼女は一泊旅行というアイデアを他の参加者と共有しました。彼女は、子どもが殺害されたり行方不明となったりしている他の家族が同じようにすること——すなわち、小さなポジティブな行動をすること——を手助けすることができました。たとえば、敵対している側から参加している母親に「こんにちは」と声をかけることかもしれません。

　ここで、告白しなければならないことがあります。それは、上述のような過程を通して肯定的な意味を見出していくことは、ひどくゆっくりとしたものだということです。この過程には、多大なる忍耐が必要とされます。トラウマの被害者には様々な人がいます。しかし全体としては、そうした被害者は過剰に警戒していて、定期的に抑うつと憤怒を行き来する傾向があります。専門家の逆転移もよくあることです（エピローグ参照）。ここでは、あいまいな喪失の被害者のセラピーの際には、全身全霊で向き合い、忍耐強くいることが特に重要だということを強調しておきたいと思います。私たちは、小さな、とても小さな一歩から始めるのです。

▶儀式

　儀式は、人々が喪失に意味を見つけられるようにデザインされています。

第 4 章　意味を見つける

しかし、どのような宗教にあっても、喪失の儀式は、明らかに亡くなった人のために捧げられるものとなっています。カナダのラジオ番組に出演して、あいまいな喪失について話した際、ユーコン州の女性から以下のような意見が寄せられました。「私たちの社会では亡くなった人のための儀式はありますが、目の前で少しずつ死に行く人への儀式はありません」。心理的あるいは身体的に愛する人を喪っている家族は、あいまいな喪失のための儀式がないことに痛いほど気づいています。セラピストとしての私たちの課題は、彼らが自分たちなりの儀式を作り出すよう手助けすることにあります。喪失に対して、社会的、宗教的な儀式は意味を与えます。ですから、私たちのセラピーにおける課題は、行方不明となった人や遺体がそこに存在せずとも執り行えるように、旧来のやり方を改訂して儀式を実施できるよう手助けすることにあります。あいまいな喪失の場合には、その家族にとって旧来の儀式が混乱を与えるものであることは理解できるものです。しかし、この治療的な作業の中心は、意味を見つけることにあります。ゴールドシュタイン家のことを永遠に忘れることはないでしょう。この家の祖母は、妹を尋ねにフロリダに行きたいと考えていました。しかし、それには葛藤がありました。治療を行っていたセラピストと私は一緒に、一家を訪ね、その自宅で家族全員とその問題を話し合いました。その祖母の夫はまだ存命でしたが、進行したアルツハイマー病を抱えていました。もし祖母が妹を訪ねるために休暇を取った場合、彼女がいない間、祖父は介護施設に預けられることになります。彼女の息子たちは、母親のことを誠実でないと言いましたが、孫息子が彼女のために口を開きました。その子は、祖母が働きすぎており、休暇を取る必要があると言ったのです。2時間ほど経った後、この四世代の家族は祖母がフロリダに行くことに同意し、また、そうすることは病気の夫を軽視することにはならないという結論に達しました。家族のストレスは和らげられました。ちょうど正午ごろであり、家族の一人が食べ物の用意ができたと言い、私たちを食事に誘ってくれました。すると、部屋の後ろの方から、祖母の義理の弟であり、家族療法のセッションでは何も話さなかった年配の男性が大きな声で「まだシヴァ*3 の時ではない。兄はまだ生きているんだ」と言いました。彼がそう言うのはもっともなことでした。私たちは去り、家族だけで

139

昼食が取られました。この事例は、食事を共有することが彼らにとって儀式的な意味合いを持っていたことを示しているだけではありません。家族こそが、その文化において特定の行為が何を意味するかを最もよく理解していることに、セラピストは注意し、敏感でなければならないということです。

▶肯定的な帰属

ストレスの原因をあいまいな喪失というストレスに満ちた状況に帰属する意味付けは、回復への障壁となる否定的な影響も、また生活を向上させる意欲や推進力となる肯定的な影響も与えます。もし、喪失を、自分の過ちではなく、神の行為に帰属させるとしたら、結果の衝撃が和らげられるかもしれません。コミュニティのレベルで見ると、行方不明となった人の行ったことが、兵隊や消防士のように英雄的なものと受け止められれば、家族は喪失をより肯定的な枠組みで捉えるようになるでしょう。個人、家族、コミュニティのレベルで肯定的な形で帰属されれば、それはあいまいな喪失とともに生きていく助けとなり、喪失という重みを支えるレジリエンスになります。セラピーにおける私たちの課題は、何が喪失を起こしたのかについての個々人の捉え方を見つけ、否定的な帰属をできるだけ肯定的なものにするよう手助けすることにあります（ただし、これは個人が実際に失敗を犯していた場合、その責任を取れることを無視することではありません）。ウォリンら（Wolin & Wolin, 1993）は、なにか悪いことが起こった時の肯定的な帰属に対して、生存者の誇り（surviverer's pride）という用語を用いています。

▶大義や愛のための犠牲

もし自分の苦しみが、愛する人への犠牲として受け止められれば、それはその人にとって意味があることとなり、苦しみを耐えやすくします。女性は、子どもを救うために自らを犠牲にするかもしれません。兵士は自分の仲間を救うために、自らの命を投げ出すかもしれません。遺族にとっては、誰かの死をそのような大義のための犠牲として捉えることは、レジリエンスを強化させる超越性へとつながります。たとえば、9.11テロの後、喪った親類を英雄として捉えることが人々の救いとなりました。そうすることがその状

況を理解することに繋がったためです。「もちろん彼は飛行機のなかでハイジャック犯と戦ったことでしょう。そういう人なんです。彼を誇りに思っています」。フランクルもまた、犠牲を通して得られる意味について記しています。彼は「無駄死にする」ことは誰にとっても望まれることではないとし、誰かの死や苦しみは、たとえば、自分を救うことができない時に他者の生命を救おうとするような、何らかの目的あるものでなくてはならないと述べています（Frankl, 1963, p.133）。

　犠牲という考え方を拡大して考えると、他者を救うために苦痛を受けることに意味があるように、愛する人を讃えるために前を向いて生きることにも意味があると考えられます。たとえば、夫が行方不明となった母親は、その悲劇にもかかわらず、新しく生まれた子どもの世話をするように努めていました。彼女は、これは夫や子どもへの愛からそうしているにすぎないと話しました。夫への愛情は、彼女に子どもの世話をし、生きていくための力を与えていました。ある人にとっては、宗教上の神への愛からレジリエンスが生まれます。彼女を含め、他の多くの人においては、レジリエンスを強めるような愛情は他の人への感情から生じるものです（第9章参照）。

▶苦しみを避けられないものとして捉える

　犠牲という考え方を更に広げていくと、意味を見つけることは、苦しみを避けることではないのだと考えられます。自らの手で運命を切り開き、自分なりの生き方を貫くことに馴れている人にとっては、こうした考えは異質なものと感じられるかもしれません。あいまいな喪失がある時、人の運命は暗雲のなかにまぎれてしまいます。不明瞭さが苦しみを生み出すのです。心理学者たちは、苦しみの捉え方についての研究を積み重ねてきました（Dingfelder, 2003; Wright, 1997）。一部の研究者は、うつ病や精神疾患のある人の苦悩を理解するうえで、東洋的考えを適用し、（無常〈change〉とは対照的に）何かが永遠であるという信念が、幸福を妨げ、苦しみを増加させると提唱しています。言い換えれば、西欧人に馴染みのある人生観よりも、人生は変化するものであり、人はそれに適応できると受け止める東洋的な人生観のほうが苦しみを和らげてくれるのです。西欧化した文化では独立性や自己充足に価値が置か

れます。しかし、仏教においては、こうした特性はレジリエンスや苦しみからの解放の障壁になるとされています。西欧文化に所属する私たちは自己充足や自尊感情を求めます。しかし、自己に焦点を当てることで、うつ病は悪化します。なぜなら、苦しみが個人的な失敗として受け止められてしまうからです。自己に注目することが減れば、仏僧のように、うつ病の人も苦しみを「人間の状態として避けられない部分」として捉えられるようになるかもしれません（Dingfelder, 2003, p. 48）。

　しかし、この方法には注意が必要です。クライアントと取り組む際には、彼らの苦しみが本当に避けがたいものであることを確認しておかなければなりません。時には、そうした人はそのことを否認していたり（何らかの依存症である場合など）、事実に直面するのを避けていたりすることがあります（たとえば、否定的な結果を示しそうな遺伝検査を避ける。Boss, 1999）。治療可能かもしれない疾病である場合や、治療や介入によって改善される可能性のある状況においては、クライアントが苦しみに、ポジティブな光を当てることで組み立て直すよう援助することは助けとはな・り・ま・せ・ん。その状況が変容可能かどうかを判断することが重要です。苦しみを避けられないものと組み立て直すようクライアントに手助けするのは、本当に不可避でケアも解決もできない状況に限られます。

▶希望

　意味を見つけるなかには、将来への希望がいくらかでも含まれていなければなりません――その希望とは、愛する人にもう一度会える、痛みから解放される、あるいは、家や家族を発見できるといったものです。そうした希望が奪われる時、その人の人生の意味も失われます。こうした状態にいる場合、クライアントは最も脆弱な存在となります。セラピストとして、私たちは新しい希望を発見し、生命を脅かす病いを防ぐためのセルフケアを増やすように手助けします。孤立と絶望の淵にいる状況を援助するために、誰か友人、親類、あるいはペットをセラピーに連れてくるようクライアントに求めます。そうすることで、面接室の外の現実の世界にあるつながりを強められるからです。希望が奪われ夢が失われた時、セラピストである私たちの第

一の課題は、将来への新しい希望を発見できるよう手助けすることにあります。将来への希望を得ることこそが、喪失とトラウマを治療する他のあらゆる技法の頂点にあります。これについては、第9章で更に詳しく述べます。

6　まとめ

　愛する人の行方がはっきりしない場合、残された人が人生を前向きに生きるうえでの健康やレジリエンスを得るためには、意味や目的が不可欠となります。9.11テロが起こった当時、テロ攻撃の際に愛する人が世界貿易センタービルにいたことは、あらかじめ決められた神の意思によるものだと信じる人がいました。そうした人の多くは、人生を生きるなかで、艱難を通して、神が自分たちを見ていてくださるという信仰を持ち続けています。あるいは、生まれ持った性格特性から、あいまいさに対する高い耐性を持っているように思われる人もいます。しかし、レジリエンスにとって最も重要な鍵は、二つの反対の考え方を同時に持つ能力にあります。どのような道を取ろうとも、喪失が不明瞭な場合には意味の探求はとても難しいものとなります。あいまいさのなかで意味を見つける能力には、システム的な「AでもありBでもある」のアプローチが求められます。このような場合、自分だけを頼りにするのは、意味を見つけるうえでは不十分なのです。

　臨床家として、私たちは個人的体験からだけでなく、自分の専門的な仕事から、自分の捉え方や意味を学ばなければなりません。私たちもまた、自分以外の何か、誰かを信じなければなりません。そう信じることでこそ、私たちはいつでも答えが存在するはずだという思い込みに繋がる傲慢さ――あえてこの言葉を使います――を捨て去ることができるのです。あらゆる問題に解決策が期待されているこの時代にあって、クライアントと同様、私たちセラピストもまた、不明瞭さとあいまいさのなかで意味を見つけることと格闘しているのです。

第Ⅱ部 あいまいな喪失の治療・援助の目標

訳注

＊1 行方不明になった労働者の組合のホールなど、家族に馴染みのあるところで集まりが開催されていた。

＊2 この文章は、次の文献から引用した。V. E. フランクル著、霜山徳爾訳『夜と霧——ドイツ強制収容所の体験記録』新装版、みすず書房、1985年、p. 196。

＊3 ユダヤ教における近親者の死後7日間の服喪。

第5章
支配感を調節する

　慢性化したストレスや衝撃的な喪失にあっても、レジリエンスを保ち続けるにはどうすればよいか、その問いかけへの答えは、その人の世界観や、自分の思うように人生を生きるため、どのくらい自分の人生を自分で管理しておきたいと感じるかによって異なってきます。これは、特にストレスとトラウマに絶え間なく働きかける調節機能、人生に対する支配（mastery）、という概念によって説明することができます（Pearlin & Schooler, 1978; Pearlin et al., 1981）。人が状況に対処する際、その仕方は、その人が持っている人生への支配感（自分の人生を管理する能力）に対する信念や価値観、または、その人の自律的能力（自分の人生を管理するために必要な力を行使する能力）に影響されます。私たちのレジリエンスはまた、この人生に対する支配感の度合いにも影響されているのです。たとえば、あいまいな喪失が長期間にわたる場合、自分の人生や生活をある程度やっていけると感じることで、うつや心身症のような症状を和らげることができるでしょう。しかし、不確実さや不安定さに対するレジリエンスを保つためには、この人生に対する支配感を調節していく必要があるのです。

　皮肉なことなのですが、人生への支配感について教えてくれた91歳の母が、ホスピス・ケアへ移ることを勧められている時に、この章を書き始めました。困難な時代を生き抜いた一人である母は、何でも克服できる能力こそレジリエンスの典型であると教え、一生懸命がんばれば何でもできるようになるのだと、私や3人の兄弟姉妹に教えてくれました。彼女が価値を置くカルヴァン主義においては、一生懸命仕事や勉強をすることには道徳的な意味があり、そうする者は、必ず成功を以て報われると信じていました。現在、母は進行性のうっ血性心不全を患いながら、一生懸命、ただ息を吸うため、吐

くために努力しています。

　高齢患者の健康状態が低下し、病気の進行を止められないと分かってしまうと、その人の支配感も一気に低下していきます。私にとってもそのような時が来ました。医師から母の腎機能の低下を告げられた時、その内容を母に話しました。母が私に「どうやったらそれは治せるの？」と聞いてもびっくりしませんでした。お医者さんにはもうできることがないのよ、と母に告げると、すっかり黙り込んでしまいました。でも、これまでよくがんばったね、と私が言うと、母は微笑みました。母がもうすぐ死を迎えること、自分の死をしっかりやり遂げたいと望んでいることも、お互いよく分かっていました。しかし、問題を乗り越えることに慣れている人々にとって、死を受け入れることは、あきらめることにも似て、たいそう困難を感じるものです。大きな躊躇を感じながら、震える手で母がホスピス・ケアに入所する書類に署名をしました。人生へのコントロール感を調節するためのレッスンは、最も思いがけない時にやってくるものです。

　病気から回復できないことや死を受け入れることは、喪失によって引き起こされる人間のトラウマとして常に存在してきました。しかし、今日では、私たちの意識的、文化的な態度は、大きなテクノロジーの進化に影響されているために、解決できない問題もあるのだという警告を無視して、人生への支配感を強めてしまう傾向があります。そのため、解決できないという感覚は、私たちを動けなくしてしまいます。盲目的に人生への支配感に価値を置く社会にいると、適度に緩和することに気をつけなければ、物事が思い通りにならず、問題の解決策がない時に、人々はレジリエンスを保ちにくいでしょう。

　私が自分の経験とあいまいな喪失を多く取り扱うなかで学んだことはこのようなことです。役割を担い、自分のやり方を追求する傾向が強ければ強いほど、喪失に解決や終わりがない時に、人はより強く苦悩を経験することになります。私は物事を達成することに価値を置いていますし、人生に対処できるそのような能力は、うつや健康問題の予防につながるのだという研究者にも同意します。同時に、このような能力は調整される必要があると思っています。私たちがレジリエンスを、特にあいまいな喪失に対して持とうとす

るならば、人生を支配すべきだという感覚を調節する必要があるでしょう。

1 支配感とは？

　レオナルド・パーリン（Leonard Pearlin）は、メリーランド大学のストレスと健康プログラム[1]に所属する医療社会学者ですが、この「支配」という概念を「人生に対するコントロールの感覚」(1995, p.12) と定義しています。彼が用いている支配感に関する尺度には、「真剣にやると決意を固めればどんなことでもできる」「どうやっても解決できない問題がある」「自分に起こることはほとんどコントロールできない」というような項目があります（Pearlin & Schooler, 1978, p.20; Gaugler, Zarit, & Pearlin, 2003; Pearlin et al., 1981; Pearlin & Pioli, 2003; Pearlin et al., 2001）。私がこの尺度を初めて目にした時に、母のカルヴァン主義的な助言が頭のなかに蘇っていました――一生懸命やりなさい、そうすれば問題は解決できるし、望むことを何でもできるのだから。

　パーリンの支配感のとらえ方は、自己効力感や統制の所在（locus of control）とは異なります。自己効力感とは「何らかの課題を遂行するために人が行っているコントロールに焦点が当てられている」のに対して、統制の所在とは、「自分の人生に影響を与えている源を強調」しますが、「支配」の表わすコントロール感とは「源がなんであれ、それらの力の行使をすべてコントロールすること」を指しています (Pearlin, 1995, p.16)。それは、病気であったり、テロであったりするかもしれません。このような理解に基づき、AIDSやアルツハイマー病などにかかった人を介護する人たちに起こるストレスに対する研究を加えて、パーリンは慢性的ストレス、社会的影響、そして健康との関係を明らかにしました。具体的には、それぞれ違った人々が、自分たちの持つ人生へのコントロール技術、それが現実のものであれ想像上のものであれ、その技術の違いによって、同じ出来事を経験していても違った意味付けを行うのだということをパーリンは述べています。それによって、意味付け行為と人生への支配感の関連性に論理的な根拠を提供したのです（Pearlin, 1995）。

パーリンは支配感とは、二つの理由からストレスの強力な調節役であると述べています。まず、支配している感覚を持つことは、脅威と捉えられる状況に対する脆弱感を減らすことができます。そして、脅威のある状況に対する恐れを減らすことができます。次に、支配感とは、自己予言としての機能を果たします。つまり、脅威に対してコントロール感を持つ時、その感覚に従って行動することができ、より脅威を乗り越えることができる可能性が高くなるということです。パーリン（1995）によると、人生への支配感は、人々を自由にする性質を有し、人生の脅威に対処しようとする時、試行錯誤をして力強く立ち向かうことを可能にするものだとしています。この考えによるならば、人生の支配感の指向は、「展望と活気を対処方法に与えてくれる」（p. 17）という点で、レジリエンスの萌芽となり得るでしょう。

しかしながら、支配感を過大評価、または過小評価してしまうこと、あるいは、時宜に適っていない支配感はレジリエンスを弱めてしまいます。なぜなら、不可能な状況を特定の時間内に解決すべきと強要することは、人を無力にさせ、破壊的にもします。人生に対する支配感が弱い例として、アルツハイマー病を患う妻が床ずれに苦しんでいる時に、介護の支援を探すよりも酒に溺れてしまう老人の姿が挙げられるでしょう。強すぎる支配感の例としては、何十年経っても、脳死になった子どもを生命維持装置で生かし続ける親の姿が挙げられるかもしれません。どんなにがんばったとしても、この家族は、向き合っているあいまいな喪失を修復することはできません。しかし、家族は、自分たちの持つ支配感を調節することによって、時や立場に応じた使い方ができるようになります。

パーリン（1995）によれば、支配感は、確実にうつや心身ストレスによる症状を軽減するようです。パーリンはレジリエンスを提示しながら、人生に対する支配感とは、「人々が自発的に、自然に、自分のために行う介入の一つである」と言っています（p. 22）。あいまいな喪失への臨床的な作業は、人が支配感を必要とする気持ちを正常化し、支配感の度合いをもっと強めたり、弱めたり、タイミングに合ったものとなるよう支援していくことを意味します。

支配感はどのようにあいまいな喪失とレジリエンスに関連しているのか

　キエコルト-グラッサーら（Kiecolt-Glaser, Dura, Speicher, Trask, & Glaser, 1991）やパーリン（1995）らの調査によると、人生への支配感を緩和することなく持続的なストレス要因と共に生活することは、個人の健康を害する恐れがあるとしています。一概には言えないものの、個人的なストレスは、家族内の衝突、離婚、結婚の問題など関係性の問題に発展することが指摘されています（Boss, 2002c; Pearlin, 1995）。

　セラピストや研究者たちは十年以上にわたり、人々がコントロールできないと感じること、または選択肢がないと感じている状況が危険であることを認めてきましたが、責められるべきはあいまいな喪失なのだと指摘されることはありませんでした。この本で主眼を置いているのは、無力感という危険な状態は、しばしば私たちのコントロールの域を超えていることから引き起こされる点です。このような状況では、人々は、問題を完全に支配したい気持ちを和らげるためには、明確な不在や存在が分からない状態で生きていくことを学ぶ必要があります。この章における大切な点は、人々の持つ標準的な支配感が調整されないでいるために、その人の無力感が増していくということです。

　支配感が調節されていない例として思い返すのは、最近、ニューヨークで若いジャーナリストと話をしていた時のことです。彼は、「私たちが9.11のテロを未だに乗り越えられないのはなぜだと思いますか」と聞きました。私の答えは簡潔でした。「なぜなら、あなたがそれを乗り越えようとしているからですよ」。このように説明しました。人はこのような外傷的な喪失を「乗り越える」ことはできず、むしろ喪失やあいまいさと共に生きることを学ぶ必要があるのです。苦しみを終わらせることや普段通りの生活に戻ることを望むが故に、あいまいな喪失の終結や克服を求めることはよく理解できます。しかし、このような自分のやり方を押し通そうとすることは現実的であるとは言えません。「やればできる」というこの街（ニューヨーク）の支配に対する考え方は、9.11テロによって、永久に調節されたと言えるでしょう。

とはいえ、支配感を調節することは私たちを強くすることでもあるのです。

2 基本となる理論

　あいまいな喪失を取り扱うのに必要な理論的視点を提供するために、まず精神医学、社会学、社会心理学、家族療法からの概念を組み合わせてまとめることにします。特に、初期の社会学や医学の理論は、（無力感の逆として）支配感や一貫性、対処可能性を持っていると感じることが、うつや慢性疾患、その他のストレスによる症状から人々を守ってくれることを示しています。初めに記したように、あいまいな喪失が存在する状況において、人生への支配感に高い価値を置く人は、レジリエンスにおいて脆弱であると言えます。無力感や病気を避けるために、ある程度の支配感を維持することは必要ですが、健康を維持するには、支配感を調整する必要もあるのです。社会心理学者のマーティン・セリグマン（Martin Seligman）の概念は、このような社会学や精神医学から生じた概念が融合して派生したものです。

　セリグマン（1992）は、学習性無力感（learned helplessness）とは、支配感が消失した状況であると定義しました。彼は、痛みが制御できると分かれば、トラウマを軽減することができる一方で、痛みを制御できるかどうかがあいまいである時にトラウマは持続すると述べました（Seligman, 1992）。コントロールができない出来事に直面し、その負担から自分自身を切り離せない時（あいまいな喪失がある場合など）、「そのような学習が状況に応じようという動機を損ない、前向きな行動への動機づけに深刻な障害を生みだす」（1992, p. 74）。つまり、無力感という感情によって変化への動機が阻害されるということです。個人が持つ将来のストレスへの支配感も、同様に阻害されてしまいます。なぜなら、セリグマンによれば、学習性無力感は、自分は有能であるという感覚に認知的な歪みをもたらすからです（1992, p. 74）。

　フランクルやアントノフスキーのように、セリグマンは、心身症的疾患が形成される要因のなかでも、「環境的要因に降伏せざるを得ない」状況よりもむしろ、個人が「意志を放棄する」ことが最も影響力を持つことを見出し

ました (1992, p.184)。セリグマンはこのように要約しています。「結果が反応と関係なく生じることが予測される場合、①結果をコントロールすることへの動機が減退する。②個人の反応は、将来的な結果をコントロールできるという学習を阻害する。そして、結果がトラウマ的であった場合、③個人がその結果をコントロールできるかどうか不確かである状況が続く限り、恐怖が生じ、抑うつに至る」(1992, pp.55-56)。つまり、うつや不安になりやすい傾向を持つ人はいるが、無力感やコントロールができない状況は、最も強い人にもうつや不安をもたらす可能性があるということです。このような感情は、あいまいな喪失が持つ特性です。

お気づきかもしれませんが、セリグマンの無力感に関する理念とパーリンの支配感、アントノフスキーの首尾一貫感覚、そしてフランクルの意味の追求には理論的な一致点があります。私は、これらの理論にあいまいな喪失という概念を追加しています。なぜならば、あいまいな喪失は、提唱されてきたこれらの理念にすべて深刻な課題を突きつけるからです。あいまいさは、無力感や一貫性の欠如、対処の難しさ、意味の欠如、そして支配感の欠如といった悪循環を助長するからです。これらすべてが、人のレジリエンスや健康を深刻に阻害するのです。

方法論的仮説

レジリエンスや健康への支配感を私たちはどのように調節するのでしょうか。セリグマン (1992) は、好ましくない出来事をコントロールしようとする力が、努力すれば結果が伴うという予測に拠って機能する時、結果的に不安感は軽減されると提言しています。つまり、私たちの介入と治療援助の方法は予測の可能性に焦点を当てるべきであることを示していますが、あいまいな喪失においてそれは不可能です。臨床の場で私は、愛する人が昏睡状態にあり、その人が目を覚ますかどうかは誰にも分からない状況の家族、全く予測不可能な形で精神疾患を発症した身内を持つ家族、また、何の手がかりもないまま、忽然と消えてしまった身内を持つ家族などに接します。あいまいな喪失において、予測可能性を見出すことが不可能であるならば、私たちは

151

どのように介入すればよいのでしょうか。

　治療援助において、個人の支配感を調節することは、支配（そして無力さ）の意味を調節することを意味します。人は、それぞれの人生の場を起点にしていて、その人生への支配感は、文化、性別、階級、健康状態などに影響されます。貧しく、人並みの権利を与えられていない人は、その生活をコントロールする力は少ないでしょう。しかし、富や貧困にかかわらず、治癒しない疾患を患う人々は、疾患そのものよりも、自分の生活をコントロールできないことに苦悩すると言います。多くの文化では、女性は男性よりも自分の人生への支配感が少ないとされますが、アフリカ系米国人の女性は、しばしば、強くあるべきだと文化的に期待されることにプレッシャーを感じ、時にはそれによって健康を害するほどだと話してくれました。しかしながら、男性であるからといって支配感が常に保証されるわけでもありません。人種、階級、健康状態が性別に勝ることがあります。

3　支配感を調節するのに役立つことは何か

　問題を解決したり痛みを和らげたりすることができないことを受け入れるのは、専門家にとって容易なことではありません。あいまいな喪失に対して共に取り組むなかで、クライアントと専門家双方にとって、目的が変化することがあります。望まれる解決が可能ではない時、支配を求める要求を調節することが目標になります。言い換えるなら、完璧でない状況を受け入れるようになるということです。これには、計り知れない柔軟性が必要で、あいまいさに翻弄される無力な犠牲者でいる自分より、あいまいさを受け入れ、それと共に生きていく方を自分は選択するのだという信念が要求されます。人生への支配感が、人種的・階級的背景、あるいは健康状態、社会性、信仰、心理的な傾向から派生するのかどうかは別にして、臨床家はクライアントが、そして私たち自身が、あいまいな喪失体験と生きていく素養を持っているかどうかを評価する必要があります。大局的な目標は、終結が望めず、不完全な形の存在と不在にもかかわらず、良い人生を送れるようになることに

あります。以下の項目は、支配感を調節するのに役立つことを列記しています。それぞれの項目は、後述の「介入のための指針」の項でより詳しく述べられています。

- 世の中はいつも正しく、公平ではないことに気づく。
- 自分の人生に対する支配感はどこで得られたものかを認識する。
- 非難を外在化する。
- 自責感を減らす。
- 過去に持っていた力を明らかにする。
- 対処し、決断する。
- 成功体験を増やす。
- 物事を決めつけないようにする。
- 変えられないことを、（時々）受け止める。
- 自分ではどうにもならないという感覚を（時々）持つ。
- 例外を知る。
- 儀式を再構築する。
- 内的な自分自身に支配感を持つ。

4　妨げになるものとは？

　先に述べたように、支配感に価値を重く置く人はレジリエンスに欠け、脆くなりやすいと言えます。もちろん、人が自分の生活において未来への希望を持ち続けるには、努力と結果との相関関係や、周りを取り巻く人間関係をある程度予測できることが必要です。私たちの治療援助の目標とは、過剰な、または過小な人生への支配感への期待を調整することです。これは、支配感は価値がないのだとしてしまうのではなく、適切化するという意味です。その際、障害となるものには、以下のようなものがあります。

過剰な支配感

完璧主義を追求することは、人生に対する支配やコントロールしようとする欲求が過剰であることの表われであることが時々みられます。完全な不在や完全な存在は、通常の環境下では滅多にありません。あいまいな喪失の場合は間違いなく、それは達成不可能な目標です。絶対的な不在や存在を求めることは、あいまいさと共に生きる過程の障害となり、結果的にレジリエンスを弱めることになります。

弱すぎる支配感

受け身であったり、運命だから仕方がないと考えたりすることは、人生に対する支配やコントロールしようとする欲求が非常に低いことの表われである場合がよくあります。積極的な対処方法を活用するより、何か奇跡的な介入を待っているなら、それは非現実的であるだけでなく、うつや健康問題に発展することがあります。積極的に対処していくことは、自分らしく支配スキルを使ってみることを意味しますから、本人の健康やレジリエンスを高めるためによい方法だと言えます。

時宜に適っていない支配スキルの使用

生命を脅かすような病気や災害の経験の初期段階においては、回復や解決を積極的に求めることが役に立ちます。支配感に関連するスキルや行動は、問題解決に役立つあらゆる方法を見出すのに有効です。しかし、やがて、治癒の可能性や問題解決の確実性について見直す時機がやってきます。そして、起こっている状況の受容へと徐々に向かうことになります。

努力は常に望む結果に繋がっていくという信念

　楽観主義は大いに評価できることですが、努力が常に望む結果に繋がると固く信じることは、レジリエンスを弱くしてしまいます。あいまいな喪失においては、予備の計画「プランB」を持たずに人生を進んでいくと、幻滅し失敗者のように感じてしまうかもしれません。個人の努力が常に望む結果をもたらすという信念は、支配感を調節することの妨げとなり、レジリエンスへの障害となります。

悪いことが良い人に起こるはずがないという信念

　私たちが努力し、まっとうな人生を送るならば、良いことが起こるのだと希望することがあります。しかし、いつでもそれが万人に起こるという保証はありません。もし悪いことは悪い人に起こるものだと固く信じているのなら、あいまいな喪失という不運を経験している自分や他者を責めることになってしまうでしょう。悪いことは決して良い人間には起こらないと強く信じていると、支配感を調節することが阻害され、レジリエンスを発揮する障害ともなります。

問題を解決できないことで自分や他者を責める

　あいまいな喪失について自分や関係している人々を責めることは、個人が持つ自然な社会的支援システムの活用を阻害します。それは、個人とその人を気にかけてくれる人々との間に障壁を作ります。自責は、支配感を調節することとレジリエンスの障害となりますが、それは、自責の念が罪悪感や恥により個人を麻痺させてしまうからです。

5　支配感を調節するためのセラピーの治療援助方法と指針

　支配感を調節するには、自分の物語を自発的に、慣れ親しんだ仲間や信頼できる人々に語るのがよいでしょう。多くの場合、その人の家族や属するコミュニティの人々ということになるでしょう。子どもや親、または彼らの愛する人たちから切り離されてデブリーフィングのグループに参加するということになると、自分のなかの支配感を持つことができず、結果的に無力感を強めることになります。トラウマを経験している人々にとって、自分が話したい相手、そして話をする時を選ぶことができるということが重要となります。

　あいまいな喪失後の支配感を調節するには、ナラティヴの技法を用いることをお勧めします（White & Epston, 1990）。物語を通して認知の再構成を行うことは、喪失後の問題解決、意志決定、役割を割り当てること、またそれらにどのような期待を持てばよいかなどを関係性のなかで行っていくための良い方法となります。それだけでなく、ナラティヴの技法は、極めて必要とされる体験的な側面、つまり、ナラティヴの視点を使うことで、トラウマや喪失の後に関係した経験の意味を調節することができるのです。ディッカーソン（Dickerson）はナラティヴ・アプローチを用いる時に、単に認知を扱うよりも広い視点を持つことを勧めており、「物語のメタファー（隠喩）は人間の体験を、それが属する文化的物語から構成される意味の集合体に位置づける。つまり、人生の物語は、経験的であり意味を見出すという作業であるから、ナラティヴ・アプローチはそれほど認知行動的なアプローチではない」(2004, p.340) と述べています。ナラティヴ・アプローチはこのような経験主義的視点を持っているので、あいまいな喪失のまっただ中にいる人々にとって、人生の支配感を調節するのにふさわしいと思うのです。

　セラピストは、このような対話を使って、それぞれが持つ人生への支配とコントロールへの期待感を見極めると共に、個人がどのような選択肢を持っているか、もしあるとすれば、周りの人々に共通の見方は何なのかなどを見

極める必要があります。このようにすることで、誰のものの見方が、最も自責に傾いているかそうでないか、選択肢を持つことを重んじているかその反対か、などに光を当てることができます。言い換えると、病理的な症状だけを見つけようとしている専門家を前に、無力感や追いつめられた感覚に陥る人々がいるならば、このような対話をすることによって、そこで起こっている権力のダイナミクスを浮き彫りにし、その人の支配感を調節することができます。私たちは、人々が語る物語のなかに、その人のレジリエンスや能力を示すようなサインがあるのではないかと耳を傾けながら、またその人の過去の体験のなかにそのようなサインが垣間見られる場合には、それらを繋ぎ合わせてみることにより、その人は適切な支配感を持つことができます。語られる物語が、時機に適っていない支配への努力であったり、問題解決に固執しすぎたりしているなら、人々に、もし違う対処法が可能ならどのようにしたいと思うか、将来どんな風に同じ状況に際して対処できると思うかなどを質問して、新しい物語を語れるよう援助することが有益です。ここでの主な目標は、適切な支配感を提示することであり、別の言い方をすれば、レジリエンスや健康を維持できるよう調節する能力が必要なのです。

　物語や会話をしながら、個人や家族が持つ運命観や人生観を見極めることができます。これまでに、あいまいな喪失と共に生きたことがあったのでしょうか。どのように対処したのでしょうか。見つけた解決方法が実行できない時、どのように生活上の役割を果たし続けてきたのでしょうか。一般的に、個人の過去の経験があいまいな喪失と共に生きる教訓となっているならば、二度目はもっと容易にできるでしょう。あいまいさとコントロールできない状態に慣れ、そこから生き延びて成長してきた人々の物語を聞くことにより、周囲の人は、多くを学ぶでしょう。

離別よりも、人との繋がりを増やす

　トラウマや喪失の後、愛する人と繋がっているという感覚は、その痛みから癒やされていくなかで、中核をなしているものということができます。治療援助は、この繋がりを決して阻害するべきではありません。危機介入や悲

嘆を専門とするカウンセラーは、関係性のネットワークや被害者が既に持っている自然な社会的ネットワークをその支援に取り込む必要があります（Groopman, 2004）。最善のアプローチとしては、面識があり信頼できる地域社会のグループ、たとえば、家族、近しい友人、または牧師など交流のある宗教的な指導者を含むグループに参加することが勧められます。

　配偶者、恋人、そして家族成員のなかの分断を避けるために、あいまいな喪失によって起こる葛藤を和らげるようにしましょう。その人たちが、不在者に感じる複雑な心境に耐えられるよう援助しましょう。役割やルール、関係性の境界線などを再構築するのを助けながら、不在の人が生還した場合に備えて柔軟性を保っておきましょう。家族との衝突や離別を避けることができるのは、あいまいさに起因するストレスが強い時期に、家族や専門家がそれぞれに抱く違った見方に対して、忍耐と共感を持って接する時です。愛する人の状況が開示されなかったり、はっきりしなかったりする場合、治療援助の目標は、このあいまいな喪失に対して見解が異なっているとしても、夫婦や家族同士が一緒にいることができるように支援することです。

援助的関係

　臨床家にとって大切なのは、クライアントが持つ見方、感じ方を尊重することです。私たちは、クライアント自身がどのようにあいまいな喪失から受けるトラウマに対処できると思っているかを尋ねることが必要です。彼らはそのプロセスを徐々に変えていけると思っているでしょうか。自分の置かれている状況に対して、多少なりとも支配感を持つことができるでしょうか。人生への支配という捉え方はこれまでに変化してきたでしょうか。彼らの所属する文化や環境が支配感に影響を与えているでしょうか。たとえば、貧困であったり十分な言語理解力がなかったりする人々は、自分の生活・人生に対して無力感やコントロール感のなさをより感じるかもしれません。感じられる無力感は、原家族との関係から来ているのかもしれませんし、過去のトラウマに原因があるのかもしれませんが、いずれも、人々がそこから力を得られるものではなく、犠牲者という状態に閉じこめてしまいます。現実に基

づくものであれ想像上のものであれ、人生への支配感に対する理解は、個人と関係性の両方へどのように介入したらよいかを見極める手がかりとして役立ちます。

　クライアントが喪失を受容できない局面に直面する時、専門家もまた人生への支配感を求める自らのニーズを調節しなければなりません。9.11テロの後、行方不明の家族や友人、同僚を持つジャーナリスト、テレビのプロデューサー、管理職の人々、そしてセラピストまでもが、はっきりとした終結を見ることができないことにいらだち、忍耐をなくしているのを見てきました。終結が存在しない状態は、多くのセラピストに自分たちが良い仕事をしていないかのような感覚を抱かせました。「なぜこの人たちはもう誰も生きていないということを受け入れられないのか」とたびたび尋ねられました。そう、そこが問題なのです！　彼らは遺体を見ることができないので、死の明確な根拠を持つことができないのです。そこで彼らは奇跡を待ち望んでいました。実際には時々病院で、または外国で、行方不明の人が生還したこともあったのです。その頻度は、多くの家族の希望を繋ぐに十分なものだと言えるでしょう。

　すべてを知ることができない、目の前の状況を支配できない不快感は、専門家の訓練過程においてもほとんど話題にされていません。このことに気づいて初めて、なぜ終結を拒むクライアントに対しての共感が少ないのかを理解できるようになりました。しかしながら、答えが得られない問いとは、臨床上で取り扱われる課題の一部であると言えます――トラウマを持つ人々、生活基盤を剝奪された家族、解雇され職のない人、治癒しない病気や状況にある人を介護する家族などが抱える課題でもあるのです。クライアントの問題にはっきりとした解決が存在しない時、私たちが抱く不快感については滅多に取り上げられません。むしろ、私たちの訓練は治すことや癒やすことにあります。私たちがこの視点に固着すると、クライアントの痛みを取り去れないことは治療援助の失敗と捉えるしかなくなってしまいます。人生の支配感を和らげるとは、私たちの仕事と人生の多くのことが、実は決してすべてを知り得ない未解決のまま残る側面を考えてみることを意味します。

　私たち自身についての学びこそ、支配感を調節する第一歩となります。ク

ライアントの支配感の欠如に対してより共感できるようになるため、私たち自身の不完全さを認識する必要があります。まず自分自身が自分自身と他者との関わりについて学ぶ時、クライアントに対してもっと共感できるようになり、その苦悩を理解することができるでしょう。これについては、より詳しくエピローグのなかの個人の学びにおいて述べることにします。

介入のための指針

　これから述べることは、うつや心身症に起因する無力感を避けられるよう、人々が持つ支配感を調整していく際に助けとなる事柄です。これらのリストは夫婦や家族に見られる共通点を前提としていますが、それぞれ特定の状況に適応した介入方法を行ってください。

▶世界は常に正しく公平ではないことに気づく

　私たちの文化に属する人は、この世界は正しく公平であると信じています (Lerner, 1971; Lerner & Simmons, 1966)。これは、外的環境から起こることを含め、自分たちに起こることをコントロールでき支配できる、またはその力が自分にあると信じているということです。フェスティンガー（Festinger, 1957）によれば、この信念を持ち続けるためには、努力すればその結果が返ってくるという関係は客観的に正しいのだと信じること、またはこの関係はすべての人に当てはまるのだと信じることが必要です。このような、公平さと人生に対する支配への信念があると、喪失に苦しむ人は彼らの行いに対する報いを受けているということになります。更に、もし、善良な人間は自分たちや自分たちの愛する人に何が起こっても、それを乗り越えられるものなのだとされるなら、喪失を癒やすことも解決することもできない人々は失敗者であり、責められるべき人になってしまいます。それゆえ、私たちがトラウマへの介入として最初にしなければいけないことは、喪失のトラウマ体験者たちに、喪失やあいまいさは、彼らや彼女らのせいで起こったのではないと繰り返し言うことです。

第5章　支配感を調節する

▶支配感の起源に気づく

　人々の置かれた文脈、環境、そして文化は、あいまいな喪失と共に生きるなかで、支配感を調節するのに大きな関わりがあります。人が既に外的な強制力（拷問、強姦、近親姦、虐待、貧困、汚名、社会的差別）によって自分の力を奪われている場合、無力感を認めるように主張するのは、そのような境遇のなかにいる人々に対して公平なことだとは言えません。たとえば、北米インディアンはこれを認めることを躊躇しますし、依存症の治療に対しては12ステップよりもスウェット・ロッジ（儀式や浄化を行う施設）が利用されることが多いと言われます。ミネソタでは、女性、青年、北米インディアンへの個別の治療方法が存在していますが、そのなかで、力を捨て去るのではなく、認知的に力を獲得していく方向を強調しています。このような治療アプローチの移行は、専門家のなかでも自分たちの持っている支配感に対する価値観を調整していこうとしている徴候であると言えるでしょう。

　文脈は多様性の影響を含みます。ですから、性別や人種の違いは、クライアントが持つ支配感を見立てる際に考慮する必要があります。パーリンとスクーラー（Pearlin & Schooler, 1978）が人々の支配感を測定した調査では、男性は女性よりも生活上のストレス要因に耐え、レジリエンスを与えてくれる心理社会的な資源を持っていると回答しています。今日の世界のほとんどの場所で、多くの女性が自宅で子どもや病人、死にゆく人の介護者であることを考えるならば、男性は依然として女性よりも高い自発的行動力を持っていることになります。既に力を奪い取られている人々にそれ以上の降伏を求めるより、私たちは、そういった人々に、まず、家族面接に来る時間は何時がいいか、誰を面接のなかに加えたいか、などといった選択肢を与えるような小さなことから始めたいと思います。

　もっと広い視点からの問題点として、次のようなことが挙げられます。宿命論や運命という考え方はどこからやってきたのでしょうか。人生への支配感が先でしょうか、宿命論が先でしょうか。クライアントが持つ運命論的な考え方は適応の障害となっているでしょうか。または適応する際に、その人が十分な資源を持っていないため、運命論的な信念形態を強めているのでしょうか。喪失が起こり、何を持っても取り返しがつかない時、運命論的な

信念形態は短期的に見て機能的かもしれませんが、長期的に見て、現状を変えようとはしない点から言えば、この信念形態は非機能的であるとも言えます。人は生き延びることはできても、変化に対して開かれた態度でいないなら、自分を取り巻く状況を変えることはできません。

　家族や地域社会が喪失という状況に対する支配感を持っているのだと信じることは、出来事に対処する積極的な行動を身につける助けとなり、家族のなかにある物事を変えていこうとする改革精神を刺激することができます (Boss, 2002c)。このような見方は、運命論と共に、個人の力や精神力を超えたところにある、人々の持つ文化やその時々の状況に根ざしているものだということを知っておく必要があるでしょう。

▶非難を外在化する

　どのような世界観であっても、専門家が個人、夫婦、家族の無力感や支配感の欠如といった感覚を、それこそが自分たちの敵であると外在化することができるなら、大きな助けとなります。この場合、正確に言えば、喪失を取り巻くあいまいさが敵であるということになります。あいまいな喪失後のトラウマから、人々はよく、「あれをしていれば、これをしていればよかったのに」と言うものです。私たちの治療援助は、この自責の念を外在化することです。その次の段階として、個人が十分良い仕事ができなかった、失敗したと捉えていることを取り上げていくことになります。

▶自責感を減らす

　支配感を調整するもう一つの方法とは、自分を責めることから視点を変えることです。ニューヨークに住むある若い未亡人は、9.11テロの朝、夫がセットした目覚まし時計が鳴っていたのに、朝6時に夫を起こさなかったことで自分を責め続けてきたと話してくれました。結果的に夫は、仕事に遅れて出発し、世界貿易センタービルが崩壊した時その場所に居合わせることになったのです。目覚まし時計の時刻は夫が誤って合わせたにもかかわらず、2年間にもわたり自分を責めていました。2年後の9.11記念日を迎えた時、私は彼女と話をし、彼女は自分の見方を調整しました。そして、自分が夫を

起こさなかったから夫が死んだのではなく、むしろ彼が死を迎える運命的な朝に、もう一時間だけ多く彼女や家族と共に過ごすことを望んだと考えるようになったのです。

▶過去に持っていた力を確認する

　過去に持っていた自分のレジリエンスを探してみましょう。個人の無力感の歴史を振り返っていては希望を維持することが難しくなるのと同様に、過去に自分が支配感をどう調節していたかに気づくことで、現在起きているこの状況に対処しやすくなるでしょう。過去どんな能力があったかについての話は、クライアント自身から、または他の人から得られるかもしれません。グループワークの利点はここにあります。また、祖父母や親戚のお年寄りを、ナラティヴを用いた介入グループに招くことで、過去の適応能力についての物語を得られることもあり、お勧めできます。もし、グループのなかで全く過去の話が提供されない時には、私は書かれた物語のなかからふさわしいものを提供することもあります。たとえば、北極の冬に自分の子どもたちから見捨てられながらも生き延びた二人のイヌイット族の女性の物語を使いました（Wallis, 1993）。また、私たちは、今経験している困難をうまく凌いでいる他の人たちの話からも学ぶことができます。たとえば、私が年老いていく母親を介護していた時、離れたところに住みながら、自分の健康を損なうことなくしっかり同じような介護をやり遂げた同僚や友人から、多くを学びました。私たちは自分たちの経験からも学べますが、私たちより前に同じようにあいまいな喪失を体験した人々から話を聞くことによって、もっと多くのことを学ぶことができます。

▶対処し、決断する

　あいまいな喪失によるトラウマが継続すると、人は疲労していきます。個人的に、または夫婦や家族として、彼らの支配感は衰えていきますが、それは心理的な理由だけではなく、支配できないという感覚による肉体的疲労感によってももたらされます。ですから、このような臨床上の問題は、時間やストレスの管理、どうやってもっと援助や良い睡眠、そして娯楽を増やす

か、といったことが焦点になってきます。そのために、ピア・グループや合同家族グループなどが役に立ちます。自宅で介護をしている人々は、社会的な関わりや情報提供の場として、グループから力を得ることができますが、このように家の外で行われるグループに参加できるようにするためには、家族成員と順番に会い、介護をしている人が安心してグループや外出ができるよう（交代のことなどもふまえて）配慮する必要があるかもしれません。

▶成功体験を増やす

　喪失やトラウマの後には、無力感を増加させるような反応を徐々に前向きな力を与えるものに替えていくことが重要です。トラウマが明らかにコントロールできないものだと人々が学習すると、「恐れは抑うつに繋がって」いきます (Seligman, 1992, p.74)。あいまいな喪失においては、本質的に状況はコントロール不能であるため、抑うつがその結果としてもたらされることになります。簡単に支配感を持てる活動を奨励し、能力を保有している感覚を取り戻せるように小さなステップで考えましょう。成功を増やすために、孤立を社会的な繋がりへ、また、無力感から変化するために自分には何かできるのだと信じることへ、混乱した世界から一貫性があり対処可能な世界を信頼することへと移行させていきます。回復と力づけることの目的は、選択肢、情報、社会的な支援、新たな希望と夢などを見つけて構築することです (Boss, 2002c)。

▶原因についての決めつけを和らげる

　何を自分のトラウマ的喪失の原因と見ているかは、その人の無力感に対する支配の見方に影響します。柔軟性がなく冷酷な（原因についての）決めつけを和らげる必要があります。人は人種や宗教的な背景をもとに、喪失やトラウマを神のおぼしめしや運命論や不運と見なすことがあります。彼らは起こったことや、防げなかったことで自分は何もできないと固く信じているかもしれません。または、自分こそがすべての原因だと偏狭に捉えているかもしれません。あいまいな喪失やトラウマを運命と捉えることは、社会的環境的な変化に支障をもたらすことがありますが、より柔軟な価値観や信念は、資源

をなかなか利用できない人（Kagitcibasi, 1983）や、明確な情報が入手できない人たちのレジリエンスを育てることができます（Boss, 2002）。

▶変えられないことを（時々は）受け入れる

　私たちは、貧困の状態にある人や資源のない人たちに対して、楽観的であってはなりません。そうは言っても、あいまいな喪失のように、苦悩からの救済がほとんどない時、人々は、他の人がどのように逆境の中で無力感を受容したのか、その話を聞くことは重要です。私は、受容することが屈服することと同じだとは言っていません。むしろ、その状況を受け入れるように、自分が決断することだと考えています。そうすることにより、受容は、個人の支配感を調節する役目を果たすのです。ナラティヴ・セラピーでは、私たちは無力感についての物語と受容の話を区別する必要があります。もし人があいまいな喪失を受け入れ、それと共に生きると決めたのなら、彼らはあいまいな喪失の消極的な犠牲者ではなく、無力でもありません。いなくなった人の記憶を自分にとどめていくという決断をすることは、受容であっても無力であることにはなりません。生きていくために問題解決に取り組むのはレジリエンスの徴候です。もし、健康の助けになるなら、これが自分の運命かもしれないと思うことを実行してみることも、支配感を調節することに繋がります。

　先に述べたように、持っている資源が少ない人々は、支配感を持たないことに慣れています。一方、手段や特権を持つ人々は、自分の思うようにやっていくやり方に慣れています。どちらも支配に対する価値観を、それぞれ違った方向に調節する必要があります。貧しい人に対しては、地域サービスの利用や地域でのつながりをもっと持てるように指導するとよいでしょう。特権を持っている人に対しては、彼らがマネジメント・スキルを向ける方向を修正し、望む結果を変えていけるように援助します。たとえば、ある若い女性が乳癌で亡くなったのですが、その妹は、会社の重役であり支配感を持つことに非常に長けた人物でした。しかし、姉を救うことができなかったことに葛藤するようになりました。最終的に、彼女は、姉を助けられなかったけれど、他の女性を助ける方法を見つけました。彼女は、米国の中東部にあ

る乳癌研究センターのための基金集めで最も成功した年間イベントを取り仕切り、現在も実施しているのです。彼女は、自分の持っている経営スキルを使ってそこに希望を見出しながら、自身の支配への欲求を調節したのでした。

私たちは、人がどのように深刻な状況から、自分の人生に責任を持ちながら乗り越えてきたかという物語が必要です。残念なことに、多くの今日見る映画や物語は、悪が徹底的に負け、英雄が完勝するというものばかりです。現実の人生は、そんなに完璧なものではありません。善良な人も苦しむのです。しかし、願わくは、勝つことや乗り越えることの意味を再定義し、立ち直ることを学ぶことです。攻撃的であればいつも勝者になるとは限りません。これは『戦場のピアニスト』という映画において、美しく描写されています (Polanski, 2002)。主人公である才能豊かなピアニストは、ナチから隠れ、空き家となったアパートに秘密裏に住むことを受け入れました。ここでは少しでも物音を立てれば、自分の存在を他人に知られてしまうのです。恐ろしい境遇のなかで、このピアニストは、自分を隠したまま、しかし同時に、自分の存在の一部はしっかりとつかみながら生き延びます。本物のピアノが弾けない時、彼は、想像のなかで音色を奏でていたのです。

▶自分は無敵だという感覚を（時々は）持つ

この他に、人には無敵という感覚が必要な時もあります。兵士が戦闘に行く時、そして癌患者が抗癌剤治療に入る時などがそうでしょう。彼らには、自分がこの状況に対処できるのだという支配感が必要です。確かに自分の限りある命や毎日の生活における失敗を否定することは、それほど助けにならないかもしれませんが、人が圧倒的な困難に直面している時には役立つでしょう。死の脅威を否定し、自分の能力と希望に自らをゆだねることは、厳しい戦闘のなかで身の安全に繋がります。戦争捕虜や虐げられている人は、消極性を保つことが生き延びるための選択になるかもしれませんが、たとえそうであっても、私たちは支配感を高めるような小さな行動に出るよう励まします。戦争捕虜である人々は、牢獄の壁をたたくことによってメッセージを送り合い、生命を守るコミュニケーションのネットワークを維持します。捕虜として長期間独房で監禁されている人は、見張りに当てつけるためわざ

第5章　支配感を調節する

と尿器を外して用を足したりするのです。他の収監者たちは、監禁が長引くにつれ、自分の心のなかで家を建てたり、畑を耕したりします。ある人たちは聖書の言葉を覚えるでしょう。このような行動は、現実なのか想像上なのかにかかわらず、人間の支配感と希望を、非人間的監禁状態において保持していく助けとなるのです。

▶例外を知る
　依存が問題となる時には、誇張された無敵感は、回復や健康につながってはいきません。治療・援助のやり方や介入を進める際に、セラピストは、クライアントがどれくらい人生へのコントロール感を持っているか、その信念や価値観についてまず評価しなければなりません。多くの場合に、依存症への支配行為は、それに対する無力感をまず認めることによって獲得されます。そこにはもちろん例外もあります。外的な力によって既に依存的な状態であり、汚名を着せられていたり、被害者となっていたりする人々には、無力感を認めることは有効ではないかもしれません。その代わりに、その人の持てる力を探し出すことに焦点を向ける必要があります。アラスカ州のバーロウ、ミネソタ州のダルース、そしてケベック州のモントリオールから来た北米インディアンに尋ねた時、彼らは自分たちの置かれた状況に即した治療方法について話してくれました。それは、自分の属する部族のコミュニティに繋がり直すことを通して、依存症に負けない自己支配感を見出すことでした。

▶儀式を再構築する
　あいまいな喪失からくるトラウマを正常化する儀式が全くない場合、私たちはクライアントの信念や価値観に合う新しい儀式を作り出せるように援助します。たとえば、埋葬する遺体がない場合や、所属する宗教団体の規則に遺体のない葬式ができないという定めがある場合、創造的積極的に新しい儀式を作り出せるように助けるのです。災害時に必要な儀式については、宗教団体やその指導者に柔軟な姿勢を持つように求めることも役に立ちます。9.11テロ以降のニューヨークでは、多くの人がそうでした。儀式を管理する

167

第Ⅱ部　あいまいな喪失の治療・援助の目標

指導者は、行方不明の家族を抱える人々を助けるため、彼らの持つコントロール感を調整する必要があります。

▶内的自己（internal self）に対する支配感を持つ

　周りの世界が自分の対処能力を超える時、あいまいな喪失の場合がそうですが、自分の内的な世界にどう対処するかを学ぶことが助けとなり、ストレスを軽減することになります。個人の主観的なコントロール感は、客観的な状況についてのコントロール力よりも重要です。現実的に状況を変えることができない場合、私たちはそのような捉え方を再解釈し、どうにも動かせないのだという見方を変えることができます（Mandler, 1993）。言い換えるならば、肯定的な解釈は、否定的な感情を変えることができます。自分の環境やそのなかにいる人々をコントロールしようとする制御感から、内的自己をコントロールしようとする制御感へ移行することは、人生への支配感を再定義することであり、あいまいな喪失に接した時、大変有効な対処法の一つとなります。

　マサチューセッツ工科大学（MIT）では、欧米の科学者とチベットの仏教徒が、協働で否定的なストレスを支配する方法について学んでいます（Dingfelder, 2003）。心理学の研究者たちは客観的に人を観察することを通して心について学んでいますが、チベット人の僧侶は、自分の心を学ぶことに自分の人生を費やします。彼らが瞑想によって得る知識は、レジリエンスに関してもユニークなものを提供してくれます。それは、内的な支配感です。仏教徒は否定的な感情を避けられないものとは捉えず、むしろそれはストレスによって作り出されるので、防ぐことができるものであると考えます。欧米の心理学者は個人が否定的な感情を感じた後にコントロールすることに焦点を当てますが、仏教徒は否定的な感情が起こる前に手を打つことに焦点を当てています。これはマインドフルネスの瞑想とよばれています（Ekman, 2003）。

　瞑想を通じて先手を打ち、ストレスに対する支配感を持つという方法は、あいまいさや喪失と共に生きることを学ぶことに通じるものがあります。一般的に支持されている心理学の知見とは、支配に対する欧米の視点に基づくものであり、問題に対処する前に問題が何であるかを知っておく必要がある

というものです (Lazarus, 1966)。しかし人々は瞑想することにより、問題の存在を知る以前から、気持ちが落ち込むような考えに取り込まれないようにする方法を学ぶのです。事実を知ることなしに対処は不可能だという仮説は調節される必要があり、あいまいな喪失がある状況においては特にそうだと言えます。仏教や多くのスピリチュアルな思想家たちは、答えのない問いに、トラウマを負ったり挫折させられたりはしないものです。

次のような禅の説法は、私たちが偏狭でレジリエンスを持たない考え方に固執するなら、私たちのコントロール感への欲求は大きな問題を起こしてしまうことをよく描いています。男が川で夕暮れを見て楽しんでいました。そして一つの小舟が自分の方に来るのを見ました。彼は船頭に注意を促し、進行方向を変えるようにと叫びましたが、その小舟は男の方に近づいてきます。男は立ち上がり、叫んで拳を振り上げましたが、小舟は男にぶつかってしまいました。この最後の瞬間に、男は小舟に誰も乗っていないことに気づいたのです。教訓。誰も乗っていない小舟は多く存在する。叫んだり、拳を振り回したりする前に、自分の心を開きなさい。

6　まとめ

もはや自分の人生に対して影響力を行使できると信じられない時には、レジリエンスは減少し、健康が危険にさらされます。しかしながら、私たちは次のことを心にとどめておかなくてはいけません。置かれた状況が人生に対する支配感の持ちように影響を与えるのであり、喪失とトラウマの状況は違ったレベルの支配感を必要としているのです。つまり、セラピストは標準的な事例における研究結果と同時に、個々の事例に見られる現象学的な違いにも注意を向ける必要があります。

あいまいな喪失においては、問題を完全に克服することは不可能です。そのため、克服するということについての新しい視点と、その有用性と用途を調節する戦略が必要になります。愛する人が心や肉体において不在となっていることからくる人々の痛みや苦悩を私たちが目にする時、その人々の性

別、世代、文化や過去の経験によって、同じ出来事であっても全く違ったものになり得ると意識しておかなければなりません。典型的な悲嘆やPTSDに対する治療だけでは十分とは言えません。クライアントが自分の人生に対して、もはや支配感はない、どうすることもできないと感じているなら、私たちの課題は、絶望しないように彼らの無力さを再構築するよう援助することです。どのようにあいまいな喪失からくるトラウマに対応していくかについて、人々はそれを形作る力を持っているのです。それこそ、人生の支配感を調節することに他なりません。

第 **6** 章

アイデンティティーの再構築

　人々は、愛する人の心や体が不在になると、当然のことながら、アイデンティティーについて混乱するようになります。もはや、これまで家族のなかで果たしてきた役割や立場（status）[*1]がしっくり感じられることはありませんし、混乱することが山積みになります。夫が物理的に消えてしまった女性は、自分が妻なのかそれとも未亡人なのかと自問します。母親がアルツハイマー病を患っている男性は、今の自分は母親にとって息子ではなく、むしろ親なのではないかと自問することがあります。自分が何者であるかということを再構築できるようになるまでは、こういった状況が本人にとってトラウマとなることがあります。

　存在しているのかしていないのかがはっきりしない誰かが家族にいる場合、その家族成員との関係で、自分が何者であるのかが分かるためには、家族のなかの役割や位置、関係性の境界線、習慣や儀式を、認知的かつ情緒的に再構築することが必要になります。つまり、現実の家族や心の家族との関係のなかで自分のアイデンティティーを見直すことこそ、レジリエンスを育む力となるのです。あいまいな喪失の後にくるアイデンティティーの再構築を手助けするために、クライアントは次のようなことを自分に問いかけてみるとよいでしょう。「今の自分は何者なのか」「今の自分にとって誰が本当の家族なのか」「今の自分にはどんな役割が求められているのか」「今の自分はどのようなコミュニティに所属しているのか」「帰る家はどこにあるのか」。アイデンティティーに関するこのような質問に答えることは、たとえ個人的に取り組むべきことであったとしても、そのプロセスは本質的には他者との関係において起こります。大切な人がいなくなってしまった状況に適応していくためには、夫婦や家族成員が共に苦労しながら、それぞれのアイデンティ

ティーや役割について再度話し合い、再構築する必要があります。

1　アイデンティティーとあいまいな喪失

　あいまいな喪失は、(アルツハイマー病などの)患者当人とその家族の両方に、アイデンティティーの喪失を引き起こすかもしれません。というのは、患者本人は心理的に牢獄にとらわれているような状態であり、家族はそのことによって取り残された状態にあるからです。あいまいさから生じるトラウマは、自分は何者なのか、自分に何が求められているのかについて、明確に考える能力を阻害します。このような関係性の力動は、アイデンティティーの混乱を引き起こします。この場合の症状には、確信のなさや優柔不断、不注意、集中力の欠如などがあります。これらの症状は、抑うつの兆候と見なされることもよくあります。あいまいな喪失の場合、むしろこのような症状は、外的な要因によって引き起こされた精神的な機能の阻害の形を反映していると言えるでしょう。自分は何者なのか、どんな役割を果たすべきなのか、このような混乱はクライアントに責任があるのではなく、むしろあいまいな状況によって発生していると言えます。

　人々に対して新たにつけられた呼び名(レッテル)は、あいまいな喪失後にどのようなアイデンティティーの再構築が行われたかを反映します。たとえば、離婚をすれば、元配偶者、コ・ペアレント[*2]、片親、親権を持たない親といったアイデンティティー(そして役割)を引き受けたことになります。キリスト教の宗教団体を去れば、修道女は元修道女に、司祭は元司祭というように、それらの人々のアイデンティティーも変わっていきます。女性が出産後に子どもを手放すことになれば、彼女のアイデンティティーは産みの母親となりますが、それは養子縁組や里親制度による別の母親が存在することを示します。このような場合のすべてに言えることは、名詞の前の形容詞が、その人のアイデンティティーや、役割、そして他者との関係の再構築を示しているということです。たとえ心理的な絆は依然として持続していても、人が別れを経験する時には、自分自身を何者と受け止めているのかについて見

第 6 章　アイデンティティーの再構築

直さなくてはならなくなります。これは、レジリエンスと健康を保つために不可欠なことです。

定義

　ここでのアイデンティティーとは、家族やコミュニティでの対人関係において、自分は何者なのか、自分の役割は何なのかについて、分かっていることだと定義できます。また、人は他者が自分をどう見ているのかをも踏まえて、自分を定義すると言えます。これは相互作用的なプロセスです。明確なアイデンティティーとは、思春期の若者が、社会で果たす自分の役割を含む、一貫した自己意識を模索するなかで進展する心理的な成長段階のことを示します (Erikson, 1950; Papalia et al., 2004)。しかし、あいまいな喪失が生じると、異常な状況への通常の反応として、アイデンティティーの混乱が生じます。年齢を問わずすべての人々が、今後も自分がよく機能していけるよう、自分自身を再構築する必要があると気がつきます。

　通常、人は成長につれて、アイデンティティーの見直しができるようになります。つまり、自分があるべき標準的な姿とありのままの自分の姿を認識し、調和させることができます (Burke, 1991; Burke & Reitzes, 1991)。しかし、あいまいな喪失により、これができなくなります。自分の喪失が何であるか分からないままでは、ありのままの自分と、個人や家族、コミュニティにおいて求められる自分を一致させることはできません。自分とは何者なのか、身体的にあるいは心理的に行方不明である家族との関係において何が自分に求められているのかが分からなければ、中途半端なアイデンティティーの状態が続き、次第に混乱が生じ、両価的な感情を抱くようになります。

　しかし、朗報もあります。たとえ、あいまいな喪失による症状が外的状況によって引き起こされるものであり、個人にはなすすべのないことであっても、他者との関わりにおいて自分というものを内的に再構成することができれば、大きな助けとなります。あいまいな喪失のもとでは、これから背負う課題はもっとトラウマ的なものになるかもしれません。しかし、健康が維持できるかどうかは、アイデンティティーがあまり明確ではない状態——今後

も明確になることはないかもしれませんが——そのような自分のアイデンティティーに耐えられるようにするレジリエンスによって決まってくるのです。

　エリクソン（Erikson）は、「自分が何者なのか分からない」と話す患者たち（Piers & Landau, 1979, p.176）、そして、彼らによるアイデンティティーの模索（自分探し）について著述しています。エリクソン（1950）は、この生涯にわたるアイデンティティーの模索のことを、変化の只中にあって内面の連続性に確信を持つこと、と定義しました。彼は、内面の連続性は不可能だ、という考えは退けたのです。しかし、愛する人が自分の人生のなかにいるのかいないのかはっきりしない時、人はいかにして内面の連続性を維持することができるのでしょうか。次のようなコメントをよく耳にします。「どうすれば幽霊と一緒に人生を歩み続けられるのでしょうか」「どれだけ待てばあの人と再会できるのでしょうか」あるいは、「生きていようが死んでいようが、とにかく戻ってきてほしいのです」といった内容です。また、認知症や脳損傷による心の喪失の場合は、次のようなコメントを聞きます。「あの人の心のなかには、もう誰もいないのです。私には、もはや父親はいないのです」「今でも妻はここにいるのに、もはや結婚生活は終わったのです」。

　一人の人間は、多数のアイデンティティーを持つことができ、それらははっきりと区別できると同時に、相互に関わっています。ある人は、親であり、子であり、配偶者であり、稼ぎ手であり、介護・世話をする人、など、すべてに同時になることができます。それぞれの役割についても同じく、お互い特徴がありながら、関連し合っており、その人の時間とエネルギーを競い合うように必要としています。たとえばアルツハイマー病の高齢者や、脳損傷の子どもの世話をすることは、そのための時間やエネルギーを獲得するために、妻や母親、稼ぎ手としてのアイデンティティーと競合することになります。実際、このように多数のアイデンティティーを引き受けている人は、レジリエンスを保つための自分の資源を損なわずにどうやっていけるか、よく考えておいた方がよいでしょう。あいまいな喪失によってアイデンティティーを変える必要が起こるので、そのストレスが他の関係性におけるアイデンティティーの発達を脅かすことにもなりかねません。このような例

第6章　アイデンティティーの再構築

では、家族の誰かのケアのために結婚生活が破綻してしまうケースがあります。増えていく複数のアイデンティティーをこなしていかなければならない人々にとって、その状況の要求に応じたアイデンティティーや、日常生活や対人関係の複雑さに応じたアイデンティティーを再構築することが課題となるでしょう。

▶個人のアイデンティティー

　精神分析学者のエリック・エリクソン（1968）は、個人のアイデンティティーを、変化の渦中における自己の内面的連続性に対する明確な確信である、と定義しました。この定義づけにより、アイデンティティーは自己についての理論となりました（Elkind, 1998）。しかし、あいまいな喪失の観点から見れば、アイデンティティーは関係性の概念と言えます。つまり、自分は何者なのか、どんな役割があるのか、どのような地位におり、何がどのような形でできるのか、このような問いへの理解であると言えます。

　エリクソン自身の人生は、彼の理論以上に、その複雑な人生の状況において、あいまいな喪失がアイデンティティーの模索に影響を与えていることが描き出されています。エリクソンの実の父親はデンマーク人でしたが、エリクソンが生まれる前に母親を捨て、去りました。母親のカーラ・アブラハムセンは、ユダヤ系の若い女性でしたが、エリックの主治医であったドイツ人小児科医のテオドール・ホーンブルガーとその後結婚します。エリックは、ホーンブルガーの姓を名乗るようになりますが、実の父については明かされないままでした。彼は北欧系の風貌を持っていましたがユダヤ人であったために、学校では北欧系の同級生から拒絶され、その上父親の（ユダヤ教の）礼拝堂では「異教徒」と呼ばれ、二重の拒絶を受けていました。「エリクソンは、あいまいな素性とその結果として生じる自分の不確実なアイデンティティーが個人に与える影響について調査研究を行ったが、それは彼の個人的な葛藤のなかから生まれたものであり、また同時に、現代の西洋文明における危急の課題でもあった。しかしその考察は、個人心理学[*3]の理解を深め、それが彼の貢献の一つと言えよう」（Piers & Landau, 1979, p.174）。1932年、ナチズムの台頭により、エリクソンはドイツを去り米国に移住します。その結

果、再び別のあいまいな喪失を経験することになります。それは、彼が母国を失った移民となったことです。彼は、米国市民権の申請をしますが、その際、義父の名前から北欧系の名前に変更します。エリクソンという名前を選んだ理由は不明ですが、これは、父系が不明であることや、当時ナチスの迫害があり文化的、宗教的立場に葛藤があったというあいまいさの渦中に自分のアイデンティティーを模索していたことを間違いなく示しています[1]。

　エリクソンについて詳しく示す理由は、多くのあいまいな喪失によってより複雑化している世界のなかで、アイデンティティーの再構築に挑むプロセスを表わすために他なりません。実父の失踪、人種や宗教による政治問題、移住による母国と家族の喪失、これらはすべて、アイデンティティーを模索していった経歴のなかに生じたあいまいな喪失の実例です。自分のアイデンティティーを構築し、再び作り上げるという課題は、直線的な段階にあるのではなく、むしろ家族や社会という変わりやすい文脈のなかにあり、実際、現代の多くの人々の実生活上の経験を反映しています。

　あいまいさがあってもアイデンティティーの模索が成功すれば、おそらくストレスは比較的軽い状態を保ち、トラウマになることもないでしょう。その人の機能停止状態は最小限となり、レジリエンスは最大限に生かされます。私たちは、最終的なアイデンティティーに到達することよりも、むしろ連続性と変化の両方が進行するプロセスを受け入れる必要があります。弁証的な模索のプロセスを快く受け入れることこそ、レジリエンスの核心であると言えます。

▶夫婦のアイデンティティー

　夫婦のアイデンティティーは、親密な関係にある二人が、自分たちを一組の単位と見なし、社会のなかで居場所を共有していることに関して抱く主観的な感覚です。夫婦の相互交流は、セラピーの行われる部屋や家庭のなかで生じるものばかりではなく、家庭にいる別の誰か、あるいは隣人や友人との間でも生じるものですが、それらがアイデンティティーを作ります。ある夫婦は、「争いの絶えない夫婦」[*4]のように、ありとあらゆることに言い争いが絶えません。戯曲の『バージニア・ウルフなんかこわくない』に登場する主

役のジョージとマーサ夫婦もこの一例です。争い合う二人のダンスが最高潮に達した時には、誰も止めることはできません。このような夫婦は、あいまいな喪失を経験した時に、自分たちは何者か、またお互いにどうあればよいのかについて、再構築していけるようなレジリエンスは持っていないでしょう。このような機能不全の相互交流を続けられるのですから、彼らには卓越したレジリエンスがあるように見えますが、実際はもろいものです。彼らは争いのダンスをやめて、より肯定的な相互交流に移行していくために、自分たちの態度を変えることができません。円を描くように、否定的な夫婦のアイデンティティーは、自己アイデンティティーに影響を及ぼし、非常に気が滅入るか、トラウマ的な相互交流となってしまいます。妻は、夫がこうだと思っている、そのままの妻となり、夫は、こんな人間なのだと妻が思っている、そのままの夫になってしまいます。

　ブルームスタイン（Blumstein）は、親密さの本質とは、「お互いが、相手が何者かについて、深い気づきを育てていることを示す」(2001, p.298) としています。ここでの危険性は、先に示した争いのダンスの通り、夫婦のアイデンティティーが硬直していく点です。こうした夫婦には、そのなかで生じる変化へ適応するためのレジリエンスは見られません。自分たちを、勤勉で生産的だと思っている夫婦には、老いていくことや退職後にそなえるレジリエンスがないと言えます。決して争ったりしないと自慢している夫婦の場合は、わがままな妻に向き合うことを夫がためらっているだけなのかもしれません。「パーティー好きカップル」として知られている二人組は、極端に疲れていても、社会的な立場を失うとまずいから招待を断るということを敢えてしません。このような夫婦は、危険をおかしてまで変化したい、またアイデンティティーを再構築したいという気持ちがないのです。

　ちょうど、人が、良い子のお嬢さんや悪い坊やといったように、自分の行動とアイデンティティーを家族の中で融合していくように、個人もまた自分の振る舞いを観察し、それを自分に当てはめようとします。これは、自分の家族によって割り当てられた役割をそのまま演じてしまう、という演劇的観察法[*5]の良い例です。ブルームスタイン (2001) が主張したように、特定のアイデンティティーが何度も繰り返し投影されるなら、最終的にはそれに合

うように、その個人は振る舞い始めるでしょう。彼はこのことを固定化と呼んでいます。固定化は、非常にゆっくり徐々に硬直化が進むプロセスであるため、私たちは特定のアイデンティティーが既に固定化していることに突然気づくことになるのです。たとえば、ある人の親が発作や脳損傷、認知症を患ったとします。家族のなかの一人が——通常女性の場合が多いですが——暗黙のうちに、その病人のための世話役を担うようになることがよくあります。世話役の人には、おそらくその人の持っていた他のすべてのアイデンティティーを放棄することが求められます。もしそれに応じるなら、彼女は唯一、世話をする人としてのアイデンティティーを固定化することになるでしょう。このような固定化への動きは世話をする人の健康の弊害になり得るので、「面倒見の良い娘」というアイデンティティーと共に、複数の他のアイデンティティー、たとえば、妻であり母親であり、誰かの友人であり、勤め人である、などを保っておく方がよいでしょう。たとえば、夫婦としての二人に柔軟性とレジリエンスがあるのなら、介護の役を引き受けることは、ストレスなしとはいかないでしょうが、配偶者であるという自分を失わずにその役を務めることは可能になります。

▶家族内のアイデンティティー

　精神科医で研究者でもあるライマン・ワイン（Lyman Wynne）は、統合失調症患者の家族の治療や研究を行ってきましたが、家族のアイデンティティーを、家族の持つ連続性、その現状、その特徴についての主観的感覚である、と定義しました。この定義は、以下に示す初期の研究と一致しています。ヘンデル（Handel, 1967）、ジャクソン（Jackson, 1965）、リスキン（Riskin, 1963）による共有された価値体系（shared belief systems）と家族のテーマに関する研究、フォードとヘリック（Ford & Herrick, 1974）による家族のルールに関する研究、フェレイラ（Ferreira, 1966）による家族の神話に関する研究、レイス（Reiss, 1981）と、レイスら（Reiss et al., 2000）による家族のパラダイムに関する研究などです。レイスら（2000）は、思春期の発達における遺伝と環境の影響について調査した結果、それぞれの家族は、世界がどのようなものなのかについて共有された考え方を持ち、環境と遺伝の影響によって形成される相

第6章 アイデンティティーの再構築

互の関わり方に基づいて、独自のアイデンティティーやパラダイムを作り上げているということを発見しました。このことは、あいまいな喪失が外的環境に生じた場合、それぞれの家族は、そのアイデンティティーを再構成するために格闘することを意味しています。

　家族のアイデンティティーを変更するには、家族内のルールや役割、境界線を意識的に再構築することが不可欠となります。ある二人の成人した姉妹がセラピーに訪れたことがありました。彼女たちは、自分たちの原家族について、アルコール依存の家族であると表現し、この家族のアイデンティティーを変えたいという目標を持っていました。常に過剰飲酒をする夫に苦しむ殉教者のような母親と同じようにはなりたくないという望みを、彼女たちははっきり表現しました。私は、次のセッションに彼女たちと一緒に来るように、母親を招きました。そして母親は来ませんでしたが、その代わりに自分の神父と話してみるという伝言をくれました。重要なことは、そのなかで、母親が「自分の娘たちが物事を変えようとしている」ことに祝福の言葉を送っていた点です。この伝言によって、この殉教者的な母親は、「自分の娘たち」が過去の自分とは違うようになれることや、娘たちが女性としての自分自身を再構築し、彼女たちの夫や子どもとの関係において、自分自身を再構築していくことにはっきりと祝福を示したのです。姉妹二人との家族療法を通し、その母親の娘たちは個人のアイデンティティーと夫婦のアイデンティティーを再構築することができたのです。彼女たちは、家族のアイデンティティーを変えるためには、自分たちの持つ家族の文化を変えなければならないことを学んだのです。今や彼女たちは、お酒を飲むのが中心の祝日や誕生祝いではなく、お酒をなしにし、素面で参加するというルールに基づいて、これらのお祝いをする計画を立てるようになりました。彼女たちは、両親を祝いの席に招待するようにしましたが、もちろん素面でいることが条件でした。母親は、ずっとお酒を口にしていませんでしたから、娘からの招待があると、お祝いの日に現状を維持してお酒を飲む夫と家で過ごすか、自分がどのような人間なのかを再構築して時には夫を家に残すことを選ぶかという選択を迫られました。娘たちの手助けがあり、母親も最終的には自分の選択ができるのだと学ぶに至り（Boss & Weiner, 1988）、同時に良き妻でもいら

れるようになったのです。時が過ぎ、彼女の夫も望んで参加するようになり、娘たちが決めたルールに従い、飲酒を抑えられるようになりました。明らかに、個人や夫婦、そして家族のアイデンティティーは、システムの相互作用のなかで絡み合っているのです。

「アルコール依存の家族」について執筆したスタイングラスら（Steinglass et al., 1987）は、家族のアイデンティティーを、その集団が共有している自分らしさの感覚と定義しています。家族全員がアルコール依存になるというのはおかしいと考える人もいるかもしれませんが、スタイングラスらは、集団のアイデンティティーを作り出す力学に関する研究である発見をしています。たった一人がアルコール依存であっても、他の家族成員は、機能不全のやり方で飲酒行為に便宜をはかっていることになります。このような家族内のパターンは、そこから転換していくことを妨げてしまい、その結果、家族は脆弱になります。「アルコール依存の家族」としてのアイデンティティーは時の経過と共に固まり、飲酒者が誰にも合わせない一方で、家族たちは食事の際に飲むという日課に順応していきます。家庭での社会的な活動や家事、食事は、飲酒や二日酔いをできるだけ妨げないように配慮されています。特別な行事や祭事は、依存に対応するためにキャンセルされ、予定が変更されることになります。このような適応は、「アルコール依存の家族のアイデンティティー」（p.73）を更に強化します。

依存症と同時に、他のあいまいな喪失を持ちあわせる場合には、セラピストは家族に対して変化するように促し、彼らがより健康的かつ機能的に適応できるよう援助します。家族が二度とそのような行為を我慢せずに、専門家の治療を求めることがその一つです。家族の健康とレジリエンスに向かうプロセスは、個人的にも、対人関係においても、自分は何者なのかについて再構築することから始まります。家族は、関わり方のパターンを通して、自分たちのアイデンティティーを決めます。「アルコール依存の家族」というアイデンティティーを好まないのであれば、飲酒行為に合わせるような家族の食事や祭事をやめなければなりません。家族は、特別な行事やパーティーでアルコールや薬物が中心となることを決して認めてはいけません（Imber-Black & Roberts, 1992; Steinglass et al., 1987）。より健全な家族の儀式やお祝いを

第6章　アイデンティティーの再構築

通じて、家族は自分たちが何者なのか、病気やあいまいな喪失に加えて何を我慢しているのかを定義できるようになります。

▶コミュニティや部族のアイデンティティー

　コミュニティや文化のアイデンティティーは、その集団での世界の見方や、世界における集団の位置に基づいています。個人が属するコミュニティの多様なアイデンティティーが衝突する時、緊張とトラウマが生じます。たとえば、北米のインディアンの家族の例があります。インディアンの子どもたちは、同化や「欧米化」の圧力の下、わずか6歳という幼い時に家族から、何百キロ離れた連邦政府の全寮制の学校に入れられました。その子どもたちは、自分の言語を話すことや、「インディアンらしい」服装や食事をすることを禁じられました。この非人道的なプロセスは、アメリカン・インディアン部族のアイデンティティーをほとんど根絶してしまうほどでした。今日、言語、儀式的な踊り、着こなし、食事、森林のなかの生活、古くからのスピリチュアリティー、といった失われたものを、意図的に学び直す努力が行われています。部族のメンバーたちは、伝統的な役割やルール、価値観の見直しを訴えていますが、同時に、両極端にある二つの考えをどのように支えていけるのかも示しています。彼らは、部族の家族を取り戻すのだと訴える一方で、人一倍、愛国心を抱く米国人でもあります。米国社会のどの少数派と比較しても、アメリカン・インディアンは、軍隊で兵役を務める若者の割合が高いです。彼らの伝統は戦士の役割に価値を置いていますが、実はそれは、遠い昔に彼らの国と社会の利益のために既に再構築されたものでもあるのです（Bixler, 1992; Meadows, 2002）。

　実際のところ、私たちが何者なのかについては、時間や場所によって複数の真実が存在します。アメリカン・インディアンの多くは、部族の長老たちが伝える自分たちのアイデンティティーを、積極的に子どもたちに教えています。彼らは、自尊心や自負心を反映する個人のアイデンティティーを見出すために、そうしているのです。文化的なアイデンティティーに気づけるようになるためには、マクゴールドリックら（McGoldrick et al., 1999）が述べた原家族の探求や、ハーディーとラゾロフィー（Hardy & Laszloffy, 1995）やカイ

リーら(Keiley et al., 2002)が述べた文化的地図作成(マッピング)を推薦します。しかし、アイデンティティーは静止しているものではありません。ですから、このような作業を繰り返し行うことを勧めます。どの文化や人種に属するかにかかわらず、また独身者かカップルか、既婚者か離婚経験者か、それとも未亡人なのかに関係なく、人生が進み、喪失や発達上の変化がもたらされる中で、私たちのアイデンティティーは変化します。理想的に言えば、私たちがもっとレジリエンスを高め、他者との関わりのなかで、自分というものをより前向きに展開していくのがよいでしょう。

2 理論的基盤としての社会構成主義

　社会構成主義の理論は、自分たちが何者か(つまり自らのアイデンティティー)という認識は、社会関係によって形成されるものと考えます。すなわち、私たちが何者かという意識は、重要な他者との相互交流を通して私たちに反映されるのです。しかし、個人がそれぞれ異なった社会関係や社会経験を持つために、社会における自分の在りようについての「真実」はそれぞれに異なることになります。更に、社会関係が転換し成熟するにつれ、夫婦や家族内、コミュニティにおける様々な文脈に基づいて、それぞれのアイデンティティーを再構築することが必要となります。あいまいな喪失後のアイデンティティーの再構築を目的とした介入は、多様な見方や一つではない真実を含む理論的枠組みを必要としますが、それは、あいまいな喪失体験が起きた状況だけではなく、あいまいな喪失に見舞われたアイデンティティーを有する人々が多様であるということから来るのです。

　社会構成主義は、ジョージ・ハーバート・ミード(George Herbert Mead)の象徴的相互作用にその歴史的なルーツがあります(Mead & Strauss, 1956)。しかし、セラピストによく知られている古典的著作には、バーガーとルックマン(Berger & Luckmann)による『現実の社会的構成』(1966)、ライス(Reiss)による『家族の現実への構成』(1981)、ケネス・ガーゲン(Kenneth Gergen)による『現実と関係性』(1994)などがあります。家族のアイデンティティーや

第6章　アイデンティティーの再構築

　家族の持つ世界観といった概念を広げるために、家族療法の研究者は、これらの著作の視点を生かしています（Olson & DeFrain, 2003; Patterson & Garwick, 1994）。社会構成主義の枠組みは時間の経過によって起こる変化という概念を許容します。なぜならそれは絶対的な真実というものは存在しないという立場を取るからです。人間関係やコミュニティが改まる時には、個人のアイデンティティーも変化せざるを得ないのです。

　前述した著者たちの視点から、私はあいまいな喪失後に訪れる関係性のアイデンティティーの再構築のために社会構成主義の枠組みを用いるようになりました。不在なのか存在するのかが謎である状態が続く場合、個人や家族内のアイデンティティーは他に類を見ないほど混乱します。はっきりした事実は分からず、解決策もないような状態では、社会構成主義が、真実は一つではないという立場をもつ、自分は何者か、どんな役割があるのかについて、自分で決定し選択するための理論となります。

　ガーゲン（1994）によると、同じ状況下で多数の物の見方が存在していることは「何でもよし」ということを意味するわけではないとされています。これまでの著作において、私もこの考え方に賛同していますし、「どのように捉えるかは重要だが、当然、それだけが重要なのではない」（Boss, 1992, p.118）と説明しています。実際のところ、事実は再構築された真実の一部ではあります。しかし、事実や科学的根拠がないことが、あいまいな喪失によるアイデンティティーの再構築を非常に困難でトラウマ的なものにしているのです。あいまいな喪失がある状況では、私たちが望む以上に自分のものの受け止め方に左右されやすくなります。

　また、ガーゲン（1994）は、シュッツ（Schutz, 1962）の考えに基づき、人間を歴史と文化の影響を受けた相互交流から意味を見出すものと見なしています。たとえば、言語と儀式・慣習は、社会の産物です。パターンが繰り返されるうちに当然のことと見なされるようになり、いつしかそれは伝統となります。もちろん文化的で歴史的な伝統は、人間のアイデンティティーを形成するうえで、肯定的な影響を与えることができます。しかし、文化的な伝統は頑(かたく)なになりすぎることで、レジリエンスを阻む時があり、私もそういった状況を見る機会がありました。たとえばコソボでは、民族的で宗教的なアイ

デンティティーや、それに基づいた歴史的な出来事の叙述にあまりに執着するため、憎しみを何世代にもわたって伝えていくところに、人々のアイデンティティーを固定化させています。もし家族のアイデンティティーに、より健康的でトラウマの少ない肯定的な意味を持たせようとするのなら、誰かが破壊的な相互交流パターンを変えていかなければなりません。コミュニティの伝統的な慣例、言語、相互交流手段はしばしば役立ちますが、家族や家族成員が、あいまいな喪失体験にもかかわらず、肯定的な自分たちのアイデンティティーを見つけるためには、時としてそれらを再構築することが欠かせないでしょう。ますます多様になる個人や夫婦、家族に関わる専門家は、歴史や文化について偏見のない心を維持する必要があります。アイデンティティーを再構築するための枠組みとして社会構成主義を用いることにより、過去において耳を貸されなかった声に耳が傾けられるようになり、レジリエンスを作り上げるために彼らの物語を活用できるのです。

　社会構成主義の視点は、あいまいな喪失に関わるうえで理想的とも言えます。なぜなら、それは患者やクライアントのみならず、セラピストや専門家、研究者に内省を求めるからです。社会構成主義が持つ「多様な真実」という前提に基づき、私たちは、自分がたった一つの専門的な解釈や診断を行うことに警鐘を鳴らさなくてはいけません。なぜなら、当然ではありますが、私たちは、自分とは異なる文化や歴史を持つ人々を援助しているからです。

　子どもたちのアイデンティティーの再構築には、親側の変化によって起こる困難をどう切り抜けるかが含まれます。離婚や再婚、あるいは新しいコミュニティへの移住があると、若者は、家族内での自分の居場所に関連して、自分は何者なのかについての見直しが必要になります。親の離婚や投獄、戦争、あるいは病気などの事情で、親がいなくなった時に子どもや青少年に対して、そのいなくなった親の代役となるという、発達段階に合わないアイデンティティーを押しつけられることのないよう、援助する必要があります。たとえば、善意から親戚家族や地域の人々は、父親を失った少年に「これからは君が家族の大黒柱だ」と言うかもしれません。また、障害者となった母親を抱える少女に、妹や弟たちの「母親役」を期待するかもしれませ

ん。このように誤って大人の役割を割り当てられることによって、その過剰な重荷を背負わされた子どもたちの喪失やトラウマは強化されてしまいます。彼らは、子どもとしてのアイデンティティーを失い、小さな大人になります。子どもに親の役割をさせるのではなく、残されたもう一方の親は、自分たちのアイデンティティーと家族のアイデンティティーを社会的に再構築するために、他の大人や（子どもではない）親戚を頼りにする必要があります。

3 アイデンティティーの再構築に役立つこと

以下に示す三つの発達課題のリストは、関係性におけるアイデンティティーを育てるために、スタイングラスら（Steinglass et al, 1987）が提唱しているものです。後述の「介入の指針」（197頁）で、より詳しい内容を説明しています。ここでは、あいまいな喪失の後に、自分のアイデンティティーを見直すために、もっと一般的に適応できる課題を挙げることにします。それは、家族内の境界線[*6]を明確にすること、中心となる発達上のテーマを選ぶこと、そして共通の価値観と物の見方を育むことの三点です。以下に、役立つことを示しました。

▶家族の境界線を明確にする
- 家族とは誰のことを示すのかを明確にする。誰が家族の一員で誰がそうではないのか。
- 役割を再構築する。
- ジェンダーや世代別による役割には柔軟に対応する。
- 以前のアイデンティティーを認識する。
- 個人や家族が持つ多様な文化やアイデンティティーをもっと意識する。
- 問題解決のために、家族のルールを拡大する。
- 儀式やお祝い事に必要となる家族の役割や課題を見直す。
- 再構築したアイデンティティーを示すために、シンボル（象徴）を使用する。

- 追加された新しいアイデンティティーを表現するために、新しい言語を学ぶ。
- 宗教上のアイデンティティーに起因する憎しみが世代間で継承されないようにする。
- 家族内のアイデンティティーに関わる隠し事を明らかにする。

▶**主要な発達上のテーマを選ぶ**
- ジェノグラム（家系図）を通して、レジリエンスに関する家族の肯定的なテーマをはっきりさせる。
- 不在の人がいても、これまで祝ってきた儀式を今いる人と共同で構築する。
- ジェンダーに関するテーマを探索する。
- 人は時には安全のために自分のアイデンティティーを隠すということを知っておく。

▶**共通の価値観と物の見方を育む**
- 苛酷で不明確な条件下でも、スピリチュアルなアイデンティティーを育てる。
- 家族内の価値観やアイデンティティーについて選択肢を見つける。
- この世の中は、常に公正公平にはいかないことを前提とする。
- 絶対的な考えを持つのではなく、弁証法的な考えを手本にする。

4　妨げとなること

　以下に示す要因と条件は、あいまいな喪失によるトラウマの後に行われるアイデンティティーの再構築を妨げるものです。

第6章　アイデンティティーの再構築

差別と烙印

　あいまいな喪失によるトラウマ後のアイデンティティーを再構築しようとする時に、最も有害となるのは、人種や肌の色、性的志向、身体あるいは精神的障害、性、年齢、宗教、文化によって、烙印（スティグマ）を押され差別を受けている状態です。私たちは、幼い頃からこのようなリストのどこに自分たちが位置していて、自分たちを取り巻くコミュニティがこれらをどのように見ているのかを知っています。学校や職場、病院、教会やお寺など、どこにいようとも、小さい時から私たちは、個人のアイデンティティーが家族やコミュニティの期待に調和しているのかどうかを知っています。頭の悪いやつ、人気者、尻軽女、麻薬中毒者、おたくなどと、学友が決めつけて悪口を叫んだり、あだ名をつけたりすることで、その子のアイデンティティーを固定化しようとするかもしれません。このような烙印を押された人たちは、自分に対する周囲の見方、扱い方によって、自分自身のアイデンティティーを形成するにつれ、事態は悪化します。この場合に、他者の目線を通して自分自身を見ることは、アイデンティティーの構築と再構築に否定的な影響を与えます。

　オブライエンとコラック（O'Brien & Kollock）によると、烙印を押されたアイデンティティーの例として、ホームレスや精神疾患患者、貧民、評判のよくない宗教的信仰を持つ人、などを挙げており、最もひどい烙印を押されたアイデンティティーとは、「障害者、ホームレス、元受刑者、売春婦、麻薬中毒者、精神疾患患者、生活保護受給者」などであるとしています（2001, p.500）。多くのコミュニティにおいて、ゲイやレズビアン、バイセクシャル、性転換した人々のアイデンティティーには、不名誉な烙印が押されています。未だに多くの人々が、肌の色のために人種差別的な中傷による差別を受け汚名を着せられています。ある種のアイデンティティーは烙印が押されているという理由で、あいまいな喪失を引き起こすということがあるということを、専門家は理解しておくことが重要です。偏見とは、文化的にも個人的にも、恥を生み出し本当のアイデンティティーを人の目から隠そうとする傾向を招き

ます。相互交流は抑え込まれ、信頼関係はめったにみられません。このように、烙印と差別はレジリエンスを妨げます。

烙印や偏見、差別、大虐殺に苦しむ人々のなかには、自分たちのアイデンティティーを変え、自分を偽り、他の誰かのように振る舞う人々がいます。非同性愛者や白人、男性あるいは女性として振る舞うことは、自分の身の安全のためであり、烙印を押されたアイデンティティーから逃れるべく、アイデンティティーを再構築するために取られた手段です (Crawford, 1993; Kroeger, 2003)。どんな理由であれ、偽りのアイデンティティーを維持しようとすることは、レジリエンスと健康を損ないます。

強制的な移住

人々が住み慣れた土地を後にする移住を強いられ、自分のふるさとや親戚縁者を置き去りにせざるを得ないような場合にも、アイデンティティーが試されることになります。帰郷することに危険が伴う、あるいは不可能である場合、避難所を求める人や難民は、自分の文化的アイデンティティーから切り離されることになります。ハーディーとラゾロフィー (Hardy & Laszloffy, 1995) は、奴隷制度という長期間の支配により、自分のふるさとがどこなのか、誰が家族なのか調べていく中で遭遇した混乱や文化的アイデンティティーの喪失について執筆しています。自分の母国から移住を強いられる場合は、例外なくアイデンティティーは再構築を余儀なくされます。この新しい場所における自分たちは何者なのだろうか、もしこの新天地に情が移ったとしたら私たちは罪の意識を覚えるだろうか、臨床家は、このような両価的な感情とアイデンティティーの混乱を状況に応じて理解し正常と見なすと同時に、そのことを文化的あいまいな喪失として扱うべきです。

ミシシッピ・バンド・アニシネーブ[*7]のウィノーナ・ラデューク (Winona LaDuke) は、人種差別によるアイデンティティー喪失による後遺症とも呼べる受け継いできたものについて書いています。「中央アメリカと南米と同様に、北米においても、植民地主義は特に残忍だった。歴史的には、集団虐殺と特徴づけられるべきだが、北米で起きたホロコーストについて私たちが語

り合うことは決してない。私たちが語っていることは、孤立して起こった虐殺についてであり、マニフェスト・デスティニー[*8]の時期にほとんど消滅させられたインディアンの人々についてだ。これはとても悲しいことだ。なぜなら、自国の歴史を知る大切さ、歴史が語ることを知る大切さの観点からすれば、インディアンを祖先に持つ人（Native）であろうとそうでなかろう（Non-native）と、何が真実であったか、過去の出来事を歴史の文脈に正しく戻すことは非常に難しいからだ」(Farley, 1993, p.107)

　イザベル・アジェンデ（Isabel Allende）は、チリから逃れ、現在カリフォルニアに居住していますが、強制移住による影響について以下のように執筆しています。「私は自分がどちらの国に属するかを決めなければいけないという義務はない。片足はチリに置き、もう片方はここに置くことができる」(2003, p.197)「私はカリフォルニアでははみ出し者だ。他の人々はスニーカーを履いているが、私は絹をまとっているし、他のみんなが豆腐や緑茶に夢中になっていても、私は牛肉を注文している」(p.190)。

　ありがたいことに、文化的あいまいな喪失によるトラウマの後に訪れるアイデンティティーの再構築は、多くの人ができることであり、実際にやっていることなのです。ある人々は、アジェンデのように、強制的な移住によって不明確化してしまったアイデンティティーに付随する、自由の感覚を好むようになります。「私は、自分の国とはいったいどんなものなのか、ジグソーパズルを完成させるように作り上げた。それは、自分の思うデザインに合うピースだけを選び、それ以外は無視するような作業だった。……私はまた、国籍を持たない私、もっと厳密に言えば多くの国籍を持っている私自身の姿も作り上げたのだ。私は、一つではなく、いくつもの土地に属しているのだ。……」(Allende, 2003, p.178)

　アジェンデは、ラデュークのように、文化的あいまいな喪失に必要なアイデンティティーの再構築は、いくつものピースが組み合わさって出来上がるパズルのようだと捉えていました。強制的な離散と移民によるあいまいな喪失の場合に必要となる再構築は、一つの絶対的なアイデンティティーのなかにあるのではなく、古いものと新しいものを弁証法的に統合するなかにあります。レジリエンスが相反する二つの考えを保持することから生じるという

ことを、私たちは二人の言葉によって気づかされます。アジェンデは、自分のことをチリ人でもあり、カリフォルニア人でもあると考えていました。ラデュークは、自分のことをアニシネーブ人でもあり、米国人でもあると考えていました。この他にも、アイリッシュ系米国人や中国系米国人、メキシコ系米国人などのような表現は、文化的な融合を反映しています。実際に、弁証法的な融合のプロセスは、他の国や島に愛する人を置き去りにした人々、あるいは置き去りとなった人々にとって、それだけ重要なのだということが言えるでしょう。もしも新しい環境においてレジリエンスを求めるなら、私たちは多数のアイデンティティーを引き受けることを学ばなければなりません。強制的に移住した人々は、ある新しいやり方を受け入れる一方で、ある古いやり方も保っておくでしょう。連続性と変化とが、共に組み合わさって一つのものを作り出すのです。

孤立と断絶

　人との繋がりは、レジリエンスのあるアイデンティティーを形成する手段になります。人との繋がりがあるおかげで、愛する人たちとの間で、自分たちは誰なのか（または、もはや誰でないのか）という問いかけから生じる矛盾する考えや緊張を生きていくことができます。孤立した状態が続くことは、このプロセスを妨げます。理想を言えば、人とのつながりには歴史と未来があり、それゆえ、若い時から年を取るまで、アイデンティティーの構築と再構築のプロセスを継続するなかで、自分自身を支えていくことができるのです。人間関係によって個人の立場が強化され、そのため、時間の経過と状況の変化に伴って、自己表現の仕方も変えていこうという、対人関係における動機を持つようになります。他者との肯定的な相互交流によって、私たちは自分の在りように自信を得ます。そして、新しい環境や新しい人々、そして今までにない状況でのプレッシャーに立ち向かえるという自信を、更に育てていけるのです。あいまいな喪失が起こり、そこで得られる事実はほんのわずかしかない時、自分の在りようを再構築できるようにするためには、自己と他者を信頼することが必要なのです。

第6章　アイデンティティーの再構築

　アブラハム・マズロー（Abraham Maslow, 1961）は、人は、自分のアイデンティティーを強烈に表わすような冒険や至高体験を求めており、そのような満足のいく人生の物語がアイデンティティーを形成するのだと言っています。しかし、ある種の至高体験は、マズローが冒険と呼ぶ内容を超越しているように私には思えます。たとえ人がその体験で（自分がその状況を何とか乗り切れたと言う）満足を得たとしても、それらはトラウマ的で、生涯痛みを感じるものかもしれません。愛する人が消え去ったら、残された家族たちは、個人的にも関係性の上でも、アイデンティティーの再構築を余儀なくされます。このプロセスは、マズローが示す冒険や至高体験よりも、はるかにトラウマ的です。愛する人を失ったことが関係性の、そして、その人のアイデンティティーを混乱させるように、孤立したままでいることは再構築のプロセスを阻害してしまいます。

一つだけの絶対的なアイデンティティーを手放さないこと

　喪失後に訪れるアイデンティティーの再構築プロセスは、その人や集団の歴史における連続性を保ちながら、変化を受け入れることを必要とします。このことは、一つだけの絶対的なアイデンティティーという発想をあきらめることを意味します。パズルのピースが全体を作るように、過去から現在までの自分に対する多数の見方を保つことは、レジリエンスを強めます。少数民族のモン族の難民で、かつての自国では軍隊長をしていた人が、新しいコミュニティにおいて、都会の市場に野菜を供給する農家を運営している市民団体の指導者になりました。アルツハイマー病を患っている男性の妻である女性は、依然として自分を有能な男性の妻だと思っていますが、同時に自分は家族の大黒柱であり、夫の世話役でもあると思っています。身体的かつ心理的な喪失の両方がある時、自分のアイデンティティーを再び作り上げるためには、複数の真実に耐える必要があります。自分や家族の絶対的なアイデンティティーに強く固執しすぎると、その柔軟性の欠如がレジリエンスを妨害することになります。人には、その人の心が失われていくような慢性的な病気や状況を否定する傾向があります。あるいは、行方不明者が既に亡く

191

なってしまったかのように振る舞って、時期尚早にもかかわらずその人を排除する傾向があります。あいまいさに耐えられなければ、愛する人の不在や存在に関連したアイデンティティーの再構築は不可能となるでしょう。

変化に抵抗すること

　あいまいな喪失をなかったことにするような、ほとんど不可能な夢にしがみつくことは、変化を妨げることになり、その結果、レジリエンスが弱まります。しかし、アイデンティティーを早く変えようと焦って、「何でも良し」と言ってしまうことも危険です。むしろここでの目的は、今自分がどうあるべきで、何をすべきかについて、新しい選択肢を模索するプロセスに取り組むことです。しかしながら、同時に、もしかしたらある時点で浮上してくるかもしれないこと、すなわち行方不明者が（養子縁組をする、病気が軽快するなどの理由で）戻ってくるといった場合も含めて、様々な可能性に対応できるようにしておくことも目的の一部です。

　あいまいな喪失後にアイデンティティーを立て直すためには、そのままの状態が続くことよりも、変化によって生じるストレスの方が、むしろ苦しみが少ないのだと信じる必要があります。多くの人が、スポーツや金融市場といった分野において、喪失（損失）と変化を秤にかける経験をしているのに、不明確な喪失の渦中で、役割やアイデンティティーをどのように変換すればよいかについて知っている人はずっと少ないのです。そのようなトラウマの後には、アイデンティティーの見直しをためらわないようにすることが目標となります。「これが、離婚で子どもを手放す前の私でした。そして、これからもずっと、これが私の姿なのです」。こんなふうに言うことは、変化への抵抗であり、またレジリエンスの障害となります。

5　アイデンティティーを再構築するための治療援助方法と指針

　「個人の物語とは、ある人の人生を誰か（あるいは自分自身）に伝えるための

単なる方法ではなく、それらによってアイデンティティーが形成されるような手段なのである」(Rosenwald & Ochberg, 1992, p. 1)。個人のナラティヴを活用する臨床手法は、社会心理学者のジョージ・ハーバート・ミード（Mead & Strauss, 1956）や、バーガーとルックマン（1966）、ライス（1981）、ガーゲン（1994）の研究で明らかとなった社会構成主義を基盤としています。この視点からも、ナラティヴによる介入は、本書で一貫してお勧めしている方法の一つです。この章では、特にナラティヴによる方法が、個人や家族内のアイデンティティーの再構築に適応することを示したいと思います。

ナラティヴの思想

　家族療法の分野におけるナラティヴの思想（Narrative Tradition）の創始者は、ホワイトとエプストン（White & Epston, 1990）とアンダーソンとグーリシャン（Anderson & Goolishian, 1992）です。ホワイトとエプストンは、レジリエンスとは、家族が代わりの物語あるいはナラティヴを作り出す余地があること、つまり、病的な家族の物語ではなく、問題を家族の中心に据えず、むしろ家族の外にあるものとして外在化できるような物語を作り出すことができる能力のことである、と見なしています。クライアントが、自分の家族のことを「勝者」あるいは「敗者」と呼び、自分自身のことを「悪人」あるいは「善人」と呼ぶ時、彼らはたいてい自分を取り巻くコミュニティからのアイデンティティーを受け入れています。自分や家族について、より肯定的なアイデンティティーや物語を見つけるためには、非難したりせず、恥ずかしい思いをさせないような聞き手が集まって構成される肯定的なコミュニティが必要です。これは、より広いシステムを扱うセラピーが必要であることのもう一つの正当な根拠でもあります。
　今日、関係性についての研究を専門とする学者たちは、語ることによって癒やされるという古典的な手法と社会構成主義と統合することにより、ナラティヴの思想を適用しようとしています（Dickerson, 2004; Fishbane, 2001; Lipchik, 2002; Weingarten, 1994）。類似した見解には、家族の儀式について述べたアンバーブラックとロバーツ（Imber-Black & Roberts, 1992）や発達に関する見解

(Carter & McGoldrick, 1999; Gilligan, 1982) があります。しかしながら、成熟し年を取ることは、アイデンティティーの再構築や家族の儀式を、予測可能で当然起こりえるものにしてくれる一方で、あいまいな喪失は、アイデンティティーの再構築の必要性を、予測不能で、たいていはトラウマ的なものへと高めてしまう面があります。

　それでは、ナラティヴの手法はどのように役立つのでしょうか。アイデンティティーは社会的に構築されるわけですから、再構築においても社会的に行われなければなりません。同様にあいまいな喪失に苦しむ人たちとの相互交流のなかで、物語を語ったり聞いたりすることは、その人のアイデンティティーを、言語や儀式、文化の象徴的相互作用やジェンダーや世代間を越えて受け継がれている対処や適応のパターンといったものを通して、関係性のなかで表現することの土台となります。たとえば、不妊症というあいまいな喪失を抱える夫婦は、他の同世代の夫婦のように親になることができないという苦悩のためにセラピーに訪れます。そして、他の夫婦との交流や夫婦間での相互交流により、癒やされていきます。この相互交流を通して、夫婦はあいまいな喪失体験を、自分たちの間で、また他の夫婦たちによって、正当に認められるだけでなく、信頼感をも得ることができ、それによって、たとえ不妊症であることに変わりはなくても、何らかのアイデンティティーの転換を可能にし、前に進むことができるのです。不妊症の夫婦は、他の様々な方法で、自分たちの生殖力や養育力を生かすことができると言う人もいるでしょう。実際、そのような夫婦は、子どもを産む、産まないを超えた選択肢を持っていると言えます。あいまいな喪失に様々なタイプがあるように、身体的および心理的な関係性——不在か存在か——の受け止め方がアイデンティティーへの影響とアイデンティティーの再構築に必要とされるレジリエンスへの影響において重要です。誰か大切な人がその人の人生からいなくなってしまっている場合は、特にそうであると言えます。

　信頼し合える親しい間柄の家族やコミュニティという環境において、ナラティヴの手法が用いられる時に、トラウマを抱える大人や十代の若者、子どもたちは、もっと気安くセラピーにやって来ると言われています。安全で親しみのある環境で、自発的に共に物語を語り聞き合うことは、再構築のプロ

第6章　アイデンティティーの再構築

セスの始まりとなります (Boss et al., 2003)。クライアントたちにとって重要な祝日の過ごし方について語り、現在、家族のなかに空席が一つあるなかでどのように祝日の過ごし方を再構築できるか共に知恵を出し合っていくことは、大変役に立ちます。自分たちがもつ強さやレジリエンス、能力に焦点を当てることにより、人々は、役割やルール、儀式や家族関係の境界線について、お互いに見直すために助け合おうとします。そうするなかで、それぞれが、自分自身の選択肢を発見するのです。

　重要なことですが、クライアントは自分の心の家族を再構築します。いったい誰が自分の家族で、誰がそうでないのか。現在の役割を果たすうえで、行方不明となった人の存在や不在が、どう影響を及ぼしているのか。ナラティヴのプロセスを通して他者との相互交流するなかで、アイデンティティーは、次第にレジリエンスと健康に向かって変化していきます。

治療援助関係

　あいまいな喪失がある時、レジリエンスを保つためにアイデンティティーを変えていくには、不在と存在に関して様々な真実があると受け入れることが必要になります。このことは、治療関係に影響を与えます。なぜなら、同じ目的のために一つではなく複数の方法があるのですから、そのプロセスは必然的に協働関係になります。セラピストにもクライアントにも答えがないのです。最善の解決策など存在しませんし、終結は望めません。新しいアイデンティティーの再構築とは、あいまいな喪失を経験する以前のその人の在りようとトラウマを乗り越え、レジリエンスと健康を保つために今どうあるべきかという姿が統合されるようになることが理想的です。

　第一に、セラピストや専門家は、この仕事を行うために、自分たちのアイデンティティーを振り返ってみる必要があります。答えがないところで、あいまいさが私たち個人の人間関係を支配する時、私たちは無力感を覚えるかもしれません。このような状況では、あいまいな喪失に関わりながら、有能な専門家としての自分を見つけるのは難しいかもしれません。たとえば、愛する家族の一員をホロコーストや集団虐殺で失う経験をした家族のなかで

育ったセラピストは、逆転移の可能性を最小限に抑えるために、スーパーヴィジョンや自分自身のためのセラピーを求める必要があるかもしれません。あいまいな喪失は、私たち自身のアイデンティティーを混乱させてしまうものであるので、自分があいまいな喪失を経験していることを認識しておくことが、クライアントのアイデンティティーを再構築する援助プロセスにおいて重要です。

　第二に、セラピストとクライアントが、同じ基本的知識を共有していると思わないことが重要です。たとえば、私たちが女性や男性にふさわしいと見なしている子育ての役割がクライアントの文化においても同じであるとは限りません。これまで経験した訓練や手法に関係なく、私たちはセラピストとして、自分の家族とは異なる家族に対し、より共感的でなければなりません。また、その人たちのアイデンティティーのアセスメントにおいて、偏見を持つかもしれないと思っておかなければなりません。今はアイデンティティーの混乱のように見えても、それは過去においてその人の命を救う役割を果たしたレジリエンスだったのかもしれません。現在、普通でない役割を果たしていても、かつては、ごく機能的な適応の仕方であったのかもしれません。不適応を起こすようになってしまったアイデンティティーを変えていくため、専門家は、多様性に対し柔軟な姿勢を持つ必要があります。これは、何でもよしという意味ではなく、むしろ、同じ目的——それは生き延びることと健康ですが——へ到達する道は様々だ、ということを意味しています。

　最後に、あいまいな喪失によるトラウマの後で、そのトラウマの物語を語らなければならないという理由から強迫的に物語ることに参加することは、治療的ではなく、また倫理に反します。自分の苦痛やトラウマを、それぞれが慣れ親しんだ自分のやり方で語ることができるようセラピーを組み立てることは私たちの責任です。誰もが長椅子に座った精神分析ふうの個人セラピーを選ぶわけではありません。多くの人は、慣れ親しんだコミュニティや家族のいる環境を好み、そこに癒やしを求めることでしょう。

第6章　アイデンティティーの再構築

介入の指針

　社会構成主義に基づいた協働的なナラティヴ・セラピーの技法と共に、以下の治療援助の指針は、助けになるものを最大限に生かし、障害となるものを減らしたり取り除いたりするのを可能にします。あいまいな喪失体験後、アイデンティティーを再構築するためのセラピーの目標は、人との関係においてレジリエンスを回復するプロセスをより柔軟なものにし、それによって変化を導くことにあります。このようなあいまいな喪失という独特の喪失とトラウマがある場合は、過去の自分の在りようと、直面しているあいまいさに対処するためにそうならざるを得なかった新しい自分との間のバランスが不安を生み出しますが、変化しないでいることに比べれば、この方が明らかに不安は少ないのです。

　「役立つこと」のところで示したように、私はあいまいな喪失後のアイデンティティーを再構築するための指針に、スタイングラスら（Steinglass et al., 1987）が推奨している、発達段階に応じた三つの課題を取り入れています。この三つの課題は、嗜癖の問題を抱えた家族だけでなく、あいまいな喪失のすべてのタイプに適応しようとする個人や家族に当てはまるものだと思います。治療的質問は次のようなものです。すなわち、「家族の境界線を決めるために何が役立つのか」「中心となる大事な発達段階のテーマを選ぶために何が役立つのか」そして、「共通の価値観や物の見方を育てるために何が役立つのか」。

　第一に、クライアントは、自分たちが認識している家族成員、そして家族の境界線について気づいていなければなりません。誰が家族で、誰がそうではないのでしょうか。家族にどこまでを含めているのでしょうか。親類縁者？　地域のコミュニティ？　民族的な集団である部族？　一族全体？　それとも核家族あるいは夫婦だけでしょうか。親族ではない人で家族と見なされている人がいます。

　第二に、家族関係における融合と分化に関連した、発達段階上の課題が検討されなければなりません。成長段階のなかで起きる家族成員の変化は家族

のなかで許容されているでしょうか。全員が、いつも同じようであったり、同じことをしなければならない状態であったりするでしょうか。家族の生活の密着度は、親密から分離までの間で多様なレベルを取りうる状況にあるでしょうか。家族のなかで、違うアイデンティティーを持つ人たちが、仲間外れとなったり見捨てられたりすることなしに、受け入れられているでしょうか。

　第三に、人々は自分の家庭の外の世界を信頼できるのでしょうか。配偶者や家族がそれぞれ、これらの問題について振り返り、自己弁護の必要性を感じることなく、今までの自分の経験を評価することができるでしょうか。家族や配偶者のそれぞれが、自分たちの関わり方について、率直に「良い面」と「そうでない面」を見極めることができるレジリエンスを持っているでしょうか。人々は、自分の原家族についてより自覚するようにならなくてはなりません。更に、現在の自分を形成している人との関わり方のパターンや他の人に抱く期待感に大きな影響を与える可能性のある体験や出来事（戦争やテロリズム、疫病、自然災害、経済的大惨事、殺人、自殺）など、自分の歴史について、いっそう意識する必要があるでしょう。このような、アイデンティティーに過酷な影響を与えるような出来事を体験した夫婦や家族は、不適応を起こすような行動様式や歪んだ世界観を形成してしまう傾向があり、適切な介入によってより機能的な相互の関係性へ変わらない限り、このようなパターンや世界観が次の世代にまで受け継がれてしまうかもしれません。

　最後に、三つの項目すべてに共通することですが、セラピストは、人々が本当の自分の在りようについてできるだけたくさんの物語を語れるように促さなければなりません。あいまいな喪失に関するアイデンティティーについて、個人や家族は、うすっぺらな表現をするかもしれませんし、内容の濃い表現をするかもしれません。もしその表現が乏しかったなら、おそらくその家族は問題が何かということを既に決めています（メアリーは悪い娘です。あの子が考えを改めてくれさえすれば、家族は問題がないのに）。このような決めつけは、変化のための選択肢に背を向けていると言えます。何が病んでいるのかという点ではなく、どんな長所があるのかについて尋ねることで、セラピストはクライアントの物語をふくらませ、より肯定的なアイデンティティーを育て

る機会を提供できます。その人の（悪い部分ではなく）潜在的能力が、再構築された物語の中心となることで、新しい可能性や新しいアイデンティティーが出現し始めます。たとえば、マイケル・ホワイト（Michael White, 1989）は、息子に放火犯というレッテルを貼っていた家族に問いかけをしていきました。そして話し合いのなかで、彼らは、自分の息子は潜在的能力を持つ若者でもあるということを発見したのです。たった二時間のセッションで、彼のアイデンティティーは「悪者」から「責任の持てる人物」に変わり、家族内のアイデンティティーも「恥さらし」から「希望」のある家族に変わりました。家族は、少年が燃やした倉庫の写真を破り捨てることはしませんでしたが、もはや、それが少年の悪を示す証拠としては見なくなりました。深い物語によって、少年の病んだ側面ではなく少年の持つ強さに価値が与えられ、その結果、役立たず、恥さらしといった家族の物語よりも、希望の物語に価値が置かれたのです（White, 1989）。

　社会構成主義者のセラピストは、クライアントに事実とデータについてではなく、配偶者や親、兄弟姉妹、友人、同僚などの重要な人との関係のパターンについて尋ねます。ガーゲンは、重要な質問は以下の通りだと言っています。すなわち、「人々がどのように役割を果たしているのか。その人たちにどんな儀式が必要なのか。どのような活動が手助けとなり、どのような活動が妨げとなるのか。そういった要求をすることで、誰が傷つき、誰が得をするのか」（1994, p.53）。家族とコミュニティにより焦点を当てるようにして、以下の指針を提示します。これらは、あいまいな喪失によるトラウマの後、関係性のアイデンティティーを立て直すために、特定した目標を設定し、ナラティヴを使った介入を効果的に準備するものになるでしょう。

▶家族の境界線を明確にするために有用なことは？
　既に示した通り、人々は、自分が家族の一員であることをどのように認知しているかについて、もっと意識する必要があります。レジリエンスを保つには柔軟性が重要である一方で、家族の外部との境界線および家族内の境界線は維持される必要があります。夫婦や家族の間では、異なるルールに我慢できるのでしょうか。夫婦や家族成員は、常に同じ役割が与えられて、それ

を果たさなければならないのでしょうか。配偶者や子どもは、無視や拒否されることなく、反対意見が出せるでしょうか。このような質問への答えを深め、変化へ向かうためにどんな選択肢を見つけられるでしょうか。

●<u>家族とは誰のことを示すのかを明確にする。誰が家族の一員で、誰がそうではないのか</u>　新しいアイデンティティーを再構築するには、まずは自分の家族とは誰なのかを知らなければなりません。これは、役割やルール、境界線を明確にするために、心の家族や、現実に存在している家族を特定することを意味します。どんなシステムでも、それが機能するためには、境界線を維持できることが必ず必要となります。状況の違いにかかわらず、誰が自分にとっての心の家族や現実の家族であり、誰がそうでないのかを私たちは知らなければなりません。同時に、私たちは、長い人生の間には、関係の境界線を横切って、入ってきたり出て行ったりする人がいることを知っておく必要があります。夫婦であってもそのことに対する受け止め方は違うかもしれません。兄弟や姉妹も、お互いや両親との間で違いがあるかもしれません。絶対的な答えは存在しません。離婚した家族や血縁のない家族ではもちろんのことですが、それぞれにとって真実が存在します。家族のなかで性格や役割の傾向が変化するように、長い時間をかけて受け止め方も変化します。本来の自分が変化し、複数かつ矛盾の多いアイデンティティーを持つようになります。夫婦は、離婚するかもしれませんが、協力的な親同士であり続けることができます。子どもは、一つの家族の夕食の場で、息子であり義理の息子でもあります。再婚したばかりの新婚夫婦は、誰かの愛する人であり、親であり、また同時に義理の親でもあります。

●<u>役割を再構築する</u>　トラウマや喪失の後に訪れるアイデンティティーの再構築とは、振り返りを指します。またそれは、おそらくクライアントにとって自分が自分であることの意味や、状況に対する自分のコントロール感にかかわる価値観や信念を再構築することであると言えます。どのような再構築の選択肢があるかは、何を自分のアイデンティティーとして保持し、どのようなものを変える必要があるかなどを、協働的な関係のなかで模索する

ことにより見つかるでしょう。子どもたちを含んだ合同家族グループや家族療法に参加すると、新しい選択肢がすぐに見えてくるでしょう。再婚した家族では、役割への混乱がつきものです。子どもの視点に立つと、自分の親の新しい配偶者は、自分の親ではないので、一方の親が不在となっただけのことです。新しい配偶者は、アイデンティティーが試されることになります。そしてこんなふうに尋ねるかもしれません。「私は彼の子どもの母親なのでしょうか、そうではないのでしょうか」。同様に、子どもたちも似たようなアイデンティティーの混乱を体験します。これは、子どもの不在の親に対する忠誠心に影響し、葛藤を生じさせます。このような場合には、親子や夫婦関係の境界線が重なり合いますが、そのことを普通に起こりえることとして話し合うことは――また、それらを紙に書いてみることも――あいまいさを体験している夫婦や家族にとって、自分たちの役割のアイデンティティーを再構築するために役立ちます。

●ジェンダーや世代による役割には柔軟に対応する　人々は、自分のアイデンティティーを固定化してしまうのではなく、他の選択肢や可能性を知る必要があります。このためには、役割やルール、そして人間関係の交流パターンにおける柔軟性が求められます。たとえば、厳密に決められた役割とは反対に柔軟性のある男女の役割分担を持つことは、プレッシャーを抱える家族にとってレジリエンスにつながりやすいのです。しかし、こんなことをよく聞きます。「私の家族では、そんなことはしません」「自分の町ではそんなことはしません」あるいは、「私たちはこんなふうにやります」など。夫婦や家族が、あいまいな喪失によるトラウマで不安定になっている時に、こんなふうに役割や要求に頑なな姿勢でいることは、関係性の健全さや個人の健康を損ない、アイデンティティーの変換を妨げてしまいます。家族の誰かが慢性的な精神疾患や身体疾患を患っている場合、健康な他の成員は、病気を超えたところに自分たち家族のアイデンティティーを見出すべきであり、そうすることにより「アルコール依存症の家族」や「統合失調症の家族」にならないですむのです。たいていの家族は、自分たちを普通だと思っているため、病気のアイデンティティーで見られることに驚きと抵抗を示します。彼らが

悔しく思うのは至極当然です。関係性の喪失やアイデンティティーの混乱を引き起こすような病気の家族がいるにもかかわらず、彼らは何とか対処しようと努力しているのですから。

　レジリエンスのある人々は、自分が何者かを知るために、融通の利かないジェンダーや世代別に決められた役割を必要としません。慢性疾患の子どもを持つ親である人々は、同時に、その子どもたちと精一杯充実した人生を送ることができます。役割とアイデンティティーがぼんやりしている状態が、長期にわたって続くとしても、そのバランスを取ることは可能です。病弱な年配の母親は、ある時は娘のようにあなたを扱いながらも、その翌日には自分が子どものようにあなたの助けを求めるかもしれません。自分の過去の姿と、今の自分がどうあらねばならないかを統合するプロセスは、あらゆる人が直面する現実であるからこそ、セラピストとクライアント双方は、それぞれの人生において、自分自身のアイデンティティーを再構築して行く必要があるのです。

　●以前のアイデンティティーを認識する　自分のあり方を再構築するためには、元配偶者や元神父、元修道女、元軍人、元社員、元受刑者などの、過去の自分の役割や地位がどんなものであれ、以前のアイデンティティーについて話し合うことが必要です。移住や投獄、離婚などによるあいまいな喪失の結果として、それ以前のアイデンティティーが過去のものになることはよくありますが、なかでもトラウマとなるのが配偶者の失踪です。残された妻には死亡証明書による法的な確証もないままに、突然「未亡人」のアイデンティティーが与えられます。セラピストは、このような過去のものとなってしまった人々が、その人の家族に、家族として見られていたのかそうでなかったのか、また、現在も家族の生活のなかにいると見なされているのかそうでないのかを必ず尋ねます。残された妻たちの役割は何でしょうか。今の家族の活動に、彼らが参加するためのルールは何でしょうか。アイデンティティーの喪失は、それを新たに見出すことと同じほど強いストレスを伴うため、治療・援助を行ううえで大切なのは、完全な変化を求めず、新旧のアイデンティティーを統合させることに焦点を当てることです。過去のアイデン

ティティー（ex-identity）とは、字のごとく、推移するものであることを表わしています*9。そのため、過去と現在の自分を統合することが不可欠となります。エバーグ（Ebaugh）は、「実際問題として、過去の自分になっていくプロセス（あることを過去の出来事としてしまうこと）は、その人の過去と現在、未来において、緊張を伴うものだ（2001, p.330）」と指摘しています。以前のアイデンティティーは、過去の遺物のようなものであり、対人関係における新しい役割やパターンに変えていく必要があります。

　9.11テロの後、私たちセラピストとしての目標は、行方不明者のいる家族が、被害者（victim）としてのアイデンティティーを超えて、能力（competence）やレジリエンスがあるというアイデンティティーを再構築できるように援助することでした。2001年以来、介入として家族合同ミーティングが労働組合会館で開かれてきました。あれからおよそ4年後となる今、家族合同ミーティングは、以前と違いセラピストを含まない形で喪失に焦点を当てるよりもレクリエーションや情報の場としての役割を主体として継続しています。今は大人も子どもも自分たちを、9.11テロの恐怖に結び付けられたたった一つのアイデンティティーを超えたところにいるものとして理解しています。彼らは、自分たちが困難な時期にあっても、常に立ち直って生きてきたたくましいレストラン従業員の家族に属している一族であることを誇らしげに語ってくれます。この話にも見られるように、自分の年長者や先祖の物語に反映されるレジリエンスや能力を自分たちのアイデンティティーとして取り入れることによって、あの悲惨な9月のある朝に、愛する人が突然消え去るような出来事があったにもかかわらず、前に進んでいけたのです。

●個人や家族が持つ多様な文化やアイデンティティーをもっと意識する　家族内のアイデンティティーが維持できるかどうかは、世代間に受け継がれていく、家族の文化の伝達によって決まります。このような文化の伝達は、役割やルール、境界線を明確にしている相互作用のテーマやパターンが確立されることを通して行われます。私は、自分とは異なるアイデンティティーを持つ人々との関わりを経験するため、自分の家族の境界線から外側に出て行くことを勧めます。異なるアイデンティティーの人と知り合うように冒険をす

ることについて、セラピーでクライアントと話し合います。クライアントが他の文化や地域では個人や結婚した二人、そして家族の境界の取り方——そして認知の仕方——がどのようであるかについて考える体験を通して、クライアントの考え方を拡げるように勧めます。もちろん旅することも役立ちます。特に遠方に行く必要はなく、もしかしたら、ただちょっと通りを少し下るくらいでもよいかもしれません。どんなコミュニティにも多様性が存在します。かつての競争相手や、今でも敵対する相手が隣り合って住んでいるところは特にそうです。

　圧政や集団虐殺は、家族のアイデンティティーを抹消します。そのようなトラウマを経験した人々は、自分が戦いに負けたことを恥じているかもしれません。彼らが自分の文化的アイデンティティーを取り戻すことは、自分たちのプライドを取り戻す唯一の手段です。故郷を奪われた人々の例として、アフリカ系米国人や難民が挙げられますが、今彼らは、昔の慣習や儀式を現代のものに取り入れることで、自分たちのアイデンティティーを取り戻しています。自分たちの過去や先祖の古い慣習とスピリチュアルなつながりを再び築くことにより、圧政の文脈における喪失やトラウマから癒やされていくのです。これは現代社会を拒絶するのではなく、むしろ失ったアイデンティティーを再構築するうえで、古い慣習を新しいもののなかに取り入れることを意味します。

　●問題解決のために、家族のルールを広げる　型にはまった見方をすれば、現在に適応しない過去のアイデンティティーに行き詰まっている家族は、何度も同じ方法ばかり使って問題を解決しようとします。通常、そういう家族の取る方法は、非難したりお互いの名誉を傷つけたり、どこかにスケープゴートを見つけたりすることに偏っています。もし誰かが、既に確立されている考え方に同意しないことがあれば、その人は除外されるか、遠ざけられることでしょう。私たちのセラピーの目標は、感情を表現する力や自己責任力、そして柔軟な意思決定力を増やすことによって、凝り固まった家族のルールや問題解決行動を阻止することにあります。もし感情がすぐ爆発してしまうようなら、怒りへの対処方法を学ぶ必要があります。意思決定に必要

な情報を見つけるため、また、意見の相違に折り合いをつけるためには、心理教育が有効です。機能不全な家族というアイデンティティーを変えるためには、まずは家族が、機能不全となっている自分たちの関わり方のパターンを客観的に認識しなければなりません。みんな、どんなダンスを踊っていますか。たとえば、父親は飲酒をし、母親は本を読み、子どもたちは友達の家に行っている、などのように、問題がある時、家族のそれぞれが予想通りの役割を演じていますか。

●儀式やお祝い事に必要となる家族の役割や課題を見直す　スピリチュアルなアイデンティティーを育てることは、個人のアイデンティティーを深めます。このような成長は、家族やコミュニティの環境で行われることが理想的です。家族の儀式は、家族のアイデンティティーを観察し評価するのに良い行動様式を提供してくれます。アンバーブラックとロバーツ (Imber-Black & Roberts, 1992) は、儀式とは、高度に構造化された、反復的で象徴的に豊かな一連の行動であり、祝日や家族の成長の節目や毎日の食事時間、誕生日、卒業、帰省、再会などの際に行われるものですが、毎日の問題解決のための行動もそのなかに含まれると定義しています。

　あいまいな喪失の後に、アイデンティティーを再構築するための主要な方法は、家族の儀式を続けながら、その見直しを同時に行うことです。なぜなら、そのような意味のあるやり方で他者と関わることは、あいまいな喪失の後の個人や家族のアイデンティティーの再構築を促進するので、レジリエンスを改めて得るためには、家族の儀式や関わりのなかにあるシンボルを早期から見直せるような介入が不可欠なのです。たとえば、外食や家庭で食卓を囲む食事、そして誕生日やお祝いの行事は、家族の誰かが心理的に不在であったり、身体的に不在であったりする状況に適応するには、再構築を必要とします。それは簡単な課題ではありません。多くの人は、このような行事をキャンセルする方を好みますが、それは不適応を起こすもとになります。家族を生活のなかで結びつける儀式、お祝い事は、継続されなければなりません。

　セラピストは、クライアントにこのように尋ねる必要があります。「何が

役立ちますか」「家族の儀式やシンボル（たとえば結婚指輪、出生証明書、法律の学位）として、何を考えていますか」「新しいアイデンティティーに移行する節目となるアイデンティティーのシンボルや儀式（たとえば、卒業式、洗礼式、バル・ミツワー、結婚式、退職記念の食事会、葬儀）にはどんなものがありますか」。不在者が戻るかどうかが分からない場合は、自分は何者なのか、何が求められているのか、そしてあいまいな喪失という状況において、将来どんな希望を持つことが現実的なのかについて話し合うことが必要となります。私たちの臨床上の課題は、家族が儀式やお祝い事を再構築できるよう援助をすることです。そうすることで、家族はあいまいさや喪失、トラウマに対処するためには、どんな役割を果たすべきかを知ることができます。たとえば、遠く離れた場所に派遣された軍人の場合、残されたもう一人の親は、祝日や誕生日には子どもに対して父親役と母親役の両方を果たすことになります。親の役割をそれまでどのように分担してきたかにかかわらず、残された親は、今や一家の大黒柱として両方の親の役割を引き受けるのです。軍人の親が戻って来るまで家に残ったもう一人の親は機能だけでなく情緒面でも両方の親の役割を担うことになります。

　しかしながら、あいまいな喪失により、その儀式が本来想定している範囲を超えるほどのアイデンティティーの混乱や大惨事が結婚生活や家庭生活に振りかかる時もあります。ニューヨークで、9.11テロ事件発生直後、世界貿易センタービルが燃えていた最中に、自分の死が差し迫っていて、自分の遺体が発見されることはないと分かっていた正統派のユダヤ教徒やイスラム教徒の男性は、自分の属する宗派の権威者に電話をかけて、自分の妻を婚姻から解放する意思表示をしました。そうすることで、最悪の事態が起きても、妻が「見捨てられた人」と見なされる彼らの伝統に束縛されることなく、「離婚した人」としてのアイデンティティーを持つことで、自由に再婚できるようにしたのです。彼らは、自分の妻にアイデンティティーの混乱が起きることがないように、自ら行動を取ったのです。確かに、自分のアイデンティティーは他者との人間関係からの正反射に影響を受けますが、レジリエンスという観点から有益であるようなアイデンティティーを再構築する能力は、しばしばその人間関係が生じるコミュニティからもっと強い影響を受け

第6章　アイデンティティーの再構築

るのです。このこともまた、時には見直しが必要となります。

●再構築したアイデンティティーを示すために、シンボル（象徴）を使用する
私たち自身の物語は、私たちが選ぶ衣類や着こなし方などによるシンボルに反映されています。たとえば、結婚指輪は、その夫婦や夫婦の属するコミュニティが、既婚者で他の男女と交際できない存在として彼らのアイデンティティーを理解する助けとなります。髪の長さや服装もまた、アイデンティティーのシンボルです。軍人やロックスター、聖職者は、しばしば自分のシンボルとなる服装によって、他者のアイデンティティーとは区別されます。クライアントがあいまいな喪失によるトラウマ的なストレスに対処し、アイデンティティーを変えていけるよう援助をするためには、今、クライアントはどんな服装をしているのか、そして役割が変わるにつれ、自分には何が求められているのか、そのような質問をしなければいけないかもしれません。たとえば、もし就職の準備をしているのなら、どのような洋服を着るのかや、仕事をこなしながらもレジリエンスを保つためにはどんなシンボルが必要なのかなどを、治療の場で一緒に話し合うことも助けになるでしょう。

●追加された新しいアイデンティティーを表現するために、新しい言語を学ぶ　言語の喪失は、自分の根源的アイデンティティーの一部を失うことです。移住で生じたあいまいな喪失を体験すると、自分の国家的アイデンティティーそして母国のシンボルである母国語が失われます。このような状況では私たちは、以前にもお話しした、「AでもありBでもあるという考え方」というアプローチをクライアントが用いることができるように援助します。すなわち、クライアントが両方の言語を保てるように励ますのです。子ども時代の言語が保たれていると、その人のアイデンティティーは豊かになります。同時に、今いる社会で求められる言語を学ぶこととのバランスを取らなければなりません。母国語は自分のアイデンティティーの一部なのだから誇りを持つべきであり、また同時に、現在住んでいる文化の言語を学ぶことは実用的であり、レジリエンスの表われでもあることをクライアントに伝えています。

第Ⅱ部　あいまいな喪失の治療・援助の目標

●宗教上のアイデンティティーに起因する憎しみが世代間で継承されないようにする　このプロセスには、子どもの健康を願う親心に訴えることが役に立つかもしれません。子どもたちが報復の雰囲気のなかで育つことは健全ではないと言うと、彼らはしばしば驚きを隠しませんでした。誇り高いアイデンティティーを新たに身につけるために新しい方法を探すことができるのです。セルビア系のカトリック教徒とアラビア系イスラム教徒がいるコソボ地域では、一部の親たちが、憎しみを持ち続けなければ子どもたちが民族のアイデンティティーを忘れてしまうだろうと言った時に、そのような強い憎しみがあるのを見ました。私が学んだことは、平時であっても戦時中であっても、アイデンティティーを維持するためには、家族成員が過激な手段を使うということです。慣れ親しんだ自分という人間を維持するには、変化を起こそうと挑む者は誰であれ、殺したり遠ざけたり、さもなければ単に無視したりする可能性があります。そういう人たちは「他者」があたかも極悪人であるかのように扱います。そういう時には、彼らの側に立つか、彼らの敵になるかのどちらかしかなく、中立でいることができません。このようなもろさがあることは、その人がレジリエンスを持たない弱いアイデンティティーを持っていることを示し、しばしばこのような人は更なる暴力や殺戮(さつりく)を引き起こします。

●家族内のアイデンティティーに関わる隠し事を明らかにする　家族のなかに隠し事があると、それによってアイデンティティーが膠着化します（Imber-Black, 1993）。自分の家族には問題など起こったことがない、飲酒もなければ、離婚も、自殺も、近親姦も、虐待も何もないという思いを抱いてセラピーを始める家族がいます。彼らは良い出来事についてのみ語り、自分たち家族のアイデンティティーを実際よりよく見せようとします。セラピーで家族に関する話が何度も語られるようになると、祖母が難民収容所に送られていたこと、曾祖父が投獄されていたこと、そこには自殺、あるいは飲酒や虐待があったかもしれないということを家族成員は耳にします。実際のところ、どの家族にも長所と短所があり、私たちはたいていその両極の間にいるわけです。ほとんどの人は、聖人でもあり、罪人でもあるということを認識するこ

とによって、個人や家族のアイデンティティーが豊かになり、レジリエンスの貯蔵庫が広がるのです。

▶主要な発達上のテーマを選ぶのに助けになること
　一生の間、また、世代を超えて継承されていく家族の相互作用のテーマとパターンを同定することで、家族のレジリエンスと健康に向かうアイデンティティーの再構築には、どんな前向きな例があるかが分かるでしょう。これは、セラピストとクライアントが協働して、家族の支配的な物語（dominant story）を見つけ、それを再構築することにより、前向きで長所を基本に据えたアイデンティティーを発見することを意味します。

　●<u>ジェノグラム（家系図）を通して、レジリエンスに関する家族の肯定的なテーマをはっきりさせる</u>　家族が共にする活動は、生涯にわたる家族のテーマを中心となってまとめる役割を果たします。スポーツ、音楽、宗教などは一例ですが、どんなテーマが選ばれたとしても、それが、役割やルール、儀式、家族が関わるコミュニティなどを決定する傾向があります。スポーツや音楽のようなテーマは世代を超えて存続しています。私たちは、臨床に従事するなかで、前向きで生活の質を高めるようなテーマ、それは、世代を超えて家族の活動に存在するレジリエンスと強さというテーマでもありますが、それを豊かにすることにより、嗜癖や暴力、虐待、犯罪といった命が脅かされるような家族のテーマを変えたいのです。私たちは、家族の物語のなかにある特権的な筋書きを確かめるため、まずは質問することからセラピーを始めます。個人、夫婦、家族として、彼らは今、何者でしょうか。そしてそれぞれの歴史において、何者だったと言えるでしょうか。個人としてのあなたたちは何者でしょうか。レジリエンスは、自分は被害者であるという支配的な物語によって隠されてしまっているのか、あるいは反対に、「必ず克服できるのだ」といった、強さと楽観性を持った支配的な物語を持つことにより、強化されているのでしょうか。

　アイデンティティーは一生の間試されます。そのため、家族のアイデンティティーと文化的アイデンティティーの両者を構築する作業を繰り返して

いくことがよいでしょう。繰り返しになりますが、私は、マクゴールドリックら (McGoldrick et al, 1999) によって解説された原家族のワークと、ハーディーとラゾロフィー (Hardy & Laszloffy, 1995) による文化的家系図のワークを推薦します。

●不在の人がいても、今いる人と儀式を共同構築する　家族の儀式は、生涯にわたり個人と家族のアイデンティティーを表現する手段となります。アイデンティティーの再構築は、たいていは人が成長するにつれて、個人や家族のアイデンティティーが変遷するなかで起こりますが、あいまいな喪失により関係が凍結している場合には、特に問題をはらむことになります。そのような場合に、クライアントが家族の儀式を再構築できるよう援助することは、彼らのアイデンティティーの再構築にとても役立ちます。自分の家族についての題材に焦点が当てられることになるので、彼らはほとんどためらわずに取り組みます。父親が行方不明の今、感謝祭のお祝いのメニューやレシピはもちろんのこと、誰が七面鳥を切り分けるのかということまでクライアントに話すよう勧めるのは、一見つまらないことのように見えますが、実はこれらは家族のアイデンティティーにはなくてはならない構成要素であり、このようなことを行うことが、新しい状況に適応していくための理想的な話し合いの場となるのです。

●ジェンダーに関するテーマを探索する　歴史的に見ると、女性のアイデンティティーには従順さと寡黙さが含まれてきました (Boss, 1996; Elkind, 1998; Gilligan, 1982)。女性は、自分たちが怒りや不満を訴える声を持っていないと口にします。たとえば、少女は静かで良識を持ち、従順でいることが求められてきました。反対に、少年は異をとなえることが許されているだけでなく、怒りにまかせて行動することも認められてきました (Taylor, Gilligan, & Sullivan, 1995)。もちろん、女性のアイデンティティーの進歩を妨げている性別の不平等は今も存在しています。しかし、今日私たちは、社会を覆う支配的な文化は、少年少女双方にとって成熟したアイデンティティーの形成を妨げている可能性があるという立場を取っています。あいまいな喪失後の新し

第6章　アイデンティティーの再構築

い役割やアイデンティティーを探すために、セラピストは、クライアントが新しい役割や課題を引き受ける時、どんなふうに感じるのか、年齢を問わず男女双方にとってこのことは何を意味するのか、などについて話し合いがなされるようしっかり支える必要があります。できれば、セラピーを行うなかで、家族全員が、あいまいな喪失の存在にもかかわらず、健康的に成長していけるよう、みんなが柔軟な役割を受け入れる寛容さを持つようになるとよいでしょう。

●人は時には安全のために自分のアイデンティティーを隠すということを知っておく　専門家は、人が汚名を着せられている時にアイデンティティーにトラウマを受けることがあることに特に注意しなければなりません。たとえば、ゲイ、レズビアン、バイセクシャル、性転換者などの人々、そして彼ら彼女らの家族は、しばしば自分のアイデンティティーを無理に隠していることがあります。ホームレスの子どもたちにも、学校でからかわれることを避けるために、自分がそうであることを隠すことがしばしば見られます。ナチスドイツのもとでユダヤ人家族は、隠れて生きていましたが、なかには安全性を確保するために子どもたちをキリスト教家族へ送って、一緒に住まわせている家族もいました。しかし危険が過ぎると、ほとんどの家族は、自分の子どもに自分たちの文化的アイデンティティーを伝えていくことを好んで行います。

▶共通の価値観や物の見方を育てるのに助けになること
　愛する人が行方不明である時にアイデンティティーを再構築するためには、まず、自分たちが何者だったのか、現在の自分たちは何者なのか、そしてこれから何者になるのか、そういったパラドックス（逆説、自己矛盾）となる問いに対して、もっと気楽に構えて見るのがいいでしょう。ストレスを減らすための治療目標は、知らないでいることに耐えられる精神力を育て、アイデンティティーを再構築するための選択肢を発見し、世の中の不公平さを受け入れて、他人も同様に苦しんでいるのだと気づくことです。目標は、「こうであるはず」といったドグマ（定説）に固執せず、パラドックスに対し

て開かれている気持ちになることです。

● 苛酷で不明確な条件下でも、スピリチュアルなアイデンティティーを育てる　文化的で宗教的なアイデンティティーに基づいて、人々は異なる方法で祈りをささげています。しかし、真のスピリチュアリティーにはそれぞれの宗派を超え、世界や他者との一体感も生まれます。私は、土地を耕し土地に仕える自分の仕事にスピリチュアリティーを感じるという農家の人々を知っています。かつて私は、体重が54.5kgを超えないだろうと思われる小柄な男性でアラスカの捕鯨員をしている人と話をしたことがあります。彼は捕鯨のためにオープンカヌーで海に出、それによってバロー岬[*10]の厳しい冬のなかで家族を養っているということでした。彼は海や氷、鯨やボートの動きを読むのですが、そのスピリチュアルなプロセスについて語ってくれました。彼が生命の輪と呼ぶ、家族を養ってくれるこれらのものは、すべてスピリチュアルなプロセスにおいて起こるのだと、彼は語りました。確かにこれは自給自足をする人の例であり、都市に住む人々には別世界のことのように感じられるかもしれませんが、私はセラピーでこういった物語を、その紛れもないユニークさゆえに伝えるようにしています。これらの物語は普通のクライアントやセラピストの経験の外に位置しているので、そこには決めつけや何らかの布教の目的もありません。だからこそこれらの物語は、自分自身のスピリチュアリティーがどうあって、今後どのように日常の役割やアイデンティティーに統合できるのかについて考えるうえで良い刺激となります。

　私にとってのスピリチュアリティーは、不確かさがありながらも安定して生きられるということと、あいまいさに信頼を置くことにあります。人生のなかで起こる多くのことはこのような挑戦をもたらします。私は、自分の人生のコントロール感を得ることを重視した人の間で社会生活を営み、職業上のトレーニングを受けてきたために、たとえ苛酷で不確かな状況に置かれても物事は何とかなるのだというスピリチュアルな信頼を自分のアイデンティティーに組み入れなければなりませんでした。

● 家族内の価値観やアイデンティティーについて選択肢を見つける　時々、家

族成員はそれぞれが違う価値観を持つことがあります。父母や祖父母、兄弟姉妹が嗜癖を抱えているようなアルコール依存症の家庭の子どもに尋ねてみてください。おそらくその子どもは、お酒で酔ったりハイになったりすることは、家族の休日やお祝い行事の一部であり、酒に酔うことは普通のことで、大量に飲酒することが楽しむことだということを幼少期に学んでいます。この子どもの家族のアイデンティティーは、パーティーに明け暮れ、飲酒し、二日酔いになるというサイクルを繰り返すことが中心だったかもしれません。家族の一員がこのような問題について不愉快に思いながら育ち、ある時飲酒を中心に据えないアイデンティティーを発見した場合、その人は家族内のアイデンティティーに反発して家を去ったり、追い出されたりするかもしれません。あるいは、運動や宗教、ボーイ（ガール）スカウトの活動、大学、仕事、あるいはキャリアなどで、自分と同様の価値観を持つ別の集団に入るようになるかもしれません（残念なことに、一部の人はこれまで自分のためにならなかった家族と同様に、害をなす集団に属することで反発している場合もあります）。セラピストは、不健全で危険な家族のアイデンティティーに対して反発することは望ましいことだと知っておく必要があります。それは人々が、新しい選択肢を見つけ、より前向きなアイデンティティーを獲得していく手助けとなります。

●この世の中は、常に公正公平とはいかないことを前提とする　米国心理学に起源を持つ「公正な世界（just world）」理論は、もし人々が立派で道徳的であれば、公正な結果を報いとして得るだろうという前提を私たちの心に刻みつけました。しかし、物事は実際にはそう単純ではないのです（Boss, 1999, 2002c; Gergen, 1994; Kushner, 1981）。前に述べたように、私はセラピーの場で、人の努力とその結果について必ずしも因果関係があるわけではないと話すようにしています。熱心に働き正しいことをしていても、必ずしも良い結果や解決が保障されるわけではありません。善人が悪い経験をすることもあります。善人が愛する人を身体的にも心理的にも失うこともあります。認知症で精神が失われているお年寄りを抱える人もたくさんいますし、離婚や離別により自分の子どもたちと滅多に会えない人もいます。職を失い、アイデン

ティティーや地位の喪失を経験している人もいます。悪いことが起きたからといってその人が非難されることがないよう、セラピストは、クライアントと協働して、努力すればその分必ず返ってくるという「神話」を正当化しないようにしなくてはなりません。

●絶対的な考えを持つのではなく、弁証法的な考えを手本にする　絶対的にこうでなくてはならないといった考えを必要とするアイデンティティーは、あいまいさと不確かさが取り巻く状況において、レジリエンスよりも、むしろ脆さを作り出してしまいます。アジェンデ（Allende, 2003）は、確実性を羨望する気持ちを描きながら、同時に弁証法的思考の必要性についても認めています。彼女は、自分の夫について、そして自分自身のなかにある対立する二つのアイデンティティーの統合について記しています。「私は彼の確実性がうらやましいのです。……常に一つのところに住み、自分が世界を通り過ぎてきた道筋を証言してくれる人がいる人々には、ある種の新鮮な驚きと無邪気さを感じます。対照的に、私たちのように何度も移動を繰り返した者たちは必要に迫られた厚かましさを身につけています。私たちが何者なのか、確固としたルーツや証がないので、私たちは自分の人生に連続性を与えるために記憶を頼りにしなければならないのです。……しかし、記憶とは常にあいまいなものであり、信頼することができないのです。……私は確実性がどういうものか全く分からないのです」(pp.78-79)。

　アジェンデは、もはや自分の母国のチリを、地球上の確かな場所として描くことができなくなっていました。母国の風景は、今や夢のなかのように思え、彼女は、自分の心を見つめ、パブロ・ネルーダ（Pablo Neruda）の詩を読むことによってのみ、自分の母国を想像することができました。芸術家はパラドックスについてよく知っていますが、臨床の専門家はクライアントとの協同作業で、どのように「AでもありBでもある」という考え方を実行できるか、そのモデルを示すことができます。人と交流するなかで、真実が対立することもありますが、それと同時に新しい可能性も生まれます。個人ではなく関係性を重視するナラティヴは、対立するものの見方に対して新しい可能性を開き、トラウマと喪失の後に訪れるアイデンティティーの立て直しに

寄与します。そのため、家族療法やコミュニティ・グループは、特にお勧めできます。トラウマを抱える子どもたちは親と共に援助をします。そうすることで、私たちは、親の役割を取っている子どもと家族に対して逆転している役割やアイデンティティーに関する適切な介入をすることができます。緊急事故に対応する職種の人には配偶者や恋人と一緒に会います。消防士ならば彼が抱えているかもしれない孤立感や葛藤に介入するためです。消防士は、相反するアイデンティティーを持っています。消防士であると同時に夫であり、父親であるかもしれません。そのような訳で、配偶者や家族から離すような援助であってはならないのです。両方共、彼というアイデンティティーの一部です。このようなパラドックス[*11]に耐えることは、あいまいな喪失によるトラウマの後に、個人や夫婦、家族内のアイデンティティーを再構築するための大切な臨床的な目標です。

6 まとめ

この章では、あいまいな喪失によるアイデンティティーの混乱に焦点を当てました。どんな喪失体験であっても、その後自分自身のアイデンティティーに自信を持ち続けることは難しいものですが、喪失が明確にならない場合は特に困難となります。誰もが喪失の起こる前の状態に戻りたいと、希望を持ち続けることは当然ですが、同時に健康でいるためには変化が必要です。彼らは、愛する人の生死が分からないという、最も困難な状況で自分の関係性のアイデンティティーを再構築しなければなりません。そういった人々が、今、自分自身をどのように見ているのか、自分たちにどのような役割があるのか、誰を自分たちの家族やコミュニティの仲間と見なしているのか、セラピストはこういった点について見直す手助けができます。

あいまいな喪失に直面している時に、自分が何者なのか、家族は誰なのか、コミュニティには誰がいるのか、ということを決定することは難しいことですが、レジリエンスがあれば不可能ではありません。レジリエンスを持つために必要な内的な連続性は、私たちの大切な人が存在している、あるい

は不在の状態を受け入れて生きることからもたらされます。自分にとって大切なその人を思いめぐらすなかで、私たちは自分自身を知り、また、自分自身を再発見していくことができるのです。

訳注

* 1 たとえば妻であるという家族のなかでの位置づけ、座の意味。
* 2 離婚後に子どもを養育する養育者としての二人の親。
* 3 国内では、「アドラー心理学」の呼称が一般的である。
* 4 1940年代に人気を博した米国のラジオ番組。
* 5 dramaturgical view：社会学の用語。周囲から見られる役割を通してアイデンティティーが形成される。
* 6 家族の境界線とは、誰が家族であり、誰は家族ではないという区別のこと。
* 7 ミシシッピ川流域の先住民族。
* 8 Manifest Destiny：明白な運命、アメリカ合衆国の西部開拓を正当化する標語。この標語によって先住民族のインディアンの虐殺や奴隷制度が正当化された。
* 9 ex- には外側へ向かう意味がある。
* 10 北米アラスカ州にある米国最北端の町。
* 11 両立しないように見える複数のアイデンティティーを持つこと。

第7章
両価的な感情を正常なものと見なす

　あいまいな喪失は、いなくなってしまった人に対して、そして家族のなかの他の成員に対して、否応なしに両価的な気持ち、感情、そして振る舞いを引き起こします。不在となった人が今、どこで、何をしているか、それらの情報が欠如しているため、人々はどのように反応してよいか分からず、どんなふうに行動すべきか思い悩み、心が引き裂かれてしまいます。このような両価的な感情（ambivalence）が意識されないまま時が経つと、どうしようもない不安感や心身症の症状などが結果として起こることがあります。もし両価的な感情が認識されると、罪悪感が後に続いて起こることがあります。両価的な感情のなかの否定的な側面に刺激されて振る舞う時には、特にそういうことがあります——たとえば、怒り、憎しみ、または、不治の病に冒された親とけんかを始めてしまう、などが例として挙げられます。詩人であるシャロン・オールド（Sharon Olds）は、葛藤する感情をこのように表現しています。「父が死にゆく様を見つめていたかった、なぜなら、彼を憎んでいたから。ああ、同時に、父を愛してもいた」(1992, p.71)。また、詩人アン・セクストン（Anne Sexton）の娘リンダ・グレイ・セクストン（Linda Gray Sexton）は、家族のなかでは、しばしば心理的に不在である母親が、舞台の上では、観客に向かって圧倒的な存在感を放っているのを目の当たりにし、驚きを持ってこう書いています。「あの瞬間、彼女を、彼女の放つ力を、本当に憎いと思った。その瞬間、彼女を、彼女の持てる力を、無条件に愛していた」(1994, p.161)。あいまいな喪失における身体的な不在について、フランシーヌ・デュ・プレシックス・グレイ（Francine du Plexssix Gray）が、パイロットだった父親が第二次世界大戦中に行方不明となった後に体験した、似たような混在する感情について記しています。幼少の頃から、その影響を受けながら生

きてきた彼女は、いなくなった父親を見つけることに対する相反する気持ちを、「永遠に続く、驚くほどの葛藤」と言っています（2005年6月16日、私信）。このような両価的な感情について表現されたものは数多くあり、過去何世紀にも及んでいますが、今私たちにとって重要なことは両価的な感情の果たす役割を理解することです。あいまいな喪失がもたらす、人間の痛々しい葛藤のなかにある、その感情の役割に焦点を絞りましょう（Boss & Kaplan, 2004）。

　両価的な感情を正常なものと見なすとは、まず、その感情の存在を認めることです。いったん認識されると、それがもたらす緊張感に対処できるようになり、圧倒されなくてすむようになるのです。あいまいな喪失から引き起こされる相反する感情は、特別なものではなく、対処可能であると知ることによって、レジリエンスが発揮されるからです。

1　あいまいさと両価的な感情

　あいまいさと両価的な感情の間に、どのような臨床的関連性があるのかを理解するには、まず、二つの言葉の意味するところの違いを明確にしなければなりません（Boss, 1999, 2002c, Boss & Kaplan, 2004）。

　「あいまいさ」とは明確さに欠けることを意味します。「あいまいな」という形容詞が「喪失」について説明する場合、それは、確認されない、明確でない喪失を意味し、行方の分からない人が、完全にいなくなってしまったのか、それとも、また帰ってくるのか知りようがない、という事実を示します。あいまいな喪失が身体的不在に起因する場合も、心理的不在に起因する場合も、人々は情報の欠如を痛々しいほど感じています。

　「両価性」は、オイゲン・ブロイラー（Eugen Blueler, 1911）によって使われるようになった言葉ですが、葛藤する感情や情動を示しています。あいまいな喪失の場合、相反する感情が、同時に、あるいは、揺れ動きながら表出してきますが、どちらの場合においても、その感情は相矛盾しています（たとえば、一人の人に対する愛と憎しみ、惹かれながら反発したり、その人が生きていて欲しいと思いながら死んでいて欲しいと思ったりする）。二つの極端な感情に引き裂かれ

て、人々は不安に駆られます。そして、その不安感にうまく対処できない時、トラウマとなるほどのストレスに苦しむことになります。

　あいまいさは両価的な感情を引き起こします。両価的な感情は確信のなさを引き起こします。その後どちらの行動を取ったらよいか、どちらの決断をしたらよいのか、どちらの役割を取ったらよいのか、どちらの仕事をしたらよいのかということに確信が持てなくなるのです。そして、機能が停止してしまう状態がその後に続きます。このように、両価的な感情は、個人の行動の主体性を引き下げ、人間関係のプロセスを麻痺させてしまうものです。自分の相反する感情を意識している人もいるかもしれませんが、往々にして、そうではないことが多いのです。感じていることが、否定的で自責の念を呼び起こす場合は特にそうであると言えます。もし、感情が、自分にとっても恐ろしくて受け入れがたいもの（たとえば、その人が死んでいてくれたらいいのに）のような場合、両価的感情の破壊的な一面はしばしば抑圧され、クライアントに認識されないままになっていることがあります。

　ここで大事なのは、どのようにあいまいな喪失が両価的な感情に結びついているのかということですが、その反対もまた真実であるかもしれません。つまり、両価的な感情が逆に、あいまいな喪失体験を引き起こすことがあるかもしれないのです。たとえば、婚約後も男性が、結婚や子育てについて両価的な気持ちを持ち続ける場合には、妻となる女性に、あいまいな喪失体験をもたらすかもしれません。特に女性の生殖機能期間が終わりに近い場合にはそうでしょう。もし夫となる男性が、結婚に関して、あるいは子どもを持つことに関して両価的であるならば、二人の関係における彼の存在は、悲痛なほどあいまいとなるからです。両価的な感情があいまいな喪失を生み出す別な例を挙げれば、確執の絶えない家族は、愛と憎しみという葛藤する感情にあまりにも凝り固まっているので、前に進むことも、お互いのつながりを新たにすることもできないでしょう。両価的な感情や感じ方は癒やしのプロセスを凍結させ、家族成員は互いに、曖昧模糊とした関係に陥ってしまいます。

　しかしながら、私たちが注目するのは、個人のなかに起きる心理的な両価性をつくり出してしまう、あいまいさの外部の状況です。もし、「あいまい

さ」が認識されない場合、葛藤する感情は個人において、(配偶者、友達、そして家族との) 関係性において、人々のレジリエンスを蝕(むしば)んでいくのです。結果として起きる罪悪感や優柔不断さは、悲嘆を凍結し、対処していくプロセスや人間関係の動きなどを止めてしまうのです。

　専門家たちはこのような問題を、多角的な見地から捉えることができます[1]。社会学的な見地に立てば、夫婦や家族関係の境界は、もはや維持できなくなっています——つまり、果たすべき役割が混乱し、日課がなされないままになるのです。人間関係の葛藤が高まります。心理学的に言えば、不安感が大きく、認知的、情緒的な対処能力は妨げられており、意志決定は先延ばしになっています。行事や儀式はキャンセルされ、孤立感が、親しい愛着関係に取って代わります (Boss & Kaplan, 2004)。しかし、あいまいな喪失から起こる両価的感情が問題になるのは、特に、罪悪感で麻痺状態になったり、決断できなくなったり、うつで動けなくなったり、不安感で何もできない状態や、心身症、虐待、命に関わる行動を引き起こす時だと言えます。

2　両価的な感情を正常なものと見なすことは、どのようにレジリエンスと関連しているか

　いつまでも答えを求めて格闘するより、むしろあいまいな状況にあわせて適応していくことができるならば、両価的感情によって引き起こされる、機能が停止してしまうような有害な影響を最小限に抑えることができるのです。しかし、最小限に抑えるためにはレジリエンスが求められます。苦しんでいる大切な人に生きていて欲しいと思うと同時に、死んで欲しいと思うこと、このような感情はあり得る反応なのだ、と知ることにより、罪悪感を緩和することができるのです。

　レジリエンスがあるということは、このような相反する感情を認識できることであり、そうすることにより、両価的感情を適切に扱うことができ、後になって後悔するような有害な行為を避けることができます。もし、両価的感情の負の側面が正しく認識されずに、扱われないままであれば、不安感は

抗いがたく高くなり、問題を引き起こす状態になってしまいます。そのなかには、全般性不安障害、パニック障害、強迫性障害、PTSD、そして恐怖症が含まれます。両価的な感情はそれに対処できると知っていると、あいまいな喪失後にトラウマを引き起こすような不安や罪責感を正常なものと見なすことに繋がります。

セラピーで行うこと

　問題となっている現象に「あいまいな喪失」と名前を付けてみること、そして原因と思われることを外在化してみることは、両価性を正常なものとして捉えるプロセスの始まりです。認知療法と精神力動療法（たとえば、関係精神分析）の両方によって、このプロセスを続けていくために必要な方法・手段が提供されます。信頼できる人と自主的に語り合うナラティヴ・アプローチは、意識されていないことや象徴的なものを意識化させていくのに特に効果があります。両価的な感情については、「このこととそのことの間で、気持ちが引き裂かれてしまうように感じますか」(Pillemer & Suitor, 2002) と聞くことによって、直接アセスメントをすることができます。または、間接的に、質的な、あるいは精神力動的なインタビューを通して、アセスメントをすることもできます。しかし、どちらかというと私は、家族面接のなかで互いに話されている物語を聞くことによって、両価的な感情の有無を見る方法を取りたいと思います (Boss et al., 2003)。9.11テロの際、世界貿易センタービルで働いていて行方不明になった男性の妻は、行方不明になった夫に怒りを感じている自分に罪悪感を持っていました。「どういう訳で、こんなに夫に怒りを感じるのでしょう。彼は、何千もの人を救助した英雄なのに。なぜ彼は、もっと多くの人を助けようとして、建物のなかに戻っていかなければならなかったのでしょう。自分の子どもや、私のことを考えてくれなかった彼に怒っています。恨んでさえいます。いいえ、ごめんなさい、こんなことを言ってしまって。彼のことを愛しています。彼が成し遂げたことを、とても誇りに思っています」。

　このような反応は、愛する人が身体的にいなくなってしまった経験を持つ

家族にとっては典型的なものです。大切な人が脳損傷を患っていたり、認知症を発症していたりする家族からも同じような話を聞きます。自分たちの物語を語り、私たち臨床家が、彼らの証人としてそれを聞くという体験を通して、喪失体験の被害者は、葛藤する気持ちや感情とともに生きていくことができるのだと分かるようになります。そのようにして、怒りの感情を持つことに対する罪悪感も和らいでいきます。状況の理解と把握が進むにつれ、対処していくことができるようになるからです。あいまいな喪失の複雑さに決定的な解決法はあり得ませんが、人々は、その喪失が引き起こす、両価的な感情と共に生きていくことはできるのであり、実際、生きていけるようになっていきます。このような体験は、普通にあることなのだと思うことで、不安感を和らげることができるからです。

　私たちのセラピーの目標は、あいまいな喪失を体験した人々が、パーカー (Parker, 1995) が言及したような、対処可能な両価性を達成できるように援助することであり、そして、そのような両価性に対処していくことは「社会的創造力の源」(Lüscher, 2004, p.28) となり得るのだと人々が気づくように援助することです。あいまいな喪失体験の問題は、両価的な感情にあるのではなく、むしろ、それが引き起こす罪悪感や怒りに、人々が対処できなくなってしまうことにあると言えます。そのような時に病的な状態に陥ることなく、レジリエンスを打ち立てていくために、私たちの課題は、あいまいな喪失の後に続いて起こりやすい、両価性に端を発する不安感や罪悪感を、当人がうまく対処していけるように援助することです。もちろん、和らげることは必要ですが、両価的な感情に適切に対処する能力は、行為主体性（agency; Waters, 1994）や、パーリンとスクーラー（Paerlin & Schooler, 1978）が述べている、自分が物事を支配できるという感覚（sense of mastery）から生まれるものです。

3　基本となる理論

　クライアントを取り巻く文脈に関心があるセラピストとしては驚くべきこ

第7章　両価的な感情を正常なものと見なす

とではないかもしれませんが、私は、あいまいな喪失に付随して起こる両価的感情をどのように正常と見なすことができるかについて、社会学の理論から洞察を得ました。アンドリュー・ウェイガート（Andrew Weigert, 1991）の理論は特に役に立つものでした。彼も、「あいまいさ・不確実性」を「両価性」から区別する立場を取り、「あいまいさ・不確実性」は、人が理解しようとする何か（認知）であるのに対し、「両価性」は、人が感じる何か（感情）であると記しています。更にウェイガートは「矛盾する考えと矛盾する感情を、同時に経験することもあるかもしれないが、知識のあいまいさと、感情の両価性の間に区別をつけておくのは大切なことである」(1991, p. 42) と指摘しています。彼はこの違いを強調することにより、臨床家がクライアントの知っていること（認知）と感じていること（感情）に注意深く向き合えるような指針を示しました。

　心理学的な見地に立てば、個人の持っている認知的、情緒的対処方法は、両価的な感情によって機能しなくなっている、と言うことができます。なぜなら、悲嘆が未解決のままだと、対処のプロセスは妨げられます。意志決定は保留され、アイデンティティーは混乱し、愛着も複雑化しているからです。

　社会学的な見地に立つと、あいまいな喪失によってトラウマを経験した個人と、その人の家族を取り巻く文脈と社会的な環境が見えてきます。家族内の境界、役割、課題が、状況的なあいまいさによって、動きが取れなくなっているのです。人々はもはや、いったい自分の家族関係のなかにある成員がいるのかいないのか、はっきり分からなくなっています。夫婦や家族関係の境界は維持されず、それぞれの役割は混乱し、日々の日課はそのままになっているのです。

　心理学者が「両価的な感情」と呼ぶものは、多くの場合、あいまいな社会状況に対する普通の反応であり、個人の病理からくるものではありません。親がアルツハイマー病の場合、成人した子どもは、自分の役割やアイデンティティーについて、相葛藤する考えや感情で一杯になるかもしれません。どのようにそこから進んでいけばよいか、更なる混乱におののき、しがみついたり、押しのけようとしたりするかもしれません。年老いた親に長生きして欲しいと思いながら、死んでくれたらと思う。このような両極端の気持ち

223

に揺れ動くことから、成人した子どもたちはしばしば罪悪感に苛まれるでしょう。彼らは、介護の役割を受け入れると同時に、腹立たしくも思っています。どんな介護が年老いた親に最もよいかについて、はっきり分からなくなっているかもしれません。すでに、親の介護のための、自分たち夫婦の役割や子育てという役割のための時間が削られてしまっているからです（Boss & Kaplan, 2004）。

　あなたが個人、夫婦、家族、あるいは地域社会など、どのような援助的関係で働いていようとも、あいまいな喪失の状況が、両価的感情を様々なレベルで増長させていく土壌となっていることが分かるでしょう。それは、当人の認識、感情表現、そして、対処できるレジリエンスの度合いによっては、それほど問題にはならないかもしれません。両価的な感情が常に問題をはらんでいる訳ではないのです。しかし、自分の人生に、今、誰がいて誰がいないのかが分からなくなる時、不安感、罪悪感、そしてトラウマが、人間関係と相互の交わりを様々なレベルで固定化し、動けなくしてしまうことがあります。つまり、レジリエンスと健康を保つためには、私たちが日々交わる人々の全般的な状態、役割、アイデンティティーは、ある程度明確でなければならず、当人たちが属する組織内では柔軟性を持ちながらも、境界が維持されている必要があります。そうすることで、あいまいな喪失の後に起きても不思議ではない両価的な感情を、対処可能なレベルに維持し、あいまいさが続く間も継続的にアセスメントを行うことができます。

方法論的前提

　両価的感情によって、機能できなくなってしまっている個人、夫婦、家族の力を強めていくためには、認知療法的対処法と、感情を基本とした対処法の両方が必要となります[2]。私自身は認知療法的、心理教育的アプローチを使うことによって、ストレスを軽減し、認知と問題解決に焦点を当てる対処法を使っています。また、あいまいな喪失に意味と新しい希望を見出すために、私は、精神力動的セラピーと、関係療法（いわゆる感情焦点化療法）も用いています。対象関係論療法や他の関係性のアプローチも、個人や家族関係の

プロセスにおいて、アイデンティティーや愛着を再構築するのに役立ちます。情緒的、認知的対処方法のどちらも、あいまいな喪失が起こった時に、レジリエンスを強めるために必要だからです。

第8章と第9章、そして結びで、感情焦点化と精神力動の介入方法についてもっと詳しく述べるので、ここでは、専門職の人々が、あいまいな喪失と両価的な感情の関連を理解するのに必要な、講義的な内容の情報を提供したいと思います。これらの情報は、私自身の臨床において、また、大切な人を身体的に、あるいは心理的になくしてしまった家族を治療援助するセラピストや医療従事者、聖職者、トラウマの専門家をワークショップで養成する時にも指針となります。

4 両価的な感情を正常なものと見なすのに役立つこと

下記は、両価的な感情を正常なものと見なすのに役立つことの一覧です。詳しくは、「介入のための指針」(235頁) で説明します。

- 罪悪感や否定的な感情を、普通に起こることだと捉える。危害を及ぼす行為に関しては、正常なものと見なさない。
- 芸術やアートなどを使って、相反する感情に対する理解を深める。
- 個人の行為主体性を取り戻す。
- 心の家族を、もう一度見直し再構築する。
- コミュニティを家族だと見なす。
- 毎日の役割や日課の割り当てを見直す。
- 置かれている状況や環境について、質問してみる。
- 両価的な感情について聞いてみる。
- 隠れた、意識されていない両価性を明らかにしてみる。
- いったん意識できたら、その両価的な感情に対処してみる。
- 葛藤を肯定的に捉える。
- いろいろなやり方で、両価的な感情を扱うのをよしとする。

- 終結は両価的な感情を軽減したりしないということを知る。
- 緊張に耐え得る力を育てる。
- 認知的対処の方法を用いる。

5　妨げになること

あいまいな喪失に付随して起こる両価的感情を正常なものと見なすプロセスにおいて、どのようなことが妨げになるのか知っておくことは重要なことです。もし、臨床家が問題となる症状だけに焦点を当て、夫婦や家族から、典型的な対処法や適応の仕方を期待するなら、このプロセスは妨げられてしまいます。

症状だけに焦点を当てる方法を用いること

両価的感情が引き起こすストレスや不安感の症状には、うつや不安などがあり、これらはもちろん治療されるべきものです。しかし同時に、感情の両価性が症状の根本原因にある、ということを治療の段階ではっきりさせておかなければなりません。問題となる症状だけに焦点を当てるやり方は妨げになります。なぜならば、喪失体験のあいまいな状況が考慮されずに個人の病理に注意が当てられると、クライアントは、自分自身の葛藤する感情を、認知し確認する機会を逃すからです。あいまいな喪失の体験後、個人の病理だけではなく、喪失を取り巻く文脈が症状の源だと認められる必要があります。

典型的な対処法と適応の仕方を期待すること

もし、専門家たちが典型的な、いわゆる通常の対処法や適応方法だけを探すなら、クライアントの罪悪感や恥ずかしさを更に大きくしてしまうかもしれません。なぜなら、喪失にまつわるあいまいさは他と違って特別な対処方法を必要とする側面があるからです。典型的なやり方だけを見ていると、両

価的感情を正常なものと見なすのを妨げてしまうことになるかもしれません。なぜなら、あいまいな喪失と、それに続く葛藤する感情を、人々は様々なやり方で対処しようとしているのが現実であり、決まったやり方しか見ていなければ、そのような多様な可能性を見逃してしまうかもしれないからです。専門家たちは、人々が、不在と存在感の微妙な差異をどのように扱うかということについて、自分たちの見方を拡げていく必要があります。

6 両価的な感情を正常なものと見なすためのセラピーの技法と指針

　既に述べたように、あいまいな喪失に続いて起きる両価的感情を正常なものと見なすには、認知的介入、感情焦点化による介入の両方の方法が必要です。セラピストは治療において、精神力動的、認知的レベルの両方に働きかける必要があります。セラピストは、全存在をもってそこにとどまり、クライアントに働きかけをする必要があり、同時に、クライアントの感情が葛藤している時、それがストレスを軽減し、自分の安全を保つための意識的無意識的なプロセスであることについて、専門的な熟考が必要だと意識しておかなければなりません。

全存在をもってそこにいること

　トラウマ体験者との臨床において、グラツィアーノは「証人となる」(bearing witness) ことの大切さに言及しています (Graziano, 1997, p. 400)。証人となる人を持つことにより、クライアントの体験は確証を受け、癒やしへのプロセスが始まります。しかし、証人となるためにはセラピストが全存在をもってそこにいることが大切です。教科書的な「終結」を成し遂げようと自分にプレッシャーをかけるのでなく、答えのない問いにもっと耐えることです。そのことにより、私たちは、支えるべき人々のために、全存在をもって力を尽くすことができるようになります。現われては消える両価的感情の前でも、自分自身をまたはクライアントをつい責めてしまうようなことがなくなりま

す。全存在をもってそばにいることにより、私たちはクライアントの話をもっとよく聴けるようになり、彼らの苦痛に対し、誠実な証人となることができるのです。このようにして、私たちは人々が心を開き、感情表現を基本にした協働作業ができるようにするために、人々が心を開けるように、また長期間にわたるあいまいな喪失体験のなかで、人々が両価的感情を正常と見なしていけるように援助していくことができるのです。

専門的な議論について認識しておくこと

　人が、認知におけるあいまいさと感情の両価性の混在に葛藤する時、そこには、ストレス軽減と自己防衛のために、意識的無意識的プロセスの複雑な相互作用が起きます。どれが意図的にあるいは認知的に向き合ったもので、どれが無意識的な自己防衛機能によるものなのかを見極めるには、更なる研究が必要でしょう。しかし、私個人としては、これは臨床家の仕事の範疇ではないと思っています。どこにそれが由来するにせよ、大事なことは、葛藤する感情を意識下に置くことです。そうすれば、それは対処可能となり、それと共に生きていくことも可能になるのだと言えます。ニューマン（Newman, 2001）の言うように、心理的なプロセスを、意識的な対処プロセスか、あるいは無意識的な自己防衛のメカニズムかに分けようとする努力は、回復へのプロセスを促進するというよりも妨害する可能性の方が高いと思っています。

　これまでの研究や臨床のなかで、エルデーイが言うような「徐々に明らかになる意識」、つまり、誰もはっきりと指摘できない瞬間に、その両価的感情は表面に表われ、意識され、意図的な（意志的な）ものになる、という現象を見てきました（Erdelyi, 2001）。確かに、臨床家たちは、突然「電球の明かりがつく」ような瞬間が人々に起こるのを知っています。その時、彼らは、物事のつじつまがすべて合い始めたのを感じます。あいまいななかに失われてしまったその人と、また、その他の人々との相互作用において、人々は今までとは違った行動を取り始めるのです。しかしながら、通常、このようなプロセスはゆっくりと訪れ、変化は徐々に起こります。最も大切なことは、癒やしと変化が少しずつ意識されていくか、または突然のひらめきのように起

こるのか、いずれかの形で起こるということなのです。どちらの場合であっても、両価的感情と心身の症状を和らげることが可能です（Boss & Kaplan, 2004）[3]。

心理学における意識的対処と無意識的防衛の議論は続いていくでしょうが、臨床家として私は、当人には認識されていない罪悪感を生み出す感情を意識させることにより、両価的な感情を和らげ、対処可能なレベルに持っていくのを助けることができると考えています。この目的に向かって、文化に根ざした儀式やシンボル、地域社会の価値観や宗教的な信念といった、その人の葛藤する感情が意識されているかどうかを決定するうえで大事な役割を果たしているものについて述べていきます。私たちが、何かをすることまたはしないでいること、何かを感じることや感じないことについて罪悪感を持つかどうかは、結局のところ、私たちを取り巻いている地域社会によって決定づけられていると言ってよいでしょう（移民にとっては、自分たちが故国に残してきた地域社会に当たるかもしれません）。行方不明になった人の声を聞くことは、多くの文化のなかでは普通のことなのに対し、同じ行為が西洋の心理学のなかでは個人の病理と言われています。明らかに、自分の配偶者や親について否定的な感情を持つことに対する罪悪感や恥ずかしさは、そのような行為が普通ではないと見なされている地域社会では、ずっと大きくなるでしょう。そのような状況では人々は、自分を守り、あいまいな喪失によるトラウマを生き延びるために自身を抑圧することになります。ですから、臨床家や研究者は、決めつけたり思いこんだりしないようにして、文化の相違を理解する必要があります。標準的だと思われるものは、あいまいな喪失によるトラウマを治療する際には、必ずしも役立つデータとはならないからです。

治療的関係

治療の目的は、両価的感情を取り除くことではなく、それを認識することであり、そうすることにより、理解でき、対処できるものに変えていくことにあります。私たちは、感情を基本に据えたアプローチと認知的なアプローチの両方を使いながら、個人面接と家族成員を交えた合同面接を通してこの

目的を達成しようとします。状況のもたらすあいまいさをストレスを発生させる元凶と捉え、なによりも、上下関係のない平等なセラピスト‐クライアント関係を構築しながら面接を行ないます。クライアントの反応は正常なものと見なされますが、不適切な反応や関わり方は指摘され、変化を促されます。ここでは、健康的なレジリエンスが指針となります。

　私の場合には、精神科医から（クライアントを）紹介されることが多く、慢性の精神疾患（たとえば、双極性障害、統合失調症、うつ病、アルツハイマー病）を患っている患者の配偶者や家族成員を援助して欲しいと頼まれます。そのなかの一人、ジェイクのことを話しましょう。彼とヘレンは、幸せな結婚生活を30年送っていました。二人は、毎日長い会話をし、充実した夫婦生活を営み、たくさんのスポーツや社交的な出来事を一緒に楽しんできました。それが、すべて、突然できなくなってしまったのです。ジェイクは私に電話をよこし、医者が自分にセラピーを受けるようにと勧めたと告げました。彼は、私がアルツハイマー病に関連した仕事をしていると聞き、電話をかけてみたいと思ったらしいのです。私は、アルツハイマーに関する専門家ではないけれど、アルツハイマー病と共に生きることから来るストレスに悩む人々に会っていると彼に告げました。「奥様もご一緒にいらっしゃいますか」と聞くと「いいえ」と即座に彼は答えました。「分かりました。では、お一人でいらしてください」と言いました。彼の判断を信用したからです。

　1970年代に、夫婦には同席面接をすることというシステム理論の枠組みで訓練されたセラピストとして、以前だったら、ジェイクに妻と一緒に来るようにと主張したかもしれません。しかし、電話をしてきた人が一人で来たいと言うのにはそれなりの理由があるという事実を学んだので、そのようなことは今ではしていません。彼らの状況について、あるいは誰が面接に来るべきかについても、私が依頼者本人よりもよく知っているとは思っていません。私たちの治療的協働がまさに依頼者の電話から始まると言えるでしょう。

　という訳で、ジェイク一人に会いました。彼はゆっくりと話し始めました。「僕は心から妻を愛しています。でも、最近はいつも彼女に怒ってばかりいます」。「どうして？」と尋ねました。「彼女がどこかへいなくなってしまいそうなのです」とジェイクは言いました。「医者によると、アルツハイ

第7章　両価的な感情を正常なものと見なす

マー病ではないかということです。僕たちはいつもいろいろなことについて話し、一緒に友人と外出していたのに、今は、そんなことは何もないんです。彼女はどこか雲の上にでもいるように、ぽうっとしています。今は二人共ほとんどいつも家にいるのに、僕は何も言わないんです——そして、僕が急に怒り出す。こんなこと以前は一度もなかったのに。妻は恐がり、それで、僕は惨めな気持ちになるんです」。

　2回目の面接に、ジェイクは自主的にヘレンを連れてきました。彼女も、何かがおかしいと気がついていました。ヘレンは、自分もジェイクとの以前のような会話がなくなったことが寂しい、と言うことができました。彼女は、どんどん物忘れがひどくなっていることを認めて「なんだか、頭がおかしくなっているような気がする」と言った後、「たぶん、そうなのだと思います」と続けました。彼女の病状から、この次、ヘレンが面接に来ることはできないかもしれないと思い、この面接で二人が、自分たちの感じている恐怖、悲しみ、そしてなによりも、二人がまだ一緒に楽しむことのできるものについて話し合うように援助しました。ヘレンは、ジェイクに、自分が反応できない時でも話し続けて欲しい、と頼むことができました。「そして、私に触れてね」「そうして欲しいの」と小声でつぶやいたのです。ジェイクは、予期せぬはっきりとしたヘレンからの申し出に、心を揺さぶられました。彼は安心したように優しくヘレンに言いました。「おかげで、君のために何をしたらいいか分かったよ。もう、前みたいに、どうしたらいいか分からないって思わなくてすむんだね」。

　妻の望みを知ったジェイクは自分の怒りをうまく扱えるようになったのですが、彼のストレスはなくなるわけではありませんでした。しかし、ラケットボールをすることと合唱団で歌うという社会との繋がりのおかげで、怒りの爆発は減りました。ジェイクは変わらずヘレンの世話を、彼が頼んだ外部からの介護ヘルパーの助けを得ながら続けました。しかし、人との関わりは、徐々に他の人々へと移っていったのです。

　それから何カ月か、ヘレンがそうしたいと思う時は、ヘレンと一緒にジェイクの面接を続けました。当面の課題は、ヘレンの状況に対するジェイクの怒りと無力感でした。今や、二人の役割が変わらねばならないこと、それま

でとお互いに頼り合っていた関係は、ヘレンの認知症が進み、ジェイクを助けられなくなっているので変わらねばならないと話さなければなりませんでした。私たちは、両価的な感情——ヘレンが心理的に不在になってしまったことが、どんなふうにジェイクの葛藤、愛と憎しみを生み出してしまう可能性があるかということについて話しました。ジェイクは自分が感じていることやしていることの暗い側面について話し、それに名前を付けることによって、自分の感じていた妻の物忘れに対する深い絶望感と、妻に対する自分の攻撃的な反応という事実に向き合うことができました。ジェイクはヘレンを愛していましたが、彼を置いて行ってしまったことで、妻を憎んでもいました。自分の愛する女性に怒っているということを意識すればするほど、ジェイクは、自分の置かれた状況をよく理解することができるようになったのです。妻が問題なのではありません。彼女の病気が問題なのです。ジェイクは被告人ではありません。あいまいさが告発されるべきなのです。今や、病気によるあいまいな喪失は、彼らの結婚生活の重要な位置を占めていました。ジェイクは健康な夫として、自分が適応しなければいけないのだと理解していました。ヘレンにはもうその能力は残されていなかったからです。

　自宅での重い介護負担のため、ジェイクは、余暇をセラピーかラケットボールのどちらか一方にしか割くことができなくなりました。私は後者を勧めました。彼はそれを受け入れましたが、ヘレンの病状がぐっと進行すると、また何回かの面接を求めて戻ってきました。ヘレンが歩けなくなり、ジェイクのことが分からなくなり、ついには食べられなくなると、ジェイクは苦悩に満ちた決断を迫られることになりました。介護施設の医者に栄養管を挿入してもらうか、そのまま彼女を衰弱死させるかについての決断です。ジェイクは栄養管の挿入を決心しました。そしてヘレンがもうジェイクのことが分からなくなって以降も、ずっと誠実に彼女を訪問し続けました。その次に彼に会った時、彼は不安と罪悪感で落ち込んでいました。彼は自分が正しい選択をしたのか分からないと言いました。「僕には妻がいます。でも妻なんかいないんです」。ジェイクはこう締めくくりました。私はその通りだと言いました。彼の生来持っていたレジリエンスは消耗しきっていました。

　ジェイクはそれでも変わらず、一年前、彼がヘレンにそうすると約束した

第7章　両価的な感情を正常なものと見なす

ように、ヘレンと時間を過ごし、彼女に話しかけ、彼女を抱きしめました。同時に彼は、他の人々との社会的な繋がりを拡げていきました。そのうち、ある女性と定期的に夕食を共にするようになり、そのことに関する葛藤について話してくれました。健康を保ち、レジリエンスを持って生きるため、人との結びつきが必要であることを彼はよく分かっていました。私は、ジェイクの置かれた環境では、罪悪感や混在する感情は起こり得るものであることを伝えました。私は彼がそのような感情を言葉にできるようにと彼を支えました。やがて彼は、直面するあいまいな喪失という現実──喜びと悲しみの相反する感情──を受け入れるようになりました。ヘレンが介護施設にいてもはや彼を認識できなくなった時でも、ジェイクは自分を見失うことなくこの状態を終わらせてしまいたいという気持ちと、このまま続いて欲しいという葛藤とずっとうまくつきあえるようになっていました。

　私たちは、セラピストとして、ジェイクのような人のあいまいな喪失を消滅させることはできません。しかし、両価的な感情や、不安感、罪悪感、人間関係の葛藤といった症状を軽減することはできます。ジェイクや他のクライアントと共にしたように、葛藤する感情を話すことを通して、意識できるように働きかけます。彼らの語りに耳を傾け、否定的な感情（行為ではなくて）や両極端に揺れる感情を正常なものと見なすようにします。いっしょに取り組みながら、私はジェイクの置かれた文脈についてたくさんの質問をしました。今のこの状況は彼にとってどんな意味があるのか、あいまいさについてどんなふうに感じているのか、問題の起こりそうな兆候は何かあるのか、などです。また、どの人に以前と変わらずに親しさを感じているのか、とも尋ねました。早い時期から、私のオフィスでヘレンが彼の隣に座っている時でさえ、ジェイクは妻がいなくなって寂しい、と言っていたのをよく覚えています。

▶逆転移

　あいまいな喪失と両価的な感情の関連性が分かるにつれ、セラピストが逆転移──クライアントが言うこと、すること、または体現することに、感情的に巻き込まれてしまうこと──を体験する機会は少なくなります。たとえ

233

ば、ジェイクが、弱っていく妻に感じる悲しみを話している時、自分自身の悲しみに個人的に反応することがありました——彼の妻についてではなく、その当時弱っていった私の母についてでした。私は、ピア・コンサルテーション[*1]で、このことを話す必要があると感じました。クライアントの話すことが、私たち自身のあいまいな喪失——離婚や育てることができなかった赤ん坊、理由も分からず去って行った恋人、衰弱していく年老いた親など——を思い起こさせることは、十分あり得ることだからです。

　加えて、私たちとは異なった文化やコミュニティに属するクライアントたちは、思いもかけなかった態度で、セラピーに、そして私たちに反応するかもしれません。いわゆる教科書に書かれているような、クライアントの「抵抗」は、私たちをじりじりさせたり怒らせたりするかもしれません。このようなクライアントの行き詰まった様は、意識的にも無意識的にも、セラピストをいらいらさせたり、自分自身が拒絶された体験や他のセラピーにおける経験を思い起こさせたりするかもしれません。両価的な感情を普通のことだと捉えることにより、多様性を認め、何が普通で何が普通でないかのような決め付けを避けられるような包括的な枠組みを持つことができるようになります。それによってセラピストは、一つの正常な基準というものに執着することなく、思いもかけなかったところで人間のレジリエンスを見つけられるようになるのです。

　もちろん、逆転移は理解できる体験ですが、セラピストは、いつそれが治療関係において起きるのか、いつそれに対処するか、などを意識しておく必要があります。同僚によるピア・コンサルテーションは私が最もよく利用するものですが、実際に何度か、私よりもっとよく働きかけができる別のセラピストに夫婦や家族を紹介しなければならなかった経験があります[4]。

▶チームワークが組み込めるようにセラピーのモデルのレパートリーを拡げる
　様々なタイプのあいまいな喪失に関わる援助を数多く経験するなかで、トラウマ化しやすい両価的感情を適切に扱うには、個人セラピーや個人を中心としたアプローチを超えて治療方法を拡げる必要がある、という確信をますます強くしています。既に述べたように、感情焦点化セラピー、認知療法は

第7章　両価的な感情を正常なものと見なす

どちらも役立ちます。それに加えて、心理教育的、認知的、精神力動的、そしてトラウマ・セラピーを組み合わせながら、家族と地域社会を基盤とした介入を加える必要があります。一人では、これらすべてをやりこなすことはできません。そのような訳で私は、ソーシャルワーカー、医師、心理士、精神科医との協働を勧めるだけでなく、聖職者や緊急事態に対処する職種の人たち（警察官や消防士）、地域の教育関係者などを含む、地域社会の重要な指導者と共に、協働的な作業を構築していくことを勧めたいと思います。地域社会の準専門家たちも重要な存在であり、その人々が、行方不明者の家族支援の訓練を災害のない時に受けているのが望ましいでしょう。そうすれば、いざ災害が起きた時にすぐに支援に入ることができます。

介入のための指針

セラピーの目標は、あいまいな喪失というトラウマの後、起こり得る両価的感情を特別なことではなく正常なものと見なし、それに起因する罪悪感を減らし、レジリエンスを増やすことにあります。あいまいな喪失と共に生きていくレジリエンスを強めるために、以下の留意点は、私が個人としても専門家としても、両価的な感情を正常なものと見なすうえで役立ったものとして、ここに記しておきます。

▶**罪悪感や否定的な感情は正常なものと見なすが、危害を与えるような行為は正常なものと見なさない**

罪悪感は、私たちを前に進ませ、変化への手助けになるものだと信じている人々がいますが、私の見解では、罪悪感は動きと変化を阻むものです。トラウマとなる体験の後、罪悪感は、最もよく見られる反応の一つであり、そこから介入を始めるべきです。津波が起こったのはあなたのせいではないのです。あなたの愛する人がいなくなってしまったのはあなたの責任ではありません。責めること、恥じること、罪の意識は、癒やしへとプロセスが動いていくのを妨げます。物語は語られるべきであり、聴かれるべきであり、さらに、肯定的な意味が見出されるまで、何度でも語られるべきものです。ト

ラウマを受けたクライアントたちは、私たちの否定的なアセスメントを恐れて近づこうとしないでしょう。彼らは、自分たちの苦しみが病的だと言われたくないのです。クライアントの気持ちや感情をどのような面であれ抑えることは、それらが生命を脅かす、あるいは暴力的である場合を除いては役に立ちません。むしろ私たちは、クライアントが、自分の物語を語ることができるようそれがどんなに奇妙に聞こえても、助け、それを聴くのです。彼らは、私たちの全身を傾けて聴く姿勢、そして忍耐を必要としているのです。否定的な感情を正常なものと見なすプロセスは、逆説的に、否定的な感情を最小限にとどめるための助けになり得るのです。

▶両価的感情への理解を高めるために、アートを使う

はっきりとした数値的データが使えない状況では、私はよくアート（どんな形でもクライアントが好むもの）を使って、クライアントのなかに混在する感情を表面に引き出そうとします。映画、ダンス、音楽、創作文、文学、絵画、または演劇であれ、芸術家は現実に体験する両価的な感情を作品に反映させています。このような、アートという手段を通して、相反する感情は普通に起こり得るものであり必ずしも否定的なものではない、とクライアントとセラピストは共に理解することができます。むしろそれは、あいまいな喪失によって高められた、逆説的な人生の有り様という対処可能なストレスと共に生きることを示すことにもなります。このようにアートは、私たちがもう機能できないということがなく、トラウマを受けない程度まで両価的な感情を和らげてくれるのです。以前は恐ろしいと感じていたことに、ユーモアを見出せるようになる場合さえあるのです。

▶個人の行為主体性を取り戻す

両価的感情に対処するという考えは、人生を支配し、自分が主体としてそれを行うことができる、といった考えに相通じるものがあります。あいまいな喪失は、適切な情報の欠如のため、何かをやろうとする本人の力や、問題解決能力を歪めてしまうことがあります。たとえば、成人した子どもが、脳損傷を患っていたり認知症になっていたりする両親を介護しなければいけな

い時には、両親の方が病気や脳損傷を患っている子どもの面倒を見る場合よりも、歪んだ形の力関係の差もあって、より両価的な感情を体験することになるかもしれません。脳障害、疾病、そして嗜癖に起因するあいまいな喪失を取り巻く状況は、個人の行為主体性や物事に対する支配感を損なってしまいます。

　私自身について言えば、自分の人生や物事を支配できることに価値を置いてきましたが、家族や親しい友人の間で解決不能なあいまいな喪失を経験し、生きなければいけない困難を経験するなかでそれは修正されてきました。苦痛のなかで私は、両価的感情があろうとも、時として自分の役割や行為主体性に対する混乱が起ころうとも、しっかり生きて前へ進むことはできるのだと悟るようになったのです。人生への支配感を必要とする気持ちは、私にあきらめではなく、レジリエンスを与えてくれる精神的な受容に少しずつ形を変えていきました。それは、実際、若い頃にはとても可能だとは思えなかったレベルにまで到達するようになったのです。

▶心の家族を再評価し、再構築する

　神学者は死という現実を扱い、心理学者と社会学者はあいまい性と両価性を研究しますが、私たちはこの両方を共に研究するべきです。

　死の現実とあいまいさの両方を理解することは、心の家族を形作る助けとなります。夫婦あるいは家族としてのアイデンティティーは、現実的な肉体的存在やそれを通した交わりだけにあるのではありません。距離や時間は、時として、人と人を隔ててしまいます。しかし、愛する人々が、肉体的にもはや目の前に存在しなくなってずいぶん経った後でも、それらの人々を心のなかで現在にとどめることはできます。あいまいな喪失の場合、このようにして、多くの人々は自分のレジリエンスを見出していきます。ベトナム戦争で行方不明になった兵士の妻は、自分の二番目の結婚がうまくいかなかった理由について、自分は「二人の男性と結婚している状態だった」と言いました。彼女はこうも書いています。「二人の男性と結婚できる訳がないし、社会が私に期待していること（昔のことは忘れて、前へ進むこと）をしようとするのをやめた時、夫を失ってから初めて、長いこと経験できなかった平和と力

を取り戻したのです」（2005年6月27日、キャンベルの私信より）。

▶コミュニティを家族のように捉える

　両価的な感情の状態からレジリエンスを見出すのは、ゆっくりとしたプロセスを通してであり、同じような経験をした人々が周りにいる時に、それは起こりやすいと言えます。多くの場合、家族として集まることが理想的ですが、その人の「家族」は、もしかしたら、職場の同僚かもしれないし、学校で一緒に学んでいる人かもしれません。また、それは、同じ宗教や民族に属する人たちかもしれませんし、単に、友人という場合もあります。PTSDや災害後のストレスを治療する場合、ほとんどは、個人の集まりか、ピア・グループ（同じ仲間が構成するグループ。たとえば、警察官、消防士、聖職者たち、戦争復員軍人やトラウマ専門の看護士など）を通して行います。しかし、すべての人がいずれ、家に帰っていくのであり、自分の家族や友人と暮らすことになります。トラウマを負った個人をピア・グループだけで治療すると、究極的には、その人と家族や配偶者との間に距離を作ってしまうかもしれません。それは、心の家族というものを、仕事場の同僚という家族に変えてしまうことにもなります。大切な人が行方不明になった後、その被害者のレジリエンスを、家庭を中心として強めていくのを手助けする必要があると言えます。仕事仲間如何にかかわらず、その人の家族やコミュニティは、重要なサポートと癒やしの源泉ですから、災害後のトラウマと喪失を扱う際に必ず含まれている必要があります。私たちが援助する際の課題は、トラウマを負った当人の配偶者や家族が、十分レジリエンスをもって、その当人が癒やしに向かえるような毎日の居場所を提供できるかどうかを確かめることにあります。これまでのところ、家族や地域社会を基盤にした、トラウマに関する介入プログラムはほんのいくつかしか見あたらないのが現状です（Boss et al., 2003; Landau & Saul, 2004）。

　移民や移住者のセラピーでは、どのコミュニティに属していると彼らが感じているか聞いてみることが必要です。年老いた世代はきっぱりと、自分の故郷はどこかほかのところにある、と言うかもしれません。若い世代は、自分たちの新しい土地を故郷だと言うかもしれません。中間の世代は、愛情と

第7章　両価的な感情を正常なものと見なす

憎悪の二極化した感情を、古い土地と新しい土地に感じて動けなくなり、二つに引き裂かれる思いをしているかもしれません。どちらの感情も、自分にとってぴったりこないということもあります。これら二つの感情が引き起こす緊張感は、もしかしたら、多くの新しい米国人にとっては普通の状態なのかもしれません。たとえば、あるモン族の女性は、カンボジアの森林での生活を覚えていますが、今は、冬の長いミネソタ州の都市部にある大学を卒業しようとしています。家族を殺された元少年兵士は、今、ノース・ダコタ州の農場に住んでいます。自分の家や家族から引き離され、現在、ニューヨーク近郊のスタッテン島に住むリビア人の十代の少年少女もいます。また、米国では診療活動を行うことが許されていないロシア人医師もいます。あいまいな喪失は人間の移動に避けようのないものですから、新しい国に対する愛情と憎しみは予想できるものです。もし、臨床上問題となるような症状が見られるなら、私たちはそれを、あいまいな喪失に準じて起こる両価的感情に起因するものとして、状況に即した理解をしなくてはなりません。

▶日々の役割や日課を見直す

家族のなかの日課や役割、家族関係の境界などを見直すことは、あいまいな喪失に続いて起こる両価的な感情に対して、個人と家族が一つになって対処するのに役立ちます。問題に特定の名前を付け、それを当人自身の意志の及ばない所に位置づけることにより、私たちは、彼らの窮状と理解可能な不安感を正常なものと見なすことができます。セラピストが、原因と思われるものを外在化（White & Epson, 1990）する時、クライアントは、あいまいな喪失体験後に起こる、何をしたらいいのか、どう行動したらよいのか、どのように考え、どんなふうにしたらよいのか、誰のようであればいいのか、といった個人的感情のあいまいさとあいまいな喪失の間の相関関係を容易に自分で解きほぐすことができるでしょう。別な言い方をすれば、日課や役割、人間関係の境界に関する社会学的あいまいさは、心理学的あいまいさを促し、結果として、うつ、不安、人間関係の葛藤、アイデンティティーの混乱といったような病理的症状を引き起こしてしまうことがあります。しかし、レジリエンスの見地に立つと、それらを病理としてではなく、ストレス対処

の課題として示すならば対処可能であり、あいまいな感情が固定化してしまうことを防ぐことができます（Boss, 2002c）。

▶クライアントが置かれた文脈と状況について質問する

　協働的なプロセスを大切にするために、クライアントの置かれた状況的文脈についても尋ねます。きちんと説明できないものの悩んでいることがありますか。どんなことですか。悲嘆の症状が見られるけれど誰かが亡くなったということがないならば、もしかすると誰か大切な人が、身体的または心理的にいなくなってしまった事実があるのかを尋ねます。たとえば以下のようなことです。

- 家族には誰々がいますか。血縁のある家族は誰ですか。心の家族は誰ですか？
- そのなかに入っていない人がいますか？
- その中間の存在として誰を考えていますか？
- 以前に、あいまいな喪失（たとえば、離婚、養子縁組、恋人との別れ、育てることができなかった赤ん坊、家出した子ども、行方不明の親、大切に思う人で、もはや以前のようではなくなった人）を経験したことはありますか？
- 今あなたは、感情的にまたは身体的にそこにいないように感じられる人と関係がありますか？
- そのようなことについて、あなたは混在する気持ちや感情を持っていますか。何をすべきかについて、気持ちが二つに裂かれるような感じがすることがありますか？

　ちょうど、ジェイクとヘレンの場合のように、このような質問は、治療的な語りに結びつく反応を促進させることができます。上記の質問すべてが必要なことはめったにありませんが、セラピストは手元に持っておくと役に立つでしょう。セラピストが必要な情報は、信頼し合った愛する者同士が安心して語り続けるうちに、個人的あるいは家族の物語を通して、たいていは自然に手に入ってくるものです。このような関係性に関する質問は、PTSDや

悲嘆のセラピーでは普通用いられませんが、これらの質問によって、両価性において肯定的な意味をもっと見出すことができ、さらにそれによって、あいまいな喪失によるトラウマを軽減するプロセスを始めることができるのです。

▶両価的な感情を明るみに出す

　クライアントが、いなくなった人や自分自身に対する感情の暗い面について話せるよう手助けすることにより、無意識のものをより意識化することができます。クライアントが、罪悪感について話せるよう励ましましょう。鍵となるのは、両価的感情を明るみに出すことです。恥ずかしく感じるかもしれませんが、そのことについて話すことが大切なのです。セラピストとして私たちは、あるタイプのクライアントに会う時に感じる両価的感情に対してオープンである必要があると言えます。自分たちの経験や文化から見て普通ではないように見えるクライアントの語りにもオープンでいる必要があります。「昨夜、行方不明の夫と話しました」「彼が歩道を歩いてくるのを見ました」「彼は昨夜、私に触れました」「昨夜、また、彼を殺す夢を見ました」。このような話を、ベトナム戦争や、ニューヨークのテロで夫が行方不明になった女性たちから別々に聴いたことがあります。私はこれらの話を信じました。彼女たちが見たという現実を尊重しました。彼女たちが、恐る恐る分かち合ってくれたこれらの話を、異常だと決め付けてしまったなら、彼女たちはセラピーに対して抵抗を見せただけで終わってしまったかもしれません。もっと悪いことに、もし私がそのように言ったならば、私が初期に受けた訓練に反して、彼らの言葉が病理を反映しているとは思えなかったので、不誠実になってしまったでしょう。おそらくこのように信用は築かれていくのです。

▶潜在的、無意識的な両価的感情を明らかにする

　両価的感情を正常なものと見なすことができるかどうかは、どれだけ対処可能なレベルまでそれを軽減することができるかにかかっています。うまく対処するための最初のステップは、まず何が問題かを認識することにあります。私は既に、あいまいな喪失が問題なのだということについて話してきま

した。ここでの目標は、クライアントが、置かれた状況に葛藤する気持ちや感情を明らかにできるよう助けることです。物語を語ることやアートを通した表現を用いることにより、クライアントは、矛盾する感情――親に対して、生きていて欲しい、いや死んでいて欲しいと願ったり、助けてあげたいけれど、同時に町から出て行ってしまいたいと思ったり――が更に意識できるようになります。相反する感情によって、自分が家族と思える人々（心の家族）のなかに誰が含まれているのか分からなくなります。そのようななかで、誰がどのような役割でどのような課題を果たすのかが混乱します。個人の両価的な感情を意識下に置くには、罪悪感と自責の念を和らげることが大切です。更に親しい関係のなかで起こる不在と存在との痛みを伴うあいまいさに起因する矛盾する欲求を正常なものと見なすことが大切です (Boss, 1999)。

▶いったん意識できたなら、その両価的感情に対処する

　私たちは、あいまいさや、そこから起こる感情の両価性をすべて排除することはできないので、その両方に対する耐性を育てる必要があります。両価性を認知の領域に持っていき、対処へのプロセスが始められるようにすることにより、私たちは両価的な感情を和らげようとします。しかし、臨床家はまず、異常な状況から起きる通常の反応である両価性と、医学的あるいは精神医学的な治療が必要な病理的な両価性とを、きちんと区別しなくてはなりません。社会学的な定義と精神医学的な定義の違いを知ることにより、私たちはまずトリアージ（優先順位の決定）をして、治療援助をどのように進めていけばよいか判断します。葛藤する感情をいったん意識できたならば、人々は対処できるようになります。

▶葛藤を肯定的に見る

　夫婦や家族の葛藤のレベルは、気づいていない両価的な感情によって、高くなる傾向があります。混在した感情を意識できないと、ごく普通の葛藤や意見の相違も、暴力や虐待にエスカレートする危険があるからです。夫婦や家族の置かれた状況をあいまいな喪失のなせるもの（ゆえに、彼らの責任ではない）と明確化し、彼らが持っている両価的な感情は普通である（または、対処

可能である）と捉えることにより、クライアントが自分たちの置かれた状況を、より罪悪感や不安感の少ない気持ちで見つめられるようになります。その場で起こっている葛藤のレベルを調整する力のあるセラピストと一緒に会うなかで、夫婦や家族は自分の物語を語り、同意したり、反対したり、笑ったり、泣いたり、そうしているうちに、ゆっくりと、自分たちは葛藤する感情や役割と共に生きていけるのだ、と気づくようになります。いなくなった人に対する暗い感情や思いを語ったり聞いたりするのは、痛みを伴うものかもしれません。それを、誰かに全身全霊で忍耐強く聞いてもらうことが助けになるのです。私たちの仕事は、これらの過程で重大な諍いや仲違いへとエスカレートしていかないように、家族間の意見の相違を調節していくことにあります。

▶両価的感情に対処するための多様な方法を評価する

　私たちが違う文化や宗教的信念を持つ人々と働くようになるにつれ、あいまいさ、両価性、罪悪感、恥、非難についての違った解釈がますます多く存在するようになります。その家族に会う前に、彼らの持っている信念や価値観などは知りようがないので、私はまず、今の状況にどんな意味があると思うかと尋ねることから始めます——たとえば、家族が、行方不明の者の状況をどんなふうに見ているのか、それは今彼らにとってどんな意味があるのか、などを聞いてみます。今までどうやって対応してきたのか、あいまいな喪失を体験しているにもかかわらず何がうまくいっているか、といったことも尋ねます。彼らの話から（もちろん、主観的なデータではありますが）文化的に影響を受けた両価的感情の捉え方や、それに対する気持ちなどが表面に表われてきます。私たちは、この協働的なプロセスを、標準的な基本を設定せずに始めます。つまり、文化的に多様なレジリエンスのあり方に対し、開かれた態度で始めるのです。私たちが今日会う多くの人は、意図的に「死者を現在に存在させておく」文化や宗教から来ています。先祖も、また最近亡くなった人も、多くが「心の家族」としてとどまっている、そのような文化のなかでは、終結は、癒やしへの障害だと見られているかもしれません。あいまいな喪失の視点を通して見ていくと、ますます多様な背景を持つクライア

ントのために、文化的に配慮されたアセスメントと理解の仕方が可能となります。

▶終結は両価的感情を和らげるものではないと知ること
　完全なる不在（終結と同義）や完全なる存在、といった考えは、大切な人が認知症だったり、脳死状態だったり、脳損傷を患っていたり、自閉症であったり、精神疾患を持っていたり、または、身体的に行方不明であったりする人々には助けにはなりません。完全な不在や存在といったものがあるという前提は人々に、たとえもっと普通のタイプの喪失、たとえば離婚や養子縁組を経験した人々にさえ、不適応感や罪悪感を与えてしまうでしょう。このような、人としての敗北感は、不安や人間関係の問題の背後にある隠れた気持ちや感情を発見するのに妨げとなりやすいのです。なぜなら、人間関係の境界があやふやになり、自分はいったい誰なのか、どんな役割を果たせばいいのかが、混乱してしまうからです。

▶緊張に耐え得る耐性を育てる
　トラウマを和らげ、感情や人間関係の硬直化を避ける唯一の方法は、人々が相矛盾する感情や気持ちを引き起こす緊張感と共に生きていけるように、セラピストが手助けすることです。私たち自身がそうできるように自分を促す必要があります。そのための賢い方法は、セラピストが定期的にスーパーヴィジョンを受けたり、ピア・コンサルテーション・グループに参加したりして、ある特定のケースによって喚起される葛藤する気持ちや感情を正直に他の専門家たち（必ずしも同じ仕事場の人々である必要はない）に話してみることです。クライアントの提示する両価性が、私たちのなかに圧倒的な感情を引き起こす場合には、時として、自分自身がセラピーを受ける必要があります。専門家のための研修に参加することも、職業的な緊張感を鎮めるのに役立つでしょう。
　前述したように、臨床家として私たちは、あいまいさや両価性が意図的な現象なのか、無意識の現象なのかに関してはそれほど関心はありません。その代わり、この二つの構成概念を、それぞれに名前を付けて分類し関連づ

け、それら二つの概念およびそれらが引き起こすストレスを正常と見なすことで意識化していくように介入します。更に人々が語り始めるように励ましていくなかで、家族は誰なのか、その人々との関係はどのようなのか、何を失ってしまったのか、まだ持っているものは何なのかについて新しい意味を見つけられるように介入していくことが大切です。あいまいさと両価性が意識的に認められれば、人々はそれらに対応でき、ストレスに対処できるようになり、今、誰が自分のために、心の目を通してまた物理的に存在しているのかを再構築できるようになります。知的にも感情的にもそのような自覚が持てないならば、あいまいさのもたらす罪悪感と不安感は圧倒的で、人々を動けなくしてしまうのです。

▶認知的な対処方法を使う

　私たちの課題は「家族の苦境に構造と意味を与えること」(DiNicola, 1997, pp.3-4) にあります。社会構成主義の見地から、私たちは、ラザラス（Lazarus, 1966）の認知的評価モデルをあいまいな喪失のモデルと組み合わせ、家族が、何が本当の問題なのかを、家族のものの見方を通して再構成できるように援助していくことを主眼とします。自分たちの物語を語り、他の人の物語を聞くことにより、自分の持っている複雑な感情と葛藤する気持ちが真の問題ではないのだと人々は理解し始めます。むしろ、ここでの課題は、両価的な感情を対処可能なレベルに保持することであると言えるでしょう。

7　まとめ

　私たちの愛する誰かが、身体的に、あるいは心理的にいなくなってしまう時、それに続いて起こる両価的感情は、当人を圧倒し、時として怒りの爆発や、不適切な行動（ジェイクの攻撃的な怒りのように）につながる可能性があります。アルツハイマー病のような破壊的な病気をはじめ、自然災害、人的災害、離婚のような出来事でさえ、「克服」しなければだめなのだというような考えは古いものであり、もはや役に立ちません。両価的な感情は、人間関

係にごく普通に見られるものであり、大切な人の体が、または心が行方不明になっていると感じる時に特に見られるものなのです。レジリエンスを持つということは、両価的な感情を根絶してしまうことではなく、むしろ両価的な感情から発生する緊張感がトラウマ化へ進むのを防ぐことができるレベルにおいて認識し、対処することを意味します。

　両価的な感情を正常と見なすことができるかどうかは、本質的には、人々が自分のなかにある葛藤する感情を認められるよう、治療的援助を提供できるかどうかに関わっています。両価性それ自体は病的ではありませんが、それに対処できない時、レジリエンスは崩れ、病的な兆候を表わすことがあります。愛と憎しみを同時に感じること、悲嘆から怒りへと行ったり来たりする状態は、もし、その二つの両極性が引き起こす緊張感を認め、うまく対処できなければ、人々にトラウマをもたらしてしまうことがあります。

訳注
＊1　扱っているケースの問題や対応について専門家同士で相談し合うこと。

第 8 章
新しい愛着の形を見つける

　あいまいな喪失によって、親密な愛着関係を持っていた人と離れ離れになってしまった人たちは、死別よりも更に大きなトラウマに苦しみます。レジリエンスを再び得るためには、愛着の新しい形を見つけることが不可欠です。それは、いなくなった人とまた会えるかもしれないという見通しを持って生きることを学ぶと同時に、喪失が永遠であることを認めていくという緩やかなプロセスです。またそれは、親密な人との愛着のあいまいさと共に生きることであり、同時に新しい人との関係性を見つけることを意味します。そのような愛着関係が脅かされた状態を明確に感じつつも、それに敬意を表するなどということを可能にしてくれるような式典や儀式は存在しません。あいまいな喪失のなかに取り残される苦悩は、オーデン（Auden）[*1]の詩「葬送ブルース」に表わされる苦悩に似ています。その詩は次のように始まります。

　　　時計なんか止めちまえ、電話線なんか切っちまえ、
　　　犬には肉つきの骨をやれ、吠えさせないようにしろ、
　　　ピアノをだまらせろ、ドラムは毛布でくるんでしまえ、
　　　さあ柩（ひつぎ）を出せ、弔問客はやってこい。

そして次のように終わります。

　　　星なんかもう一つだってほしくない、みんな消えちまえ。
　　　月を梱（こお）ってしまえ、太陽は皮をひんむいてしまえ。
　　　海はひっくり返して空にしちまえ、森は根こそぎ吹っ飛ばせ。

第Ⅱ部　あいまいな喪失の治療・援助の目標

なにもかも、もうあったってしかたがないんだ。
(W. H. オーデン　岩崎宗治訳「葬送ブルース」『もうひとつの時代』国文社，1997, p.155-156)

　オーデンの言葉は、公的に認められた死によって、深く愛した人と離れ離れになった人たちの強い支えになりますが、行方不明になった人の親や子ども、伴侶たちはこの詩から得られる慰めからは取り残されたままです。喪失が身体的であろうと、心理的であろうと、そのような場合には、そこに埋葬する遺体はなく、棺もなく、悲しんでお悔やみの言葉を述べる人々もいません。比喩的に言うならば、喪失が認識されないまま続くので、ピアノが鳴り続けたままであると言ってもよいでしょう。このように、立ち会う人もなく、辛さを認められることもないことが、行方不明者を愛する人々に尋常ではない苦痛を引き起こすのです。生活は保留の状態になり、他の人々との関係は避けられます。あいまいな喪失のために新しい愛着関係は妨げられ、古い愛着関係の可能性が保ち続けられるのです。

　あいまいさが続く只中にある時も、人々はそれでも健康を維持するために、何らかのレジリエンスを見つけなくてはなりません。それは彼らが、いなくなった人との間に新しい愛着の形を見つけなくてはならないということを意味します。では、私たちはこのプロセスをどのように援助したらよいのでしょうか。喪失したという確証がない状況では、人々は、自分の健康が損なわれるまで、愛する人ともう一度会えるのではないかという希望を持ち続ける傾向があるとすれば、その人々の悲嘆を融かし、あいまいな喪失を持ちながらもその人々が前進していくことを助けるために私たちは何ができるでしょうか (Boss, 1999)。

　当然のことですが、あいまいさは、愛していた人を諦めようとする気持ちを阻んでしまいます。夫がアルツハイマーになった後の17年間、献身的に彼のために尽くしたナンシー・レーガン (Nancy Regan)[*2]のことを思い出します。認知症が進むにつれて、彼女は夫との関係性のなかで、夫婦という形はなくなり、「独り」になっていきましたが、それでも彼女は夫との絆を手放すことはありませんでした。レーガン夫人の例は他の多くの人にもよく見

第 8 章　新しい愛着の形を見つける

られます。それはあまり表には現れませんが、愛する家族がいなくなってしまっているにもかかわらず、依然として存在しているという例です。その関係性を手放すことなどとてもできないのです。私たちがこれまで行った認知症研究において分かったことですが、介護者は次のような言葉で自分の気持ちを要約します。「いつ未亡人になるか分からない身なのです」。

　私たちは2004年の津波の後も、愛着が永続するのを目にしていきました。生きているか死んでいるかの確証がないために、トラウマを受けた人たちは、いなくなった人を諦めることに抵抗がありました。早期には、また嬉しい再会があるのではないかと希望を持っていました。少し時が経つと、埋葬する遺体が見つかってほしいと願い、もっと後になると、あいまいさを受け入れる方法を見出せるのではないかと思えるようになってきました。

　最終的に死が訪れ、それまで持っていたあいまいさが確実なものになる時でさえも、愛する人への愛着はまだ続きます。レーガン夫人が、夫の棺に触れようと手を差し出し、その棺に頭をもたせかけていたのを見て、私はそのことを感じました。南アジアでも同様の話があります。人間の愛着は深く、簡単に切り離せるものではありません。しかし、少なくとも愛する人を悼む葬儀が行われることによって、深い愛着の絆を再構成し、新しい絆の形を見つけるというプロセスが始まります。つまり、愛する人が亡くなる時に愛着が終わるのではなく、それまであった関係が終わるのです。絆は新しい形に変化させなくてはなりません。しかしながら、愛する人が明らかに亡くなったのではなく行方不明のままの時、新しい形に変えることが阻まれて、トラウマが長引いてしまうのです。

1　愛着とあいまいさ

　本書で私は、愛着という言葉を近年の愛着理論の専門用語としてではなく、むしろもっと一般的な意味で使用しています。あいまいな喪失の場合、人が他の人に持つ愛着は変わらないかもしれませんが、その関係の形が変わってしまいます。前にあったような絆を持ち続けることはできません。終

結も不可能なため、その関係を手放すことが目標にはなりません。セラピーの目標はむしろ、関係性における受け止め方を転換することなのです。それはつまり、不在であると同時に存在しているというあいまいさと不確実性を受け入れるということなのです。

　愛着は、伝統的には、特定の他者との相互の関係性の絆として定義されています[1]。それは、人間が、一人の同じ対象との緊密な関係性を必要としていることを反映しています。本書では、愛着をもっと一般的な観点で、夫婦や家族、親しい他者との関係性のなかで、個々人がそれぞれの間に感じる深い絆と定義します。もしあなたに愛着を感じる人がいるならば、きっと、その人はあなたにとっての心の家族の一人と見なすことができるでしょう。

　愛着の形を新たにすることは、手放すのとは反対に、いなくなった人との関係を終わりにすることや、喪失を否定することを意味しません。更に、あいまいな喪失の場合では、その人を諦めて手放す（たとえば抗議、絶望、受容というような）直線的なプロセスは存在しません。受容できることはほとんどなく、終結は絶対にないのです。新しい愛着の形を見つけることはむしろ、喪失をめぐるあいまいさを考慮に入れた関係性に移行することです。この観点からすれば、大切な人が今は消え去っていても、まだ愛着の表象として感じられる存在であり、その人が身体的に、あるいは心理的に不在であっても、残された人にとっては安全基地としてきちんと機能しているのです。例を挙げますと、9.11テロの後、女性たちがこう話してくれました。遠く離れた国にいる母親のことを考えることが自分に慰めを与えてくれ、夫が行方不明であるトラウマにも対処する勇気をくれると。彼女たちは、電話することで、近くにはいない母親の存在を保持していたと言います。それだけでなく、彼女らの多くが、その愛する人を日々心のなかで親しい存在として感じていたし、その人ならどんな助言をしてくれるだろうかと考えていたと言います。体はなくとも、心理的にはそばにいてくれる親やきょうだいが、言葉では表現できないほどの慰めを与えてくれたと多くの人が語っていました。それはあたかも、身体的には手の届かないところにいる人を、生きている存在として心のなかに内在化させ、その存在から現在のトラウマに対する慰めや助言を受けていることなのです。

第 8 章　新しい愛着の形を見つける

　セラピストとして私は、心の家族との絆がより一層大事であると思っています。そしてトラウマを受けたクライアントにこう尋ねてみることがよくあります。「あなたがとても大切に思っている家族が、もし今あなたに何かアドバイスをするとしたら、何ておっしゃると思いますか」。答えはもちろんいろいろありますが、多くの場合、子どもも大人もその質問に答えることができます。たとえ実際には誰か他の家族が機能しない状態であったり、行方不明になったりしていても、その答えは彼らに慰めを与えているようにみえます。心の家族は残された人々すべてにとって、時には支えや慰めを与えてくれる存在なのです。

　あいまいな喪失によってトラウマを受けた人のセラピーや援助を行う時、私たちは心と体の両方の絆を再構築するところから、愛着の新しい形を見つけることを始めます。人々は、その肉体がはるか遠くにあったり、もう亡くなってしまっていたりする親や愛する人に慰めを求めることがありますが、遠くにいても、その人たちは自分たちを支えるために不可欠な人たちです。私たち専門家の仕事は、クライアントの心の家族をセラピーの場に喜んで迎え、その存在を足場にセラピーを構築していくことなのです。

新しい愛着の形を見つけることはあいまいな喪失にどのように関連するのか

　逆説的なようですが、愛する人の遺体が存在し、それを弔うための葬儀に参列することで一つの区切りをつけて、新しい愛着の形を見つける出発になることがあります。しかし、愛する人の遺品も何も残っていない場合、そのプロセスが進まないままになってしまいます。9.11 テロから 6 カ月後の時、世界貿易センタービルで夫がまだ行方不明であるという女性が、次のように述べていました。「もし埋葬できる彼の体がほんの一部でも見つかったら、きっと幸せでしょうに。それがたった一本の指の爪であろうと……」。彼女は夫が亡くなってしまっているだろうと思っていましたが、彼女の心はその状態に凍りついたままでいました。彼女は夫が行方不明であることに強い怒りを抱いており、葬るべきなにものもないと感じたことで、その怒りは一層

強まっていました。テロリストたちが、彼女の夫を崩壊したビルの下に埋めてしまったことで、彼女は夫を埋葬できなくなってしまったのです。愛する人が消え去った時、その人の存在あるいは不在についての受け止め方を転換するということは、その人に敬意を表わし別れを告げる儀式に実際に参加するまでは不可能であるかもしれません。このような行事に参加することによって愛着の形を新しくするプロセスが始まるからです。その女性の場合は、夫に敬意を表わし、お別れを告げるという儀式を自分で取り仕切ることも、積極的に参加することもできなかったため、彼が亡くなっていると見なすことができなかったのです。

　2004年に起きたアジア南西沖地震においては、およそ30万の人々が亡くなったり行方不明になったりしており、あいまいな喪失はあまりにも甚大なものでした。何千もの遺体が、誰かも分からないまま、大きな墓に一緒に埋葬されました。子どもたちは親が行方不明となり、親にとっては子どもが行方不明となりました。夫婦や恋人は引き離されました。これは自然がなした悲惨な出来事でしたが、そこには、あの時しっかり強く抱きとめておけばよかった、もっと早く走っていればよかったという自責の念が依然として存在しています。また、今もなお人々は、愛する人にさよならを言えなかったことや、遺体を見つけられなかったことに対して、怒りや裏切ってしまったという気持ちを抱えています。どのような文化や宗教においても、こうしたことが喪失に向き合うことをより困難にしているのです。

　遺体を見つけられないことは、しばしば裏切りと見なされることがあります。9.11テロで配偶者を亡くした多くの人たちは、夫を自分なりのやり方で埋葬する機会さえ奪われたと私に語りました。この極めて個人的な通過儀礼を、自分の力ではどうにもできないという気持ちに加えて、彼女たちは、生きているのか死んでいるのか確証を得たいと切望していました。その確証が得られるまでは、ほとんどの人にとって、愛着を再構成することは混乱を引き起こすことであり、当然、過度の反応を引き起こしかねないのです。

　愛着のある人がいなくなってしまった時、残された人たちは、しばしば、この世界に背を向けて、無気力な状態に引きこもってしまいます。私たちのセラピーの課題は、この傾向を緩和し、親戚・友人・地域社会との絆を新た

にしていくよう励ますことです。こうした新しい絆を通して、人々は次第に行方不明の人との関係についての受け止め方を修正していけるようになるのです。これはまさしく、人々が心の家族を新しく作りかえるよう手助けすることだと言えます。

新しい愛着の形を見つけることはレジリエンスとどのように関係しているのか

　残された人々は、あいまいな喪失に直面した時のストレスや不安を軽減しようとして、機能が停止して動けなくなったり、そのことに抗議しようとしたりすることがあります。どちらの場合においても、人々は苦痛を感じます。失われた人を見つけることができない時に、残された人が極端な反応を見せる場合があります。たとえば、あたかも行方不明の人が既に亡くなってしまったかのように行動することで、早まって見切りをつけてしまうことや、あるいはその人がいないことを全く否定して、何も変わっていないかのように振る舞うことなどです。別の極端な反応としては、行方不明の人のことを全く考えないようにしたり、反対に始終考え続けていたりすることが挙げられます（Boss, 1977, 1980c, 1999, 2004b）。そのような融通のきかない極端な反応は、不適応な状態であり、レジリエンスに必要な関係性の修正を妨げるものです。行方不明の人に対する愛着に、より健康的に適応することは、その人と少しずつ距離をとっていくと同時に、実際にあなたの役に立つ、思いやりのある人々との絆を取り戻していくことです。この統合のプロセスを通して、行方不明の人への愛着が薄らいでいくのです。このような変化が愛着の絆を再構築していくプロセスが始まる印であり、そのプロセスが、レジリエンスを再び獲得する手助けとなるのです。

　より明確にするならば、あいまいな喪失から生じる不安は、古典的に定義されている分離不安による愛着（Barry et al., 1965; Bowlby, 1973）と同じではありません。しかし、あいまいな喪失には、愛する人を見つけられないことから生じる非機能的な不安（negative anxiety）の気持ちが存在します。（総称的な意味においての）非機能的な不安はまた、愛する人が身体的にはまだ存在して

いても、喪失するのではないかという恐れから生じることもあります。たとえば認知症や頭部損傷、嗜癖や慢性精神疾患のような場合です（Boss, 1999）。私は、人々が、まだ生きている人に対して、あたかもその人が既に亡くなっているかのように離れてしまったり、扉を閉ざしてしまったりするのをよく見てきました。しかしそうする動機は理解できます。何度も別れと再会を繰り返すようなつらい関係は、苦痛と不安をもたらすものであり、そこから自分自身を守るために人々はより冷淡になり、その存在があいまいな人から心理的な距離を置くようになるのです。また、全く反対に、過剰なまでに関係にしがみつこうとする人もいます。たとえば、9.11テロの後に遺された親たちのなかには、子どもたちを少しでも手放すまいとするあまりに、子どもが家から出ることを禁じた人さえいました。トラウマを受けた家族の多くが、安全な気持ちで眠れるよう、一つのベッドに身を寄せ合って一緒に寝ていました。トラウマの初期では、家族がベッドで一緒に寝ることは有効な対処機能を果たしているかもしれませんが、それが長く続くのはよくありません。時が経って子どもたちが成熟してくると、一緒に寝ることはもはや適切ではないとセラピストは家族にはっきり告げました。十代の子どもたちへの介入は、家族の境界から出入りを柔軟にすることに焦点が置かれました。このような介入があったことで、子どもたちや若い世代の人たちは安堵感を表わしました。あいまいな喪失がある時の私たちの仕事は、家族を脆弱にするような不適応状態を防ぐことにあります。

　愛着を見直すこととレジリエンスとの関係性は、あいまいな喪失によって生じた不安とトラウマを和らげなくてはならないという前提に基づいています。家族療法家であるウィタカーとマローン（Whitaker & Malone, 1981）は、非機能的な不安の源泉は、個人の失敗や、過度のフラストレーション、拒否、傷つき、分離の喪失に起因する感情であると述べています。あいまいな喪失は、本来的に解決不可能であり、そのためにあいまいな喪失を経験した際には、これらのすべての要素が生じてくるのです。終結の確証がないため、残された人は延々と希望を持ち続けます。早い段階であればもちろん、希望を持ち続けることや、情報を探し求めることは有益です。初期のレジリエンスは、不在であることに抗議し、失った人を捜し求めることで表現され

ます。絆を弱められることに対しては特有の非常に強い抵抗を示すものです。現状を保持するような幻影が見えたり行動をとったりすることもあります。たとえば、行方不明の夫が歩道を歩いて、いつものように仕事から家に帰ってきたのを見たとか、真夜中に行方不明の友人を見たということや、誘拐された子どもがいつ帰ってきてもよいように部屋を整えているようなことがそうです。より一般的なあいまいな喪失では、養子に出した赤ちゃんがいつか自分の元に戻ってくるのを望むことや、浮気なパートナーが家の明かりを見て帰ってくるのを待つということもそのような抵抗を意味します。悲惨な状況でのあいまいな喪失においても、より一般的なあいまいな喪失においても、人々の健康やレジリエンスは、自分の生活から身体的あるいは精神的にいなくなってしまった人たちとの新しい愛着をいつどのようにして修正し、再構築していくのかに、結局はかかっています。これは簡単なことではありませんが、臨床家はそれを手助けすることができるのです。

2 環境上の問題や文脈を理論的に検討する

1980年代、精神力動的な見地から、ボウルビィ（Bowlby, 1980）は、愛する人の喪失は、人間に与えられる苦痛のなかでも最も激しい心の痛みを伴う経験の一つだと記しました[2]。ボウルビィは、愛着対象を喪失した時の両価的な感情の複雑さと、ストレスや不安を和らげるために絶望や愛着を手放そうとさせるストレスについて取り上げました。しかし彼は、喪失があいまいな時のことについては何も述べていません。喪失から回復するための目標は、不在となった愛していた人との結びつきを手放し、新しい関係性に気持ちを向けることであると『悲哀とメランコリー』のなかで述べたフロイト（Freud, 1917/1957）も、あいまいな喪失については述べていません。コフート（Kohut, 1972）もまた、あいまいさや不確実性という外的な文脈を無視し、トラウマは自己愛的なパーソナリティと結びついており、そこで起こる憤怒は、自己愛的な心の傷への反応であると提唱しました。トラウマと関連する激しい怒りは、自己愛的なものではなく、あいまいな喪失のような外的な力によって

支配とコントロールを失ったことによるものとは言えないでしょうか。自己愛から来るものと言わず、トラウマと激しい怒りは、たとえば愛する人が津波で流されたという解決できない環境的な問題の結果生じるものと言えないでしょうか。クリストファー・ラッシュ（Christopher Lasch, 1978）は、米国文化は、自己愛性――孤独、注目されたいという欲求、怒りやすさ――を特徴としていると述べています。しかし、孤独や、人から注目されたいという欲求や怒りは、私たちの高度な技術でさえ防ぐことができないあいまいな喪失に満ちた時代の結果ではないでしょうか。奇妙なことですが、あいまいな喪失という、ごく一般的な現象について、精神療法の理論家たちはこれまであまり多くを書いてきませんでした。理論家たちが、個々人の心を非常に狭い範囲で捉えたために、あいまいな喪失が至るところに偏在することや、それが人間の愛着に頻繁に及ぼす影響を見過ごしています。

　愛する人がいなくなってしまうと、その結果、安全感がなくなり、不安感が生じます。しかし、これらの反応は、環境のあいまいさから来たストレスであり、精神的な弱さからくるものではありません。この観点から考えると、臨床家の介入は精神病理を重視するものではなく、否定的な文脈の中であってもレジリエンスを再び得ることを目的としたストレス理論に基づくものとなります。愛着を見直すことの目的は、（終結とは反対に）この観点から出発するのです。

3　新しい愛着の形を見つけるためにどんなことが助けになるか

　悲嘆のセラピーやPTSDの介入の伝統的な方法は、愛する人が行方不明になっている人々が新しい愛着の形を見つけるのには不十分です。新しい絆を構築したり、残された人々や家族、地域社会の間に以前からある絆が強められたりしなくてはなりません。同時に、いなくなった人への愛着は決して切断されるのではなく、長期間にわたるあいまいさの文脈を振り返るなかで、次第に修正され、和らげられ、新しい形に変わっていくのです。

　次に挙げることは、新しい愛着の形を見つけるために役立つことの一覧で

す。これらの項目のそれぞれについては、この後に続く「介入の指針」(265頁) のなかで詳しく述べます。

- 弁証法的に考えること。
- 絶望から抜け出して抗議へと変わっていくこと。
- 体系的に考えること。しかし、不適応を二者間の病理として見ないこと。
- 追悼の会や儀式を企画すること。
- いなくなった人に対する幻想 (白昼夢) は、一般的であることを理解すること。
- 何も話さないというルールに気をつけること。
- 発達段階に応じて不安が悪化することがあることに注意すること。
- 親やきょうだいがいなくなっている時は、子どもたちや青年期の人たちをセラピーに含めること。
- 夫婦が新たな絆を築くために、複数の家族や夫婦の集まりを用いること。
- アートを使うことを勧めること。

4　妨げになること

トラウマとなるようなあいまいな喪失の場合、個体化や終結、過去に焦点を当てることを強調することは、新しい愛着の形を見出す妨げとなります。その理由を以下に述べます。

個体化 (individuation) を強調しすぎること[3]

　身体的あるいは精神的に今はいない親や子ども、配偶者から分化する (個体化する) のは難しいことです。認知症や慢性疾患を患う年老いた両親の世話をする成人の子どもは、過剰に巻き込まれたり、食事を運んだり、緊急時に

すべてを投げ出して世話をするために、病的だと見なされることがよく起こります。たとえばカップル療法においては、専門家は、高齢者の介護（または子どもの世話）の必要性がその夫婦の現実の一部として実際にあることを理解し、それを病理として捉えないように気をつけなければなりません。あいまいな喪失の文脈から見ると、機能が高すぎたり低すぎたりすることは、心理的な健康度を測るものさしとして妥当なものではありません。個体化を始めるということは、地域社会や種族、絆といった世界観の対極にあるものです。特に女性の場合、個体化に失敗すれば、否定的な目で見られるものの、同時に、病いを患っている家族の世話を「頑張り通す」ことも期待されています。また、個体化という概念を健康の指標とすると、戦争や病気によってトラウマに苦しんでいる夫を持つ妻にとっては負担が増えるだけになってしまいます。そのため個体化の理論は、いなくなってしまっているのに絶えずケアを必要とするような愛する人と、生活を共にしなければならない状況にある人のアセスメントを行う際にはあまり役に立たないと言えます。そのような場合には、ストレス理論の方が、個人を病理化しにくいのです（第2章と第3章を参照）。あいまいな喪失を抱えるクライアントにとっての目標は、古典的な個体化ではなく、むしろ失った人とその関係性について、以前持っていた希望や夢を悼み、新しい形に変えることであり、そしてそれを完全な融合、あるいは完全な脱愛着という極端な反応なしで行うことなのです。

終結を期待することについて

既に強調したように、私たちは、あいまいな愛着関係に苦しむ人たちが早く終結に達するのを期待すべきではありません。白黒つけることのできない関係性のなかでは終結は不可能です。あいまいな喪失に対して悲嘆が未解決であるからといって、病理があるとは言えません。そのような状況の下で、個人や夫婦、家族がしっかりと立ち直るためには、存在・不在に関する逆説を受け入れなくてはならないのです。

5　愛着を見直すためのセラピーの方法と指針

　不在と存在という相反する考えのバランスをとるためのレジリエンスと、絆を保ちながらも手放していく能力とを作っていくには時間がかかります。全体としての目標は、どちらか極端な一方に落ち着くよりも、むしろ弁証法的な方法で適応することによって、逆説的な状況の下でのストレスやトラウマを和らげることです。私たちは、クライアントが次のようなことが言えるようになってほしいと思っています。「まだ行方の分からなくなっている人をとても愛しています。でもあいまいで解決がない状況にある今は、その愛着の形を変えていく必要があると感じています」。

　このような終わりになるように、私たちは、人々が以前の現状に戻ろうとして頑（かたく）なに抵抗する気持ちと、喪失の完全な終結を望む思いとを統合できるように介入していかなくてはなりません。この統合は、先に述べた「答えの出ない質問があっても安定した気持ちでいられること」に表わされています (Boss, 1999)。そのような統合は、直線的に進むプロセスというより、むしろ行きつ戻りつを繰り返す過程から現れてくるものです。つまり、まっすぐに発展的に進んでいく段階に焦点を当てるのではなく、円環的な、弁証法的なプロセスを進めさせていきます。このようなプロセスは、失われた人のことをいまだに考えるなかで、以前からあった他の人への愛着あるいは別の新たな人への愛着に注意を向ける方向にゆっくりと進んでいくことです。人々が、完全に手放すことが目標ではないと思うようになり、前に進みながらも失った人との関係を保持できるのだということを少しずつ理解していくにつれ、人生を保留の状態にとどめたいという欲求が減っていくのです。

治療的関係

　多くの人は、自分自身の力で、あるいは心理教育や社会的支援の力を借りて愛着を見直すことができますが、あいまいな喪失からくる不安やトラウマ

第Ⅱ部　あいまいな喪失の治療・援助の目標

がその人の機能を停止させている時には、愛着の新しい形を見つける際に専門家の援助が必要となります。外的な状況が愛着や喪失を複雑にしている時には、精神力動的なアプローチや関係性を重視したアプローチに変えていくように勧めています。重要なことは、私たちが、文脈や環境の観点からそのようなアプローチを行うべきだということです。社会構成主義や現象学を基礎とするナラティヴの技法は、前述したように、これらの視点やアプローチと両立できるものです。

　より明確にすると、関係性へのアプローチや深層心理学は、あいまいな喪失から人々を切り離すうえで役に立ちます。しかし、関係性や外的な文脈を含む、より広いシステム的な視点が不可欠です。たとえば、夫婦や家族とのセラピーでは、彼らの生活の拡大されたシステム、たとえば拡大家族や近隣、学校、クリニック、職場、宗教的なコミュニティのなかでの情緒的な関係性を理解したり改善したりする方向にエネルギーが注がれます。より広いシステム的アプローチを用いることで、家族や地域社会のルールがその状況に十分には合っていないことが見えてくるかもしれません（Imber-Black & Roberts, 1912; Luepnitz, 2002b）。あいまいな喪失に直面している人たちは、このような社会のルールを自分たちに特有な状況に適合させていくことができなくてはなりません。他の人たちと共に、追悼の儀式が再構成できるなら、ある程度意味を見つけることができるでしょう。このプロセスが進む間は、セラピストもまた、その文化の求める姿勢や幻想に挑戦しなくてはなりません。このような文化の求める姿勢や幻想というものは、クライアントやセラピスト自身も持っており、そのような幻想などが人々を動けなくさせ、愛着を見直す障害となるからです。

　全体として見ると、精神力動的アプローチを用いた場合、個人面接でも家族合同面接でも、セラピーの主要な道具は、セラピストとクライアントの関係性です。あなたがどういう人であるかが、あなたがセラピストとして何をするかよりも重要なのです。そのため、セラピストとクライアントの間で、陽性転移と信頼関係が生じることが不可欠となります。私たちが全身でクライアントと共に在るためには、私たちが自分自身のことをよく知ることが、この種のセラピーを行ううえで非常に重要なことです。セラピストとクライ

第 8 章　新しい愛着の形を見つける

アントの関係性がセラピーの中心的な位置を占めるので、以下の治療関係についての留意点のリストは、とても長いものになります。

　☆セラピーの目標は、今はいない対象との愛着に新しい形を見つけることであるため、クライアントとセラピストの間に肯定的な絆や陽性転移が生じることが重要である
　個人に会うセラピーでは、陽性転移[*3]を進めることがセラピーの基礎になっています。しかし夫婦や家族との合同面接の場合は少し異なります。複数の家族成員に会う時の目標は、転移ではなく、セラピストとそれぞれの同席者同士の間に信頼を築くことであり、システムとしての関係性のプロセスに積極的なつながりを形成することです。

　☆セラピストが多様性を安定した気持ちで迎え、様々な文化に対応する能力を持っている時には、絆と信頼がより容易に築かれる
　セラピストは、自分自身の人種や宗教、性別、年齢、性的志向がいかなるものであっても、セラピーに訪れる人やそこで示される考え方に対して多様性を持てるように自分のレジリエンスを拡張しなくてはなりません。訓練中のセラピストだけでなく、ベテランのセラピストも、継続的に教育を受け、定期的に最新の研究についての知識を更新し、様々な文化に対応する能力を養うために旅を体験することが必要です。

　☆原家族の振り返りを行い、文化的家系図を用いることが、クライアントが愛する人を失った状況に適応する援助の準備として重要である
　人生の早期にトラウマや喪失を経験していると、それが最も苦痛な関係性である場合でさえ、その絆から引き離されることに対する強い抵抗を引き起こすかもしれません（Firestone et al., 2003）。複雑化した愛着は手放すというプロセスを凍結させてしまいます（Boss, 1999）。精神力動的アプローチは、過去のトラウマや、将来の人間関係に関連した感情に目を向けるために、クライアントとのセラピーにも、専門家のトレーニングにも必要です。（Firestone et al., 2003; Hardy & Laszloffy, 1995）。クライアントだけでなく、セラピストがそ

261

のような問題を未解決なままである場合、セラピーは困難な状態に陥ります。

☆安全で支持的な環境と、セラピストとクライアントの間の信頼関係は、その人を脅かすような感情、特に罪責感、恥、怒り、無力感を表出するうえで不可欠なものである

　人々は自分が安全で尊重されていると感じてから、自分たちを動けなくしていた感情を表現し始める傾向があります。安全で支持的な環境のなかで、彼らは物語を語り、疑問をぶつけ、お互いに心を通わせ始めるのです。精神力動的かつナラティヴなプロセスを通して、意味を見つけ、人生のコントロール感が和らぎ、アイデンティティーが再構成され、両価的な感情に気づき、それらを正常と見なし、対処するようになるのです。この複雑な見直しのプロセスを行うことから、たいてい変化が始まります。関係の存在と不在を統合するプロセスを急がせることは誰もすべきではありませんが、他者との結びつきを育てることによってその動機づけを高めることができます。失われた人との関係性を完全に手放すことは決してできませんし、そうするべきでもありません。しかし、人はあいまいさを持ちながらも前向きに生きていくことはできるのです。

☆あいまいな喪失によってトラウマを受けた人々への援助には、より長い時間が必要とされる

　愛着が混乱しているために、今はもういない愛する人にまつわる様々な感情にセラピストが近づいていくには、より長い時間が必要です。本章で私は、深層心理を扱うセラピーと体験的セラピーに焦点を当てていますが、認知行動療法的な手法を用いた介入もまた、治療の過程には必要です。複雑であるが故に時間と多様な方法が必要なのです。

☆個人、夫婦、家族を対象としたグループワークが、新しい絆を構築するうえで有用である

　トラウマや喪失がある場合は特に、グループワークが、人々の繋がりを再び築く際に役立ちます（Boss et al., 2003; Herman, 1992）。グループには、同じよ

うなトラウマ体験をしている親しい人たちを含めましょう。誰も独りでトラウマ的な喪失に直面すべきではないというハーマンの意見に私も賛成です。

☆規模の大きいあいまいな喪失やトラウマが起こった場合、その地域のなかで行われる複数の家族によるグループが、愛着を見直すうえで有用である

　複数の夫婦や家族との合同セラピーは、自然災害やテロなどによって、同じトラウマを受けた膨大な数の人々のセラピーを行うために有効な手段と言えます。しかし、この場合の安全で支持的な環境は、地域社会のなかにある場所——たとえば学校、教会の地下室、消防署、コミュニティ・センターなど——かもしれません。安全への配慮は絶えず行います。人々が、自分が安全で慣れ親しんだ場所にいるという感覚を持つことが必要です。非常に多くの夫婦や家族のセラピーを行う専門家は、多数の大人や子どもとの間に転移を求めるよりも、信頼と、安心感と、絆を築かなくてはならないのです。そのために、私たちは誠実に彼らをケアし、地域社会の環境で様々な世代の人々と接することを嫌がってはなりません。

☆セラピストが、自分のオフィスから出て、あいまいな喪失によってトラウマを受けた家族のセラピーや援助を行う場合は、より高いレジリエンスを持つ必要がある

　アルツハイマー病の患者の配偶者や子どもの支援グループを指導する場合でも、人々が行方不明になってしまったような大災害後の援助をする場合でも、私たちが援助を行う場所がよりレジリエンスを高めてくれることがあります。9.11テロの後、私のオフィスは高層階にあったため、トラウマを受けた人々にとっては恐怖の場になることがよくありました。そのため私たちは、人々がより安心感を持てるように、彼らに馴染みのある労働組合のホールに移動してセラピーを行いました。オクラホマでは、教会の地下室が使われました。災害によっては学校が使われることもあるでしょう。大規模災害の後でトラウマの治療や援助を行う時は、人々が私たちのところに来るのを待つのではなく、むしろ私たちがその人たちのところへ出向くべきです。家庭で行われる家族療法がますます普及してきているのは、こういった治療の

場の分散化が求められている証拠でしょう。このことは、また、こういったチャレンジとなるような仕事ができるセラピストが高いレジリエンスを持っていることを示す証でもあります。

☆解決を見つけるようにトレーニングを受けたセラピストや医療者は、あいまいな喪失について自分たちが持つ葛藤を、クライアントや患者に転移してはいけない

　治療と緩和ケアは異なるものではありますが、すべての専門家は、自分自身の人間性という観点からも、完全に治療から離れてしまうことに対しては抵抗しなくてはいけません。たとえば患者がもはや治癒の見込みがない時、その人の人生から離れてしまうことは患者を非常に傷つけます。患者をホスピス・ケアに送り、その後に何の連絡もしないことは、患者を切り離したことになり、患者にとっても専門家にとっても突然の喪失となる、完全な終わりです。治療し、癒やすことを期待されてはいるものの時としてそれが不可能であるような仕事を担う専門家に対して、私たちはもっとトレーニングを行う必要があります。

☆もしトラウマのために生活が脅かされていたり、機能が停止してしまっている状態が続いていたりする人がいる場合には、専門家は投薬治療が必要かもしれないので、精神科に相談するべきである

　喪失のセラピーを専門としている家族療法家の視点から、その人の機能を停止させてしまうような抑うつや不安症状を改善するには、薬物治療が有効であると考えています。しかし、いなくなった人への愛着から生じる様々な感情、たとえば怒り、罪責感、恥などの感情の表出を薬で抑えてしまうべきではありません。そのバランスをとっていくには、医療の専門家と常に連携を行っていく必要があります。

☆あいまいな喪失のセラピーでは、私たちは通常より忍耐強くあることが必要である

　セラピーの目標は終結ではなく、むしろあいまいな喪失を持ちながらも健

康的な生き方を見つけることです。そのため、そのセラピーには多くの時間がかかり、当然のことながら、最終的な結果は完全に問題が解決した状態にはなりません。あいまいな喪失固有の複雑さを取り扱うには、かなり長い時間が必要であるということを専門家は理解する必要があります（Becvar, 2001）。家族合同面接や複数の家族グループへのセラピーを行うことで、コストを軽減することができるでしょう。

☆倫理的な理由から、協働的なアプローチを指示的なアプローチに変えなければならない時がある

真実は相対的なものであり、協働的なアプローチによって見直していく必要があるということに深く賛同していたとしても、行方不明者のいる家族のセラピストは、時には指示的である必要があります。虐待や嗜癖の問題、法律に違反するような行為や生命を脅かすような行為がある場合は、それぞれの専門分野の倫理規定や法的手続きに沿った対処をしなければなりません。私たちは、子どもの虐待や、性的虐待、暴力に対する通告義務に関する法律を理解し、それに従わなくてはなりません。自分の専門分野の倫理規定や仕事場がある州の法律について、最新のものを定期的に確認しなければなりません[*4]。もしそれらの法律や規定が正しくない、公正さや公平さに欠けると思う場合には、私たち自身がそれを変える努力をしなければなりません。

介入の指針

愛着を新しい形に修正する前に、私たちセラピストは、クライアントがそれまでの愛着が脅かされている状況に対するストレスや不安を軽減し、対処できるような援助をしなくてはなりません。あいまいな喪失は関係性の障害であるため、関係性を扱う援助や治療が効果的です。以下に示す六つの課題は、本書の随所に提示している治療の指針のそれぞれに適用されるものですが、特に愛着の新しい形を見つけるための指針を実践する際に役立つものです。これらの段階では、セラピーの場に、クライアントの身近な人々、たとえばパートナーや、家族、あるいは複数の夫婦や家族によるグループが含ま

れることが想定されています。

　第一に、その人の置かれた状況がどれほどストレスに満ちたものであるかということをセラピストが理解していることと、それに対する共感をクライアントに示してください。第二に、家族成員一人ひとりが、自分がこの状況をどのように受け止めているのかについて表現したり、お互いの話に耳を傾けたりできるようにしてください。第三に、クライアントに、その喪失についてできるだけ多くの情報を探すよう勧めてください。第四には、家族成員がサポートグループや、同じようなトラウマや喪失を経験した人たちと出会うことができるようにしてください。第五に、出来事の意味を探すこと、人生の支配感を和らげること、アイデンティティーを再構成することを通して、愛着の新しい形を見つけるプロセスを促していきます。最後に、個人や夫婦、そして家族が、仲間という一体感を持つことで、関係性における力を取り戻せるように援助していきます。支援を提供する地域社会との絆によって、個人、夫婦、家族のトラウマが和らいでいくことでしょう。

▶弁証法的に考えること

　喪失やトラウマの後に、愛着の新しい形を見つけることを通してレジリエンスを再び獲得するためには、全く相反する考えのバランスをとることが必要です。たとえば、希望にしがみつくことと、変化の可能性について考えることは、相反する考えと言えるでしょう。そのことは、今はもういない大切な人との愛着を弱めていくという困難なプロセスの始まりを示すことでもあります。2004年の津波の後、インド洋沖で、行方不明になった子どもが沖から流されてくるのを待っている両親たちの苦悩をテレビで見た時、あいまいな喪失が人を動けなくするのをはっきりと目の当たりにしました。不在と存在についての相反する見方を統合することが、前に進む唯一の方法です。これは、一つの決まった介入方法や答えではなく、「Aでもあり、またBでもある」というアプローチの方法です。そのために、臨床家とクライアントが共に、そのような考え方に移行することが必要になるかもしれません。逆説的ではありますが、クライアントの多くは、いなくなった人との愛着をそのまま維持しながら、同時に転換し始めていきます。たとえば妻は、夫が回復

第8章　新しい愛着の形を見つける

し、戻ってくるという可能性を信じながら、家族が生活していくために家計を支える役割を担うかもしれません。私はクライアントに、いなくなったその人との関係のなかで、まだ失っていないものと、失ったものとを見つけるように勧めます。クライアントが現実的に生きていくために、できるだけ早く補わないといけないことは何でしょうか。もう少し時間をかけられることは何でしょうか。健康に生きていくためには、絶えず状況にあわせて修正をしていくことが、長期にわたるあいまいな喪失による厳しい試練に立ち向かう個人や家族を助けることになります。

▶絶望を抜け出て抗議へと変わっていくこと

　絶望は、愛する人を失った時に起こることが予想される反応ですが、私はあいまいな喪失に対して抗議をするクライアントを見ると、いつも嬉しい気持ちになります。彼らが抗議することは、トラウマによって動けなくなった状況から少し動き始めていることを意味しているからです。9.11テロの数カ月後、『USAトゥデイ』という新聞に、私たちがセラピーを行っていた母親のなかの一人の写真が掲載されているのを見て驚きました。彼女に最初に会った時は怒りと絶望で感情が凍りついていました。彼女は何も語ろうとはしませんでした。それが今『USAトゥデイ』紙に写真が載り、彼女の言葉が引用されているのです。彼女は英語を全く話すことができない人でしたが、自分が9.11テロの犠牲者であるにもかかわらず、市民権を持っていないために軽んじられていると怒りを述べていました。私は彼女が再び前に進むことができていることを知り、嬉しい気持ちになりました。抗議をすることは、行動することであり、絶望のなかで動けなくなったままでいるよりもよいことです。

▶システム的に考えること。しかし、不適応を二者間の病理として見ないこと

　システム内における二者のバランス取り*5 という考え方は、1980年代の終わりに、ゴルドナー（Goldner, 1985）によって批判されました。彼女は、システム理論が「家族理論の構築を説明する基盤としては、不十分である」と述べました（p.31）。この意見に私も同意します。妻が口うるさく言うから夫

がお酒を飲むというのは不公平な考え方です。むしろ、システムの相互作用から考えて、一人の人は、もう一人の人の病気に対して不適応な状態にあるといった方がよいでしょう。これは、両方とも病気であるとか、両方に落ち度があるとか、またたとえば、家族全部がアルコールの問題を抱えているということとは異なります。組織としての力動を、あいまいな喪失というストレッサーに対する適応（あるいは不適応）と見なすことで、二者間の病理ではないと見ることができるよう援助して、非難を減らし、その人との愛着を完全に切ってしまうのではなく、愛着を見直す方向に向かえるようにするのです。

▶追悼の会や儀式を企画すること

　前にも触れましたが、あいまいな喪失に対しては特別な儀式がないので、セラピストはクライアントが儀式を創る援助をしなければならないかもしれません。シャピロ (Shapiro) は、儀式が「深く秘められた感情を、公の場へはっきりと示す手段」を創ると述べました (1994, p. 228)。儀式は、怒りや絶望を表現する動機づけとなり、コミュニティの不安に慰めを提供することで、死によって混乱した社会の秩序を立て直すことに役立ちます (Shapiro, 1994)。しかし、あいまいな喪失の時は、どのようなことが起こるのでしょうか。死が地域社会を混乱させる理由についてシャピロはこのように説明しています——死によって、地域社会の成員が失われたことに適応することや、社会の役割を変更することや死の実存的な現実に直面する必要が生じるからである——。しかしその理由そのものが、社会がなぜあいまいな喪失を無視するかの理由でもあるのです。たとえばあいまいな喪失では、結果が分からないためにすべてが保留のままになるのです。

　テロによる爆弾事件があったオクラホマ市では、地域社会で追悼の会や儀式を行ったことによって、テロの前よりも人々の関係性が深まりました (2004年6月18日、J. Martin との私信より; Sprang, 1999)。人口800万人のニューヨーク市では、2003年に起こった停電の間、隣人同士が助け合いました。おそらく9.11テロを生き延びて学んだレジリエンスが、隣人との交わりと、協力し助け合うという意識を育てたと言えるでしょう。

第8章 新しい愛着の形を見つける

▶いなくなった人に対する幻想（白昼夢）は一般的であることを理解すること
　幻覚は多くのセラピストにとっては病理的なものと見なされるかもしれませんが、あいまいな喪失の場合は、そういった体験は正常であると考えています。幻覚を体験することは、喪失がまだ現実のものとして認識されていないことを示しています。いなくなった人の声を聞いたり、その人の存在を感じたりすることは、いなくなった人に愛着を持つ人からよく報告されています。

▶何も話さないというルールに気をつけること
　その人がいなくなっているという事実が隠されていたり、そのことが地域社会のなかで無視されていたりすると、人は絆を手放すことができなくなります。役所は、最近まで、行方不明者の話題を避けてきました。このことは、その人たちを愛していた残された人々の苦痛を増すことになっていました。セラピストは、愛する人を亡くした遺族と同じように、あいまいな喪失の家族への支援が重要であることを地域社会に伝えることによって、その立場にある家族を援助することができます。たとえば、宗教団体のコミュニティでは、介護や看護などのケアをしている人が毎週の礼拝に行けるように、様々な人々が順番にショート・ステイができるようにしたり、車での送迎をしたりなどで援助することができるかもしれません。このようにすることで、あいまいな形で失ってしまっている人に対する愛着を新しい形にすることに困難を感じている人々に対して、地域社会は支援することができるのです。

▶発達段階に応じて不安が悪化することがあることに注意すること
　母親が子どもを置いて仕事に行くことや、子どもが親元を離れて大学に行くことや、成人の子どもが年老いた親をホスピスに入れることなど、親密な関係に変化が生じる時に、動転したり不安になったりするのは人間として自然なことです。しかし、ライフサイクルの間に、親密な関係は変化していくものです。人が成長し死んでいくことは、災害や病気がないとしても起こることなのです。子どもが親元を離れていくことは自然なことですが、それでも不安な気持ちを引き起こします。親や祖父母を埋葬することは正常なこと

であっても、しばしばトラウマになります。正常ではないのは、愛する人がただ消えてしまったという経験です。あいまいな喪失は、正常に発達段階が移行していくことを妨害してしまうため、その出来事が起こった時の発達段階に人を凍りつかせ動けなくしてしまうことがあります。

▶親やきょうだいがいなくなっている時は、学童期や思春期の子どももセラピーに含めること

それが故意によるものであっても、そうでなくても、学童期や思春期の子どもが見捨てられてしまうようなことがあると、子どもたちは愛着が破壊されるという被害を受けます。子どもの愛着に問題が生じることや後のPTSDの発症を防ぐためにも、すぐに介入をする必要があります。家族や地域社会を基盤とした介入は関係性を扱うものなので、子どもが、いなくなってしまった家族成員を補うために親やきょうだいの役割をする人との間の絆を再構築する助けとなります。

親やきょうだいがなくなって心に傷を受けた子どもたちを、その子どもたちの知り合いや信頼している人たちから、彼らが最も必要としている時に引き離すべきではありません。あらゆる年代の親や子どものいる複数の家族によるグループは、愛する人がいなくなってしまった後に、子どもが安心感や新しい絆を再度作るうえでは治療的な意味からも理想的なものです。子どもたちが家族やコミュニティのなかで心の傷を癒やしていった良い例としては、9.11テロによる喪失でトラウマを受けた第234公立学校の子どもたちのために、マンハッタン南端で行われたニューヨーク・シアター・プロジェクトが挙げられます（Saul, 2003）。

▶新たな絆を築くために、複数の家族や夫婦の集まりを用いること

セラピーや支援、心理教育のためのグループは、愛着（対象）を失うというトラウマに苦しむ人、夫婦、家族にとって、大きな助けになります。いかなる変化に対しても、早まっていなくなってしまった人を家族から押しのけてしまったり、終結したり、否認することを防ぐには、グループという形式がより効果的です。そうした適切とは言えない対処行動に対して、グループの

仲間が疑問を投げかけるからです。システムのなかで起こる相互作用が、出来事の捉え方を変化させ、防衛を徐々に弱めるのに役立つのです。ピア・グループもまた、両価的な感情や罪責感、恥の感情を正常と見なし、あいまいな喪失の後、愛着を新しい形にすることを阻む複雑な感情を最小限に抑えるのに役立ちます。通常人が体験するレベルを超えたストレスがある時にはいつでも、同じような苦境のなかにいる信頼できる人たちと共に安心できる支持的な環境のなかにいることで、愛着を新しい形にし、他の人との絆を深めることがやりやすくなるのです。

▶アートを使うことを勧めること

　愛着を新しく見直すことは、本来、その人の体験を通して得られるプロセスなので、アートを用いることは特に有用です。クライアントには自分なりの方法がありますが、セラピストは美術、詩、音楽、文学、写真、映画を一緒に共有することを勧めることもできます。ジョン・レノンの「マザー」という曲は、母親が自分の人生から一度消えてしまったけど、また戻ってきて、そしてその後に亡くなってしまったという痛ましい子どものことを、音楽にまとめあげています。心理療法は、そのような芸術的表現によって豊かになる可能性があります。私たちは、壊れてしまったり、あいまいだったりする愛着について、人の想像が及ぶ限りのすべてのものが、歌や物語、映画に表わされているのを見ることができるでしょう。大切なことは、アートによって喚起される感情に自分の心が動かされる体験を人々がする時に、変化は脅威ではなくなり、関係性を新しく見直すようになるのです。

6　まとめ

　人間がある人に対して深い愛着を抱いており、その人との別離の痛みがあいまいさに覆われている時に、それを手放すことに抵抗があるのは当然のことです。それゆえ、セラピーの目標は終結ではありません。終結の可能性はないからです。むしろ私たちは、愛する人はいなくなってしまった、けれど

第Ⅱ部　あいまいな喪失の治療・援助の目標

も、そうでない可能性もあるかもしれないという逆説を、人々が受け入れられるように治療的に援助します。あいまいさがあるとしても、人々は新しい愛着を築くことができると同時に、失われている人との愛着を手放さないでいることもできるのです。終結を避けてよいということを認めてもらえると、人々の抵抗は和らぎ、変化できる可能性が高まります。

　残念なことは、身体的あるいは心理的に不在になった人を手放せず、根強い抵抗を示すことに対して、共感よりも審判が下されているのが頻繁に見られることです。あらゆる分野の専門家が、何十年も、あるいは生涯を通してあいまいさが続くこともあるこの特殊な種類の喪失について、忍耐力を高め、それについての理解をもっと深める必要があります。死の確証がない限り、愛着を切り離すことは不可能です。終結に焦点を当てる代わりに、他の人との新しいつながりが築けるように、私たちは援助しなくてはなりません。愛着の新しい形を見つけることよって、新しい希望を見出すことができるようになるのです。

訳注

*1　W. H. Auden（1907-1973）。20世紀を代表する詩人の一人とされている。葬送ブルースは1940年に発表された「Another Time」に掲載されている。

*2　Nancy Davis Reagan（1921-）。第40代アメリカ合衆国大統領ロナルド・レーガンの妻であり、ファーストレディとして活躍した。夫ロナルドは1992年にアルツハイマー病と診断され2004年に亡くなったが、ナンシーは夫の看病・介護を献身的に行ったことでも知られている。

*3　転移（transference）とはフロイトが「ヒステリー研究」（1895）のなかで初めて用いた用語であり、「本来は過去、ことに子ども時代に、重要な人物とくに母親に対して経験した感情、思考、行動、態度を現在の対人関係の中にある人物に置き換えることである」（『新版　精神医学事典』1994、p.566より引用）。陽性転移は信頼、友情、あこがれ、尊敬、恋愛など肯定的な感情・思考・行動が向けられるものを指す。本書では治療者に対してクライアントが良い親子関係で持っていた肯定的な感情や態度が示されることの意味で用いられていると思われる。通常行きすぎた陽性転移は、治療者の過度の理想化、恋愛感情を抱くなどのリスクがあると考えられ、治療者はクライアントの転移を過度に起こさないよう中立的であることが求められる。しかし、現実において愛着が活性化している状況では、治療者が保護的な愛着対象として機能することを勧める研究者もおり、その意味で適度な距離を置いた陽性転移はあいまいな喪失のセラピーでは必要と言える。

*4　米国では、州によって法律が異なるものが多い。日本では子どもの虐待に対して

は、「児童虐待の防止等に関する法律」(2000) が、女性の暴力に対しては「配偶者からの暴力の防止及び被害者の保護等に関する法律」(2001) が存在しており、専門家に対しては通告の義務が課せられている。もちろん暴力全般に対しては刑法が適応される。

＊5　「システム内における二者間のバランス取り」：家族システム内に不適応が起こっている時に、そのシステム全体における相互作用に注目して、どのようにバランスが取れているか見ていくことにより、解決の方策が見えることがある。しかし夫婦あるいはカップルに嗜癖の問題がある場合には、特にこの「システム内における二者間のバランス取り」の考え方が適切でないことが米国ではこの10年ほど議論されている。たとえば夫がアルコール依存症という病気にかかっている時に、妻が口うるさく言う状況を、妻がうるさく言うから夫が飲酒をするというようにバランス取りの考えが不適切に用いられていることに対して、1980年代にGoldnerらは批判した。この「システム内における二者間のバランス取り」の仮説を立てて援助をするセラピストの下では、病気の夫に対して不適応な対応をする妻は、自分は悪くないのに非難されたという思いを持つことになるため、この考え方は、二人のレジリエンスを引き出すという援助に逆行するとボス博士は注意を促している。

　二者の間にそれぞれ病理が見られる場合でも、このバランス取りという考え方は、あいまいな喪失を体験している人々への援助において適切ではないと、最近の事例をあげてボス博士はさらに説明している。一人のパートナーがたとえば認知症やトラウマ的な脳損傷の病気にかかった場合、もう一人のパートナーが治療を受けた方がよいような病気（たとえば、鬱病や、不安障害）にかかることがある。そのような場合専門家がもう一人のパートナーに対して「あなたは病気にかかっているというよりも、患者であるパートナーへの対応の仕方がうまく機能していないのです」と伝えることにより、その人は早めにレジリエンスを見つけることができる。このようなカップルへの介入法として、一方には医療的な治療が必要だが、もう一人にはストレスに対する介入法が必要になり、バランスが取れるものではない。

第9章
希望を見出す

　私たちは今、円を一巡して始まりに戻りました。意味を見つけること、人生の支配感を調節すること、アイデンティティーを再構築すること、両価的な感情を正常とみなすこと、そして新しい愛着の形を見つけることが、理想的には希望を見出すという最高地点に到達し、この円のプロセスを一巡し、また意味を見つけるところに戻って繋がるのです。意味がないところに希望はありません。そしてまた、希望がないところには意味もないのです。

　あいまいな喪失というトラウマと苦闘している間は、その人も、その人が愛していた人も、どんな希望を持ち続け、どんな希望を断念するのかを振り分けなければなりません。こうした関係性をめぐるプロセスを通して、人々は新しい希望の発見に向かって進むことができるのです。協働的なプロセスは、円環的であるために時に混沌として見えます。が、そのプロセスのなかで、夫婦や家族は、希望は、大切に保持している現状のなかにではなく、変化のなかにあることを次第に見出します。不確実性は大きな困難を伴うものですが、希望を見つけることは多くの人に可能であり、実際に人々はあいまいな喪失によって変えられてしまった未来に向けて、新たに構築された希望を見つけています。

　希望は、未来は良いものであるという信念として定義されます。それは実現への期待を伴うポジティブな信念です。未来には、苦悩がなく安らぎがあると信じることです。希望は、「手に入れられると期待できる欲望」(『メリアム・ウェブスター大学辞典』2003, p.598)とされています。しかし希望をそのように定義するのは、支配することを良しとする世界観の表われです(第5章)。つまり、希望には、物事が自分の思った通りになるという前提が含まれているのです。私たちは、何か高い権威のあるものからの温情や善意があるもの

だという想定のもとで生きています。そのことを、神学では、恩寵（grace）と呼びます。心理学的には、自我（ego）が自分の思うようになることを望んでいるというようにも言えます。

　あるものを東洋的であるとか西洋的であるというような見方を一般化することは、世界中が流動的であるため有用とは言えません。たとえば、ロシアでは、西洋と東洋の潮流が文化のなかに混在しているのを見ることができます。しかし、人々の希望に対する見方というものには、文化的な背景などによって違いがあるように思います。たとえば、西洋的な哲学を持つ人たちは、希望は切望されるものだと考えていますが、より東洋的な哲学を持つ人たちは、希望は不必要であり、時に有害であるとみなしています。

　たとえばチベットの僧侶は、苦しみは人生の一部として避けられないものであり、何かが良くなるように希望を持つことは、目標として価値のあるものではないと信じています。しかし、ヴィクトール・フランクルが言うように、多くの西洋人は、苦しみが人生に不可避であるという考え方に拒否的で、むしろ問題に対して良い結果があるという希望を受け入れています。

　問題が解決できず、あいまいな喪失がある場合にはジレンマが生じます。実際、希望に価値を置く文化において、私たちは喪失（苦しみ）とあいまいさが存在する現実に抵抗することがよくあります。喪失もあいまいさも、共にそれを支配しようとすることを拒むからです。私たちは、新しい希望を見つけるために延々と待つしかありません。また、自分の人生において求めてもいなかった喪失、たとえば大切な人が外傷によって脳損傷を負ったり、子どもが行方不明になったりという喪失にとらわれてしまう状態には慣れていないので、元々自分が望んでいた結果をなんとかして得ようと追及します。しかし、実存主義的な見地から言えば、本当は状況に合わせて変えていかなくてはならないのですが、それをしないで、現状の維持を望む気持ちをあまりにも長く持ち続けていると、その人はしなければならないこと、たとえば、自分の人生にまだ存在している人々に目を向けること、仕事に戻ること、子どもたちの世話をすることなどができなくなってしまいます。私は、セラピーの際に、しばしばギリシャ神話のシーシュポスの話を取り上げます。シーシュポスは、神話のなかで、成功する見込みが全くないことを知りなが

ら、山頂まで押し上げるたびにころげ落ちてしまう石を、繰り返し山頂に押し上げるよう運命づけられていました。希望を発見していくなかで、私たちは、これはレジリエンスを示しているのか、それともただの自己中心性と頑固さなのかという問いについてじっくり検討しなくてはなりません。

　希望を定義する時には、希望ではないものもまた明らかにしなければなりません。希望は信仰とは異なりますが、二つは繋がっています。信仰があると、私たちは何が起こってもそれを受け入れようとします。希望があると、私たちは良い結果を期待します。ナチスに投獄され、その後、絞殺されたプロテスタントの牧師のディートリヒ・ボンヘッファー（Dietrich Bonhoeffer）*1の取った行動が、希望と信仰の繋がりを物語っています。彼は自分の運命を知る前に、独房のなかであいまいさと信仰についてこう書いています。「私たちは神の慈悲が自分たちをどこに行きつかせるか知らないままに身をゆだねる。それが信仰だ」（Till, 2000）。私にとってボンヘッファーの言葉が意味するのは、神の慈悲を信じることが、良い結果に対する希望を持つというより、むしろ謙遜と従順の証拠であるということです。信仰がある時、人はより高い権威あるものに対して信頼を置きます。信者のほとんどが神を善なるものとして信じているので、良い結果があるという前提がまだそこに存在するのかもしれません。しかし、希望が信仰と結びついていない時、つまり運命に対して自分はコントロールすることができないという運命論的な信念を持っている時には、希望は全面的に自分自身が有している物事を支配しコントロールする力に依存することになってしまいます。しかし、希望は個人を超えたところにあるはずです。希望が、他者との関係性の意味を持つようになり、家族や地域社会に対してのより大きな善に拡がるようになると、信仰と結びついていようといまいと、希望を持つことは、自己中心的なものではなくなるのです。このことは後でもう少し述べたいと思います。

　希望を持つということは楽観的であることでもありません。ヴァーツラフ・ハヴェル（Vaclav Havel；チェコ共和国の初代大統領）はこう述べました。「希望は、何かが自分にとって良い方向に変わるという確信ではない。結果的にどのようになろうと、何かそこに意味があるという確信なのだ」（1990. p.181）と。ハヴェルは、このような言葉で、私たちを意味についての中核的概念で

あり、希望が本質的に意味に繋がっているという概念に連れ戻してくれます。私たちが世界をどう見るかということが、私たちが何をどのように希望するのかということを決めているのです。ホロコーストが行われていた時、ユダヤ人の死の収容所のなかで、フランクルは、意味にはこの状況から逃れることだけでなく、より良い人生への何らかの希望が含まれていなければならないことを見出しました。これらの苦しみや死のすべてに何の意味もないならば、「究極的には生き残ることにも意味がない。人生の意味が、逃がれるかどうかという偶発的な出来事にかかっているのであれば、そのような人生は究極的に全く生きるに値しないものだろう」(Frankl, 1963, p.183)。前向きで意味のある結果——それは私たち自身を超越した結果なのですが——がなければ、そこには無力感と絶望しかないのです。

1 希望とあいまいな喪失

　希望は、合理的な状況評価に基づいていることが理想です。しかし、合理的な評価が可能でないとしたらどうでしょうか。喪失が不明確のままである場合、希望を見出すためには、それにあった特別な方法が必要です。災害によって愛する人がいなくなったその日に人の持つ希望は、いなくなった人が見つかって嬉しい再会をすることです。しかし、あいまいな喪失が何年も何十年も続く状況では、希望を持つためには、定期的に状況を見直し、望みが持てる現実的なことを発見していくことが必要です。1976-1983年のアルゼンチンの軍事政権による独裁支配の際に、二人の息子が行方不明になってしまった女性は、最初、自分の希望は息子たちが生きて見つかることだと言っていました。今や彼女の希望は、息子たちが埋められている場所が見つかることに変わりました。彼女の最後の希望は、自分が死ぬ前に、彼らのお墓に花を飾って哀悼することだと言います。年を重ねるにつれて、彼女はまた自分の希望を改めなくてはならないかもしれません。喪失があいまいである時には、何を望み、希望を持つかは時間と共に変わるということは明らかです。この希望を発見するプロセスは決して終わることはないのです。

第Ⅱ部　あいまいな喪失の治療・援助の目標

　私たちが理解しておかなければならないのは、あいまいな喪失のなかで希望を見出すことの不条理さです。私のワークショップに参加した一人のセラピストは私にこう尋ねました。「あいまいな喪失と共に生きる能力は、キーツの言う〈答えの出ない事態に耐える力（negative capability）〉のようなものではないでしょうか」と。実際キーツは、人が不確実さとか不可解さとかが疑惑のなかにあっても、事実や理由を求めていらいらすることが少しもなくていられる状態のこと、「理解半分の状態に満足していること」（Forman, 1935, p. 72）[1]について書いています。これは、あいまいな喪失の後、レジリエンスを保つために人々がしなくてはいけないことの適切な描写です。
　キーツが説明する「答えの出ない事態に耐える力」こそがまさに、あいまいさに変化が見られない時に、新しい希望を発見するうえで必要なスキルなのです。

希望を発見することが、どのようにレジリエンスに関連するか

　希望を維持することはレジリエンスと同じでしょうか。そうとは言えません。現状にとどまりたいという希望を持つことは、短期的に見れば、レジリエンスを保つうえで役に立ちます（Boss, 2002c; Walsh, 1998）しかし、長い目で見た場合はそうではありません。かつてあったものにあまりに長く希望を持ち続けることは、レジリエンスを損ないます。あるニューヨークの女性が、10歳の孫息子について話をしてくれました。その子の父親は、9.11テロの際、ビルの瓦礫のなかで行方不明になっていました。市長がグラウンド・ゼロで行われる儀式に家族を招待した時、その小さな男の子は意気揚々としていました。その子は、そこに行ったら父親が見つけられると確信していたのです。祖母であるその女性は、グラウンド・ゼロに向かうフェリーのなかで孫がとても嬉しそうだったので、彼の希望が高すぎると感じていました。グラウンド・ゼロに着いた時、彼は大量の瓦礫の山に唖然として黙りこんでしまいました。父親を見つけることが絶望的だと分かったのです。彼は初めて泣きました。肯定的な見方をすれば、災害の現場に足を運ぶことで、彼は悲嘆のプロセスに向かい、レジリエンスを持つのに必要な新しい希望を見つけ

始めることができたのです。

　堅固で動かない希望を強く持ち続けることは、レジリエンスや健康を損ねる原因となります。愛する人の心が不在であろうと、体が不在であろうと、いなくなった人と繋がっていたいという私たちの希望や夢は、やがてもっとかなえられやすいものへと変化しなくてはなりません。これは、離婚や養子縁組、移住などのより一般的なあいまいな喪失の場合にも同様です。更に複雑なことに、希望を再構築することは、出産、結婚、死などの通常の成熟や関係性の変化があるために、ライフサイクルを通して必要とされるのです (Boss, 1980b)。スティーブン・クーパー (Steven Cooper) が述べているように、「希望を創造し、復活させ、それに挑戦し、修正する能力、それを断念さえもする能力は、これまで私が出会ってきたいかなるものにも勝るとも劣らない良い健康の定義となるものです」(2000, p.73)。孫をグラウンド・ゼロに連れて行って、父親の運命の現実を見せた女性のように、生涯を通してレジリエンスを持とうとするなら、希望を発見すること、そしてひとたび希望を失っても再発見をする能力は、一生を通して必要なのです。その女性にはその能力があり、おそらく彼女はその能力を孫へ伝えたことでしょう。

2　理論的な基盤

　あいまいな喪失というトラウマのなかに、何らかの新しい希望を見出すことがなければ人生に意味はなく、人生に意味がないのであれば、新しい希望を発見する可能性もありません。希望は意味と密接に結びついているので、第4章で述べた社会構成主義の理論が、この章でも有用なものとなります。感情に焦点を当てたセラピーや、認知的介入、心理教育的な介入もまた適切な介入方法と言えます。特に感情に焦点を当てたセラピーは、希望を見つけるうえで重要です。なぜなら、いなくなっている人に対して抱いていた古い希望を手放せるくらい十分に安心感が得られるようになるためには、人との繋がりが必要なのですが、この感情に焦点を当てたセラピーはまさに人との繋がりに中核を置いているからです（物事がうまくいかない時に、話すことや、感

情に焦点を当てたセラピーがどのように癒やしに役立つかについてはライプニッツの『家族の解釈』〈Luepnitz, 2002b〉や『ショーペンハウアーのヤマアラシ―親密さとジレンマ』〈Luepnitz, 2002a〉[2] を参照）。

　個人と関係性のレジリエンスには、密接な相互の繋がりがあるので、セラピーでは関係性と個人の精神内界の両方を扱います。両価的な感情や、罪責感、恥、そして否認はすべて、あいまいな喪失が本来持っている混乱が招く結果としてよくあるものですが、私たちセラピストは、これらが潜在している場合でも、表面化している場合でも、注意をしていきます。伝統的な精神分析とは異なりますが、人々には、自分の物語や夢、恐れや希望を、友人や家族、仲間など、他の人々の立会いの下で表現してもらうことも可能です。関係性のある繋がりは、セラピストとの間でだけ作られるのではありません。むしろ、トラウマとなるようなあいまいな喪失では、セラピーの目標は、セラピーの場の外にある地域社会の人々との繋がりのなかで、人々が新たな希望を再発見するように援助することにあります。

　米国の管理型医療システムでは、保険適応となるセラピーの種類に制約があるにもかかわらず、感情を焦点に置いた対話療法（talk therapy）が見直されてきています。ジョンソン（Johnson, 1996, 2002）の感情焦点化療法（emotion-focused therapy, EFT）が非常によく知られるようになってきており、ライプニッツ（Luepnitz, 2002a, 2002b）は「対話療法は効く！」と宣言しました。しかし私たちは、対話療法を行うセラピストが、クライアントが親のことについて治療的な話し合いをすることよりも、むしろ親と子を含む合同面接をセッションに取り入れていることを確認しなければなりません。合同面接は、実際に同席できなければ、原家族を振り返るワークを通して、心理的に同席した形で行うことも可能です。クライアント個人とセラピーを行う時でも、心の家族は同席できるのです。

　希望は、人が人との繋がりを求めるなかに深く組み込まれています。スロウフェ（Sroufe, 2002）によれば、人々が夫婦や親子関係に対して抱く希望には、個人の精神内界における、それらの関係性において（期待できる）可能なことと限界についての理解の発達が含まれています。愛着（関係）への不安があり、絶望感が生じてくるような状況では希望を取り戻すことが必要で

す。しかし、あいまいな喪失がある時には、次のような疑問が生じます。愛着対象が消えた時、たとえば母親が津波で流されてしまったり、抑うつで心理的に不在になってしまったりした時には、その子どもは、どの時点で母親を諦めて、他のものに希望を持ったらよいのか、そしてそれをどのようにして理解するのでしょうか。心理学の実験では、乳幼児は、母親が部屋に戻ってくると安心することが分かっています。しかし、母親が何年にもわたって、あるいは永遠に戻ってこなかったらいったいどうなるのでしょうか。そしてもしその子どもに残されたもう一方の親が、抑うつ状態になったり、あるいは依存症になったりして、更に、愛着を否定されてしまったらどうなるのでしょうか。同様に、子どもを奪われた親はどうでしょうか。もし自分の子どもが誘拐や病気によって奪われてしまったら、どうなるのでしょうか。これらの疑問は、文化を問わず現実に起こっていることであり、もっと広い見地からの、より文脈を考慮した理論が必要になるのです（はじめに、第2章、第3章参照）。

　子どもは高いレジリエンスを持っています。専門家が、子どもの弱点ではなくレジリエンスを基盤にしていくならば、様々な方法で新たな希望が見出されるのを学ぶでしょう。今の段階では、絶望感を軽減するために、子どもにも大人にも、あいまいな喪失理論や、ストレス理論、レジリエンスの理論を用いた介入を勧めます。

方法論から導かれた仮説[*2]

　文脈や能力を重視する視点から見た場合には、いなくなってしまった愛する人と再会できないという絶望に対して、大人も子どもも、最終的にはそれぞれができる限りの最善の適応をすると思われます。彼らに対する介入では、理想的には、同じような種類の喪失を経験した仲間のいるところで、語り合いや、アートや身体を動かすことを通して感情を表現することを共有する機会が必要です。介入にあたっては、新しく信頼できる人と人との繋がり──セラピストとだけではなく、やはりできれば同じ体験をした仲間との繋がり──を作る機会がなければなりません。それによって、コミュニティに

相互作用がもたらされ、個人や集団に、新しい希望を見つけるプロセスが動き出します。私たち専門家の仕事は、希望の発見に方向性を与え、それを刺激していけるように、コミュニティを動かし、協働することなのです。

3　希望が役に立つ時

　もはや実現不可能になった希望が、新たに見出された機会へと変わる時、そこに成長が起こります。末期の病気で、愛する人を救う希望がついに失われてしまっても、今度は、苦痛の少ない穏やかな死が迎えられることへと希望が移ります。たとえば配偶者に飲酒をやめてほしいという希望が、自分たち自身の健康や幸せに力を注ぐことに移ります。嗜癖の問題によって結婚に希望を失うことは深い絶望を意味しますが、そのような危機は成長と変化の機会となりうるのです。

　希望は、それがもし現実的なものであるならば、レジリエンスを築きます。ナラティヴの技法や、精神力動的なセラピー、そして安全な環境によって、カップル療法や家族療法のなかで意識されていなかったものが表に現れてきます。語り、夢、詩、象徴が共有されます。失くした希望や夢に気づくなかで、悲しみは正常と見なされます。取り戻すことが不可能な過去に対する希望をひとたび手放し、何か現実的な可能性のある未来を望むように変わっていくと、より成熟した希望が生まれてきます。希望はまた、以下の事柄にも役立ちますが、これらについては、本章の「介入のための指針」で詳述します。

- スピリチュアリティーを見出すこと
- 選択肢をイメージすること
- 不条理さを笑うこと
- 忍耐力を高めること
- 正義とは何かを再定義すること
- 許しを見出すこと

- あいまいな喪失のための儀式を創造すること
- 終結することについて考え直すこと
- 心の家族を見直すこと

4　希望が妨げになる時

　しかし、時には、希望が癒やしのプロセスを妨げることがあります。あいまいな喪失に苦しむ人が、終結を望むことや、確実な答えを見つけることに固執する時、希望はレジリエンスの成長を妨げます。また、いなくなった人をあまりに長く慕い恋しく思ったり、以前の生活に戻ることを切望し続けたりする場合も希望が壁となります。セラピーの役割は、逆説に耐える力を築くことです。ショーペンハウアーもフロイトも、完全な治癒を求めることについて警告しています（Luepnitz, 2002a）。

　それでは、希望を持つことは病的なことなのでしょうか。ストレス理論の視点からすると、健康とレジリエンスは、その希望を構成している要素によって決まります。あいまいな喪失においては、そのことは（死の確証がないという理由で）かつてあったものに扉を開けたままにしておくだけでなく、新しい希望や夢の発見にも扉を開いておくことを意味します。いなくなってしまった人が戻ってくるという希望を持ちながらも、同時に、その人はいないけれども希望のある未来を思い描いて前進することです。この弁証法的な動きがなければ、希望は機能しないのです。あいまいな喪失を否定するというような非現実的な結果を望む時、希望は妨げになります。また、苦しんでいる人たちがトラウマや痛みを和らげようとして、終結が存在しないところに終結を求める時、希望はやはり壁となります。以下にそのような状態の例を挙げました。

- 虐待を受けている妻が、いつか夫はやめてくれるであろうという希望を持ち続け、何の行動も起こさず苦しみ続けている。
- アルコール依存症の妻を持つ夫が、何ら行動を起こすことをせず、自

分自身から助けを求めることもしないで、いつか妻は飲酒をやめるだろうと、ただ受け身的に希望を持ち続けている。
- 病気のため末期状態にある夫の妻が、残された時間を夫と共にいて精一杯生きることよりも、必死に治療法を探し求めている。

　このような場合、希望を持ち続けることは、単に現状を温存するだけです。人々が何かを望む時に、変化が必要な場合がよくありますが、変化が必要だという方向に頭を転換していくのは、専門家にとっても難しいことです。現状が良くなるという希望が次第に消えていく時、私たち専門家もまた絶望的な思いに襲われます。これを治癒への渇望と呼び、何を望むのかに注意を払うよう警告する人もいます。というのは、望みがかなうこともあるからです。しかし重い病気の人が死の崖っぷちから生還することを望むことは、より大きな苦しみをもたらすかもしれません。断固としてゆるがない希望を持つことと並行して死を否認することは、脳死状態に何年も置かれている患者とその人を愛している人々に、より大きな苦しみをもたらすことがあります。このような状況においては、あまりにも長く希望を持ち続けることからくる両価的な感情や最新の技術を用いて延命するか諦めるかという苦渋の決断があることは、家族同様に臨床家も十分によく分かっているのです。テリー・シャイボ（Terri Schiavo）の事例[*3]は、その苦しい例の一つです。
　希望は、それが復讐や憎しみを増幅させる時には、有害なものにもなることがあります。一つのことをあまりに長く望みすぎていると（たとえば虐待や病気や抑圧からの解放など）、最終的にそれから解放された時には幻滅してしまうのですが、そのような時には、希望はレジリエンスの妨げになります。皮肉なことに、一つの希望が満たされた瞬間は、また新たな希望が必要となる瞬間なのです。新たな希望を見出すというレジリエンスがないと、自分自身の人生の別の意味を見出すまで、幻滅感で心が塞がってしまいます。この難しい変容が、戦場のトラウマから故郷や家族のもとに帰還した兵士に現れるのを私は見てきました。虐待の被害者が、虐待から自由になったものの、被害者の役割を超える新しい自分のアイデンティティーや希望を見出すのに、もがき苦しむのを見てきました。末期患者や認知症患者を献身的に介護する

人のなかにも、愛する人の死によって寝ずの介護から解放されたものの、より人生を肯定できる未来への新たな希望を見出すのに必死に苦闘する人がいます。幻滅感は避けられるものではありませんが、特にあいまいさのもとで、自分自身が望む結果に希望を持ってきた人にとっては、その幻滅感が非常に大きくなるでしょう。

　あいまいな喪失においては、幸せな結末が訪れることはほとんどありません。ですから、新たな希望を見出すことが必要なのです。自分が愛している人が次第にいなくなっていき、もう以前の姿に戻らないと分かってくると、私たちは最初に望んでいたことはもはや不可能であるという事実に直面しなくてはならなくなるのです。健康でレジリエンスを保持するために、私たちは何か期待の持てる新しく肯定的なものを見つけなければなりません。それは人との絆であり、自分自身の存在を超えた意味を持つような理念です。メビウスの輪のように、希望は意味に繋がり、意味はまた希望に繋がっています。

5　新たな希望を見出すためのセラピーの方法と指針

　セラピーの目標は、好奇心と想像力を通して、かつての生活にはあったけれども、今はその一部分が失われてしまった関係性を超越（transcendence）するような、新たな希望を発見することにあります。愛する人がいなくなっても人生は進んでいくのだということを、ある日突然気づくことによって変容は起こります。こうした変容が、行方不明の子どもが戻ってくる希望を何年も持ち続けていた親に起こったのを、見たことがあります。前著（Boss, 1999）で私は、ミネソタのモンティセロに住むベティとケニーというクライン夫妻のことを書きました。彼らは、行方不明の息子たちの捜索願いの広告を、45年間毎年出し続けながら、その後に生まれた子どもたちや孫たちの世話もしていました。ミネソタに住むパティ・ウェッターリングもまた、1989年に誘拐で行方不明になっている息子のジェイコブと再会する望みを今も諦めていません。彼女は、行方不明の子どもの報道をいち早く広く社会に伝える財団

や公共サービスを通して、誘拐事件の予防を望むと同時に、自分の息子を尊重し、彼女自身の希望も大切にしています。

　私は、この超越ということが人間に起こるのを、長年の連れ合いが信号無視の車に轢かれてしまった女性に見ました。彼女の夫は一カ月間昏睡状態となり、今も外傷性脳損傷に苦しんでいます。最終的に彼女は、夫を介護施設に移すという苦しい決断を下さなければなりませんでした。心理的には夫は彼女の人生に今も存在していますが、夫が家にいることはできなくなったのです。夫は今、彼女の家の近くの施設にいて、専門家の支援を受けながら過ごしています。彼女は、元の家で夫を生活させてあげるという希望は、もはやかなわないけれども、別々な住まいで再び共に生きることができるのだと気づき、ジレンマを超越したのです。彼らは、互いに訪問し、一緒に食事をし、冗談を言い合い、映画に行って、ピアノを弾くことができたのです。彼女は逆説的な人生というものを悟ったのです。

　言うまでもなく、新たに修正された希望は、どこまでいっても妥協にすぎないものであり、望んでいたこと（それは、通常、あいまいな喪失が起こる前の状況に戻ることですが）にはかないません。そのため、この逆説的な結果というものは、本質的に不公平なものです。公正さや正義も妥協せざるを得ないのです。しかし解決が不完全であっても、非現実的な希望にしがみつくという選択肢よりは良いのです。人々は、現状のままであるよりも、あえて変化に賭けてみる方がもっと苦痛が少ないということが分かるようになります。

希望はどのように治療や援助に結びついているのか

　希望は、自分の意思で作り出すものではありません。それは、望みがかなうことや、再び幸せになること、もっと大きな望ましい目標に到達できるような可能性がある時に、そのわくわくする感じのなかから現れ出るものです。セラピーの課題は、希望のない人々が希望を見つけるよう援助することです。人々の持つ希望が粉々に砕けていたり、変化の余地を許さないほど頑なであったりする時、セラピーの課題は人々が今持っている希望の妥当性を再評価するのを助けることです。そして、何が絶望なのか、何が新たな希望

や夢になりうるのかという葛藤をめぐって、家族が永久に分裂してしまったり、夫婦が別れてしまったりすることを防ぐことです。もともと望んでいた結果が得られないとしても、何か可能性があることや（今までとは）別の希望に対して、気持ちがわくわくしていけるように、私たちはクライアントと共に進んでいきます。創造性とスピリチュアリティーがこのプロセスには役立ちますが、新たな希望の発見には、自然、アート、信頼できる家族、友人、仲間との交流も助けになります。

　希望は、その人の内的な感情に基づいて見出されます。したがって、この段階でのセラピーのプロセスでは、認知的な手法や心理教育を伴った精神力動的なアプローチをまず用います。セラピーの目標は、自分自身を信じる気持ちや、個人の力を育むことです（たとえば、人生の支配感を和らげること）。信頼している人々からのサポートは、「私にはそれができる！」という感覚の後ろ盾になります。自分の物語を語ることを通して、希望が見直され、再構成されるようになります。私たちはこのプロセスで、創造することと探求していくことを奨励し、実際に、様々な活動のなかでも特に、絵画、音楽、ダンス、イメージ、即興劇の技法を使ってきました。動くことが重要なのです。ただ発見したことについて話すだけではありません。私たちは行動的に希望を探し求めなくてはなりません。慣れ親しんだ状況と様々な状況の両方で、新しい経験をすることがこのプロセスに役立つのです。

　現在の状態と比べて変化したことについて考えるということは、自己保存の欲求から生まれています。つまり、人間は生存に必要な関係性を保持するためには、どんな労苦もいとわないのです。あいまいな喪失の後、希望を維持するためのセラピーの目標は、失くした関係を保ちたい一心の欲求をもとにしながらも、より達成可能な希望を持つ方向へ移っていくことです。セラピーの目標は何か良いことに対する希望を見つけることであり、報復ではありません。しかし、愛する人が人為的な破壊行為によって失われた時、報復を望む気持ちが生じることがしばしばあります。セラピストに対して信頼を築いていくことが、ネガティブな希望からポジティブな希望へと変化する際に不可欠です。9.11テロの後、ニューヨークの家族の援助をするなかで、人々が希望の失われた状態から次第に新たな希望を持ったり、新たな人との

繋がり――そこにはセラピーでの繋がりも含まれる――がある状態に調和がとれていったことを、私たちは目の当たりにしました。しかしながら、ポジティブな希望に最も役立ったのは、将来に、なにかもっと良いことがある可能性を一緒に発見していったことでした。

　9.11テロの後、私たちが人々にはレジリエンスがあるという前提に基づいていたことで、家族を尊重して援助することができました。そのように尊重されることは、家族が行方不明になってしまい、その人なしで、これから生きていくことについての新たな希望を見出すうえで必要でした。それはまた、私たちにも、セラピストとして家族の助けになり、役に立っていけるという新たな希望を与えてくれました。混乱とあいまいさのなかで、家族は、家族のグループ・ミーティングでお互いに援助し合い、ミーティングが終わると、戻って近所の人々と助け合いながら、耐え抜いていったのです。人との絆がレジリエンスを高め、レジリエンスが新たな希望の発見を増やしました。こうした家族の大人たちのほとんどが、祖国に生きる根を引き抜かれた移民であり、そうした困難を乗り越え、米国本土のテロにさえも生き抜いた人々です。彼らは、過去にそうして立ち直ってきたことが、今に希望を与えていると言います。レジリエンスのモデルを使うことで、セラピスト自身が忍耐強くなり、強さを見出そうとするようになりました。彼らは、私たちが終結するようにと背を押すことがなかったので安心したと言います。彼らが希望にしがみついていても、それに対して罪悪感を持たないように私たちは配慮しました。家族の絆や地域社会との絆を築いていくことに力を入れることで、セラピスト自身もこの発見のプロセスから得られるものがありました。人々が希望を取り戻すうえで示した、それぞれに独特の、かつ機能的でもある強さの証人となったことは、私たちにとって大きな喜びでした。希望を見出すことは、家族にとってもセラピストにとっても、ポジティブな結果の可能性を認識するうえで必要なプロセスと言えます。

介入のための指針

　セラピーのプロセスはどのようなものになるでしょうか。私たちのセラ

ピーの指針として、二つの前提があります。まず一つは、希望を見出すために、積極的に対処することが必要だということです（Boss, 2002c）。希望を見出す行動が、心理的、身体的、社会的、宗教的、芸術的なプロセスのどれから発するかはそれぞれのクライアントによりますが、新たな希望を見つけるには、受け身でいるのではなく行動を起こすことが必要だと考えられます。二つ目の前提として、私たちは、認知的な介入と心理教育的な介入の両方に価値を置いて用いていますが、希望を見出すという目標には、他の人々、特に同じようなあいまいな喪失を経験した仲間との相互の関わりのなかで、感情を基礎に置いた対話によるセラピーを行うことが、とりわけ役に立ちます。これら二つを併合しながら、拡大家族、友人、地域社会と交流できる場を設定することによって、私たちはレジリエンスを高めることができます。そうすることで、様々な源泉から希望が生まれ、多様な文化や宗教での多岐にわたる癒やしの物語が可能になるのです。次に述べるのは、この前提に基づいた指針です。

▶スピリチュアリティーを見出すこと

あいまいな喪失の後に希望を見つけるために、神やアラー、自分よりも偉大な存在を信じることは、多くの人に安らぎを与えます。意味や希望を扱うスピリチュアルな支援によって、人々は自分の置かれた状況により良く対処できるようになることが実証研究でも示されています。（Pargament, 1997; Walsh, 2004）。宗教やスピリチュアリティーが、人々の健康にも役立つことを示す研究のエビデンスも増加しています（第4章参照）。あいまいな喪失においては、他の喪失以上にスピリチュアルな受容が必要です。

ユング（Jung）は、患者が宗教的なものの見方を持っていなかったことで、病いに伏し、その見解を取り戻さないと癒やされなかったと述べています。ユングは、それは、教会や教義とは関係なく、人間の精神に関わることであると考えていました。私は、クライアントにとってあいまいさが具体的にどういう意味を持っているのか、コントロールし、支配することをどう捉えているのか、希望に関して自分自身をどのように見ているかについて、彼らが私に話してくれるままに任せています。決して、彼らの信念について私が判

断を下すことはありませんが、もし彼らが健康で人生を向上させたい気持ちがあれば、スピリチュアルな意味を持った選択肢を見出すように支えます。その場合、私は、殺人、自死、虐待、報復といった命を脅かすような選択肢はそれが仮にクライアントの宗教的な信念であっても、断固として認めません。

　あいまいな喪失は、他者や神に対し、怒りや幻滅を引き起こすことがよくあります。そうした場合、私たちが臨床的に行うべきことは、神学や改宗について話し合うことではありません。むしろ、希望についてより一般的な考えを提示し、何が起こるかに対して私たちがいつもコントロールできるわけではないことに気づいてもらうことです。同時に、あいまいさや、答えのない問いかけに耐える力が養われるように援助します。このような流れで心理療法を継続する時に、クライアントが宗教的な問題についての探求を、自分の宗派の聖職者に求めることができるように紹介することはあります。宗教に対するこうした立場は、倫理的な問題と私は捉えています。

　心理療法家は、あいまいな喪失がある時、分からないことに対する信頼や信仰といった事柄について話し合うことはできますが、公的な機関で働く場合は、特定の宗教的信念を奨励することは倫理的にできません。私たちは、個人的な宗教的信念よりも、一般的な信念や価値観、たとえば、優しさ、赦し、公平さ、正直さ、公正さ、そして自分自身がしてほしいように他の人にも接するといったことに注目し、包括的な立場でいなければなりません。私自身は神学のトレーニングを受けていないので、私的な宗教的信念や、それぞれが信じる神への怒りについては、クライアントに自分の宗派の聖職者と話すように勧めたり、聖職者をセッションに招いたりしています。宗教やスピリチュアリティーは明らかに重要ですが、総じて、特定の宗教教義や信念を勧めるのではなく、もっと一般的なレベルのレジリエンス――意味を見出すこと、人生の支配感を和らげること、アイデンティティーを再構成すること、両価的な感情を正常と見なすこと、新しい愛着の形を見つけること、希望を見出すこと――にセラピーの焦点を当てています。このように、希望を見出すために、一般的なアプローチを用いることで、個人の価値観や信念を尊重し、様々な背景を持ったクライアントと家族に接することができるので

第9章 希望を見出す

す。

　最終的には、治療目標は、愛する人に起こること、そして自分自身に起こることも、私たちはそのすべてをコントロールすることはできないという事実を受け入れることになります。人生には、確かなものよりも、答えのない問いの方が多いと知ることで、人々は支配したいコントロールしたいという欲求を和らげることができます。宗教を持っている人は、より良くなることを望みながら、神への信仰を深めます。しかし、宗教を持たない人であっても、自分を超えた偉大な存在や大義を信じることで、不確実さがあったとしても、人生に対処することがより楽になるでしょう。無数の方法で、人々は新しい希望を見つけますが、どのような道を選んでも、希望は意味と結びついているのです。

　トラウマとなるようなあいまいな喪失の後で、クライアントが私に話してくれたことは、ほとんどが私自身の経験にはないことです。ある女性は、行方不明の夫と夜話すことを願っていたのですが、彼がいなくなった後しばらくの間、実際に彼と話をしたと言っていました。ある男性は、脳損傷を負う妻がいつか健康になり親密な関係が取り戻されることを願っていました。私自身がこうした望みを持った経験はありませんが、だからといって彼らが非現実的であるということではありません。自分の配偶者を脳損傷や認知症、テロや誘拐で失くした後に、現実的に何を望めるでしょうか。私たちのセラピーの課題は、私たち自身の経験を超えた喪失を持つ人々が、希望と意味を見出せるよう援助をすることです。そのためには、クライアントは、自分自身を超えた大きな何かを求めて近づいていく必要があります。それを超越と呼ぶ人もいます。私はそれをレジリエンスと呼び、人々が答えのない問いがあるとしても、前向きな未来への新しい希望を見出すことによって表わされるものだと考えています。

▶選択肢を想像する

　トラウマがあるところには憤怒がしばしば見られます。分析家は、よくそれを「自己愛的な憤怒（narcissistic rage）」と呼びます。しかし、あいまいな喪失によるトラウマは、人が自分で選択したり、合理的な選択を行ったりでき

なくするような、理不尽な外界からの力です。意味ひいては希望も想像するしかないのです。アルバート・アインシュタイン（Albert Einstein）は、想像力が知識よりも重要であると述べています。なぜならば、「知識には限界があるが、想像力は世界全体を包み込み、進歩を促し、発展を生むからである」（Calaprice, 2000, p.10）。

　私たちの役割は、個人や家族に唯一残された選択肢にどのようなものがあるかを提示することであり、それはつまり、その霧のなかでどのように前に進むかを想像することです。解決策が見えないなかで、創造的なアートが希望への新しいアイデアを提供してくれます。脚本家のジョン・グェア（John Guare）は、ミネアポリスのガスリー劇場で、こう述べていました。「特に状況が奇妙で常軌を逸している時に、それを解決できるのが芸術家である」（私信、2003年4月5日、2004年12月4日）。作家や画家は、あいまいな喪失の意味について、いつも私たちに洞察を与えてくれました。あいまいな喪失について多くの戯曲が書かれています。たとえば、グェアのものや劇作家のアーサー・ミラー（Arthur Miller）のほとんどの作品がそうです。シャーウッド・アンダーソン（Sherwood Anderson）によって書かれた小説、『ワインズバーグ・オハイオ』（1921）もまた、愛する人を後に残して故郷を去り都会に行くあいまいさや不確実さというあいまいな喪失について書かれていると、私は思います。芸術家は長い間、人間関係のあいまいさと不確実さの意味について苦闘していますが、私たちはその創造的な洞察力から学ぶことができます。シェークスピアから、現代の『ファインディング・ニモ』（Stanton & Unkrich, 2003）[*4]のような映画に至るまで、それらは私たちの琴線に触れ、感情をときほぐしてくれます。新たな選択肢を見ることで、希望がもっと可能性あるものになるのです。詩人は対句を想像し、劇作家は劇中の一つのシーンを、音楽家は楽譜を想像します。クライアントは、愛する人が存在していても不在であっても、その人との新たな関係のありかたを願って想像するのです。

　文学や詩、映画、芸術、音楽は、私たちが、象徴的にも実際の機能としても、失った人と共にいる新しい方法を創造する方向に向けて、私たち個人や集団の無意識のプロセスを刺激します。しかしながら、その一方で、このプ

ロセスの動機づけとなるものは、その人々自身の文化から出てくるものでなければなりません。映画や音楽が好きでない人もいるかもしれませんが、心を動かすのが何であるかを発見することが大切です。希望を見出すことは、家族やコミュニティのなかに存在しているのです。ですから、セラピストは、希望へ向かう選択肢を探すうえで、システム的な視点を使う必要があります。9.11テロの後、私たちは、家族の記念式典で、絵を描いたりダンスをしたり、歌を歌ったりすることを取り入れましたが、それは家族の人々が、老いも若きもそれを求めたからです。即興劇や物語を収集することを重視するプロジェクトもありました。(Landau & Saul, 2004; Saul, 2003)。そのような感情に焦点を当てた活動は、大人や子どもが自分たちの絶望的な状況に向き合うことを助けます。そのステップを踏んで初めて、新たに構築した希望を持って未来に向かって動き出せるのです。アートは、真実は一つではないことと、人々に共通した欲求があることを私たちに教えてくれます。芸術家、セラピスト、研究者、そしてあいまいな喪失を経験している人たちは、真実に対するそれぞれの見方を持っており、それぞれのやり方で真実を見出しているのです。

▶ **不条理を笑うこと**

ユーモアは、物事が常軌を逸したようになっていることについて、それが、まともではないことを認めることなのです。ユーモアがないままであれば、希望もありません。私たちが笑い始めることができれば、希望を見出す力があるということになります。

1949年に出版された小説『1984年』の中で、ジョージ・オーウェル (George Orwell) は次のように書いています。「4月のよく晴れた寒い日だった。時計が13時を打っていた」[*5] (p.5)。ほんの束の間であったとしても、オーウェルのこのようなくだりは、絶望の最中にいる時でさえ、私たち読者の関心をひきつけます。ユーモアは希望にたどり着くために用いられるものなので、あいまいな喪失の不条理さは、しばしば笑いによって和らげられるのです。9.11テロの際に夫が行方不明になったある女性は、グループ・ミーティングで誰かが彼女の気に障る提案をした時、「私の夫がお墓のなかでひっくり

返るでしょうよ。もしもお墓に入っていればですけどね！」と言いました。

　あいまいな喪失によってトラウマを受けた人たちが笑い始める時には、彼らは苦しみを笑い飛ばすことによって乗り越えようとし始めているのです。ブラックユーモアは、彼らのいる状況の不条理さを映し出し、無力感から束の間の解放を与えてくれます。笑うことによってプレッシャーから解放されるのです。

　人々は、コメディに出てくるバナナの皮を踏んで転ぶ男のことを笑いますが、それはこの光景が希望を与えるものだからです。転んでいるのが自分でないので、優越感を持つのです。もしジョークのなかで笑い物になっているサイテーな男が転倒しても生き延びるのならば、私たちもそうできるのです。苦しみは乗り越えられ、希望は生き続けます。他人の転倒を笑い飛ばすことで、私たちは喪失と恥に対する恐怖心を吹き飛ばします。別の言い方をすれば、あいまいな喪失のなかにあって不条理を笑い飛ばすことが、人々が希望を再発見する役に立つということです。

　それが、自分自身のことを笑うことであろうと、他の人のことを笑うことであろうと、盛大に倒れ、弱々しくもなんとかそこから回復し、再び立ち上がる姿を私たちは見たいと思っているのです。コメディ俳優であるチャーリー・チャップリン（Charlie Chaplin）からルシル・ボール（Lucille Ball）とキャロル・バーネット（Carol Burnett）に至るまで、彼らが見せるものは、状況がより不合理であればあるほど、希望へ向かう潜在的可能性が高まることを示しています。道化師が市長になり、市長が道化師になるのです。バタン！もし道化師が転んだら、それは喜劇になります。しかし、道化師がもし再び立ち上がらなければ、それは悲劇になるのです。喜劇も悲劇も共に、希望を見出す刺激となるものなのです。

　しかし、もしセラピールームで冗談が語られたら、どうしたらよいでしょうか。クライアントがセラピーのセッションで冗談を言ったとしたら、笑ってもよいのでしょうか。エレンホーン（Ellenhorn）は、このように言っています。あなた（セラピスト）がクライアントのことを笑うのではなく、クライアントと一緒に笑う限りにおいては、それはかまわない（エレンホーン、私信、2003年4月4日。私としては、クライアントと共に泣くことは大丈夫だということを付け

加えておきます。9.11テロの後では、多くのセラピストがクライアントと共に泣きました)。実際、セラピーで提供される安全で支持的な環境では、クライアントと共に、笑ったり泣いたりすることが起こります。しかしながら、もしセラピストが笑ったり泣いたりすることが共感ではなく逆転移からくるものであるならば、セラピストはコンサルテーションを受けるのが適切です。明らかに、自分自身の未解決な喪失をセラピーのセッションに持ち込むことは倫理的にも誤っているので、私たちは、自分の個人的な欲求——笑いたいとか泣きたいという欲求——に早く気づくことが必要です。ユーモアが、潜在的な敵意や恥を隠すための防衛機制として使われているでしょう。冗談を言うことで、セラピストが自分の不安やユーモアのセンスが欠けていることを隠してはいないでしょうか。ユーモアを使って、人をコントロールしたり傷つけたりしてはいないでしょうか。最後に、ユーモアが他の人と繋がるうえで役に立っているでしょうか。ユーモアが、新しい繋がりと希望の手段となる時に、不条理についてのジョークの治療的な価値はより高まります。

▶より忍耐強くなれるようにしていくこと

忍耐強さ (patience) は、希望を発見するための治療に必要な特質です。完全な解決や治癒を提供するのではなく、私たちは答えの出ない問いに対して、人々がより忍耐強くなることを手助けします。これには時間がかかります。専門家も（クライアントと）同様に、あいまいな喪失のセラピーを行う際の、自分自身の無力感などの感情に対して耐えられない気持ちを克服しなければなりません。私たちもまた、あいまいさと共に安定していられるようにならなければなりません。希望は、私たちがあいまいさを受け入れることによって——そして、受け入れるところまでまだ至っていないと分かっていることによってのみ、見出すことができるのです。あるいは、そこには決して行きつけないかもしれないということを知ることによってもです。私たちは、クライアントが、別の「その場所」を見つけるのを援助しなければならないかもしれません。そこは、もう少し私たちの手の届きやすい範囲にあるものを目指すための場所なのです。人々が希望を見直すことは、失敗を意味するのではありません。むしろ、時に不公平であるこの世界に対してのレジ

リエンスなのです。

▶正義や正当性・公正さ（justice）とは何かを再定義すること

　あいまいな喪失は本質的に「不当」なものです。児童誘拐やレイプは、戦争や大量虐殺のなかで戦略として、私たちに激しい怒りを引き起こそうとする目的で用いられるものです（Sluzki & Agani, 2003）。病院、老人ホーム、法廷、難民キャンプ、そのどこであっても、人々には公正に扱われる価値があり、そのように扱われることを期待します。しかしそれは、いつでも目の前に用意されているとは限りません。ダニエリ（Danieli, 1985）の次の言葉は今でも有用です。

　　　無力な状態であるということは、その人が無力な人だということを意味しない。邪悪なことを目撃したり、経験したりしたとしても、それは全世界が邪悪であるということではない。人に裏切られたとしても、裏切ることが人間の行いの主要なものであるということではない。被害にあったからといって、必ずしも人は被害をまた受けるかもしれないといつも構えて生きていかなければならないというわけではない。大切に扱われなかったとしても、存在する価値がないという意味ではない。法廷で証言する苦痛をあえて選んだとしても、それで世界があなたの言うことに耳を傾け、そこから学んで、変化し、より良い場所になるということを意味するわけではない。(p. 308)

　努力したからといって必ずしも期待通りの結果が得られるということではありません。悪いことは善良な人にも起こりえるのです。児童誘拐の犯人が釈放された時、病気の原因が分からない時、私たちは新たな方法で、正義——そして希望——を見つけなくてはなりません。誘拐や病気を予防する活動に従事することは、正義の発見に繋がる別の道の例です。長期間の紛争や民族浄化には、願わくは、人権裁判所を通して正義がもたらされ、その後には、おそらく隣人として共に、何か意味のある取り組みを共通の目的を持って行うこと、たとえば子どもたちを平和のなかで育てること、などが行える

第9章　希望を見出す

とよいでしょう。

　私たちは正義を強く望んでいますが、私たちがもともと望んでいたような方法でそれがなされるとは限りません。殺人事件の裁判や人権の裁判では、驚くような判決が下されることがあります。加害者は短い服役期間の後、釈放されるかもしれません。被害者の家族は、心の痛みと共に永遠に生きていかなくてはならないのです。復讐を求める代わりに、不当さに対抗する何らかの活動に専念することで希望が見つけられます。そのような活動は、新たな希望へと向かう動きとなります。

▶許し（forgiveness）を見出す

　ロバート・ケネディ（Robert Kennedy）は次のように言っています。「人が理想に向かって立ち上がり、他の多くの人々の状況を改善しようと行動を起こし、不正と闘おうと突き進むたびに、その人は希望の小さなさざ波を送りだすのです」。報復は治療の役には立ちません。オクラホマ・シティ連邦政府ビル爆破事件では多くの人が亡くなりました。が、その家族は、主犯であったティモシィ・マクベイ（Timothy McVey）が死刑執行されても、それによって気持ちが癒やされることはなかったと話しています（J. Martin、私信、2004年6月18日）。オクラホマ・シティで私は、残された家族に、何が気持ちの改善に役立ったかについて尋ねました。彼らは、他の遺族や慰霊碑を見に来た多くの人たちと一緒に、物語を共有することが役立ったと答えてくれました（Boss, 2004c）。1995年4月19日の爆撃によって愛する人を失ったという話に耳を傾けてくれた人たちは、それによっていたわりを示し、人との繋がりと正義の感情をもたらすことで、結果的に遺族が憎しみを手放す手助けをしたのです。

　それほど悲惨な出来事ではありませんが、離婚の後に元伴侶を許せない気持ちも、手放す必要のある憎しみの例です。一方の親が、子どもたちを誰が、いつ、どれだけの期間手元に置いておくかをめぐって、もう片方の親に嫌がらせを続けることがあります。両親が言い争いを続けていることから来る不安は、離婚そのものよりも子どもたちの心を傷つけること、報復を求め続けることが子どもたちのためにならないこと、は確実です。離婚した夫婦

第Ⅱ部 あいまいな喪失の治療・援助の目標

が、仕返ししたい気持ちや憎しみの感情を手放さずにいることは、親の未来だけでなく、何よりも子どもたちの良い未来の希望を否定することになるのです。

▶あいまいな喪失のための儀式を創造すること

　ジョージ・ハーバート・ミード（George Herbert Mead）は、象徴的相互作用（symbolic interaction）論の先駆けとなった人ですが、彼は、意味は他者との相互作用のプロセスのなかに現れてくるものだと述べています（Mead & Strauss, 1956）。あいまいな喪失の最中に、希望が持てるような肯定的な意味を見出すためには、家族の集まりや祝い事を新しい形に変更しなくてはなりません。そしてそれが継続して行われることも必要です。社会的な集まりは、人々の相互作用を促し、その結果、希望を発見するための場が作られるのです。儀式や祝い事を行うことは、ある家族成員が部分的に不在であったり、逆に存在していたりという状況にもかかわらず、夫婦や家族の相互作用を保ち続けることに役立ちます。そのような相互作用は、秘密を回避し、変化に役立つ強力な手段でもあります（Boss, 1999; Imber-Black, 1993; Imber-Black et al., 1988）。

　私とそのチームのメンバーが、アルツハイマー病の家族とともに取り組んだ介入方法のなかで最も有効だったものの一つは、グループで話し合うことと、伝統的な儀式や家族の祝い事を取り止めるのではなく再構成することを勧めることでした。家族は、今はいなくなってしまった人を締め出すのではなく、その人が部分的に存在している、あるいは部分的に不在となっている状況に、家族の催しを適応させる必要があったのです。病気の人も祝い事の場に参加し、その人に対して敬意を示されますが、その人が以前担っていた伝統的な役割は他の人が代わって行いました。9.11テロの行方不明者家族にも、同様の介入を行いました。そこでは、行方不明の人のシンボルとして、写真やろうそく、その人が好きだった食べ物、その人が座るための空（から）の椅子、好きな音楽を使い、家族の祝い事や儀式の際に行方不明の家族がそこにいられるようにしたのです。ほとんどの場合、あいまいな喪失の後、家族はそれまでやっていた儀式や祝い事を取り止めようとしてしまいます。

第 9 章　希望を見出す

　実際に、今まで行ったことのない新しい場所に行ったり、旅行に行ったりすることで祝日の催しや儀式を再構成する家族もあります。しかし私たちは、部分的でもよいので、以前と同じ催しを続けることと、その祝い事をどこで行うとしても、いなくなった人の象徴もそこに参加させることを勧めています。

　家族ミーティングの場で、私たちは次のような質問を家族に投げかけます。子どもたちは、幽霊や死がテーマになっているハロウィンのお祭りのトリック・オア・トリート[*6]に参加すべきでしょうか。感謝祭の家族の晩餐のテーブルの主人の席に、夫がいない場合はどうしたらいいでしょうか[*7]。なぜ記念日や誕生日の祝い事を取り止めにしてはいけないのでしょうか。これらは日常で実際に起こることに対しての質問ですが、そのすべてのことは将来の希望や幸せにとって極めて重要な、深い心理的な意味を持っています。私たち臨床家の仕事は、象徴的相互交流と、社会構成主義を前提とする考え方に従って行われます。言い換えるなら、家族とは、相互に交流する様々なパーソナリティの一つの統合体であるということです（Burgess, 1968）。このことは、家族を保つためには、相互交流が続いていく必要があるということを意味しています。あいまいな喪失の混乱のなかでは今まで執り行ってきた儀式や日課について取り扱いを始めるのが一番よいでしょう。

　助けにならない儀式について、一言述べなくてはなりません。埋葬する遺体がない場合、追悼の儀式はただシンボルのみを頼りに行われるべきです。時として、宗教的な教義により、遺体の埋葬の規則が頑ななため、あいまいな喪失の状況に適応した儀式が行えないことがあります。このことは、いなくなってしまった人に敬意を表したいと思う残された人々にとってとても辛いことです。古代ギリシャでは、慰霊碑は、墓が空であるという印として使われました。通常、慰霊碑は、「家から遠く離れた場所で命を落とした人や、海で遭難するなどの何らかの理由で遺骨を回収できない場合に用いられた。それらは、他のお墓と同じように敬意を払われ、お供えが捧げられ、大切な取り扱いを受けた。いくつかの記念碑では、大きな石が一つ、遺体とみなされて置かれ、その周りに供物が添えられた」ものです（Kurtz & Boardman 1971, pp. 99-100）。他の場合においても、失われた人が大事に所有していたもの、た

とえば宝石、鏡、おもちゃ、武器などが、遺体の代わりに埋葬されました（Kurtz & Boardman 1971）。これは、9.11 テロの後、ニューヨークの家族が、埋葬する遺体が見つからなかった場所に、行方不明の夫のギターや、ボーリングのボールを埋葬したのと似ています。古代に書かれた詠み人知らずの詩にこのようなものがあります。「確実な死は不確実性を伴っている。それは、時間、死に方、場所において、不確実さがあるのだ。様々な慰霊碑が立てられるが、しばしばそれらは真の墓を覆い隠す。慰霊碑墓所がどこにあるかわからなくさせる。本物の墓の傍らに行こうとして、多くの人々は、故人の名誉である、空の墓所を発見するのだ」（Kurtz & Boardman 1971, p.247）。実際、現在もそういう状況があるのです。

　儀式は、人生の終焉の印として必要ですが、愛する人がいなくなってしまった場合には、象徴を用いることで、その状況に適応させて儀式を行うことが可能になります。空の墓も、自分なりのやり方で、慰霊碑を建てて印とすることができます。儀式は、家族の間で新たな境界や役割、ルールを明確にし、そうすることで希望を与えるために必要です。たとえば集まりを開くことで、子どもたちにとって、いなくなった片方の親の代わりに自分たちが大人の役割を担わなくてもよいということを象徴的に示すことができます。儀式は子どもたちに、残された親を支えてくれる他の大人がいることを明確にし、子どもたちがもう少し、子どものままで自由にしていていいのだということを強調してくれます。大切な人がいなくなった日や、それまで一緒に過ごしていた特別な祝日に、儀式や象徴的な祝い事を行うことで、人々の無意識の願望を社会的文脈に持ち込むようにし、残された人々が、支えてくれる人々と共にいるなかで、失くした人を思い出し、敬意を表することができるようになるのです。心の家族は、そうした時に明確になり、人々が再び希望を見つけるのを支えるのです。

▶セラピーや援助の終了について改めて考えること

　あいまいな喪失の場合、セラピーの終了は独特の困難さを伴います。これから先、セラピストを訪ねる機会を閉ざしてしまうと、裏切りと捉えられ、このことが更なるあいまいな喪失となるかもしれません。

私の臨床では、原則としてクライアントに対してドアを開けておくようにしています。私たちは、これで終了するかもしれないけれども、同時に、もし将来、新しく何かセラピーが必要になった場合には、クライアントはいつでも新しく取り組むためにここに戻ってきてもよいと明確に伝えるようにしています。確かに、多くの人たちは、未来に起こる喪失やトラウマに自分自身で対処していますが、なかにはそうできない人もいます。そういう人々はセラピーに戻ってきて、希望を新たにするためのセッションをもう少し行います。

　フロイトは、セラピーに終了が必須であるとは必ずしも書いていませんが、現代の精神分析や多くのセラピーでは、終了はセラピーに必要なステップとされています。終了の仕方についてはここでは議論しませんが、あいまいな喪失を抱えるケースに対し、完全にセラピーを終了をすることがどれほどの価値があるのかに疑問を感じています。もちろん、今現在のセラピーが完了した時はセラピストとクライアントの関係性も変化しますが、それは将来セラピーができないという意味ではありません。治療関係を完全に閉じてしまうことは、あいまいさにレジリエンスを高めるという目標に逆行するものとも言えます。終了や終結という形よりむしろ、人々は存在と不在という逆説を抱えつつ、あいまいさと共に生きることを学ぶのです。またそれは、私たちセラピストにとっても同様です。

　デイビス（Davies, 2003）によれば、終了することは、人生を肯定するプロセスとなる可能性があります。実際、お互いが手を離し、自分自身の人生を前に進めていくのに十分な希望があると認めることが存在していますが、将来のセラピーに対してドアを開けておくこともできるのです。結局のところ、成長と変容はプロセスであり、セラピーの期間だけに見られる直線的な段階ではありません。あいまいな喪失の後で希望を再発見するには、クライアントと同様に、セラピストも完全な終了や終末という考えに対して闘わなくてはいけません。なぜならレジリエンスは、ドアを閉めるところにはなく、あいまいさと共に安心していられるようになるところにあるからです。

　どのような終わりもあいまいさを伴います。それが人間関係の本質なのです。セラピーの関係や個人の人間関係において、私たちは、もう少し時間が

欲しいと感じることがよくあります。この感情は、あいまいな喪失のもとではより強くなります。さよならのない別れの時、また別れのないさよならの時、終結は必然的に不完全なものとなります。あいまいな喪失の場合のセラピーの目標は、デイビスの言うところの「とりあえずのお別れ（good-enough ending）」かもしれません。

もしセラピストや精神分析家が、過去に過ぎ去ってしまった未解決な喪失や見捨てられたことのすべての代理人となるのが正しいとしたら（Davies, 2003）、セラピー後も希望を持てるようにしてセラピーに終了の印を押すためには何が必要でしょうか。デイビスが提唱したように、セラピーのプロセスは、たくさんの一連のさよならが連なっているとも言えるかもしれません。ここに挙げた指針の一覧で、私は、セラピー・プロセス自体が象徴的なものとして存在し、それぞれのセラピーの終わりに穏やかな嘆きや悲しみがあるとしても、決して終結ではないような一連の終わりの一つであることを提唱してきました。これらの終わりは、人が希望を新たに得るのにちょうどよいくらいのものなのです。

▶心の家族を見直すこと

心の家族は、希望を再発見するのになくてはならないものです。大規模で混乱を引き起こす災害の後では、人々にとって心の家族だけが唯一親密なものであるかもしれません。そしてそれは誰にも奪い去れないものなのです。家族との心の繋がりは、他のすべてが失われた時に再び希望を見出す資源となります。これは専門家にとっても同様に真実です。

しかしながら、同時に、私たちはいなくなってしまった人や、かつてその人と共にしていた生活を恋しいと感じることがあります。特別な日に、その人たちは心理的に私たちと共にいてくれます。私たちの心や頭のなかだけでなく、私たちが夕食の時に使うものや、衣服のなかに見られる象徴──料理の献立、テーブルクロス、宝石、何か特別な花や歌、一緒に行った外国の町で買ったシルクのスカーフ──を通して存在するのです。あいまいな形で失われてしまった私たちの愛する人は、まだ何らかの形で私たちと共にいるのです。これは楽観的で希望に満ちた考え方です。彼らはまだ私たちの心の家

族の一部であり、私たちの人生に完全な形で存在している人たちと同じように、現実のものとして存在し得るのです。

6　まとめ

　あいまいな喪失においては、結果が不完全で、不明瞭な終わりであっても、そこに希望が見出されなければなりません。しかし、そのような結末は、ナラティヴ・セラピーや関係性を扱うセラピーを通して象徴的に理解され、希望を新たにするために再構成することができるのです。希望を発見することは、あいまいさを受けとめ、そのなかに意味を見つけることです。かつてあったもの、つまり不可能な希望にしがみつくよりも、逆説と共に生きることの方がより易しいのです。
　私たちは今、本書の第Ⅱ部を一巡しました。あいまいな喪失の後のレジリエンスと健康のための指針で意味を見つけることから始め、希望を発見することで終わりました。しかし、この二つは、メビウスの輪のように繋がっています。意味と希望はお互いがなくては存在できないものです。一つが始まるところにもう一つの終わりがあります。意味と希望の両方が、レジリエンスと健康には必要です。意味を見つけることと希望を発見することの間には、人生の支配感を調節し、アイデンティティーを再構築し、両価的な感情を正常なものと見なし、新しい愛着の形を見つけるというプロセスが含まれます。セラピーのプロセスは円環的であり、直線的に段階を経て進むものではありません。ストレスやレジリエンスに焦点を置きますが、医療的な治療が必要な症状を見過ごすということではありません。全体としての目標はスキルを協働して動員することであり、これはクライアントとセラピストの間だけでなく、個人、夫婦、家族の援助をする専門家たちの間の協働でもあります。
　内省は、希望と意味を見つける複雑な弁証法的プロセスのなかの非常に重要な部分です。このことは、クライアントと同じように、セラピストにとっても当てはまることなので、この後のエピローグではセラピストの自己に焦

第Ⅱ部　あいまいな喪失の治療・援助の目標

点を当てます。あいまいな喪失をセラピーで扱う時、セラピストとして有用でありたいという私たちの希望は、セラピストがあいまいさにどれだけ耐えられるかということと、答えのない問いがあっても安定していられることにかかっているのです。

訳注
* 1　ディートリヒ・ボンヘッファー：ドイツのルター派の牧師。20世紀を代表するキリスト教神学者の一人。第二次世界大戦中にヒトラー暗殺計画に加担し、別件で逮捕された後、極めて制限された条件のなかで著述を続けた。その後、暗殺計画は挫折。ドイツ降伏直前の1945年、処刑を急ぐナチスにより、フロッセンビュルク強制収容所で刑死。その早すぎる死のため、ボンヘッファーは自らの思想を語りつくすことはできなかったが、「安価な恵み」「高価な恵み」「非宗教的キリスト教」「成人した世界」などの論争的な術語により、第二次世界大戦後のキリスト教会に大きな影響を与えた。
* 2　methodological supposition：方法論から導かれた仮定。
* 3　テリー・シャイボ事件：米フロリダ州のテリー・シャイボ（Terry Schiavo）さんは、15年以上も植物状態で、最終的に州裁判所の指示で栄養補給管を除去されて14日目にあたる3月31日、死去した。テリーさんが死を望んでいるとして、延命を求める両親と7年間法廷で争ってきた夫マイケル・シャイボさんの弁護士は、「（テリーさんは）穏やかで平和な、優しい死を迎えた」と述べた。一方、両親側の立場をとっているカトリック司祭は、コメントを発表し、「これは、単に悲しみを伴う死にとどまらない。これは殺人だ」と述べた。
* 4　ディズニー＆ピクサーによるアニメーション映画。カクレクマノミの父親が行方不明になった子どもを探す内容。
* 5　ジョージ・オーウェルの有名な小説『1984年』の書き出しの部分である。
* 6　「お菓子をくれないといたずらするよ」と言って近所の家庭を回る行事。
* 7　米国では感謝祭の晩餐に七面鳥を食べることが多いが、その場合、主人がそれを切り分ける習慣がある。

エピローグ──セラピスト自身について

　あいまいな喪失を経験している人々とより効果的な関わりを持つうえで、専門家としてのレジリエンスを高めるには、まずセラピーのプロセスそのものからあいまいさを減らし、セラピスト自身があいまいさへの耐性と安心感を高めることが目標となります。あいまいさや、存在と不在のパラドックスに専門家が安心感を持つことこそが、クライアントが最終的に喪失や変化を受け入れるための空間を提供するのです。

　まず私たちは、セラピールームでの自分自身の不在をよく考えてみなくてはなりません。私たちが様々な重圧や心配事で頭が一杯になっている時、または疲労しきっている時、セラピーのプロセスで起こりうるあいまいな喪失を自分自身で認めなくてはなりません。もちろん、クライアントが、積極的に参加して話すことをためらったり、完全に拒否したりすることはよくありますが、その場合はクライアントがセラピー・プロセスに部分的にしか存在していないということになります。しかし、これは、消耗していたり燃え尽きたりしてしまったセラピスト、聖職者、そして医療の専門家にも起こりうることです。

　セラピーを受ける側の人々からすれば、私たちがセラピー中に郵便物を開いたり、電話に出たり、うとうとしたり、また、私的な問題や自分自身の力不足に心を奪われている時、私たちは心理的に不在です。そうしたことがすべて実際にあるのを、私は自分の目で見てきていますし、自分自身でも多少経験してきました。セラピーのセッションで、私たちが心理的に不在であることは、容認されることではありません。

　私たちは、どのような時にも、セラピーで関わる方々に対して完全に向きあっている存在であることを最優先にすべきです。クライアントが既に、あ

いまいな喪失のトラウマに苦しんでいる時には特に、私たちの完全な存在が必須となります。セラピーのプロセスで、いかなるあいまいさをも最小限にとどめることが、既に過剰なほどのあいまいさに苦悩してきた人々の治療には極めて重要です。クライアントの人生のあいまいな喪失が、セラピストの存在のあいまいさと相重なると、緊張感が更に高まり、セラピー・プロセスへのクライアントの信用を損ない、結局、専門家の効力感が減じることになります。

　あいまいな喪失によるトラウマは、私たちの仕事のあり方を本質的に問いただします。私たちは、クライアントが終結に至れないのを、自分自身の失敗と見るかもしれません。結局のところ、私たちは痛みを取り除く訓練を受けているわけですから、苦しみを和らげられないことを、自分自身の能力不足と考えるかもしれません。しかし、あいまいな喪失の目標は、人々が、苦悩と共により良く生きられるようにすることです。それは、おそらくこれからの一生を、苦悩と共に生きられるようにすることなのです。これは、私たちが受けてきた臨床訓練にはほとんどなかったことです。ですから、この類のセラピーの仕事をするなかで、私たちが時にくじけるのも無理のないことなのです[1]。

　9.11テロ後、私は、多くのセラピストや医療の専門家がひどく士気喪失してしまうのを見ました。医師や看護師が患者を待つなか、多くのストレッチャーは不気味なほど空っぽなままでした。3千人近くの人々がその恐ろしい日に消えたのです。すべての人（専門家を含む）には、愛する人が行方不明である知り合いがいました。9.11テロ後の短い期間に私が会ったニューヨークの数百人のセラピストは、援助をしたいと思っても、自分が役に立たないと感じていたと言います。彼らはベテランで、古典的な悲嘆やトラウマ治療のセラピーの高い技能を有するセラピストたちです。しかし、彼らが普段行っているセラピーの方法では、あれだけ多くの友人、隣人、同僚、そして愛する人々が完全に消えてしまった[2]空前の状況ではうまくいかなかったのです。

　私は、それほど強烈ではないものの、同じような絶望を、脳損傷や慢性疾患の人々やその家族と関わるセラピスト、そして専門家に見てきました。そ

の場合、愛する人々の身体ではなく心が行方不明であり、しかしながらその影響は同様に悲惨でトラウマとなります。また、心理的に反応ができない患者さんに関わる専門的な仕事においても、臨床家や家族が孤立感や絶望感を抱くことがあります。

　あいまいさには、私たちを混乱させ、動けなくさせる力があり、その力に目を向けなければ、誰もが自分自身を無力だと感じてしまいます。もしも私たちが、伝統的な仕事の仕方や伝統的なアセスメント、介入の仕方の枠内にとどまっていると、クライアントと周囲との関係という文脈に存在し、状況によって変わるような症状の源を見逃すかもしれません。私たちは、医学的症状や、嘆き悲しみやアイデンティティーの再構築が直線的な段階をたどる（そして終結に至ることを目的とする）ということにばかり焦点を当てるのではなく、協働的で弁証法的なセラピーのプロセスに参加しなければなりません。私たちは、クライアントが経験している苦悩が確かにあるという証人でなければならないのです——なぜなら、他に誰もそれができる人がいないかもしれないからです。だから、ことさらにそうする必要があるのです。クライアントが病気と偽っていると見なすのではなく、私たちには分からないのだという立場で彼らと共にいるのです。私たち自身も、こうした類の喪失について、答えを持っているわけではないのです。

　分からないということを受け入れながらも、セラピストや専門家はやはり、あいまいさによってトラウマを受けた人々に対して行っている私たちの仕事が、だいたいは役立っているという希望を持つことが必要です。そのために、あいまいな喪失があるとしても、変化し、レジリエンスを保つことができるという人間の能力に対して楽観的な視点で注目します。この能力は私たちセラピストも持っているものです。

1　出発地点

　あいまいな喪失の理論は、セラピーの仕事に従事する専門家に、その専門分野やトレーニングが何であれ、新たな様式をもたらします。それと同時

に、自分自身のあいまいな喪失を理解するための手引きにもなります。これが、セルフ・ケアと呼ばれるのか、セラピスト自身の自己への取り組みと呼ばれるのかはともかく、このセラピーを行ううえで自分自身のレジリエンスを高め、私たち自身があいまいさと共により安心感をもっていられる力をつける、極めて重要な出発地点です。このプロセスを始めるために、私たち一人ひとりが、年齢やトレーニング歴にかかわらず、信頼できる専門家の同僚一人か二人に、一カ月に一度程度、定期的に会い、お互いのトラウマ的であいまいな喪失の話を丁寧に、一方的に判断せずに聴き合うことをお勧めします。その方がよければ、自分自身のためのセラピストを探しましょう。患者さんの話と同様、あなたの話には聞くに堪えないほど恐ろしいものがあるかもしれません。けれども、共感して聴くことが専門家として（たとえ同僚であっても）の仕事なのです。あいまいな喪失の痛ましい話を聴くということが証人となることであり、証人となることが、新しい意味と希望の源泉となる人間としての繋がりを確立する始まりなのです。

臨床家のための核心となる質問

　専門家としてのレジリエンスがトレーニングの目標である場合、技術の熟練だけでは十分でないことが明らかになります。他の人をアセスメントする技術に長けていても不十分です。むしろ私たちは、内省し、自分自身についての知識を深めなければなりません。あいまいな喪失を経験している人々と実際のセラピーの仕事をする前に、専門家が自己に取り組む手引きとして、一連の核心となる質問が役に立つことが証明されています。私はこれらの質問を、自分自身の学びのためと、世界各地で私が開くワークショップに参加するセラピストたちとの話し合いに用いてきました。これらのセラピストは、多種多様のあいまいな喪失によるトラウマ治療にあたり、自らの能力とレジリエンスを高めようと求めていました。

　以下の質問は、あなたが一人で自分自身に問いかけてもよいのですが、一人か二人の同僚と共に、このプロセスを進めるとより効果的です。

- あなたの心の家族にはどんな人がいますか？
- どのようなあいまいな喪失を経験しましたか？
- どのようなタイプのあいまいな喪失ですか？　身体的？　心理的？それとも両方でしょうか？
- その時、それはあなたにとってどのような意味がありましたか。今はどういう意味がありますか？

　このような核心となる質問を定期的に検討しなくては、私たち自身のレジリエンスは危機的な状態になるかもしれません。なぜなら私たちが、私たち自身のトラウマもしくはあいまいな喪失をうまく避けてきたとは考えにくいからです。この仕事をするために、私たち一人ひとりが、自分自身の希望（捨てたものも更新したものも）と意味（否定的なものも肯定的なものも）に気づいている必要があります。私たちには、苦しみを癒やすことは、いつも必ずできる訳ではないという事実を受け入れる謙虚さが必要です。専門家として和らげることができなかった痛みをめぐって起こる不快感は、時には自分自身の原家族や元々の文化背景に原因があることがあります。実際、子どもの頃にトラウマや喪失がある状況で育ち、そのなかで社会の規範や価値観を学んできたことが、援助を専門とする仕事を選ぶ理由になっていることがよくあります。人々の気持ちが楽になるのを援助したいと望んでこの仕事を選択したのかもしれませんが、それがうまくできないと、自分が役に立たず無力だと感じるのです。

　伝統的に、私たちが受けるトレーニングは、物事を支配し、修復し、うまく対処や管理をし、癒やすということです。しかし、これらの目標は、あいまいな喪失では達成できないのです。たとえば、専門家としてのどんな技能をもってしても、アルツハイマー病による喪失、あるいは、噴火や地震によって愛する人が消えてしまったことについて明確に説明することはできません。私たち専門家が、苦しむ人に終結や解決をもたらせないにもかかわらず、喪失がいつまでもあいまいであり続ける時、どのように慰めを見出せるのでしょうか。その答えは、私たち自身のあいまいな喪失という現象への理解と、分からないでいることへの耐性にあります。また、その答えは、自分

自身をコントロールできない状態をトラウマにしないように回避するというレジリエンスのなかにもあります。

レジリエンスのために自分自身について学ぶこと

　家族療法家の先駆者であるマレー・ボーエン[3]（Murray Bowen, 1978）の理論的考えの上に立つと、トラウマ的であいまいな喪失に関わるセラピストは、自身が望む以上のところにクライアントを連れていくことはできません。私たちは、喪失やあいまいさ、トラウマ、ストレス、そしてレジリエンスの繋がりについて、自分自身の理解を超えてクライアントが理解すると期待することはできません。もし私たちセラピストが、第一に支配やコントロールを志向しているとしたら、私たちのクライアントである人々は、あいまいさに耐えることをあまりしないでしょう。

私自身を振り返って思うこと

　自分自身を振り返り、見つめるプロセスは、スーパーヴィジョンやコンサルテーション、ピア・グループでのフィードバック、あるいはクライアント家族とのやりとり（Andersen, 1991; Haber, 1990; Rober, 1999; Rolland, 2004; Sluzki, 2004; Whitaker, 1989）など、様々な場で起こるでしょう[*1]。あいまいな喪失の個人的経験を見つめることは、これらのどの場であっても起こるのです。

　私が自分自身のあいまいな喪失について洞察するようになったのは、ウィスコンシン大学マディソン校で家族療法のトレーニングを受けている時でした。新しい情報を習得し、他の人々を専門的な視点で観察していると、突然、私自身のことがより明確に見えたのです。実は、これは、本書のなかで既にお話しした事例です。ペッグというのが私のニックネームでした。

　私は、高校生の時から交際していた人と19歳で結婚しましたが、彼は転職して実業界に入ってからアルコール依存症になりました。1950年代の良妻として、私はそれを誰にも気づかれないように、波風を立てないことで対処しようとしました。結婚を破綻させたくなかったので、援助を求めてアラ

ノンに行きました。「彼が飲むことに注意を向けないこと」と言われ、勉強することで乗り切ろうと決めました。大学に入り直し、博士号に向かって進むのが、私の「対処の道」だったのです。

　私が気づいたことは、結婚していた相手が心理的に不在だったということでした。私たちの家族は、両親である自分たちがそろって子どもと一緒に同じ家で暮らしていましたが、彼は本当の意味ではほとんど存在していませんでした。そのうえ私は博士論文で、父親の心理的不在について書いていたのです。しかし私は、自分が対処法としているそうしたすべての仕事が、あまり役に立っていないことに気づき始めました。数々の心身症状が現れ、健康状態が不安定になりました。大学の授業で、第一次変化と第二次変化について講義をしながら、そこに自分自身の課題を見たのです。第二次変化が必要なのは、自分自身だということをです。どんどん積み上がっていく本のなかに自分を埋没させたり、夫に治療に行くように頼み続けたりする代わりに、同僚のセラピストのアドバイスに従って、ミネソタのセンターシティで行われた一週間のヘーゼルデン・ファミリー・プログラム（Hazelden Family Program）に一人で参加したのです。

　そこで初めて、私は嗜癖のこと、それが夫婦の力動や家族関係に及ぼす影響力、そして私自身がどのようにその現状を維持する役割を果たしていたかについて学んだのです。私は、専門家としてその一週間のプログラムで学ぶこともできたのですが、一人の患者として自分自身をそこに参加させたのです。訓練を受けたセラピストとして、また私は、大学教員としての専門性を手放し、単に一人の人間として家族プログラムに自分の身を投じる必要があることをどこかで分かっていました。それは私にとって、新しい対処の仕方の始まりでした。過敏な反応性を減らし、受容と支配のバランスをよりよく取るという意味で、それはレジリエンスについてだったのです。悲しいことに、当時の夫は飲酒を止めませんでした。そのことは私に、コントロールできないことがあるということを謙虚に気づかせたのです。

　私が学んだことは、嗜癖という問題を支配しようという長年の努力は、絶望にしか行きつかなかったということでした。非常に悲しいことに、私は、訓練を受けたセラピストでさえそうなのだということを受け入れなければな

らなかったのです。変えられるのは自分自身しかないのです。私の心身症状はその時までに驚くほどの速さで増えていきました。ぎっくり腰で歩けなくなり、入院が必要なこともしばしばでした。病気で仕事ができないことも度重なりました。子どもたちにとっては、今や、親が二人とも機能不全となってしまったのです。どうすべきか私には分かっていましたが、それは私の信念や価値観からすると容易なことではありませんでした。そして私は法的に別れることを申し立てました。実際には、それより前からずっと私は一人だったのです。しかし別れて、本当に一人になることは、結婚していながら一人でいるほど辛くはありませんでした。

　私は、これまで自分自身が身につけてきた適応状態を変えるのであれば、セラピーが必要だと考えるに至りました。機能不全に自分が果たした役割に向き合う必要があったのです。私は、自分の教授であるカール・ウィタカー先生に、夫婦和解の最後の試みとして夫と自分のセラピーをお願いできるかと尋ねると、先生は引き受けてくださいました。先生は、それまでにも研修生やトレーニングを受けている学生をその伴侶と共にセラピーされていたのです。ところが、あくる日の電話で、先生は私たち夫婦のセラピーはできないと言うのです。これは私が女性だからだという性差別だと思い、怒りを覚えました。実際その当時、精神医学の教授はレジデントのセラピーをしていて、その頃のレジデントのほとんどが男性だったのです。私はカールに抗議しましたが、その決断は変わりませんでした。「君のセラピーはできないよ。まるで自分の家族のセラピーをするようなことになるだろうから」。後に私は、彼がセラピーを拒否したことが、自分にとっての大きな転機となったことが分かりました。私は、父親のような存在に癒やされるのではなく、自分で自身を癒やす必要があったのです。私は、カールよりもかなり年下ですが、知識も技能もある別のセラピストの援助で多くの実りを得て、「お父さん」なしでやり遂げたことを自覚したのです。私は、自分で自分の道を見つけることをいつも誇りに思っていました。その自覚があることで、私がシングルマザーとして、比較的新参の専門家として、これから先何カ月も何年にもわたって多くの難しい決断をするための新たな力とレジリエンスが得られたのです。

エピローグ――セラピスト自身について

　私は、この賢明な助言者が、自分自身の問題の戦いに送り出してくれた瞬間に、一人の人間としても専門家としても成長したのです。カールと私はその後も同僚であり、あいまいな喪失についての私の最初の本（Boss, 1999）に、序文を書くことに同意してくれました。悲しいことに、私がその本を書き終える前に、彼は脳卒中の発作に見舞われました。そして彼もまた、あいまいな形で失われてしまいました。私はこのすばらしい先生であり助言者である彼に、亡くなる数カ月前に会い、それが最後になりました。1994年の秋、私はカール・ウィタカーに、その教えのすべてに感謝するために、セント・ポールからミルウォーキーへのほろ苦い旅路を一人運転していったのでした[4]。

　私の家族はどうなったのでしょうか。夫と私は離婚し、その後それぞれ再婚しました。けれども、特別な行事などはまだ共にしています。ウィタカーがある講義のなかで、離婚などというのはあり得ないと言ったことに私は立腹しましたが、今私は、彼が何を言いたかったのかが分かります。終結ということは決してないのです。離婚や再婚によって、境界や役割、アイデンティティーは移り変わりますが、私たちは皆、子どもや孫、昔からの友人を通して繋がっているのです。親しい関係を完全に断つことは決してないけれども、変化は必要です。うまくいけば自分個人、そして関係性の建て直しが起こり、レジリエンスと健康を作る可能性がより高くなるのです。

支配するという専門職の文化

　専門職の文化では、コントロールすることが、臨床的介入に暗黙のうちに必要とされる特質です。なかなかコントロールできない問題があると、不快な気持ちが生じます。悲しいことに、これはよくあることなのです。人々の具合がよくならない、私たちと同じように状況を見てくれない、私たちが指示したようにやってくれない、従わない。その場合、コントロールしたいという私たちの欲求を和らげることが重要な課題となり、それには自己について学び、自分を見つめ、成長させることが必要です。技術だけでは決して十分ではありません。私たちは、結局、何らかの未解決な喪失の息子であり娘

なのです。多くのセラピストが今日、離婚や養子縁組、不妊、前夫（前妻）の子どもへの親役割、里子の世話、ひとり親家庭、移住、移民、性志向の違いによる家族との断絶を、個人的に経験しています。自分自身の未解決の喪失に好奇心を持ち、自身への理解を深めるために、セラピーやコンサルテーション、スーパーヴィジョン、またはピア・グループへの参加を求めることは強いセラピストであるという表われなのです。

2　あいまいさや喪失とともに自分自身の安心感を高めること

　専門家は、あいまいな喪失の理論を、専門家としてのセラピーだけでなく自分自身のセラピーのための案内役として用いることができます。私たちはセラピーを行ううえで、そのプロセスにあいまいさを更に上乗せしないようにするには、自分自身のことと自分のあいまいな喪失を知っていなければなりません。クライアントが自分の未解決な喪失の話をしたり、意味付けや、支配すること、アイデンティティー、両価性、愛着、そして希望についての問題を明らかにしたりする時、私たちが完全に全身全霊でそこに在り、共感的でいるためには、自分自身の抱える問題に気づいていなければならないのです。

　この個人的なプロセスを、私たちはどのように始めたらよいのでしょう？

　私のワークショップでは、それぞれの専門家が、誰にも見られないなかで、自分自身の心の家族を紙に描くことから始めます。次に、できれば2～3人で、それぞれが先ほど挙げた核心となる質問に取り組みます。専門家が自身の経験を、身体的喪失と心理的喪失の類型に位置づけ、トラウマ的だったと記憶している喪失について話します。このプロセスで、人々はたいてい、個人の、そして家族としてのレジリエンスの物語を共有します。このように積極的に実証することの証拠が、エネルギーを与え、希望をもたらすのです。より深い取り組みを求める方や、自身の状況について挫折感や絶望感を持っている方は、喪失が最近のことであっても何世代も前のことであっても、セラピーを受けることをお勧めします。

エピローグ──セラピスト自身について

　ここでは、ワークショップの参加者というより、一冊の本の読者の一人として、このプロセスを一人で始め、自分を見つめ、その後で2～3人の信頼する仲間との小さなグループに移行することを勧めます。後述する自己学習のための質問が、前述の核心となる質問を進展させ、第4章～第9章で展開した臨床的指針と共鳴することに気づくでしょう。あいまいな喪失というトラウマに苦しむクライアントにとって援助となることは、セラピスト、医療の専門家、ソーシャルワーカー、聖職者、その他の専門家自身にとっても援助になるからなのです。

　それが明らかな喪失であっても、あいまいなものであっても、私たちは誰もが喪失に苦しみます。しかし本書の考えを私たちが自分自身に適用する場合は、クライアントに対する場合とは異なる方法をとるかもしれません。重要なことは、私たちが自分自身の体験を見つめることです。トレーニングを受けている学生にとっても、経験のあるセラピストにとっても、後述する質問、練習、そして考え方は、自分を見つめるプロセスを刺激するためのものです。一つの答えに到達することよりも、プロセス自体が大切であることを念頭に置いてください。究極の解答というのはないのですから。

あなたの心の家族には誰がいるのか

　自分の心の家族に誰がいるのかを知るために、一枚の白紙に、あなたが認識している家族の境界を示す円を点線で描くことを勧めます。誰がその境界線の中にいて、誰が外にいるのか、そして誰が絶えず行き来しているのかを示してください。もしこれを、自分の連れ合いや家族と行う場合は、その人たちが異なる心の家族を描くかもしれないことを知っておいてください。誰が内にいて、誰が外にいるのか、異なる認識を知るためにお互いに描いたものを見せ合ってください。しかし、そのように明らかにすることで、結果的に害が生じるかもしれない場合には、それぞれ秘密にしてください。「誰が家族であるか」の認識が異なることは正常なことです。こうした違いを知ることで、あなた自身のパートナーや家族とあなたの間の力動をどのように改善していくかについての洞察が得られます。そしてそのことは、今日あなた

が出会う、次第に複雑になっていくケースにも当てはまることなのです。

なぜこれをすることが重要なのでしょう？ セラピーのプロセスには、その部屋に一緒にいるセラピストとクライアントに加え、それぞれの心に心理的に存在する人々が関わっているのです。数十年前に書かれた、メンデルソーンとファーバー（Mendelsohn & Ferber, 1972）の言葉は、セラピストでありスーパーヴァイザーである私にとって、今も有効です。

> 家族療法は、個人セラピーと比べてより生き生きとして臨場性も高いことから、セラピストに自分自身の原家族、あるいは生まれた家についての反応を誘発する。私たちは、これを「未分析の逆転移現象」とは見なさない。むしろ、これは不可避で自然なプロセスであり、セラピストがその職業人生を通して直面することである。スーパーヴァイザーの仕事は、セラピストが自分の家族の問題を「解決」するのを援助するのではなく、セラピールームに自身の家族がひそかに存在することに気づき、対処するよう教えることである。(p. 441)

実際、私たちは、自分がどれほど自分自身の心の家族やあいまいな喪失の影響を受けているかに気づくようになればなるほど、あいまいな喪失を持つ人々により良い援助をすることができます。更に、そのプロセスにより、逆転移の発生や、ジョルダン（Jordan, K.）の言う死角（blind spot）、偏見、「クライアントとの過剰な同一視（over identification with the client）」(2003, p. 43) を最小限に抑えることができます。クライアントに対する私たちの反応をどう呼ぶかに関わらず、あいまいな喪失に苦しむ人々との仕事において、自分自身と自分の反応を理解することは私たちの責任です。自分の家族が誰かを知り、解決できない喪失をめぐる自分自身の経験を知ることが役に立つのです。こうして私たちは、あいまいさの痛みに対する自身の脆弱さや脆さをはっきりと自分自身のものとし、それによってクライアントへの共感の高まりを発見するのです。クライアントとセラピストのヒエラルキーはより平坦になります。

セラピストが、自分の私的な心の家族の存在に注意を向けることにより、

エピローグ——セラピスト自身について

専門家としての仕事にもそれが存在することに油断なく注意を払う手助けとなります。最近、夫がこう言いました。「君が今日言ったことを、僕の母が聞いていたらなと思ったよ。きっと母は君に同感しただろうからね」。彼の母親は亡くなって久しいのですが、その瞬間、彼の心の中で私は彼女と一緒になったのです。彼が私たちを結びつけてくれたことを嬉しく思いました。なぜなら、私には彼女に会うことも、彼女の家の食卓に義理の娘として座る機会も決してなかったからです。夫のその言葉で、私は、亡くなってしまったために彼の心の目を除いては決して出会うことができなかった彼の家族のなかに入れてもらったような気持ちになりました。

あいまいさに対してどの程度安定していられるか

　セラピストの多くは、あいまいな喪失を生き延びている人々に対して忍耐力を持てなくなりますが、それはセラピスト自身があいまいさに耐えがたいからでしょう。彼らは確実さを必要としているのです。しかし、苦しんでいる人々にとっては、忍耐強く、判断しないで話を聴いてくれる人がいることが大切です。実際、彼らの話は、聞くに堪えないほど恐ろしいことが多いのですが、共感を持って聴くことが私たちの仕事なのです。お分かりのように、一人の人の喪失の物語は、誰かがそれを聴こうとしなければ、社会的な意味では現実にならないのです。そしてその誰かというのは、多くの場合、私たちなのです。

　あいまいさへの自分の耐性を定期的に確認するために、私はカール・ウィタカーの知恵を借ります。それは、子ども、孫、または、これに付き合ってくれそうな大人（だいたいは私の夫ですが）の一人と車に乗り、わざと道に迷うのです。そして自分たちがどこにいるのか分からないミステリーを楽しむのです。もちろん、最終的には、家への帰路を見つけなくてはならないのですが、その時までは決して地図に頼らず、道々をさまよう自分たちを笑いながら行くのです。知らないでいる経験が楽しさと連合し、後に現実の人生に表われた時の恐ろしさが減じるのです。あいまいさへの安定感は、人生航路のなかで波のように満ち引きしますが、浮標が必要となることが多いのです。

これは、その安定感を高める遊び心のある練習の一例です。

自分のストレスにどのように対処しているか

　ストレスの研究者たちによれば、最もストレスの高い出来事には、愛する人を死によって亡くしたり（たとえば、配偶者の死、離婚、誘拐、投獄）、亡くす恐れがあったりする状況であると言われています。その次に強いストレスとなるのは、自分の健康を失うこと、収入を失くすこと、そして家を失くすことです（Hobfoll & Spielberger, 1992）。

　こうした種類の喪失に苦しむ人々と専門家として仕事をする際、または自分自身がそうした経験をした時に何が役に立つでしょうか。その答えは、私たち一人ひとりによって様々です。一般的には、私たちの気力とエネルギーを再充電するような活動を見つけることが必要です。私生活では、エネルギーを絞り取るような人ではなく、取り戻してくれるような人々と関わる必要があります。活動的になって、私たちの魂を新たにしてくれる場所を訪ねることが必要です。それは、人々が集まる社交的な場に行くことであったり、静かな場所にひっそりと向かうことであったり、人それぞれに異なるでしょう。それがどこであっても、仕事よりはるかに情熱を感じられることであるべきです（トレーニングを受けている学生さんは、必ずこの考えに驚きますが、私の経験では、仕事以外に情熱を感じることは、専門家としてのレジリエンスを維持するために必要不可欠です）。

　私個人は、自分の家族と芸術に情熱を持っています。たいていの場合、あいまいな喪失の仕事から来るストレスは、愛する人たちと繋がりを感じたり、孫たちのかわいい顔をのぞきこんだりすることで解消しています。しかし、この種のトラウマの仕事を長時間することで疲弊している時には、ロッキー山脈に静養に行き、ただただ静けさに聴きいります。厳しい道を歩く真剣なハイカーとは違い、私は、山頂からかなり下ったエステス・パークの周辺で、易しい道を歩いて高台を抜けて谷へととりとめもなく進むのです。私がするのは、あてもなく彷徨うことなのです。初期の頃の女性冒険家の言葉に「すべての谷は謎に終わる」（バード〈Bird〉1960, p.106）とあります。私に

は、楽しい謎とあいまいさに熱中することが、トラウマ的な謎とあいまいさへの取り組みに役立つのです。

自分自身のレジリエンスと健康状態をどのように強化しているか

　私たちは、愛する人を失くした後の、人間の気力（spirit）と人々のレジリエンスを目にすることから、この仕事を続けるエネルギーを得て支えられています。クライアントにとって、レジリエンスと健康に繋がる決定的な変数が、人間の絆であると分かっていても、私たちは時として自分自身のためにはそれを忘れてしまいます。主に人との関わりのなかで、人は個人としても専門家としても、意味や新たな希望を見出すのです。私たちは、意味ある社会的な絆の時間を削ってまで、毎日を仕事で埋めるべきではありません。また、コンサルテーションやスーパーヴィジョン、生涯教育で他の専門家と繋がりを持ち、専門家として燃え尽きてしまったり疲弊したりするのを防ぐことも必要です。私はウィタカーが「寄り添うグループ」と呼んだ集まりを絶やさず続けてきました。二～三人の専門家仲間と私的な場所で定期的に会い、事例についてや倫理的なジレンマ、専門的な問題や新しい研究の情報について話し合うのです。このようなグループは、セラピストが専門家としての繋がりのなかにいることで、レジリエンスと健康を維持するのに役立ちます。もちろん、個人的な繋がりもまた必要です。

どのようにして意味を見出しているか

　癒やしのために神を信仰すること、治癒を求めて科学を信じること、または、障壁や病気を乗り越えるために自分自身を信じること、そのどれであっても、専門家は、あいまいな喪失に与えられた意味を省みる必要があります。私にとっての意味は、宗教と科学の間にあります。私は宗教と科学が相入れないものとは見ていないのです。カルバン派の自由な意志と信仰を持ち、私が期待することは、社会的な行動、勤勉、そして個人の責任です。意味と行動は連結していて、意味が行動への動機づけとなります。私のセラ

ピーの実践において、意味は、私個人の持つ意味とは様々に異なっています。多様な信念と関わる耐性と能力があると、あいまいな喪失による個人や家族のトラウマへのセラピーは、クライアントの信念とセラピストの信念の間の合致（または不一致）の如何にかかわらずうまくいくでしょう。トレーニングの場合も同じです。セラピストは特定の宗派の信仰や教義について話題にする必要はありません。私たちのなかでそのような訓練を受けている人は少ないのです。私たちはむしろ、肯定的な人間の絆について、様々な文化的な価値観や宗教的な信念に共通する、より一般的な意味に注目すべきなのです。

どのように支配感を調節するか

　臨床家は、支配しコントロールしなければという自分自身の欲求について、より深く見つめる必要があります。問題の解決を迫られているので、私たちの多くは、あいまいな喪失後にあまりに長く希望を持ってとどまる人々にもどかしさを感じます。私たちはそれが不可能である時でさえも終結を渇望しているのです。むしろ私たちは、解決が無理な状況に耐え、それが病的であるとか自分たちの失敗であると見なさないようにならなければなりません。コントロールを最も必要としている人ほど、喪失や死に内在するあいまいさに耐えることが最も難しくなるかもしれません。問題を支配することが非常に重んじられ、それが当然であるとさえ思われている文化のなかで、私たち専門家は、あいまいな喪失がある時には特に、レジリエンスを保つためにその優勢な信念に逆らわなければなりません。

自分自身が個人的にあいまいな喪失を経験した後、どのように自分のアイデンティティーを再建するのか

　あいまいな喪失があると、あいまいさが変化のプロセスを妨げるため、アイデンティティーの再建が難しくなります。私たちも、レジリエンスを保ち未解決の喪失からくる症状を防ぐために、自分のアイデンティティーを見直

さなくてはなりません。仕事の場でも家でも、私たちは他の人々との象徴的な相互作用から自分のアイデンティティーを得ています。個人としても、専門家としても、私たちが他の人々から引き出した言語的、象徴的、そして情緒的な反応から手がかりを受け取っているのです。こうした他者との相互作用に基づいて、私たちは徐々に、自分が何者であり、家や職場での自分の役割は何かを再建します。自分が生活し仕事をしている大きな地域社会が、アイデンティティーの形成に役立っていることが分かります。差別されたり汚名を着せられたりすることがあると、その影響は有毒で、レジリエンスにとっての試練となります。多様性に不寛容であることはまた、あいまいなことへの耐性の低さを示すようにも思われます。どのようなあいまいな喪失があっても、より大きな地域社会はあいまいさや多様性に寛容であり、私たちは、それぞれが個人的にも専門家としても自分が誰であるかを偏見なく再構築できるようになっていることが理想的です。

両価性と罪悪感にどのように対処しているか

専門家としての私たちもまた、あいまいな喪失に続く両価的な感情に傷つきやすい存在です。その感情に気づいて最小限にとどめることが私たちの務めです。私たちが両価性や罪悪感に対処するためには、コンサルテーション、スーパーヴィジョン、あるいはセラピーが必要です。専門家にとって、自分の両価的な感情の暗い側面を見ることは、クライアントと同じように難しいことかもしれません。しかし、私たちも人間です。私たちは共感的で、忍耐強く、思いやりを持っているよう期待されていますが、時にはクライアントに怒りを感じることもあります。解決のない状況にトラウマを受けて犠牲になっている人々と仕事をすることが、専門家にとって非常に骨が折れることであるという事実を、私たちはもっと話し合う必要があるのです。解決のない状況は延々と続くので、私たちは、終結に抵抗するクライアントに対して苛立ちを覚え、好意を持てない気持ちになるかもしれません。それは珍しいことではなく、ただ私たちはそれについて他の専門家とより多く話し合うことが必要なのです。私たちそれぞれが、あいまいな喪失のセラピーをし

ながら、自分自身の両価性に気づく必要があるのです。

どのように愛着を見直しているのか

　あなたが忙しい専門家であっても、自分自身の親しい人々の世話をしたり、家族の境界や役割、ルールを守ったり、ふだんの生活儀式として行われるような祝い事のための時間を取っているでしょうか。あなたは、喪失を経験したとしても、たとえそれがあいまいな喪失であっても明らかな喪失であっても、人々と意味ある関係性を持って繋がり続けていられますか。私たちには、一緒に笑ったり泣いたりする専門家の仲間やよい友人が必要です。以前、それほど前のことではないのですが、私の同僚の一人が、危篤で病床にある弟のところへと飛行機で大陸を一直線に横断していった時のことを思い出します。彼女は資格を持った家族療法家であり、ソーシャルワーカーで、オジブワ族の長老の一人でした。これは、若い女性としてはすばらしく名誉なことです。彼女の弟が「魂の世界」に旅立つのを見送るために、家族親族がすべて一堂に会したのです。時を同じくして、私の夫が病気で命を危ぶまれていました。彼女は電子メールを使い、けれども彼女の文化に合った方法で、同僚である私を慰める返答をしたのです。「あなたのご主人を私の祈りに入れて」と彼女は書きました。「ここから彼のためにパイプ煙草を吸います」(M. Gordon、私信、2002 年 10 月 6 日) と。お互いそれぞれのスピリチュアルな方法に深い敬意の気持ちを持ちながら、私たちは、愛する人が半分はここに在り、半分はいなくなってしまった不安な日々にお互いを励まし合ったのです。二人のセラピストが、それぞれ愛着を見直さなくてはならない可能性にもがき苦しみながらも、その緊張の時をお互いに繋がることで強くなっていました。

どうやって希望を持ち続けるのか

　専門家としての私たちの希望は、私たちが専門的に関わる人々のために意味を見出す能力にあります。しかし、私たち自身の家庭に存在するあいまい

な喪失に希望を見出すためには、私たちもまた意味を見つけ出さなくてはなりません。弁証法的なプロセスや、パラドックスを受容することを通して、私たちは支配することを再定義し、両価性を正常と見なし、アイデンティティーを再建し、愛着を見直し、新たな希望を発見することで、(クライアントがするのと全く同様に) レジリエンスを見出すのです。こうして、私たちは答えのない疑問を持ちながらも前に進むことができるのです。自分自身の人生や、私たちが専門家として関わる人々の絶望のなかに希望を発見するために、私たちはあいまいさと和解しなくてはならないのです。

3 まとめ

　癒やすという職業において、状況を良くするための明確な診断や処方がない時、私たちの多くは無力を感じます。私たちは、単に立ち会って証言するためではなく、治療するための訓練を受けているのです。しかし、私たちは立ち会って証言しなければならないのです。あいまいな喪失のセラピーという仕事をするには特にその必要があるのです。

　優れた専門家であるためには、常にすべての答えを持っていなければならないという (敢えて言えば) 傲慢さを手放すためには、私たち臨床家は自分自身の外にある何かを信じなくてはなりません。自分自身があいまいさを楽な気持ちで受け入れることができなければ、他の人々のあいまいな喪失によるトラウマを和らげることはできません。逆説的ですが、本当のところを知らないまま生きていけると知っていることが、私たちがあいまいな喪失の治療で効果を上げるのに必要なレジリエンスをもたらしてくれるのです。

　今日のセラピストには、外からの計り知れないほどのプレッシャーがかかっています。「セラピストの自己」のためにしっかりと注目する時間がある人はほとんどいないでしょう。専門家にかかるプレッシャーを楽にするよりもむしろ、サービス提供者の要求に応える技術や方略が強調されています。家族にもまた、莫大なプレッシャーがのしかかっています。認知症、トラウマ、被害者、末期の病気、戦傷に苦しむ人に、その家族が事実上のケ

ア・マネージャーとなっているのです。愛する人が、部分的に存在し、部分的に不在である時、その世話をするのは、家族にとって困惑を招く仕事であり過酷な務めです。あいまいな喪失を理解し、それが家族や専門家との関係に与える影響を理解することが非常に重要です。クライアントにとって、セラピストと同様に、不確実さのなかでも健康とレジリエンスを持つことが目標になります。レジリエンスは、疑心やあいまいさへの耐性から成長するものであり、絶対に確実なものを頑なに固守することから成長するのではないのです。

　あいまいな喪失は今や、戦争やテロリズムによって世の中にあふれています。その一方で、技術の発展により、命を延ばすことも創ることも可能になりました。命の始まりと終わりが混乱してくるに従い、人間の存在や不在がますます不明瞭になります。現代の技術は、喪失を明らかにすることもできますが、人々にトラウマを与えることもできます。それによってセラピストの仕事が圧迫されるかもしれません。それだけ多くの外的な要因がセラピーへの衝撃となり、多くの制約がセラピストを縛り、深刻な心身の病気へのケア・マネージャー役を家族が担うように期待され、そして家族がお互いの文化や宗教について対立する時、私たちは、いかなるあいまいさが来てもいいように自分自身を強くすることが必要不可欠です。そういうあいまいさは必ずやって来るのです。いつも必ず完璧な解決策を持っていなくても私たちには効力があると分かっていることが、私たちに力を与えるのです。それが専門家のレジリエンスの核心なのです。

　様々な専門分野にわたって、エリザベス・キューブラー＝ロス（Elisabeth Kübler-Ross, 1969）からジェームス・エイジ（James Agee, 1969）まで、私は家族内の死について彼らの本から学んできました。しかし、私があいまいな喪失について学んだのは、戦争や、アルツハイマー病、脳損傷、脳卒中などの発作、嗜癖、精神障害、集団虐殺、誘拐、地震、ハリケーン、9.11テロ、そして津波により、愛する人を失っている家族の方々との何十年もの経験や研究からです。それらの経験が私を変えたのです。まるで、受け入れられない教訓が何度も突きつけられるかのように、私は「立ち直る」というのは無理なのだという教訓を、繰り返し猛襲のように受けながら学んだのです。今私

は、不完全な解決が生む緊張感と共に歩みながら、日々の生活での喜びと情熱とでバランスをとっています。私は意図的に、不在と存在という対立する考えを持つようにしています。それは、ほとんどの人間関係は実際にその両方だと学んだからです。喪失のなかにも、よりあいまいなものとそうでないものがありますが、それでもやはり、完全な終結はないのです。

訳注
*1　家族療法では援助者が専門家としての振り返りをするだけではなく、一人の人間として自分自身が心のなかでどう反応しているのかということに気づくことの大切さを重視している。その機会はスーパーヴィジョンやコンサルテーション、ピア・グループに参加することで得られるのはもちろんであるが、クライアントやその家族との対話のなかにおいてもそのような機会をつくることの重要性が強調されている（H & I. ゴールデンバーグ 2008, p.22）。この新しいポストモダンの流れでは、専門家は自分の気持ちを超越して治療を進めるというそれまでの考え方に対して、専門家も自分の気持ちの動きに気づきながら、クライアント家族と協働でセラピーを進めるという考え方に基づいている。ボス博士は特にあいまいな喪失を体験している人々に援助するには、専門家自身が自分自身の振り返りをしながら、クライアントと対等な立場に立って進めることによる効果の大きさを強調している（私信、2014）。

謝　　辞

　本書は、ミネソタ大学のあるセント・ポール市で書き始め、ニューヨーク市のハンター大学ソーシャルワーク学部で書き終えました。そのような訳で、まず私がそのように時間を使うことについて寛大だったミネソタ大学の研究所に感謝いたします。また、ハンター大学ソーシャルワーク学部に対して、特に2004年から2005年までの一年間モーセ記念特別客員教授として、本書の完成に向けて集中することができたことに感謝します。私を招いてくださったロバート・ブラックバーン博士に感謝します。両大学の司書の方々の多大な協力に非常に助けられました。有能なアシスタントであるキャロル・ムリガン氏には、私がどこにいても、この作業のプロセスを通してテクニカルな支援を得ることができたのは本当に貴重なことでした。特にノートン社から出版するようにと招いてくださった編集者のマイケル・マクガンディ氏に感謝します。彼のサポートには今も深く謝意を表します。彼が、その編集スキルを十分に発揮して本書を構成してくれたおかげで、多分野にまたがる専門家の方々に、また一般の方々にも読みやすいものとなりました。

　そのプロセスにおいて、本書の草稿を異なった分野の同僚たちに読んでいただきました。すべて同僚からいただいたフィードバック通りにした訳ではありませんし、最終原稿の責任は私が負っておりますが、以下の方々に深く感謝しております。ロレイン・ボーリユー氏とジュディ・レベンサル氏には草稿と最終原稿をすべて読んでいただきました。ダイアン・パパリア氏、キャレン・ワンプラー氏、フロマ・ウォルシュ氏、シェリー・コリン氏、スーザン・サボァ氏、ブルノー・ヒルデンブランド氏、ドラ・シュニットマン氏、タイ・メンデンホール氏、エリザベス・ウィーリング氏、ロリ・カプ

謝　辞

ラン氏、キャロル・リッグ氏、アン・ボス・シェフル氏、ディビッド・ボス氏の各氏は原稿の一部、あるいは後期の草稿を読んでいただきました。本書の巻頭言を書くことにカルロス・スルツキー氏が同意くださったことを光栄に存じます。

　書きものをしている時、トレーニングをしている時、セラピーをしている時、あるいは災害後に被災地で支援をしている時、私はこのあいまいな喪失に関する仕事を家族のサポートなしにはできませんでした。息子デイビッドと、医学博士である娘のアン・シェフェルに、彼らが幼い時から私の研究や書きものを後押ししてもらったことは、私にとって大変幸運なことでした。二人がいつも愛とサポートを示してくれたことに対して、また彼らがすばらしい大人になり、それぞれに家族をもって親になっていることに対して感謝の思いでいっぱいです。また、アンにはコソボのプリスティナへの難しい任務に同行してもらったことに重ねて感謝します。私たち母娘にとって忘れられない体験の旅でした。デイビッドには、私がそのような任務の後、ロッキー山脈へ行って静けさと風光明媚ななかで休息をとることを教えてくれたことに感謝します。孫たちのイリン、セアラ、ヘイリー、クリストファーには、特に深刻なあいまいな喪失の仕事から戻ってきた時に、明るい顔で私を迎えてくれたこと、そして元気づけてくれたことに感謝します。孫たちの明るい存在は美しいものであり、私の解毒剤です。最後になりましたが、親愛なる夫ダッドリー・リッグに感謝します。彼は、私への愛情と、私が書きものをするプロセスへの理解を絶えず示してくれていました。彼の存在が、私の人生であいまいであったことはありませんでした。そのことに対して永遠に感謝しています。

　最後に、あいまいな喪失のトラウマについてこの仕事を続けてこられたのは、1973年以来研究のために、あるいはセラピーのために、人生の一番厳しい時に私が近づくことを許してくださった個人、夫婦、家族の方々のおかげです。みなさんから私は多くのことを学びました。ささやかながらも、本書を読まれるあなたの喪失体験を受けとめ、あなたのレジリエンスがもつ力に

尊敬の念を示すことができればと願っています。

2005 年 6 月

ニューヨーク市にて
ハンター大学ソーシャルワーク学部
モーセ記念（特別講座）教授
ポーリン・ボス

注

はじめに

1. 本章の一部は、著者がアーネスト・バージェス（Ernest Burgess）賞を受賞した際の講演「あいまいな喪失――30年間の研究、理論と臨床実践」を編集したものである。この講演は2002年11月にテキサス州ヒューストンでの全米家族関係評議会（National Council on Family Relations）の年次大会で発表された。

2. あいまいな喪失と境界のあいまいさについての研究は、家族のストレスについての元々の私の関心（Boss, 1987, 1992, 2002c; Boss & Mulligan, 2003）から発展したものであり、この研究のなかで、あいまいな喪失と境界のあいまいさの違いについて詳しく説明している。

第2章

1. 2004年の1月の時点で、ベトナム戦争期の行方不明者がいる家族の数は1,871家族にのぼる。

第3章

1. コロンビア大学の心理学者であるジョージ・ボナーノ（George Bonanno, 2004）は、極度のストレスやトラウマの後に成長する人間の能力を、私たちがどのように過小評価してきたかについて書き著した。私も同意見である。適応することが解決ではないし（Walsh, 1998）、回復することがレジリエンスを意味するのではない（Bonanno, 2004）。

2. 事例研究に出てくる人たち全員のアイデンティティーは、了承を得たうえで名前や場所を変えることによって保護している。事例のなかには複数の事例を合成しているものもある。

3. 情緒や行動、自己認知について、因果関係やコントロール感の帰属をめぐる論争があった。バルマンとウォルトマン（Bulman & Wortman, 1977）は、人が自分の行動や対処の主導権を握るには、彼らはまず自分たちが問題の原因に関与していると信じなければならないと論じた。多くの場合この考え方は実に有益である。しかし、この見解をとると被害者を危うく責めることになるという心配がある。ボス（Boss, 2002c）を参照。私は帰属と対処の関係を理解する一方、自責感のことが気がかりである。たとえば子どもが虐待されたり強姦されたり、人々が自然災害によってトラウマを受けたりする時である。人は、自分自身を責めるということよりも、むしろ時々無力感と向き合い、その無力感のなかにおいてポジティブな意味を何か見つけなければならない。たとえば、どんなに苦しくても、私はなんとかやっていくことができる、というように。

第 4 章
 1.第二次世界大戦が終わって解放された後、フランクル（Frankl）博士は（フロイト〈Freud〉とアドラー〈Adler〉に続いて）第三のウイーン学派を作った。フロイトの快楽原則（あるいはフランクルが「快楽への意志」と呼んだもの）と、（「力への意志」を重視する）アドラー心理学の双方に対置させて、意味への欲求を提唱した（1963, p.154）。フランクルの体験が、彼の実存分析やロゴ（意味）セラピーへと導いたのである（1955/1963, 1963）。
 2.夫婦や家族の相互作用を研究するうえで、二つの理論的観点が勧められる。一つはジョージ・ハーバート・ミード（George Herbert Mead）の象徴的相互作用論（symbolic interactionism, Mead & Strauss, 1956）であり、もう一つは現実の社会的構築についての現象学的分析である。後者には特に、シュッツ（Schutz, 1962, 1967, 1970）やメルロ－ポンティ（Merleau-Ponty, 1945; 英語訳, 1962）の著作がある。シェルドン・ストライカー（Sheldon Stryker, 1990）の象徴的相互作用論もまた、そうした研究と矛盾のない理論的観点である。
 3.この節の一部は "The Use of Phenomology for family Therapy research" *Research Methods in Family Therapy*, published by The Guilford Press. ©2005 The Guilford Press を改変しました。
 4.はっきりとしていることは、現象学という現象それ自体、人によって異なる意味を持っているということである。詳細な議論については、ガブリウムとホルスタイン（Gubrium & Holstein, 1993）を参照。現象学は、行為者の準拠枠（frame of reference）を重要視する社会科学における幅広い伝統に言及することがある（Psathas, 1973; Bruyn, 1966 も参照のこと）。あるいは、現象学的な哲学思想のヨーロッパの学派を意味するものとして、この用語をより限定して使う人もいる（たとえば、Schutz, 1962, 1967, 1970 を参照のこと）。現象学はまた、知のマイクロ社会学とも呼ばれてきた（Berger & Kellner, 1964; Kollock & O'Brien, 1994）。今日では、現象学の元々の意味は社会的に再構築された、あるいは全く失われてしまったと論じられることがある。
 5.フッサール（Husserl）が現象学の父なのであるが、残念なことに、フッサールの弟子であるマルティン・ハイデガー（Martin Heidegger）がその創始者として見られることがたびたびある。私がここで用いている現象学は、ハイデガーのものとはあまり合致しない。ハイデガーはフッサールを弾圧したナチス政権を支持していた。むしろ、私が用いているのは後継者たちに近いものである。ファシズムを逃れてドイツを去り、フッサールのアイデアを基盤とした学者たちである。避難して見つけた安全な地は、アメリカのプリンストン、シカゴ大学、そしてニューヨークにあるニュー・スクール・フォー・ソーシャル・リサーチ（New School for Social Research）だった。ここで、レビ＝ストロース（Levi-Strauss）、ハンナ・アーレント（Hannah Arendt）、アルフレッド・シュッツ（Alfred Schutz）は、フッサールの現象学をウェーバーの社会学とつなげた。これらの思想家たちは、ナチズムの絶対真理によって、その名を汚されることはなかった。1945 年、ハイデガーはナチスの協力者との裁きを受け、教鞭をとることを禁じられた。というのも、彼がナチスと共謀したことにより、彼の師であるフッサールを含めて、多くの同僚が強制収容所に入れられたり、亡命を余儀なくされたりしたからである（Collins, 2000; Philipse, 1998; Ree, 1999 参照のこと）。ハイデガーはナチスとの共謀を否定し続けた。しかしながら、私たちは問わなければならない。彼の行為や未行為を、「存在は行為である」という彼の哲学と分けて考えることができるだろうか。彼の哲学は本当のものなのだろうか。私としては、ハイデガーの哲学の「意味」は、彼がナチスに所属していたこと、師を守ることを拒否したということと切り離して考えることができない。

注

6．たとえば、アラスカの原住民は、スピリチュアリティーが飲酒問題や嗜癖を和らげることを見出している（Clay, 2003）。多くの人が先祖代々行われてきた方法に戻ることで、節酒できることを発見した。その方法とは、その土地に自然にある食物を食べ、森のなかで過ごし、パウワウ（訳注：pow-wow ネイティブ・アメリカンの踊りの祭り・集会）やその他の儀式に参加し、伝統的な衣装や装飾品を身につけることである。スピリチュアルなルーツへと立ち戻ることが、より健康を回復する推進力となる（Clay, 2003）。

第5章

1．レオナルド・パーリン（Leonard Pearlin）は、本書が書かれた時点では米国メリーランド大学社会学部、ストレスと健康に関する研究センターの指導的役割を担っていた。彼の研究は、社会における人々の地位的立場、それによって直面しているストレス要因と、彼らの健康とウエルビーイングとの関係性を中心に行われている。

第6章

1．エリクソンのもう一つのアイデンティティーとして、政治的な活動がある。1950年にジョセフ・マッカーシー上院議員が、大学教授陣に対し政治的な立場への忠誠を誓い署名するように要求した時、彼のアイデンティティーは挑戦を受けることになった。エリクソンは、服従を選ばずにバークリーを去り、マサチューセッツの個人開業クリニックで十年臨床と教育に取り組んだ。そのような学究活動休止の後、彼はハーバード大学に戻り十年間教鞭をとった。彼は1970年に退職した。このことは、彼にとって別のアイデンティティーへの移行となった。その後1994年にこの世を去ったのである。

第7章

1．社会学者であるベングストンら（Bengtson et al., 2002）は、両価性の理論（ambivalence theory）は、葛藤と結束の理論（conflict and solidarity theory）を相互補完する理論であるという見解である。しかし、何を基準として仮説を立てているかには相違があるかもしれない。研究者ピルマーとルッシェルー（Pillemer & Luscher, 2004）は、両価的感情は、異なる世代間の関係では普通にあることとしており、行動上の問題や個人の障害は、その両価的感情を建設的に対応できなかった結果ではないかと述べている（連帯における欠陥と見なすという考え方に対して）。

2．クリングら（Kling et al., 1997）は、家族に知的障害を持つ成人した子どもがいる時、情動焦点型対処法あるいは問題焦点型対処法のどちらを用いた方が介護者のウエルビーイング（健康）がよくなるのかを研究した。問題焦点型対処法を用いた親の方が、時間が経つにつれ、より多くの肯定的な変化を報告した。性差や性格の違いによる差も現れたが、介入の成功、不成功は、問題の種類によることが判明した。この点において、問題焦点型対処法は、環境を自分で支配できる感覚や、人生に目的を持つことにより関連していた。情動焦点型対処法は、環境が支配不能である時の健康の低下や、自己受容感の低下、そしてうつ状態により強い関連が見られた。ソイト（Thoits, 1994）は、問題焦点型で対処する人は、心理的に積極的であり、自分で自分の運命を切り開こうというタイプではないかと言っている。しかしながらクリングら（1997）は、人生における困難には、心理的に前向きだからと言って、必ずしも克服可能なものばかりではないと強く警告している。私は、大量虐殺や、津波、テロリズムの犠牲者のことを思い浮かべてみた。確かに、人生への支配感や人生に前向きであるだけでは、人生の困難を乗り越えるのに必ずしも十分でないかもしれない。しかし、どちら

331

のモデルが臨床に使われるにしても、支配感が持てることは、レジリエンスにとって大切な要素である。クリングら（1997）が行った知的障害の成人のいる家族についての研究結果では、アルツハイマー病の患者の妻たちについての研究結果によく似ている。この研究結果では、人生への支配感が低いこと（人間関係の境界線のあいまいさが高いことも同様に）は、介護者のうつ的症状と相関関係が見られた（Boss, Caron, et al., 1990; Caron, et al., 1999）。結論から言えば、セラピストは、自分の臨床スキルのレパートリーとして、あるいは協働する治療援助のチームのなかに、認知的アプローチと感情を基本としたアプローチの両方を持っていることが必要とされていると言える。

　3．エルデーイ（Erdelyi）によれば、フロイトは実際、抑圧（repression）は意識されたプロセスであるという推論に対して警告を発していたということである。「フロイトにとって、防衛的な抑圧は、意識的なものかもしれないし、無意識的なものかもしれない」(2001, p.762）と述べている。これに対し、クラメール（Cramer）は異を唱え、「無意識的であること、意図していない状態であることは、防衛のプロセスを定義するために決定的であるうえ、適応のための他の方法と区別するうえでも重要な根拠となる」(2001, p.763）と述べている。しかしながら、私個人としては、この点についてはよく分からない。トラウマを抱えた人々はストレスを分析することよりストレス対処法を必要としている。そのような人々の援助に携わっている私から見て、意識されているかいないのかを見極められないことが、なにか治療援助に明らかに悪影響を与えているようには思えないからである。むしろ、臨床の焦点は、機能の停止の程度に置かれるべきで、原因が心理学的な抑圧から来ているのか、そこに意識された意図があるのかは、ここではそれほど重要ではないように思う。

　4．この一つの例として、私のところにやってきた年配の夫婦がいた。妻は、アルツハイマー病を発症した夫が、セックスを過度に求めるので困ると不満を言っていた。私が彼女に次のセラピーには夫を連れてくるように言うと、彼女は喜んで一緒に来る様子であった。ところが予約されていた次のセラピーの日が来ると、私は30分も遅刻したのだ！　更に悪いことに、その次の予約のことに関しても、すっかり忘れてしまっていたのである。私が職業倫理上唯一できたことは、彼女に電話をかけ、自分はその夫婦に良い対応をしていなかったことを認め、セックスやアルツハイマー病について私よりもっと専門家として能力があると思う同僚を薦めることだった。同僚とのコンサルテーション・グループのなかで話を聞いてもらった後、私は年齢を重ねるにつれ、認知症のような障害に対する漠然とした恐れが、自分のどこかにあったのかもしれないと気が付いた。また、その夫婦がどのように性生活をしていったらよいのかということについて、答えを全く持っていないのだということにも気づいた。私は臨床の予約時間に滅多に遅れることはないし、予約を忘れてしまうようなことも通常ないため、そのような話題をこの夫婦とセラピーでしていく際に抱いている私の両価的な感情に問題があることに気づいた。

第8章

　1．脱愛着という言葉は、元々文献のなかでは、見捨てられた人（通常、乳幼児）が他者との社会的なつながりを持ち、もうそれほど愛着対象を必要としないことと描写されている（Ainsworth, 1985; Bowlby, 1973, 1980; Papalia & Olds, 1992）。最近では、愛着理論と大人の愛着を家族ダイナミクスにまで範囲を拡げて適用しようとする試みが見られる（Mikulincer & Florian, 1999）。今日、研究者は愛着理論を幼児 - 母親の相互作用から、成人の愛着までその範囲を拡げている（Main, 1995; Wampler et al., 2003）。

　人間発達心理学において、愛着は「二人の人間の間（普通乳幼児と親の間）に存在する能

動的で、情緒的な、相互の関係性であり、そこでの相互作用が絆を強める」と定義されている（Papalia & Olds, 1992, p. 555）。

　2．ジョン・ボウルビィの著作（1973, 1980）のなかでは、あいまいな喪失は述べられていないが、愛着という文脈で生じる喪失の痛みについては紹介されている。キューブラー・ロス（Kubler-Ross, 1969）もまた、関係性というつながりへのこだわり、そして、ある人々にとっては、大切な人が行く（つまり死にゆく）ことへの許しを伝えることが必要であることについて書いている。人は、死にゆく時、死んでもいいんだよという許可がなければ、愛着のある人のためにそこに居続けようとして、より長い期間苦しむかもしれない。別れることをためらうのは、とても自然なことなのである。

　3．たとえばボーエン（Bowen, 1978）は融合という概念に、自分自身の信念や決定を確認するために重要な他者を強く頼りにすることを含めている。この見解からすると、他者との関係と分離した信念はほとんどないとも言える。彼は次のように書いている。

　　　堅固な自己は、融合という現象とは一線を置く。堅固な自己は、「これが私であり、私が信じることであり、私が賛成することであり、そしてある状況のもとで、私がするであろう、あるいはしないであろうことである」と主張する。「堅固な自己は、明確に定義された信念、意見、確信と人生の原則で成り立っている。それらは、その人自身の人生で、選択肢を知的に推論したり慎重に検討したりするプロセスによる経験から、自己に組み込まれるものである」。(p. 365)

　ボーエンは、本人には何の落ち度もないあいまいさや不確実性のなかでは、人は愛着を簡単に手放すことは不可能であるということを、考えていなかったようである。愛する人が死んでいる、あるいは生きているといった明確な信念や意見、確信といったものが、将来的にも現れることがないような場合では、たとえ健康な人であったとしても、堅固な感覚を持つことは不可能である。妻に対して、安定した愛着を持ち自己分化している夫であったとしても、もし妻が行方不明になると、情緒的な反応性（emotional reactivity）がより高くなり、退行しがちである。その夫は、自分の子どもに対し、過度に過保護になったり、あるいは完全に距離を置いたりするかもしれない。トラウマとなるようなあいまいな喪失の場合には、そのような不適応が起こる可能性がある。そのような不適応を起こすような関係性のプロセスを防ぐためには、早期の介入が必要となってくる。

第9章

　1．1817年の12月のある日曜日、詩人のジョン・キーツは、兄弟宛の手紙のなかで友人たちと話しあったことに触れている。「それは特に文学において偉大な業績を達成する人間を形成している特質、シェークスピアが特にけたはずれて有していたのだが、それが何であるかということだ。――僕は答えの出ない事態に耐える力（negative capability）のことを言っているのだが、つまり人が不確実さとか不可解さとか疑惑のなかにあっても、事実や理由を求めていらいらすることがすこしもなくいられる状態のことだ――。たとえばコールリッジは理解半分の状態に満足していることができないために、不可解さの最奥部にあって、事実や理由から孤立している素晴らしい真実らしきものを見逃すだろう」（Forman, 1935, p. 72）。

　2．ライプニッツ（Luepnitz）は、ショーペンハウアー（Schopenhauer）が次のようなことを信じていたと書いている。それは、人の「意志（will）」は人を苦しめる永遠の源泉で

あって、このことはすなわち、苦しみのない人生は存在しないということを意味しているということである。しかしながら、「ショーペンハウアーによる意志の概念は、個人の主体性〈自分自身が欲すること〉の問題ではなく、むしろほぼその反対である。それは、全ての命あるものを特徴づける盲目的な努力に他ならない」(Luepnitz, 2002a, p. 6)。ライプニッツはまた次のようにも書いている。ショーペンハウアーによれば、私たちが感じる満足感とは、「意志を絶ち、それを超越したところにある。彼はこのように述べている。芸術や文学や音楽に没頭する時、私たちは意志の虜から解放される」。ショーペンハウアーは、ベーダ文学や仏教の教典を学んだ初めての西洋の哲学者であった(2002a, pp. 6-7)。ショーペンハウアーが記した、『意志と表象としての世界』(1966)を参照。

エピローグ

 1．スイス人の精神科医エリザベス・キューブラー・ロス(Elizabeth Kubler-Ross)は、シカゴの病院で勤務している時、病状末期の患者に接する医師、神学者、看護師、そしてソーシャル・ワーカーの士気喪失に気づいた。専門家としての失敗感から、彼らは死を否認していた(1973年にベッカー〈Becker〉が米国文化における全般的な死への否認と称したもの以上に)。彼女は死を目前にした多くの患者へのインタビューを通して、死ぬことに対する専門家の当惑が、死を迎える患者のプロセスの妨げとなっていると結論づけた。キューブラー・ロスは、論争を招いた人物であったが、今日のホスピス運動を引き起こしたその功績は、誰の目から見ても明らかなことである。

 2．ランドゥ(Landau, 1997)は、自分を見つめること(self-reflection)で、現在のHIV感染症/エイズの流行に関わる専門家としての仕事を啓発した。グラチアノ(Graziano, 1997)も、ソーシャルワーカーにトラウマについて教えるために自分を見つめることを用いた。

 3．ここで私が愛用しているアイデアは、ボーエン(Bowen)の考えを参照したものであるが、全体としては、私は彼とは異なった理論の見方をしている。私は、あらゆる理論は、たとえそれが研究に基づく理論であっても、社会的に構成されたものであり、やみくもにそれに固執すべきではないと考えている。むしろ理論は、介入を形作る指針あるいは地図として考えるべきであり、人や文化的な文脈の多様性によって適合させる必要がある(Boss, 2004b)。所詮理論は、それが発展してきた文脈を反映するものであり、福音ではない。どのような理論であっても個々の仕事に適用する際には、専門家としての判断がいつも必ず本質的な要素である。

 4．「あの人、ウィタカー！(That Man, Whitaker!)」について詳しくは、私の著書(Boss, 1995)を参照。

文 献

Abrahams, F., Stover, E., & Peress, G. (2001). *A village destroyed, May 14, 1999: War crimes in Kosovo.* Berkeley: University of California Press.

Agee, J. (1969). *A death in the family.* New York: Bantam.

Ainsworth, M. D. (1985). Patterns of attachment. *Clinical Psychologist, 38*(2), 27–29.

Albom, M. (1997). *Tuesdays with Morrie: An old man, a young man, and life's greatest lesson.* New York: Doubleday.

Allende, I. (2003). *My invented country: A nostalgic journey through Chile* (1st U.S. ed.). New York: HarperCollins.

American Psychiatric Association. (1980). *Diagnostic and statistical manual of mental disorders (DSM-III)* (Rev. ed.). Washington, DC: Author.

American Psychiatric Association. (2000). *Diagnostic and statistical manual of mental disorders (DSM-IV-TR)* (Rev. ed.). Washington, DC: Author.

Andersen, T. (1991). *The reflecting team: Dialogues and dialogues about the dialogues.* New York: Norton.

Anderson, H., & Goolishian, H. (1992). The client is the expert: A not-knowing approach to therapy. In S. McNamee & K. J. Gergen (Eds.), *Therapy as social construction. Inquiries in social construction* (pp. 25–39). Thousand Oaks, CA: Sage.

Anderson, S. (1921). *Winesburg, Ohio: A group of tales of Ohio small town life.* New York: Huebsch.

Antonovsky, A. (1979). *Health, stress, and coping: New perspectives on mental and physical well-being.* San Francisco: Jossey-Bass.

Antonovsky, A. (1987). *Unraveling the mystery of health: How people manage stress and stay well.* San Francisco: Jossey-Bass.

Armour, M. P. (2002). Journal of family members of homicide victims: A qualitative study of their posthomicide experience. *American Journal of Orthopsychiatry, 72*(3), 372–382.

Armstrong, K. R., Lund, P. E., McWright, L. T., & Tichenor, V. (1995). Multiple stressor debriefing and the American Red Cross: The East Bay Hills fire experience. *Social Work, 40*(1), 83–90.

Barry, H. J., Barry, H., III, & Lindemann, E. (1965). Dependency in adult patients following early maternal bereavement. *Journal of Nervous & Mental Disease, 140*(3), 196–206.

Bayley, J. (1999). *Elegy for Iris* (1st ed.). New York: St. Martin's Press.

Beardslee, W. (2003). *When a parent is depressed: How to protect your children from the effects of depression in the family.* Boston: Little, Brown.

Becker, E. (1973). *The denial of death*. New York: Free Press.
Becvar, D. S. (2001). *In the presence of grief: Helping family members resolve death, dying, and bereavement issues*. New York: Guilford.
Bengston, V. L., Giarrusso, R., Mabry, J. B., & Silverstein, M. (2002). Solidarity, conflict, and ambivalence: Complementary or competing perspectives on intergenerational relationships? *Journal of Marriage and the Family, 64*, 568–576.
Berger, P. L., & Kellner, H. (1964). Marriage and the construction of reality. *Diogenes, 64*, 1–25.
Berger, P. L., & Luckmann, T. (1966). *The social construction of reality: A treatise in the sociology of knowledge* (1st ed.). Garden City, NY: Doubleday.
Bird, I. L. (1960). *A lady's life in the Rocky Mountains*. Norman, OK: University of Oklahoma Press.
Bisson, J. I., Jenkins, P. L., Alexander, J., & Bannister, C. (1997). Randomised controlled trial of psychological debriefing for victims of acute burn trauma. *British Journal of Psychiatry, 171 July*, 78–81.
Bixler, M. T. (1992). *Winds of freedom: The story of the Navajo code talkers of World War II*. Darien, CT: Two Bytes.
Blackburn, J. A., Greenberg, J. S., & Boss, P. (1987). Coping with normative stress from loss and change: A longitudinal study of rural widows. *Journal of Gerontological Social Work, 11*(1–2), 59–70.
Bleuler, E. (1911). *Dementia praecox oder gruppe der schizophrenien* [Dementia praecox or the group of schizophrenias]. Leipzig and Wien: Franz Deuticke.
Blumer, H. (1969). *Symbolic interactionism: Perspective and method*. Englewood Cliffs, NJ: Prentice-Hall.
Blumstein, P. (2001). The production of selves in personal relationships. In J. O'Brien & P. Kollock (Eds.), *The production of reality* (3rd ed., pp. 296–308). Thousand Oaks, CA: Pine Forge Press.
Bonanno, G. A. (2004). Loss, trauma, and human resilience: Have we underestimated the human capacity to thrive after extremely aversive events? *American Psychologist, 59*(1), 20–28.
Bonanno, G. A., Field, N. P., Kovacevic, A., & Kaltman, S. (2002). Self-enhancement as a buffer against extreme adversity: Civil war in Bosnia and traumatic loss in the United States. *Personality & Social Psychology Bulletin, 28*(2), 184–196.
Bonanno, G. A., & Keltner, D. (1997). Facial expressions of emotion and the course of conjugal bereavement. *Journal of Abnormal Psychology, 106*(1), 126–137.
Bonanno, G. A., Noll, J. G., Putnam, F. W., O'Neill, M., & Trickett, P. K. (2003). Predicting the willingness to disclose childhood sexual abuse from measures of repressive coping and dissociative tendencies. *Child Maltreatment, 8*, 302–318.
Bonanno, G. A., Papa, A., & O'Neill, K. (2001). Loss and human resilience. *Applied & Preventive Psychology, 10*(3), 193–206.
Bonanno, G. A., Wortman, C. B., & Nesse, R. M. (2004). Prospective patterns of resilience and maladjustment during widowhood. *Psychology & Aging, 19*(2), 260–271.
Boss, P. (1972, November). Father absence in intact families. In *Research and Theory Section*. Presentation at the annual meeting of the National Council on Family Relations, Toronto, Canada.

文 献

Boss, P. (1975). Psychological father presence in the missing-in-action (MIA) family: Its effects on family functioning. *Proceedings: Third Annual Joint Medical Meeting Concerning POW/MIA Matters* (pp. 61–65). San Diego, CA: Naval Health Research Center, Center for Prisoner of War Studies.

Boss, P. (1977). A clarification of the concept of psychological father presence in families experiencing ambiguity of boundary. *Journal of Marriage & the Family, 39*(1), 141–151.

Boss, P. (1980a). Boundary ambiguity intervention for families of the Iranian hostages. In C. Figley (Ed.), *Mobilization: Part I. The Iranian crisis. Final report of the task force on families of catastrophe*. West Lafayette, IN: Purdue University, Family Research Institute.

Boss, P. (1980b). Normative family stress: Family boundary changes across the lifespan. *Family Relations, 29*, 445–450.

Boss, P. (1980c). The relationship of psychological father presence, wife's personal qualities and wife/family dysfunction in families of missing fathers. *Journal of Marriage & the Family, 42*(3), 541–549.

Boss, P. (1983a). Family separation and boundary ambiguity. *The International Journal of Mass Emergencies and Disasters, 1*, 63–72.

Boss, P. (1983b). The marital relationship: Boundaries and ambiguities. In C. Figley & H. McCubbin (Eds.), *Stress and the family: Vol. 1. Coping with normative transitions* (pp. 26–40). New York: Brunner/Mazel.

Boss, P. (1986). Psychological absence in the intact family: A systems approach to the study of fathering. *Marriage & Family Review, 10*(1), 11–39.

Boss, P. (1987). Family stress. In M. B. Sussman & S. K. Steinmetz (Eds.), *Handbook of marriage and the family* (pp. 695–723). New York: Plenum.

Boss, P. (1992). Primacy of perception in family stress theory and measurement. *Journal of Family Psychology, 6*, 113–119.

Boss, P. (1993a). Boundary ambiguity: A block to cognitive coping. In A. P. Turnbull & J. M. Patterson (Eds.), *Cognitive coping, families, and disability* (pp. 257–270). Baltimore, MD: Brookes.

Boss, P. (1993b). The construction of chronicity: Coping with ambiguous loss. In R. Welter-Enderline & B. Hiltebrand (Eds.), *System familie* (pp. 161–170). Heidelberg, Germany: Springer-Verlag.

Boss, P. (1993c). The experience of immigration for the mother left behind: The use of qualitative feminist strategies to analyze letters from my Swiss grandmother to my father. *Marriage & Family Review, 19*(3–4), 365–378.

Boss, P. (1993d). The reconstruction of family life with Alzheimer's disease: Generating theory to understand family stress from ambiguous loss. In P. Boss, W. Doherty, R. LaRossa, W. Schumm, & S. Steinmetz (Eds.), *Sourcebook of family theories and methods: A contextual approach* (pp. 163–166). New York: Plenum.

Boss, P. (1995). That man Whitaker! *Family Therapy Networker, July–August*, 58–59.

Boss, P. (1996). They did it quietly: The meaning of immigration for women. In H. Ryhner (Ed.), *Jubilaumsbuch 150 Jahr New Glarus: America's little Switzerland erinnert sich* [150 years anniversary of New Glarus, Wisconsin: America's little Switzerland remembers.] (pp. 35–102). Glarus, Switzerland: Tschudi AG.

Boss, P. (1999). *Ambiguous loss: Learning to live with unresolved grief*. Cambridge,

MA: Harvard University Press.
Boss, P. (2002a). Ambiguous loss: Working with the families of the missing. *Family Process, 41*, 14–17.
Boss, P. (2002b). Ambiguous loss in families of the missing. *The Lancet, 360,* 39–40.
Boss, P. (2002c). *Family stress management: A contextual approach* (2nd ed.). Thousand Oaks, CA: Sage.
Boss, P. (2004a). Ambiguous loss. In F. Walsh & M. McGoldrick (Eds.), *Living beyond loss: Death in the family* (2nd ed., pp. 237–246). New York: Norton.
Boss, P. (2004b). Ambiguous loss research, theory, and practice: Reflections after 9/11. *Journal of Marriage & Family, 66*(3), 551–566.
Boss, P. Panel Moderator. (2004c). *Integrity and survival in families and communites.* (Video). www.grovesconference.org
Boss, P., Beaulieu, L., Wieling, E., Turner, W., & LaCruz, S. (2003). Healing loss, ambiguity, and trauma: A community-based intervention with families of union workers missing after the 9/11 attack in New York City. *Journal of Marital & Family Therapy, 29*(4), 455–467.
Boss, P., Caron, W., & Horbal, J. (1988). Alzheimer's disease and ambiguous loss. In C. S. Chilman & E. W. Nunnally (Eds.), *Chronic illness and disability: Families in trouble series* (Vol. 2, pp. 123–140). Thousand Oaks, CA: Sage.
Boss, P., Caron, W., Horbal, J., & Mortimer, J. (1990). Predictors of depression in caregivers of dementia patients: Boundary ambiguity and mastery. *Family Process, 29*(3), 245–254.
Boss, P., & Couden, B. (2002). Ambiguous loss from chronic physical illness: Clinical interventions with individuals, couples and families. *Journal of Clinical Psychology, 58*(11), 1351–1360.
Boss, P., & Greenberg, J. (1984). Family boundary ambiguity: A new variable in family stress theory. *Family Process, 23*(4), 535–546.
Boss, P., Greenberg, J., & Pearce-McCall, D. (1990). *Measurement of boundary ambiguity in families.* (Minnesota Agricultural Experiment Station Bulletin No. 593-1990: Item No. Ad-SB-3763). St. Paul, MN: University of Minnesota.
Boss, P., & Kaplan, L. (2004). Ambiguous loss and ambivalence when a parent has dementia. In K. Pillemer & K. Lüscher (Eds.), *Intergenerational ambivalences: New perspectives on parent-child relations in later life* (pp. 207–224). Oxford, UK: Elsevier.
Boss, P., & Mulligan, C. (Eds.). (2003). *Family stress: Classic and contemporary readings.* Thousand Oaks, CA: Sage.
Boss, P., Pearce-McCall, D., & Greenberg, J. (1987). Normative loss in mid-life families: Rural, urban, and gender differences. *Family Relations, 36*(4), 437–443.
Boss, P., & Weiner, J. P. (1988). Rethinking assumptions about women's development and family therapy. In C. J. Falicov (Ed.), *Family transitions: Continuity and change over the life cycle. Guilford family therapy series* (pp. 235–251). New York: Guilford.
Bowen, M. (1978). *Family therapy in clinical practice.* New York: Aronson.
Bowlby, J. (1973). *Separation: Anxiety and anger.* New York: Basic.
Bowlby, J. (1980). *Loss: Sadness and depression: Vol. 3. Attachment and loss series.* New York: Basic.

文　献

Bruyn, S. T. H. (1966). *The human perspective in sociology: The methodology of participant observation.* Englewood Cliffs, NJ: Prentice-Hall.
Bulman, R. J., & Wortman, C. B. (1977). Attributions of blame and coping in the "real world": Severe accident victims react to their lot. *Journal of Personality & Social Psychology, 35*(5), 351–363.
Burgess, A. W., & Holmstrom, L. L. (1979). *Rape, crisis and recovery.* Bowie, MD: Brady.
Burgess, E. W., & American Sociological Association. (1968). *The urban community; selected papers from the proceedings of the American Sociological Society, 1925.* New York: Greenwood.
Burke, P. J. (1991). Identity processes and social stress. *American Sociological Review, 56*(6), 836–849.
Burke, P. J., & Reitzes, D. C. (1991). An identity theory approach to commitment. *Social Psychology Quarterly, 54*(3), 239–251.
Burton, L. M. (2001). One step forward and two steps back: Neighborhood and adolescent development. In A. Booth & A. C. Crouter (Eds.), *Does it take a village? Community effects on children, adolescents, and families* (pp. 149–159). Mahwah, NJ: Erlbaum.
Burton, L. M., & Jarrett, R. L. (2000). In the mix, yet on the margins: The place of families in urban neighborhood and child development research. *Journal of Marriage & the Family, 62*(4), 1114–1135.
Burton, L. M., Winn, D., Stevenson, H., & Clark, S. L. (2004). Working with African American clients: Considering the "homeplace" in marriage and family therapy practices. *Journal of Marital & Family Therapy, 30*(4), 397–410.
Calaprice, A. (Ed.). (2000). *The expanded quotable Einstein.* Princeton, NJ: Princeton University Press.
Campbell, C. L., & Demi, A. S. (2000). Adult children of fathers missing in action (MIA): An examination of emotional distress, grief, and family hardiness. *Family Relations, 49*(3), 267–276.
Caron, W., Boss, P., & Mortimer, J. (1999). Family boundary ambiguity predicts Alzheimer's outcomes. *Psychiatry: Interpersonal & Biological Processes, 62*(4), 347–356.
Carroll, J. S., Boss, P., & Buckmiller, N. (2003, November). *Family boundary ambiguity: A 30-year review of research, measurement, and theory.* Poster session presented at the annual meeting of the National Council on Family Relations (NCFR), Vancouver, BC, Canada.
Carter, B., & McGoldrick, M. (1999). *The expanded family life cycle: Individual, family, and social perspectives* (3rd ed.). Boston: Allyn and Bacon.
Clay, R. (2003). The secret of the 12 steps. *Monitor on Psychology, 34*(11), 50–51.
Collins, J. (2000). *Heidegger and the Nazis.* New York: Totem.
Conger, R. D., Rueter, M. A., & Elder, G. H. J. (1999). Couple resilience to economic pressure. *Journal of Personality & Social Psychology, 76*(1), 54–71.
Cooper, S. H. (2000). *Objects of hope: Exploring possibility and limit in psychoanalysis.* Hillsdale, NJ: Analytic.
Corbett, S. (2001, April 1). The long, long, long road to Fargo. *New York Times Magazine,* 48–55, 75, 80, 84–85.
Cousins, N. (1979). *Anatomy of an illness as perceived by the patient: Reflections on*

healing and regeneration. New York: Norton.
Cowan, P. A. (1991). Individual and family life transitions: A proposal for a new definition. In P. A. Cowan & E. M. Hetherington (Eds.), *Family transitions: Advances in family research series* (pp. 3–30). Hillsdale, NJ: Erlbaum.
Cramer, P. (2001). The unconscious status of defense mechanisms. *American Psychologist, 56*(9), 762–763.
Crawford, M. (1993). Identity, "passing" and subversion. In S. Wilkinson & C. Kitzinger (Eds.), *Heterosexuality* (pp. 43–45). London: Sage.
Dahl, C., & Boss, P. (2005). The use of phenomenology for family therapy research: The search for meaning. In D. Sprenkel & F. Piercy, (Eds.), *Research methods in family therapy* (2nd ed., pp. 63–84). New York: Guilford.
Danieli, Y. (1985). The treatment and prevention of long-term effects and intergenerational transmission of victimization: A lesson from Holocaust survivors and their children. In C. Figley (Ed.), *Trauma and its wake* (pp. 295–313). New York: Brunner/Mazel.
Davies, J. (Speaker). (2003). *Breaking up is hard to do: A relational reconsideration of the termination process*. (Cassette Recording No. D3903-G47). Washington, DC: American Psychological Association.
Dickerson, V. C. (2004). Young women struggling for an identity. *Family Process, 43*(3), 337–348.
Dingfelder, S. (2003). Tibetan Buddhism and research psychology: A match made in nirvana? *Monitor on Psychology, 34*(11), 46–48.
DiNicola, V. F. (1997). *A stranger in the family: Culture, families, and therapy*. New York: Norton.
Dittmann, M. (2003). Struggling to keep the faith. *Monitor on Psychology, 34*(11), 52–53.
Ebaugh, H. R. F. (2001). Creating the ex-role. In J. O'Brien & P. Kollock (Eds.), *The production of reality: Essays and readings on social interaction* (3rd ed., pp. 330–345). Thousand Oaks, CA: Pine Forge Press.
Ekman, P. (2003). *Emotions revealed: Recognizing faces and feelings to improve communication and emotional life*. New York: Times Books.
Eliot, T. S. (2004). The hollow men. In M. Ferguson, M. J. Salter, & J. Stallworthy (Eds.), *The Norton anthology of poetry* (5th ed.). New York: Norton. (Originally published in 1927.)
Elkind, D. (1998). *All grown up and no place to go: Teenagers in crisis* (Rev. ed.). Reading, MA.: Addison-Wesley.
Erdelyi, M. H. (2001). Defense processes can be conscious or unconscious. *American Psychologist, 56*(9), 761–762.
Erikson, E. H. (1950). *Childhood and society* (1st ed.). New York: Norton.
Erikson, E. H. (1968). *Identity, youth, and crisis* (1st ed.). New York: Norton.
Everly, G. S. (1989). *A clinical guide to the treatment of the human stress response*. New York: Plenum.
Everly, G. S., & Mitchell, J. T. (1992). *The prevention of work-related post-traumatic stress: The critical incident stress debriefing process (CISD)*. Second APA/NIOSH Conference on Occupational Stress, Washington, DC.
Everly, G. S., & Mitchell, J. T. (2003). *Critical incident stress management (CISM): Individual crisis intervention and peer support*. Ellicott City, MD: International

文 献

Critical Incident Stress Foundation, Inc.
Fadiman, A. (1997). *The spirit catches you and you fall down: A Hmong child, her American doctors, and the collision of two cultures* (1st ed.). New York: Farrar, Straus, and Giroux.
Falicov, C. J. (1988). *Family transitions: Continuity and change over the life cycle.* New York: Guilford.
Falicov, C. J. (1998). *Latino families in therapy: A guide to multicultural practice.* New York: Guilford.
Farley, R. (Ed.). (1993). *Women of the native struggle: Portraits and testimony of Native American women.* New York: Orion.
Feigelson, C. (1993). Personality death, object loss, and the uncanny. *International Journal of Psycho-Analysis, 74*(2), 331–345.
Ferreira, A. (1966). Family myths. *Psychiatric Research Reports, 20,* 85–90.
Festinger, L. (1957). *A theory of cognitive dissonance.* Evanston, IL: Row, Peterson.
Figley, C. R. (1978). *Stress disorders among Vietnam veterans: Theory, research, and treatment.* New York: Brunner/Mazel.
Figley, C. R. (Ed.) (1985). *Trauma and its wake.* New York: Brunner/Mazel.
Figley, C. R. (1989). *Helping traumatized families* (1st ed.). San Francisco: Jossey-Bass.
Figley, C. R. (1995). *Compassion fatigue: Coping with secondary traumatic stress disorder in those who treat the traumatized.* New York: Brunner/Mazel.
Firestone, R. W., Firestone, L. A., & Catlett, J. (2003). Psychotherapy: Past, present, and future? In R. W. Firestone & L. A. Firestone (Eds.), *Creating a life of meaning and compassion: The wisdom of psychotherapy* (pp. 347–365). Washington, DC: American Psychological Association.
Fishbane, M. D. (2001). Relational narratives of the self. *Family Process, 40*(3), 273–291.
Ford, F. R., & Herrick, J. (1974). Family rules: Family lifestyles. *American Journal of Orthopsychiatry, 44*(1), 61–69.
Forman, M. H. (Ed.). 1935. *The letters of John Keats.* (2nd ed.). New York: Oxford University Press.
Fossum, M. A., & Mason, M. J. (1986). *Facing shame.* New York: Norton.
Fraenkel, P. (2002). The helpers and the helped: Viewing the mental health profession through the lens of September 11. *Family Process, 41,* 20–23.
Framo, J. L. (Ed.), Eastern Pennsylvania Psychiatric Institute, Philadelphia. (1972). *Family interaction: A dialogue between family researchers and family therapists.* New York: Springer.
Frankl, V. E. (1955/1963). *The doctor and the soul. An introduction to logotherapy.* New York: Knopf.
Frankl, V. (1963). *Man's search for meaning: An introduction to logotherapy.* New York: Washington Square.
Fravel, D. L., & Boss, P. (1992). An in-depth interview with the parents of missing children. In J. F. Gilgun & K. Daly (Eds.), *Qualitative methods in family research* (pp. 126–145). Thousand Oaks, CA: Sage.
Fravel, D. L., McRoy, R. G., & Grotevant, H. D. (2000). Birthmother perceptions of the psychologically present adopted child: Adoption openness and boundary

ambiguity. *Family Relations, 49*(4), 425–433.
Freud, S. (1957). Mourning and melancholia. In J. Strackey (Ed.), *The standard edition of the complete psychological works of Sigmund Freud* (pp. 237–258). New York: Norton. (Original work published 1917.)
Friedman, S., & Fanger, M. T. (1991). *Expanding therapeutic possibilities: Getting results in brief psychotherapy*. New York: Lexington Books/Macmillan.
Garmezy, N. (1985). Stress-resistant children: The search for protective factors. In J. E. Stevenson (Ed.), *Recent research in developmental psychopathology* (pp. 213–233). Oxford, UK: Pergamon.
Garmezy, N. (1987). Stress, competence, and development: Continuities in the study of schizophrenic adults, children vulnerable to psychopathology, and the search for stress-resistant children. *American Journal of Orthopsychiatry, 57*(2), 159–174.
Garmezy, N., & Masten, A. S. (1986). Stress, competence, and resilience: Common frontiers for therapist and psychopathologist. *Behavior Therapy, 17*, 500–521.
Garmezy, N., Masten, A. S., & Tellegen, A. (1984). The study of stress and competence in children: A building block for developmental psychopathology. *Child Development, 55*, 97–111.
Garmezy, N., & Rutter, M. (1985). Acute reactions to stress. In M. Rutter & L. Hersov (Eds.), *Child psychiatry: Modern approaches* (2nd ed.). Oxford: Blackwell Scientific Press.
Garwick, A. W., Detzner, D., & Boss, P. (1994). Family perceptions of living with Alzheimer's disease. *Family Process, 33*(3), 327–340.
Gates, R. D., Arce de Esnaola, S., Kroupin, G., Stewart, C. C., van Dulmen, M., Xiong, B., & Boss, P. (2000). Diversity of new American families: Guidelines for therapists. In W. C. Nichols, M. A. Pace-Nichols, D. S. Becvar, & A. Y. Napier (Eds.), *Handbook of family development and intervention. Wiley series in couples and family dynamics and treatment* (pp. 299–322). New York: Wiley.
Gaugler, J. E., Zarit, S. H., & Pearlin, L. I. (2003). The onset of dementia caregiving and its longitudinal implications. *Psychology & Aging, 18*(2), 171–180.
Gergen, K. J. (1994). *Realities and relationships: Soundings in social construction*. Cambridge, MA: Harvard University Press.
Gergen, K. J. (2001). *Social construction in context*. London: Sage.
Gilgun, J. F. (1994). Hand into glove: The grounded theory approach and social work practice research. In. E. A. Sherman & W. J. Reid (Eds.), *Qualitative research in social work* (pp. 115–125). New York: Columbia University Press.
Gilgun, J. F., Daly, K., & Handel, G. (1992). *Qualitative methods in family research*. Newbury Park: Sage.
Gilligan, C. (1982). *In a different voice: Psychological theory and women's development*. Cambridge, MA: Harvard University Press.
Goffman, E. (1959). *The presentation of self in everyday life*. Garden City, NY: Doubleday.
Goffman, E. (1974). *Frame analysis: An essay on the organization of experience*. New York: Harper & Row.
Goldberger, L., & Breznitz, S. (1993). *Handbook of stress: Theoretical and clinical aspects* (2nd ed.). New York: Free Press.
Goldner, V. (1985). Feminism and family therapy. *Family Process, 24*(1), 31–47.

Goldner, V., Penn, P., Sheinberg, M., & Walker, G. (1990). Love and violence: Gender paradoxes in volatile attachments. *Family Process, 29*(4), 343–364.
Gouldner, A. W. (1970). *The coming crisis of Western sociology*. New York: Basic.
Graziano, R. (1997). The challenge of clinical work with survivors of trauma. In J. R. Brandell (Ed.), *Theory and practice in clinical social work* (pp. 380–403). New York: Free Press.
Groopman, J. (2004, January 26). The grief industry. *The New Yorker, 31*–32.
Gubrium, J. F., & Holstein, J. A. (1993). Phenomenology, ethnomethodology, and family discourse. In P. Boss & W. J. Doherty (Eds.), *Sourcebook of family theories and methods: A contextual approach* (pp. 651–675). New York: Plenum.
Haber, R. (1990). From handicap to handy capable: Training systemic therapists in use of self. *Family Process, 29*(4), 375–384.
Handel, G. (1967). *The psychosocial interior of the family: A sourcebook for the study of whole families*. Chicago: Aldine.
Hardy, K. V., & Laszloffy, T. A. (1995). The cultural genogram: Key to training culturally competent family therapists. *Journal of Marital & Family Therapy, 21*(3), 227–237.
Hare-Mustin, R. T. (1978). A feminist approach to family therapy. *Family Process, 17*(2), 181–194.
Hauser, S. T. (1999). Understanding resilient outcomes: Adolescent lives across time and generations. *Journal of Research on Adolescence, 9*(1), 1–24.
Hauser, S. T., DiPlacido, J., Jacobson, A. M., Willett, J., & Cole, C. (1993). Family coping with an adolescent's chronic illness: An approach and three studies. *Journal of Adolescence, 16*(3), 305–329.
Havel, V. (1990). *Disturbing the peace: A conversation with Karel Hvíždala/Vaclav Havel*. New York: Knopf.
Hawley, D. R., & DeHaan, L. (1996). Toward a definition of family resilience: Integrating life-span and family perspectives. *Family Process, 35*(3), 283–298.
Henry, J. (1971). *Pathways to madness* (1st ed.). New York: Random House.
Herman, J. L. (1992). *Trauma and recovery*. New York: Basic.
Hess, R. D., & Handel, G. (1959). *Family worlds: A psychosocial approach to family life*. Chicago: University of Chicago Press.
Hetherington, E. M., & Blechman, E. A. (1996). *Stress, coping, and resiliency in children and families*. Mahwah, NJ: Erlbaum.
Hill, P. C., & Pargament, K. I. (2003). Advances in the conceptualization and measurement of religion and spirituality: Implications for physical and mental health research. *American Psychologist, 58*(1), 64–74.
Hill, R. (1949). *Families under stress: Adjustment to the crises of war separation and return*. Oxford, England: Harper.
Hobfoll, S. E., & Spielberger, C. D. (1992). Family stress: Integrating theory and measurement. *Journal of Family Psychology, 6*(2), 99–112.
Imber-Black, E. (1993). Secrets in families and family therapy: An overview. In E. Imber-Black (Ed.), *Secrets in families and family therapy* (pp. 3–28). New York: Norton.
Imber-Black, E., & Roberts, J. (1992). *Rituals for our time: Celebrating, healing, and changing our lives and our relationships* (1st ed.). New York: HarperCollins.
Imber-Black, E., Roberts, J., & Whiting, R. A. (1988). *Rituals in families and family*

therapy (1st ed.). New York: Norton.
Jackson, D. (1965). Family rules: The marital quid pro quo. *Archives of General Psychiatry, 8,* 343–348.
Johnson, S. M. (1996). *The practice of emotionally focused marital therapy: Creating connection.* New York: Brunner/Mazel.
Johnson, S. M. (2002). *Emotionally focused couple therapy with trauma survivors: Strengthening attachment.* New York: Guilford.
Jordan, K. (2003). Supervision bulletin: Trauma supervision. *Family Therapy Magazine, 2*(5), 41–44.
Kagitcibasi, C. (1983). How does the traditional family in Turkey cope with disasters? *International Journal of Mass Emergencies and Disasters, 1*(1), 145–152.
Kaplan, L., & Boss, P. (1999). Depressive symptoms among spousal caregivers of institutionalized mates with Alzheimer's: Boundary ambiguity and mastery as predictors. *Family Process, 38*(1), 85–103.
Keiley, M. K., Dolbin, M., Hill, J., Karuppaswamy, N., Liu, T., Natrajan, R., Poulsen, S., Robbins, N., & Robinson, P. (2002). The cultural genogram: Experiences from within a marriage and family therapy training program. *Journal of Marital & Family Therapy, 28*(2), 165–178.
Kersting, K. (2003). Religion and spirituality in the treatment room. *Monitor on Psychology, 34*(11), 40–42.
Kiecolt-Glaser, J. K., Dura, J. R., Speicher, C. E., Trask, O. J., & Glaser, R. (1991). Spousal caregivers of dementia victims: Longitudinal changes in immunity and health. *Psychosomatic Medicine, 53*(4), 345–362.
Kiecolt-Glaser, J. K., Glaser, R., Williger, D., Stout, J., Messick, G., Sheppard, S., Bonnell, G., Bruner, W., Ricker, D., & Romisher, S. C. (1985). Psychosocial enhancement of immunocompetence in a geriatric population. *Health Psychology, 4,* 25–41.
Kirmayer, L. J., Boothroyd, L. J., Tanner, A., Adelson, N., & Robinson, E. (2000). Psychological distress among the Cree of James Bay. *Transcultural Psychiatry, 37*(2), 35–56.
Klein, M. (1984). *Love, guilt, and reparation and other works 1921–1945 (the writings of Melanie Klein, volume 1).* New York: Free Press.
Kleinman, A., & Good, B. (1985). *Culture and depression: Studies in the anthropology and cross-cultural psychiatry of affect and disorder.* Berkeley: University of California Press.
Kling, K. C., Seltzer, M. M., & Ryff, C. D. (1997). Distinctive late-life challenges: Implications for coping and well-being. *Psychology & Aging, 12*(2), 288–295.
Kluckhohn, F. R., & Strodtbeck, F. L. (1961). *Variations in value orientation.* Westport, CT: Greenwood.
Kobasa, S. C., Maddi, S. R., & Kahn, S. (1982). Hardiness and health: A prospective study. *Journal of Personality & Social Psychology, 42*(1), 168–177.
Kohut, H. (1972). Thoughts on narcissism and narcissistic rage. *Psychoanalytic Study of the Child, 27 Feb,* 360–400.
Kollock, P., & O'Brien, J. (1994). *The production of reality.* Thousand Oaks, CA: Pine Forge Press.
Kroeger, B. (2003). *Passing: When people can't be who they are.* Cambridge, MA: Persus Books Group.

文 献

Kübler-Ross, E. (1969). *On death and dying*. New York: Macmillan.
Kurtz, D. C., & Boardman, J. (1971). *Greek burial customs*. Ithaca, NY: Cornell University Press.
Kushner, H. S. (1981). *When bad things happen to good people*. New York: Schocken.
Landau, J. (1981). Link therapy as a family therapy technique for transitional extended families. *Psychotherapeia, 7*(4), 382–390.
Landau, J. (1997). Whispers of illness: Secrecy versus trust. In S. H. McDaniel, J. Hepworth, & W. J. Doherty (Eds.), *The shared experience of illness* (pp. 13–22). New York: Basic.
Landau, J., & Saul, J. (2004). Facilitating family and community resilience in response to major disaster. In F. Walsh & M. McGoldrick (Eds.), *Living beyond loss: Death in the family* (2nd ed., pp. 285–309). New York: Norton.
Lasch, C. (1978). *The culture of narcissism: American life in an age of diminishing expectations* (1st ed.). New York: Norton.
Lazarus, R. S. (1966). *Psychological stress and the coping process*. New York: McGraw-Hill.
Lerner, M. J. (1971). Observers evaluation of a victim: Justice, guilt, and veridical perception. *Journal of Personality & Social Psychology, 20*(2), 127–135.
Lerner, M. J., & Simmons, C. H. (1966). Observer's reaction to the "innocent victim": Compassion or rejection? *Journal of Personality & Social Psychology, 4*(2), 203–210.
Leys, R. (2000). *Trauma: A genealogy*. Chicago: University of Chicago Press.
Liebow, E. (1967). *Tally's corner: A study of Negro streetcorner men*. Boston: Little, Brown.
Lindemann, E. (1944). Symptomatology and management of acute grief. *American Journal of Psychiatry, (101)*, 141–148.
Lipchik, E. (1993). "Both/and" solutions. In S. Friedman (Ed.), *The new language of change: Constructive collaboration in psychotherapy* (pp. 25–49). New York: Guilford.
Lipchik, E. (2002). *Beyond technique in solution-focused therapy: Working with emotions and the therapeutic relationship*. New York: Guilford.
London, L. (1995). Dealing with the pain of apartheid's past: South Africa's truth and reconciliation commission. In H. Marcussen & F. Rasmussen (Eds.), *Rehabilitation and Research Centre for Torture Victims (RCT) and International Rehabilitation Council for Torture Victims (IRCT) 1995 annual report* (pp. 7–8). Copenhagen, Denmark: Author.
Luepnitz, D. A. (2002a). *Schopenhauer's porcupines: Intimacy and its dilemmas: Five stories of psychotherapy*. New York: Basic.
Luepnitz, D. A. (2002b). *The family interpreted: Feminist theory in clinical practice*. New York: Basic.
Lüscher, K. (2004). Conceptualizing and uncovering intergenerational ambivalence. In K. Pillemer & K. Lüscher (Eds.), *Intergenerational ambivalences: New perspectives on parent-child relations in later life* (pp. 23–62). Kidlington, Oxford, UK: Elsevier.
Main, M. (1995). Recent studies in attachment: Overview, with selected implications for clinical work. In S. Goldberg, R. Muir, & J. Kerr (Eds.), *Attachment theory: So-*

cial, developmental, and clinical perspectives (pp. 407–474). Hillsdale, NJ: Analytic.
Mandela, N. (2002). *Nelson Mandela's favorite African folk-tales*. New York: Norton.
Mandler, G. (1993). Thought, memory, and learning: Effects of emotional stress. In L. Goldberger & S. Breznitz (Eds.), *Handbook of stress: Theoretical and clinical aspects* (2nd ed., pp. 40–55). New York: Free Press.
Maslow, A. (1961). Peak experiences as acute identity experiences. *American Journal of Psychoanalysis,* (21), 254–262.
Masten, A. S. (2001). Ordinary magic: Resilience processes in development. *American Psychologist, 56*(3), 227–238.
Matsakis, A. (1996). *Vietnam wives: Facing the challenges of life with veterans suffering post-traumatic stress* (2nd ed.). Lutherville, MD: Sidran.
Mayou, R. A., Ehlers, A., & Hobbs, M. (2000). Psychological debriefing for road traffic accident victims: Three-year follow-up of a randomised controlled trial. *British Journal of Psychiatry, 176 Jun,* 589–593.
McAdoo, H. P. (1995). Stress levels, family help patterns, and religiosity in middle- and working-class African American single mothers. *Journal of Black Psychology, 21*(4), 424–449.
McCubbin, H. (1979). Integrating coping behavior in family stress theory. *Journal of Marriage and the Family, 41,* 237–244.
McCubbin, M. A., & McCubbin, H. I. (1993). Families coping with illness: The resiliency model of family stress, adjustment, and adaptation. In C. Danielson, B. Hamel Bissell, & P. Winstead-Fry (Eds.), *Families, health, and illness* (pp. 21–64). St. Louis, MO: Mosby.
McGoldrick, M., Gerson, R., & Shellenberger, S. (1999). *Genograms: Assessment and intervention* (2nd ed.). New York: Norton.
Mead, G. H., & Strauss, A. L. (1956). *The social psychology of George Herbert Mead.* Chicago: University of Chicago Press.
Meadows, W. C. (2002). *The Comanche code talkers of World War II* (1st ed.). Austin: University of Texas Press.
Mendelsohn, H., & Ferber, A. (1972). Is everybody watching? In A. Ferber, M. Mendelsohn, & A. Napier (Eds.), *The book of family therapy* (pp. 431–444). New York: Science House.
Merleau-Ponty, M. (1962). *Phenomenology of perception.* London: Routledge & K. Paul; New York: Humanities Press. (Translated from French 1945.)
Merleau-Ponty, M. (1964). *The primacy of perception, and other essays on phenomenological psychology, the philosophy of art, history, and politics.* Evanston, IL: Northwestern University Press.
Merriam-Webster's collegiate dictionary (11th ed.). (2003). Springfield, MA: Merriam-Webster.
Middleton, W., Moylan, A., Raphael, B., Burnett, P., & Martinek, N. (1993). An international perspective on bereavement related concepts. *Australian & New Zealand Journal of Psychiatry, 27*(3), 457–463.
Mikulincer, M., & Florian, V. (1999). The association between parental reports of attachment style and family dynamics, and offspring's reports of adult attachment style. *Family Process, 38*(2), 243–257.

Miller, J. (2002). Affirming flames: Debriefing survivors of the World Trade Center attack. *Brief Treatment & Crisis Intervention, 2*(1), 85–94.

Miller, W. R., & Thoresen, C. E. (2003). Spirituality, religion, and health: An emerging research field. *American Psychologist, 58*(1), 24–35.

Mitchell, J. T. (1983). When disaster strikes. . . : The critical incident stress debriefing process. *Journal of Emergency Medical Services 8,* 36–39.

Mitchell, J., & Everly, G. S. (1993). *Critical incident stress debriefing (CISD): An operations manual for the prevention of traumatic stress among emergency services and disaster workers.* Ellicott City, MD: Chevron Publishing.

Mitchell, J. T., & Everly, G. S. (2000). Critical incident stress management and critical incident stress debriefings: Evolutions, effects and outcomes. In B. Raphael & J. P. Wilson (Eds.), *Psychological debriefing: Theory, practice and evidence* (pp. 71–90). New York: Cambridge University Press.

Mitchell, J. T., & Everly, G. S. (2003). *Critical incident stress management (CISM): Group crisis intervention.* Ellicott City, MD: International Critical Incident Stress Foundation, Inc.

Mortimer, J., Boss, P., Caron, W., & Horbal, J. (1992). Measurement issues in caregiver research. In B. D. Lebowitz, E. Light, & G. Niederehe (Eds.), *Alzheimer's disease and family stress* (pp. 370–384). New York: Springer.

Murry, V. M., Brown, P. A., Brody, G. H., Cutrona, C. E., & Simons, R. L. (2001). Racial discrimination as a moderator of the links among stress, maternal psychological functioning, and family relationships. *Journal of Marriage & the Family, 63*(4), 915–926.

Newman, L. S. (2001). Coping and defense: No clear distinction. *American Psychologist, 56*(9), 760–761.

Nichols, M. P., & Schwartz, R. C. (2004). *Family therapy: Concepts and methods* (6th ed.). Boston: Allyn and Bacon.

Norris, F. H., Friedman, M. J., Watson, P. J., Byrne, C. M., Diaz, E., & Kaniasty, K. (2002). 60,000 disaster victims speak: Part I. An empirical review of the empirical literature, 1981–2001. *Psychiatry: Interpersonal & Biological Processes, 65*(3), 207–239.

O'Brien, J., & Kollock, P. (Eds.). (2001). *The production of reality* (3rd ed.). Thousand Oaks, CA: Pine Forge Press.

Olds, S. (1992). *The father* (1st ed.). New York: Knopf.

Olson, D. H., & DeFrain, J. (2003). *Marriages and families: Intimacy, diversity, and strengths* (4th ed.). New York: McGraw-Hill.

Orwell, G. (1949). *1984.* New York: Harcourt Brace. (Signet Classic 1955.)

Osterweis, M., Solomon, F., Green, M., & Institute of Medicine. Committee for the Study of Health Consequences of the Stress of Bereavement. (1984). *Bereavement: Reactions, consequences, and care.* Washington, DC: National Academy Press.

Papalia, D. E., & Olds, S. W. (1992). *Human development* (5th ed.). New York: McGraw-Hill.

Papalia, D. E., Olds, S. W., & Feldman, R. D. (2004). *Human development* (9th ed.). New York: McGraw Hill.

Pargament, K. I. (1997). *The psychology of religion and coping: Theory, research,*

and practice. New York: Guilford.
Parker, R. (1995). *Mother love, mother hate: The power of maternal ambivalence*. New York: Basic.
Patterson, J. M., & Garwick, A. W. (1994). Levels of meaning in family stress theory. *Family Process, 33*(3), 287–304.
Pearlin, L. (1995). Some conceptual perspectives on the origins and prevention of social stress. In *Socioeconomic conditions, stress and mental disorders: Toward a new synthesis of research and public policy* collection (pp. 1–35). [on-line] Bethesda, MD: National Institute of Mental Health. Retrieved from http://www.mhsip.org/nimhdoc/socioeconmh_home2.htm.
Pearlin, L. I., Menaghan, E. G., Lieberman, M. A., & Mullan, J. T. (1981). The stress process. *Journal of Health & Social Behavior, 22*(4), 337–356.
Pearlin, L. I., & Pioli, M. F. (2003). Personal control: Some conceptual turf and future directions. In S. H. Zarit & L. I. Pearlin (Eds.), *Personal control in social and life course contexts. Societal impact on aging* (pp. 1–21). New York: Springer.
Pearlin, L. I., Pioli, M. F., & McLaughlin, A. E. (2001). Caregiving by adult children: Involvement, role disruption, and health. In R. H. Binstock (Ed.), *Handbook of aging and the social sciences* (5th ed., pp. 238–254). San Diego, CA: Academic.
Pearlin, L. I., & Schooler, C. (1978). The structure of coping. *Journal of Health & Social Behavior, 19*(1), 2–21.
Philipse, H. (1998). *Heidegger's philosophy of being: A critical interpretation*. Princeton, NJ: Princeton University Press.
Piers, M. W., & Landau, G. M. (1979). In D. Sils (Ed.), *International encyclopedia of social sciences* (Vol. 18, pp. 172–176). New York: Free Press.
Pillemer, K. A., & Lüscher, K. (2004). *Intergenerational ambivalences: New perspectives on parent-child relations in later life*. Oxford, UK: Elsevier.
Pillemer, K., & Suitor, J. J. (2002). Explaining mothers' ambivalence toward their adult children. *Journal of Marriage & the Family, 64*(3), 602–613.
Polanski, R. (Director/Producer), Benmussa, R. (Producer), & Sarde, A. (Producer) (2002). *The Pianist* [Motion picture]. Universal City, CA: Focus Features.
Pollner, M., & McDonald-Wikler, L. (1985). The social construction of unreality: A case study of a family's attribution of competence to a severely retarded child. *Family Process, 24*(2), 241–254.
Posttraumatic Stress Disorder (PTSD) Alliance. (2005). *Myths and facts about PTSD*. Retrieved August 25, 2005, from *http://www.sidran.org/ptsdmyths.html*.
Powell, L. H., Shahabi, L., & Thoresen, C. E. (2003). Religion and spirituality: Linkages to physical health. *American Psychologist, 58*(1), 36–52.
Psathas, G. (1973). *Phenomenological sociology: Issues and applications*. New York: Wiley.
Rando, T. A. (1993). The increasing prevalence of complicated mourning: The onslaught is just beginning. *Omega: Journal of Death & Dying, 26*(1), 43–59.
Ree, J. (1999). *Heidegger*. New York: Routledge.
Reiss, D. (1981). *The family's construction of reality*. Cambridge, MA: Harvard University Press.
Reiss, D., Neiderhiser, J. M., Hetherington, E. M., & Plomin, R. (2000). *The relationship code: Deciphering genetic and social influences on adolescent development*.

Cambridge, MA: Harvard University Press.

Reiss, D., & Oliveri, M. E. (1991). The family's conception of accountability and competence: A new approach to the conceptualization and assessment of family stress. *Family Process, 30*(2), 193–214.

Resick, P. A. (2001). *Stress and trauma*. Philadelphia, PA: Psychology Press.

Rettig, K. D., & Dahl, C. M. (1993). Impact of procedural factors on perceived justice in divorce settlements. *Social Justice Research, 6*(3), 301–324.

Riskin, J. (1963). Methodology for studying family interaction. *Archives of General Psychiatry, 8*(4), 343–348.

Rober, P. (1999). The therapist's inner conversation in family therapy practice: Some ideas about the self of the therapist, therapeutic impasse, and the process of reflection. *Family Process, 38*(2), 209–228.

Rolland, R. (1994). *Families, illness, and disability: An integrative treatment model*. New York: Basic.

Rolland, J. (2004). Family legacies of the Holocaust: My journey to recover the past. In F. Walsh & M. McGoldrick (Eds.), *Living beyond loss: Death in the family* (2nd ed., pp. 423–428). New York: Norton.

Rose, S., Brewin, C. R., Andrews, B., & Kirk, M. (1999). A randomized controlled trial of individual psychological debriefing for victims of violent crime. *Psychological Medicine, 29*(4), 793–799.

Rosenwald, G. C., & Ochberg, R. L. (Eds.). (1992). *Storied lives: The cultural politics of self-understanding*. New Haven, CT: Yale University Press.

Saul, J. (2003). Promoting community recovery in lower Manhattan after September 11, 2001. *Bulletin of the Royal Institute for Inter-Faith Studies, 5*(2), 69–84.

Schopenhauer, A. (1966). *The world as will and representation*. New York: Dover Publications.

Schulz, R., & Beach, S. (1999). Caregiving as a risk factor for mortality: The caregiver health effects study. *Journal of the American Medical Association, 282*(23), 2215–2219.

Schutz, A. (1962). *Collected papers: Volume 1. The problem of social reality*. The Hague: Nijhoff.

Schutz, A. (1967). *The phenomenology of the social world*. Evanston, IL: Northwestern University Press.

Shutz, A. (1970). *On phenomenology and social relations*. Chicago: University of Chicago Press.

Seeman, T. E., Dubin, L. F., & Seeman, M. (2003). Religiosity/spirituality and health: A critical review of the evidence for biological pathways. *American Psychologist, 58*(1), 53–63.

Seligman, M. E. P. (1991). *Learned optimism*. New York: Knopf.

Seligman, M. E. P. (1992). *Helplessness: On depression, development, and death*. New York: W. H. Freeman.

Seligman, M. E. P., & Csikszentmihalyi, M. (2001). "Positive psychology: An introduction": Reply. *American Psychologist, 56*(1), 89–90.

Sexton, L. G. (1994). *Searching for Mercy Street: My journey back to my mother, Anne Sexton* (1st ed.). Boston: Little, Brown.

Shapiro, E. R. (1994). *Grief as a family process: A developmental approach to clini-

cal practice. New York: Guilford.
Sheinberg, M., & Fraenkel, P. (2000). *The relational trauma of incest: A family-based approach to treatment.* New York: Guilford.
Sifton, E. (2003). *The serenity prayer: Faith and politics in times of peace and war.* New York: Norton.
Sluzki, C. E. (1990). Disappeared: Semantic and somatic effects of political repression in a family seeking therapy. *Family Process, 29*(2), 131–143.
Sluzki, C. (2004). Hin und zürück: Back to where we came from. In F. Walsh & M. McGoldrick (Eds.), *Living beyond loss: Death in the family* (2nd ed., pp. 428–432). New York: Norton.
Sluzki, C. E., & Agani, F. N. (2003). Small steps and big leaps in an era of cultural transition: A crisis in a traditional Kosovar Albanian family. *Family Process, 42*(4), 479–484.
Speck, R. V., & Attneave, C. L. (1973). *Family networks* (1st ed.). New York: Pantheon.
Sprang, G. (1999). Post-disaster stress following the Oklahoma City bombing: An examination of three community groups. *Journal of Interpersonal Violence, 14*(2), 169–183.
Sroufe, A. (2002). Attachment in developmental perspective. *Journal of Infant, Child, and Adolescent Psychotherapy, 2*(4), 19–25.
Stacey, J. (1998). *Brave new families: Stories of domestic upheaval in late-twentieth-century America.* Berkeley: University of California Press.
Stanton, A. (Director & Cowriter), & Unkrich, L. (Codirector). (2003). *Finding Nemo* [Motion picture]. Emeryville, CA: Pixar Animation Studios/Walt Disney Pictures.
Steinglass, P., Bennett, L. A., Wolin, S. J., & Reiss, D. (1987). *The alcoholic family.* New York: Basic.
Strang, S., & Strang, P. (2001). Spiritual thoughts, coping and "sense of coherence" in brain tumor patients and their spouses. *Palliative Medicine, 15*(2), 127–134.
Stroebe, M., & Stroebe, W. (1991). Does "grief work" work? *Journal of Consulting & Clinical Psychology, 59*(3), 479–482.
Stryker, S. (1990). Symbolic interactionism: Themes and variations. In M. Rosenberg & R. H. Turner (Eds.), *Social psychology: Sociological perspectives* (pp. 3–29). New Brunswick, NJ: Transaction Publishers.
Styron, W. (1990). *Darkness visible: A memoir of madness.* New York: Random House.
Taylor, J. M., Gilligan, C., & Sullivan, A. M. (1995). *Between voice and silence: Women and girls, race and relationship.* Cambridge, MA: Harvard University Press.
Terr, L. C. (1985). Remembered images and trauma: A psychology of the supernatural. *Psychoanalytic Study of the Child, 40,* 493–533.
Thoits, P. A. (1994). Stressors and problem-solving: The individual as psychological activist. *Journal of Health & Social Behavior, 35*(2), 143–160.
Till, E. (Director & Cowriter), & Jones, G. (Cowriter) (2000). *Bonhoeffer: Agent of Grace.* [Film]. Berlin, Germany: NFP Berlin; Potsdam-Babelsberg, Germany: Ostdeutscher Rundfunk Brandenburg (ORB); Toronto, Canada: Norflicks Productions Ltd.
True, F., & Kaplan, L. (1993). Depression within the family: A systems perspective.

In H. S. Koplewicz & E. Klass (Eds.), *Depression in children and adolescents. Monographs in clinical pediatrics* (Vol. 6, pp. 45-54). Langhorne, PA: Harwood Academic Publishers/Gordon.

Turnbull, A. P., Patterson, J. M., Behr, S. K., Murphy, D. L., Marquis, J. G., & Blue-Banning, M. J. (Eds.). (1993). *Cognitive coping, families, and disability*. Baltimore, MD: Brookes.

van der Kolk, B. A. (2002). The assessment and treatment of complex PTSD. In R. Yehuda (Ed.), *Treating trauma survivors with PTSD* (pp. 127–156). Washington, DC: American Psychiatric Press.

van der Kolk, B. A., McFarlane, A. C., & Weisaeth, L. (Eds.) (1996). *Traumatic stress: The effects of overwhelming experience on mind, body, and society*. New York: Guilford Press.

Waller, W. (1938). *The family, a dynamic interpretation*. New York: Cordon.

Wallis, C. (2005, January 17). The new science of happiness. *Time*, A2–A9.

Wallis, V. (1993). *Two old women*. Seattle, WA: Epicenter.

Walsh, F. (1996). The concept of family resilience: Crisis and challenge. *Family Process, 35,* 261–281.

Walsh, F. (1998). *Strengthening family resilience*. New York: Guilford.

Walsh, F. (1999). *Spiritual resources in family therapy*. New York: Guilford.

Walsh, F. (2004). Spirituality, death, and loss. In F. Walsh & M. McGoldrick (Eds.), *Living beyond loss: Death in the family* (2nd ed., pp. 182–210). New York: Norton.

Walters, M., Carter, B., Papp, P., & Silverstein, O. (1988). *The invisible web: Gender patterns in family relationships*. New York: Guilford.

Wampler, K. S., Shi, L., Nelson, B. S., & Kimball, T. G. (2003). The adult attachment interview and observed couple interaction: Implications for an intergenerational perspective on couple therapy. *Family Process, 42*(4), 497–515.

Waters, M. (1994). *Modern sociological theory*. Thousand Oaks, CA: Sage.

Waters, R. (2005). After the deluge: Is disaster mental health serving tsunami survivors? *Psychotherapy Networker, 29*(3), 17–18.

Weber, M., Parsons, T., & Tawney, R. H. (1930). *The Protestant ethic and the spirit of capitalism*. New York: C. Scribners Sons.

Weigert, A. J. (1991). *Mixed emotions: Certain steps toward understanding ambivalence*. Albany: State University of New York Press.

Weingarten, K. (1994). *The mother's voice: Strengthening intimacy in families* (1st ed.). New York: Harcourt, Brace.

Welter-Enderlin, R. (1996). A view from Europe: Gender in training and continuing education of family therapists. In K. Weingarten & M. L. Bograd (Eds.), *Reflections on feminist family therapy training* (pp. 53–74). New York: Haworth.

Whitaker, C. A. (1989). *Midnight musings*. New York: Norton.

Whitaker, C. A., & Malone, T. P. (1981). *The roots of psychotherapy*. New York: Brunner/Mazel.

White, M. (Speaker). (1989). *Escape from bickering* (Video #AAMFT197119/V008). Alexandria, VA: American Association for Marriage and Family Therapy.

White, M. (1995). *Reauthoring lives: Interviews and essays*. Adelaide, Australia: Dulwich Centre Publications.

White, M., & Epston, D. (1990). *Narrative means to therapeutic ends* (1st ed.). New

York: Norton.
Wiens, T. W., & Boss, P. (2006). Maintaining family resilience before, during and after military separations. In C. Castro, A. Adler, & T. Britt (Eds.), *Minds in the military: Volume 3. The family*. Westport, CT: Praeger.
Wilson, J. P. (1989). *Trauma, transformation, and healing: An integrative approach to theory, research, and post-traumatic therapy*. New York: Brunner/Mazel.
Wolin, S., & Wolin, S. (1993). *The resilient self: How survivors of troubled families rise above adversity*. New York: Villard.
Wood, B. L., Klebba, K. B., & Miller, B. D. (2000). Evolving the biobehavioral family model: The fit of attachment. *Family Process, 39*(3), 319–344.
Wortman, C. B., & Silver, R. C. (1989). The myths of coping with loss. *Journal of Consulting and Clinical Psychology, 57*, 349–357.
Wright, L. M. (1997). Suffering and spirituality: The soul of clinical work with families. *Journal of Family Nursing, 3*, 3–14.
Wright, L. M., Watson, W. L., & Bell, J. M. (1996). *Beliefs: The heart of healing in families and illness*. New York: Basic.
Wright, M. O., & Masten, A. S. (2005). Resilience processes in development: Fostering positive adaptation in the context of adversity. In S. Goldstein & R. Brooks (Eds.), *Handbook of resilience in children* (pp. 17–37). New York: Kluwer Academic/Plenum.
Zarit, S. H., Pearlin, L. I., & Schaie, K. W. (2003). *Personal control in social and life course contexts*. New York: Springer.

監訳者あとがき

　2012年3月4日に、私とこの本の共同監訳者である石井千賀子先生、同じく訳者である小笠原知子先生、瀬藤乃理子先生、プロジェクトの研究代表である黒川雅代子先生の5名で、米国ミネアポリスにあるミネソタ大学に、ポーリン・ボス（Pauline Boss）先生を訪問しました。ちょうど東日本大震災から一年の時期で、被災地ではまだ多くの方が行方不明のままであり、人々の生活の再建もままならない状況であったと記憶しています。

　東日本大震災では、15,000人以上の方が亡くなりましたが、その数倍に上る遺族の方がいらっしゃいます。大切な家族や友人を失い、コミュニティを失った方の圧倒的な悲嘆を考えた時に、今まで悲嘆について研究や支援を行ってきた私たちは、何か少しでも支援になるようなことができないかと考え、「災害グリーフサポートプロジェクト」（Japan Disaster Grief Support project、JDGS project）と言う研究会を立ち上げました。たしかに、悲嘆は本来正常で、時間の経過とともに和らいでいくことの多い反応ですが、このような突然の死別による悲嘆は、遺族を圧倒し、戸惑わせるとともに、支援者にもどのように対応したらよいのか分からない状態が生じます。私たちは、被災者や地域の支援者の方々に、悲嘆について知ってもらうことで、対処する力〈レジリエンス〉を養っていければということを考えました。そこで、悲嘆についての情報提供を行うウェブサイト（http://jdgs.jp/）を立ち上げ、支援者向けの悲嘆についての研修会を実施することにしたのです。

　その際に、私たちが考えたことは、行方不明者のご家族に対してどのような支援が可能なのだろうかということでした。現在でもいまだに2,597名（警察庁緊急災害警備本部　平成26年11月10日現在）の方が行方不明ですが、その当時はもっと多く、行方不明の方のご家族はご遺族とは違うということは認

識していたものの、どのような関わりが役に立つのかは分かりませんでした。そのなかで、瀬藤先生が見つけてこられたのが、ボス先生の本(*Ambiguous Loss : Learning to live with unresolved grief,* 1999［南山浩二訳『「さよなら」のない別れ　別れのない「さよなら」——あいまいな喪失』学文社、2005］)でした。この本に書かれた「あいまいな喪失」こそが、私たちが求めていた答えだと感じ、ボス先生に会って、もっと詳しい理論や支援についての情報を得たいと考えたのです。幸いなことに、小笠原知子先生がミネソタ大学の大学院生であったことから、ボス先生と連絡を取って下さり、実際にお会いして学ぶ機会を得ることができました。

　ボス先生から直接、ご講義いただいたなかで、「あいまいな喪失は、あいまいなままでよい」という概念は、少なくとも私自身にとって、目からうろこが落ちるような感じがしたのを覚えています。前述したように、行方不明者家族に対しては、死別を経験している遺族のようにケアすることはできないし、このようなご家族が喪失はしていても通常の悲嘆には至らないことは、薄々と感じていたのですが、どこかで自分もこれらの家族は「終結」を決めなくてはならない、行方不明の方に「さよなら」を言わなくてはならないと思っていたのかもしれません。たしかに、行方不明の方は、そのお身体が確認されない以上、どこかで生きているかもしれないという可能性は否定できません。むしろ、それを「亡くなった」と決めてしまうことの方が事実に反しているのであり、生きているのか亡くなっているのかを決めることができないということが正しいのだということは、治療者である私たちにとっても、とても納得できることであり、おそらくは行方不明者のご家族にとってもそうだろうと思われます。しかし、ボス先生がこの本のなかで述べられているように、「あいまいなまま、どちらかに決めることのできない状態」は落ち着かない、不安定な状態であり、この状態にある人は、人生を前に進めることができなくなり、動けなくなってしまいます。そして、どうして自分がそのような状態なのかも分からず、何か自分に問題があるのではないかと疑ってしまうのです。

　この本を訳している間に、(ユングなら共時性というかもしれません)不思議なことに、私は今まで経験しなかったあいまいな喪失を抱えた方と臨床場面や

監訳者あとがき

相談の場で出会うようになりました。たとえば、交通事故や病気で家族が重度の脳機能障害を負ってしまったり、災害などで家族の消息が分からなくなった方たちです。その方々に「あいまいな喪失」についてお話をすると、みなさんが、自分の抱えていた問題はそれだったのだとわかり、ほっとしたとお話されました。自分の抱えているものがなんだかわからない、ただ、自分の人生がどこかおかしくなっていて、進めなくなっている。この問題がまさに「名づけられた」わけです。たとえそれがどうすることもできないものであったとしても、何が問題なのかわかること、それはすべてがあいまいななかで、手に入れることができる一つの答えなのだろうと思います。

ボス先生のおっしゃったことのなかで、もう一つ衝撃を受けたことがあります。それは、「あいまいな喪失は解決のできない問題だから、治療の目標はその状態に耐えられるレジリエンスを育成することだ」ということです。実際に生活のなかでは私たちは解決がなかなかできないことに対して状況の変化を待ちながら「耐えて」いるわけですが、相談や治療の場面では、何らかの答えを出さないといけないという、強迫的な考え方を持ってしまいがちです。しかし、答えのない問題に無理やり解決を見出すのではなく、そのことがありながらも、生活を進めていくという、まさに「AでもありBでもある」という考え方は、とても希望的なものです。

本書にあるように、ボス先生ご自身も、「あいまいな喪失」を経験され、そのなかからこの概念と、介入の理論を生み出されてきました。あいまいな喪失への介入がそうであるように、ボス先生は、多様な見識、知識を持つとともに、問題に対して偏りのない見方をされ、多様な文化に対してとても開かれた方でもあります。私たちは知識だけでなく、実際にボス先生の温かで、柔軟な、しかし、客観的な現象を重んじる姿に、治療者の姿勢を学ばせていただいたと感じています。

最後に本書を訳して下さった訳者の先生方、特に社会学、家族療法の用語について検討して下さった小笠原先生、辻井先生、私のつたない英語力をカバーしていただき、ともに一つ一つの内容を検討して下さった石井先生に感謝いたします。また、丁寧な編集で支えて下さった誠信書房の松山由理子さ

んにもお礼申し上げます。何よりも、たくさんの質問に丁寧に答えて下さり、今も被災地での支援者研修を毎年して下さっているボス先生に、心から感謝いたします。

　本書が、「あいまいな喪失」を抱え、その重みに苦しまれている方々にとって、理解の助けとなり、希望を見出す力となることを心より願っております。

平成26年11月27日

　　　　　　　　　独立行政法人　国立精神・神経医療研究センター　精神保健研究所
　　　　　　　　　　　成人精神保健研究部　犯罪被害者等支援研究室長
　　　　　　　　　　　　　　　　　　　　　　　中島聡美

索　引

◆ア行

愛着　*ii, xix*, 21, 27, 29, 78, 223, 225, 247-272, 274, 280, 290, 314, 322, 323
アイデンティティー　*ii, xi, xix*, 7, 21, 110, 171-216, 223-225, 237, 239, 262, 266, 274, 284, 290, 303, 307, 314, 320, 321, 323
　──の模索　174
　新しい愛着　290
アトニーヴ（Attneave, C. L.）　85
アノミー　108
アーマー（Armour, M. P.）　92, 126, 138
アラノン　103, 104
アルコール依存症　96, 201, 213, 283, 310
アルコール依存の家族　180
アルツハイマー病　*xvi*, 1, 12-14, 21, 23, 28, 31, 71, 83, 130, 171, 174, 191, 223, 230, 245, 298, 309, 324
アンダーソン（Anderson, T.）　128, 193
アントノフスキー（Antonovsky, A.）　77, 78, 89, 109, 151
移住　188
意味　*ii, xvii, xix*, 4, 106-143, 147, 156, 266, 274, 277, 279, 289, 290, 303, 309, 319
　──の探究　107
ウィタカー（Whitaker, C.）　15, 86, 254, 312, 317
ウォーターズ（Waters, R.）　60, 61
ウォリン（Wolin, S.）　76, 140
ウォルシュ（Walsh, F.）　10, 73, 81, 87, 93
AAモデル　89
AでもありBでもある　129, 130, 143, 207,
214, 266
エスノメソドロジー　113
エプストン（Epston, P.）　24, 129, 193
エリクソン（Erikson, E. H.）　174, 175
演劇的観察法　177

◆カ行

解決志向的セラピー　87
外在化　153, 162, 239
解釈的疑問　113
会話のなかの声　110
学習性無力感　150
拡大家族　85, 289
ガーゲン（Gergen, K）　45, 48, 132, 182, 183, 199
家族科学　80
家族世界　110
家族の意味　109
家族の儀式　180, 193, 194, 205, 206, 210
家族の境界　322
家族（内）の境界線　185, 197, 199, 203
家族の対話　117
家族のテーマ　178
家族のルール　178, 185, 204
家族（の）パラダイム　109, 178
家族療法　*i*, 53, 54, 86, 118, 139, 183, 215, 263, 282, 310
家族療法家　*iii, iv*, 22, 24, 64, 66, 71, 254, 264, 310, 322
家族（の）レジリエンス　*iii*, 31, 50, 72-74, 79, 80, 117
カーマイヤー（Kirmayer, L. J.）　4, 65

357

索　引

ガームジィ（Garmezy, N.）　74, 76
感情に焦点を当てたセラピー（感情焦点化療法）　234, 279, 280
キエコルト-グラッサー（Kiecolt-Glaser, J. K.）　108, 149
儀式　xii, 26, 28, 29, 109, 117, 121, 127, 132, 138, 139, 153, 171, 185, 194, 205, 210, 220, 247, 252, 257, 268, 283, 298-300
希望　iii, xii, xiii, xix, xx, 91, 121, 127, 142, 199, 272, 274-304, 309, 314, 322, 323,
逆転移　138, 196, 233, 234
キャンベル（Campbel, C. L.）　31
9.11 テロ　ii, xx, 13, 19, 23-25, 28, 32, 37, 42, 55, 56, 67, 82, 91, 94, 95, 100, 113, 116, 125, 129-131, 134, 140, 143, 149, 159, 162, 203, 251, 252, 263, 267, 268, 270, 278, 287, 288, 293, 298, 300, 306
境界のあいまいさ　12, 14, 17-19
共感性疲労　60
共同体意識　84
緊急事態ストレス　53
　　──・ディブリーフィング　61-63, 82
グリーフ・セラピー　16, 25
グリーフワーク　6
原家族のワーク　210
現象学　111-114, 117, 118, 120, 121, 132, 169
　　──的社会学　113
堅忍性　73, 84
行為主体性　77, 78, 100, 222, 225, 236
公正（公平）　28, 92, 96, 160, 265, 286, 296
公正な世界　83, 213
合同家族グループ　164, 201, 265, 270
心の家族　xviii, 2, 17, 21, 36-51, 73, 115, 200, 225, 237, 243, 283, 302, 315, 316
コソボ　100, 122, 124, 183
コミュニティ・（レベルの）アプローチ　xvii, 85, 131
コミュニティ・プロジェクト　95
コミュニティ・レベル　xvii, 26, 53, 61, 95
コミュニティへの介入　64, 85
コンサルテーション　310
コントロール　90

◆サ行

罪悪感　23, 24, 32, 89, 90, 128, 155, 220, 224, 229, 233, 235, 241, 242, 244, 245, 288, 321
罪責感　221, 262, 264, 280
災害グリーフサポート・プロジェクト　iv
錯覚からの脱却　127
サバイバーの自尊心　76
差別　93, 187, 188
サポートグループ　266
CISD　62
ジェノグラム（家系図）　186, 209
ジェンダー（性別役割）　93, 185, 186, 194, 201, 210
自己愛　255, 291
自己高揚　84
自己内省　118, 119
システム的（な）アプローチ　54, 128, 130, 131, 260
自責（感）　89, 153, 155, 162, 242
自尊心　92, 93
支配感　ii, xix, 43, 44, 91, 145-170, 266, 274, 290, 303, 320
嗜癖　xvi, xvii, 13, 14, 29, 31, 50, 95, 98, 103, 197, 209, 213, 254, 311, 324
社会科学　iii
社会学　45, 77, 223
社会構成主義　45, 112, 182-184, 193, 197, 279, 299
集合的意味　108, 109
首尾一貫感覚　77, 78, 89, 109, 151
消極的受容力　278
象徴　282, 299, 300
象徴的相互交流　299
象徴的相互作用　182, 194, 298
真実和解委員会　124
信念体系　88
シンボリック相互作用論　113
シンボル（象徴）　125, 185, 206, 207
心理教育　104, 287
心理教育的アプローチ　128, 224
心理教育的（な）介入　94, 279, 289

スタイングラス（Steinglass, P.） *180, 185, 197*
ステーシー（Stacey, J.） *110, 118*
ストラング（Strang, G.） *4, 89*
スピリチュアリティー *4, 72, 88, 89, 106, 108, 121, 135, 137, 212, 282, 287, 289*
スピリチュアル *42, 43, 89, 136, 186, 204*
スペック（Speck, R. V.） *85*
正義 *92, 282*
精神力動的（な）アプローチ *60, 133, 260, 261, 287*
精神力動的（な）セラピー *224, 282*
精神力動療法 *221*
セリグマン（Seligman, M.） *91, 150, 151*

◆タ行

対象関係論療法 *224*
対話療法 *129, 280*
脱愛着 *2, 27, 29*
知 *115, 116*
小さな一歩 *121, 138*
小さな成功 *92*
遅延悲嘆反応 *83*
恥辱感 *90*
超越 *88, 132, 285, 286, 291*
デイビス（Davies, J.） *301, 302*
ディブリーフィング *62, 82*
デハーン（DeHaan, L.） *71, 80*
統制の所在 *147*
頭部外（損）傷 *8, 12, 31, 95, 254*
ドッペルゲンガー *8*
トラウマ *xvii, 1, 3-5, 7, 9, 10, 38, 41, 52-68, 117, 124, 125, 127, 130, 131, 157, 158, 164, 171, 172, 196, 229, 238, 244, 247, 249, 255, 256, 263, 266, 306, 307, 309, 323, 324*
ドラマツルギー・モデル *113*

◆ナ行

内省 *xix*
内的自己 *168*
ナラティヴ（物語） *128, 132, 156, 163, 193-195, 199, 214, 262*
――・アプローチ *112, 128, 156, 221*

――・セラピー *165, 303*
――の技法 *282*
――の思想 *193*
日常の知 *119, 120*
認知行動療法 *82, 262*
認知症 *1, 12, 13, 29, 39, 50, 95, 178, 213, 222, 234, 244, 254, 257, 284, 291, 323*
認知的（な）介入 *279, 289*
認知（行動）的（な）アプローチ *133, 156*
認知（な）対処 *98, 100, 101, 226*
認知療法（的） *94, 221, 224, 234*
ネットワーク・セラピー *85*
脳損（外）傷 *xvi, 1, 6, 7, 12-14, 23, 29, 31, 71, 96, 174, 178, 222, 237, 244, 291, 306, 324*
能力 *74, 76*

◆ハ行

バーガー（Berger, P. L.） *109, 113, 182*
恥 *89, 90, 155, 187, 262, 264, 280*
恥ずかしさ *229*
バートン（Burton, L.） *110, 118*
パーリン（Pearlin, L. I.） *147-149, 151, 161*
ハーレイ（Hawley, D. R.） *71, 80*
ピア・（サポート）グループ *29, 164, 238, 271, 310*
ピア・コンサルテーション *234, 244*
悲嘆の欠如 *83*
悲嘆のプロセス *xv, 17, 18, 125*
PTSD（心的外傷後ストレス障害） *9, 10, 21, 37, 54, 58-61, 65, 66, 82, 221, 238, 256, 270*
フェイゲルソン（Feigelson, C.） *6, 8*
プジャル（Poudyal, B.） *60*
不条理の社会学 *113*
フランクル（Frankl, V.） *108, 121, 127, 133, 137, 141, 150, 151, 275, 277*
フロイト（Freud, S.） *6, 129, 255, 283, 301*
文化的家系図 *261*
――のワーク *210*
文化的地図作成 *182*
偏見 *93, 187, 188, 316*
弁証法的 *130, 257, 266, 283, 303, 323*
――アプローチ *128, 130*

359

索　引

――コミュニケーション　*101*
――思考（法）　*121, 133, 214*
――プロセス　*46*
防衛的否認　*83*
ボウルビィ（Bowlby, J.）　*29, 83, 255*
ボナーノ（Bonanno, G. A.）　*81-83*
ホワイト（White, M.）　*24, 129, 193, 199*

◆マ行

マインドフルネス　*168*
未解決の悲嘆　*6, 66*
瞑想　*168*
メランコリー　*6*
モン族　*116*

◆ヤ行

ユーモア　*293, 295*
有力化　*91, 100*
許し　*121, 136, 137, 282, 297*

ユング（Jung, C. G.）　*289*
陽性転移　*261*

◆ラ行

烙印（スティグマ）　*93, 187, 188*
楽観主義　*84, 85, 91*
ラックマン（Luckmann, T.）　*109, 113*
ラベリング理論　*113*
ランドゥ（Landau, J.）　*10, 85*
両価的、両価性　*iv, xi, xix, 32, 218, 219,*
　　222-225, 242, 245, 314, 321, 323
両価的（な）感情　*23, 41, 49, 100, 108, 217-229,*
　　232-239, 241-246, 262, 274, 280, 290, 303,
　　321
レイス（Reiss, D.）　*4, 109, 116, 178*
レーガン（夫人）（Regan, N.）　*80, 248*
レジリエンス　*16, 38, 69-104, 149, 220, 253,*
　　278, 310, 319

訳者紹介（章順）

石井千賀子（いしい　ちかこ）【日本版への序文】【巻頭言】【序文】【謝辞】
　〈監訳者紹介参照〉

辻井　弘美（つじい　ひろみ）【巻頭言】【序文】【エピローグ】【謝辞】
2006 年　カリフォルニア・スクール・オブ・プロフェッショナル・サイコロジー修士課程修了
現　在　国立研究開発法人国立成育医療研究センターこころの診療部／ゆうりんクリニック
訳　書　『多文化間カウンセリングの物語（ナラティヴ）』東京大学出版会 2004 年

中島　聡美（なかじま　さとみ）【はじめに】
　〈監訳者紹介参照〉

小笠原知子（おがさわら　ともこ）【第 1 章】【第 7 章】
2007 年　ロチェスター大学医科歯科大学院修士課程修了
現　在　ミネソタ大学大学院博士課程

白井　明美（しらい　あけみ）【第 2 章】【第 3 章】
2006 年　武蔵野大学大学院博士課程修了
現　在　国際医療福祉大学教授
共著書　『犯罪被害者のメンタルヘルス』誠信書房 2008 年、『〈悲しみ〉の後遺症をケアする』角川
　　　　学芸出版 2008 年、他

伊藤　正哉（いとう　まさや）【第 4 章】
2007 年　筑波大学大学院博士課程修了
現　在　国立研究開発法人国立精神・神経医療研究センター認知行動療法センター研究開発部長
著　書　『不安とうつの統一プロトコル』（監修）診断と治療社 2014 年、『こころを癒すノート』（共
　　　　著）創元社 2012 年、他

新明　一星（しんめい　いっせい）【第 5 章】
2012 年　駿河台大学大学院　修了
現　在　国立研究開発法人国立精神・神経医療研究センター研究員
共訳書　『対人援助のプロセスとスキル』金子書房 2011 年

正木　智子（まさき　ともこ）【第 6 章】
2001 年　カリフォルニア州立大学大学院修士課程修了
現　在　駒澤大学学生相談室心理カウンセラー
共著書　『性犯罪・被害者』尚学社 2014 年

瀬藤乃理子（せとう　のりこ）【第 8 章】【第 9 章】
2012 年　神戸大学大学院博士課程修了
現　在　福島県立医科大学災害こころの医学講座准教授
共著書　『ストレス学ハンドブック』創元社 2015 年、『グリーフケア　死別による悲嘆の援助』メ
　　　　ヂカルフレンド社 2012 年

監訳者紹介

中島聡美（なかじま　さとみ）
1965 年生まれ
1989 年　筑波大学医学専門学群卒業
1993 年　筑波大学大学院医学研究科環境生態系専攻博士課程修了
現　在　武蔵野大学人間科学部教授
共著書　『あいまいな喪失と家族のレジリエンス』誠信書房 2019 年、『PTSD の伝え方』誠信書房 2012 年、『アタッチメントの実践と応用』誠信書房 2012 年、『大災害と子どものストレス』誠信書房 2011 年、『犯罪被害者のメンタルヘルス』誠信書房 2008 年、『犯罪被害者支援必携』東京法令出版 2008 年、『講座被害者支援 4　被害者学と被害者心理』東京法令出版 2001 年、『被害者のトラウマとその支援』誠信書房 2001 年、『トラウマから回復するために』講談社 1999 年、他
共訳書　『青年期 PTSD の持続エクスポージャー療法』星和書店 2014 年、『PTSD ハンドブック』金剛出版 2014 年、『子どものトラウマと悲嘆の治療』金剛出版 2014 年、他

石井千賀子（いしい　ちかこ）
1946 年生まれ
1969 年　青山学院大学卒業
1993 年　Butler 大学大学院夫婦・家族療法専攻修士課程修了
現　在　石井家族療法研究室代表、TELL カウンセリング、家族療法家
共著書　『あいまいな喪失と家族のレジリエンス』誠信書房 2019 年、『家族療法テキストブック』金剛出版 2013 年、『災害支援と家族再生』金子書房 2012 年、『ミドルエイジの問題』キリスト新聞社 2012 年、『思いっきり会いたい』ルーテル学院大学人間成長とカウンセリング研究所 2005 年、『大事な人を亡くしたご家族へ』ルーテル学院大学人間成長とカウンセリング研究所 2005 年、『よい相談相手になるために』キリスト新聞社 2005 年、『臨床家のための家族療法リソースブック』金剛出版 2003 年、『現代キリスト教カウンセリング第 2 巻　カウンセリングの方法とライフサイクル』日本キリスト教団出版局 2002 年、『精神保健実践講座 6　精神保健と家族問題』中央法規出版 1989 年
共訳書　『家族療法スーパーヴィジョン』（監訳）金剛出版 2011 年、『人生のリ・メンバリング』金剛出版 2005 年、他

ポーリン・ボス著

あいまいな喪失とトラウマからの回復
――家族とコミュニティのレジリエンス

2015年2月20日　第1刷発行
2023年2月5日　第4刷発行

監訳者	中島聡美
	石井千賀子
発行者	柴田敏樹
印刷者	田中雅博

発行所　株式会社　誠信書房

〒112-0012　東京都文京区大塚 3-20-6
電話　03（3946）5666
https://www.seishinshobo.co.jp/

創栄図書印刷　協栄製本　　落丁・乱丁本はお取り替えいたします
検印省略　　無断での本書の一部または全部の複写・複製を禁じます
Ⓒ Seishin Shobo, 2015　　　　　　　　　　　Printed in Japan
ISBN 978-4-414-41459-2 C3011

あいまいな喪失と家族のレジリエンス
災害支援の新しいアプローチ

黒川雅代子・石井千賀子・中島聡美・瀬藤乃理子 編著

東日本大震災後の支援の経験をもとに、「あいまいな喪失」が通常の喪失とどのように違い、どのような支援が求められるのかを解説。（序文：ポーリン・ボス、柳田邦男）

目次
読者の皆様へ
序文──危機のなかにおける人間再生の道標
はじめに
第1章　あいまいな喪失と悲嘆の概念と理論
第2章　家族療法とあいまいな喪失
第3章　子どものあいまいな喪失
第4章　あいまいな喪失とレジリエンス
第5章　あいまいな喪失を支援する人のケア
おわりに

A5判並製　定価（本体2500円＋税）

認知症の人を愛すること
曖昧な喪失と悲しみに立ち向かうために

ポーリン・ボス 著
和田秀樹 監訳　森村里美 訳

認知症の人を介護する人にとって相手を認識しなくなる状況は受け止めがたい苦痛をもたらす。介護する意味と日常の過ごし方を提言。

目次
序章
第1章　認知症がもたらす曖昧な喪失
　　　　──失っていくことと生き続けることがいかに共存するか
第2章　喪失と悲嘆が引き起こす複雑な問題
第3章　ストレスと対処と復元力（レジリエンス）
第4章　終結という神話
第5章　心の家族
第6章　家族の儀式と祝い事と集い
第7章　七つの指針──認知症と歩むために
第8章　美味なる曖昧
第9章　ほどほどに良い関係
おわりに

A5判並製　定価（本体2300円＋税）